Vanessa Leppert, Michael Schultze

Laos

Ich sehe die blauen und roten Stempel an,
blättre voller Bewunderung
in unlesbaren Unterschriften
und vielsprachigen Tintenklecksen,
falte fromm die Hände.
Dann stecke ich den Pass
in die hintere Gesäßtasche
und mache mich auf die Reise.

Kurt Tucholsky

Impressum

Vanessa Leppert, Michael Schultze
Reise Know-How Laos

erschienen im
Reise Know-How Verlag Peter Rump GmbH,
Osnabrücker Str. 79, 33649 Bielefeld

1. Auflage 2018

Gestaltung:
Umschlag: G. Pawlak, P. Rump (Layout);
M. Luck (Realisierung)
Inhalt: G. Pawlak (Layout); M. Luck (Realisierung)
Fotonachweis: V. Leppert (vl);
M. Schultze (ms); M. Luck (ml)
Titelfoto: V. Leppert (Motiv: Badestelle mit Elefant am Wasserfall Tad Lo auf dem Bolaven-Plateau)
Karten: Th. Buri

Lektorat: M. Luck

Druck und Bindung: D3 Druckhaus, Hainburg

ISBN 978-3-8317-2960-9
Printed in Germany

Dieses Buch ist erhältlich in jeder Buchhandlung Deutschlands, der Schweiz, Österreichs, Belgiens und der Niederlande. Bitte informieren Sie Ihren Buchhändler über folgende Bezugsadressen:

Deutschland
Prolit GmbH, Postfach 9, D-35461 Fernwald (Annerod) sowie alle Barsortimente
Schweiz
AVA Verlagsauslieferung AG
Postfach 27, CH-8910 Affoltern
Österreich
Mohr Morawa Buchvertrieb GmbH
Sulzengasse 2, A-1230 Wien
Niederlande, Belgien
Willems Adventure, www.willemsadventure.nl

Wer im Buchhandel trotzdem kein Glück hat, bekommt unsere Bücher auch über unseren
Büchershop im Internet:
www.reise-know-how.de

laos142 vl

Wir freuen uns über Kritik, Kommentare und Verbesserungsvorschläge, gern auch per E-Mail an info@reise-know-how.de.

Alle Informationen in diesem Buch sind von den Autoren mit größter Sorgfalt gesammelt und vom Lektorat des Verlages gewissenhaft bearbeitet und überprüft worden.

Da inhaltliche und sachliche Fehler nicht ausgeschlossen werden können, erklärt der Verlag, dass alle Angaben im Sinne der Produkthaftung ohne Garantie erfolgen und dass Verlag wie Autoren keinerlei Verantwortung und Haftung für inhaltliche und sachliche Fehler übernehmen.

Die Nennung von Firmen und ihren Produkten und ihre Reihenfolge sind als Beispiel ohne Wertung gegenüber anderen anzusehen. Qualitäts- und Quantitätsangaben sind rein subjektive Einschätzungen der Autoren und dienen keinesfalls der Bewerbung von Firmen oder Produkten.

Vanessa Leppert
Michael Schultze

LAOS

Vorwort

Unverwechselbar, einzigartig, überraschend – das ist Laos. Mehr als vier Millionen Touristen pro Jahr besuchen das kleine, zwischen Thailand, Vietnam, Kambodscha, China und Myanmar verborgene Land inzwischen, doch von überlaufen kann keine Rede sein. Wie jede Statistik hat auch diese ihre Eigenheiten, und eine davon ist, dass die Masse der Reisenden als Tagesbesucher aus dem benachbarten Thailand kommt. So liegt das Land auch weiterhin neben den ausgetretenen Pfaden des Massentourismus in Asien. Wer Ruhe, Gelassenheit, unverfälschte Natur und gastfreundliche Menschen schätzt, der ist hier richtig. Kulturreisende auf der Suche nach historischen Sehenswürdigkeiten kommen ebenso auf ihre Kosten wie der Aktivtourist, der sein Glück am Bergsteigerseil oder auf dem Mountainbike findet.

Hinweise

- Die **Internet- und E-Mail-Adressen** in diesem Buch können – bedingt durch den Zeilenumbruch – so getrennt werden, dass ein Trennstrich erscheint, der nicht zur Adresse gehören muss!
- **Updates nach Redaktionsschluss:** Auf der Produktseite dieses Reiseführers im Internetshop des Verlages finden sich zusätzliche Informationen und wichtige Änderungen.

Im Zentrum der indochinesischen Halbinsel gelegen, ohne Zugang zum Meer, größtenteils von Gebirgen und Hochebenen bedeckt und nur spärlich besiedelt, zählt Laos noch immer zu den ärmsten und am wenigsten entwickelten Ländern der Erde. Doch im Unterschied zu anderen Entwicklungsländern springt einem hier die Armut nicht gleich ins Gesicht, und der Reisende kann sich sicher im Land bewegen.

Die sechseinhalb Millionen Einwohner des Landes lassen sich rund 50 Stämmen und Völkerschaften zuordnen, die als **bunter ethnischer Flickenteppich** über das Land verteilt sind. Und ganz gleich, welcher Ethnie sie angehören, die Menschen in Laos sind höflich und zurückhaltend, stets hilfsbereit und von natürlicher Gastfreundschaft, die meist frei ist von vordergründigem Gewinnstreben. Laos hat sich noch seine traditionelle Ruhe bewahrt, wird von Besuchern oft als verträumt, manchmal gar als verschlafen charakterisiert.

Das **buddhistische Land** kam 1975 unter „kommunistische" Herrschaft und verschwand für ein Jahrzehnt hinter dem „Bambusvorhang". Seit Ende des Kalten Krieges stehen aber auch hier die Zeichen auf Öffnung, in diesem Fall im Rahmen der südostasiatischen Staatengemeinschaft ASEAN *(Association of Southeast Asian Nations).* Darüber hinaus ist es der große nördliche Nachbar China, der im wachsenden Maße den Gang der Dinge in Laos beeinflusst. So ist das Land reich an Naturschätzen, die in rasch zunehmendem Tempo von chinesischen und anderen ausländischen Firmen erschlossen und ausgebeutet werden.

Nach wie vor ist die Volksrepublik Laos ein **kommunistischer Staat.** Doch weiß kaum noch jemand, worin sich das zeigt. Die Wirtschaft ist weitgehend privatisiert, es gibt keine landwirtschaftlichen Genossenschaften mehr, und selbst das Wort Sozialismus kommt in der Verfassung des Landes nicht vor. Einzig die Herrschaft der Laotischen Revolutionären Volkspartei, seit 1975 die einzige Partei des Landes, weist noch darauf hin.

Die Führung des Landes setzt nach chinesischem Vorbild auf **Marktwirtschaft.** Dazu gehört auch der **Tourismus,** der Laos Devisen bringen soll, ohne die nationale Identität zu gefährden. Die Laoten sind da sensibel. Nicht nur das thailändische Beispiel lässt sie vorsichtig sein, sondern auch die eigene Vergangenheit, als die Hauptstadt Vientiane Amüsiermeile und Rotlichtzone der amerikanischen Indochina-Soldaten war und Hippies und Junkies aus aller Welt der legalen Haschisch- und Opiumhöhlen wegen in Massen nach Laos strömten. Heute werden diese „sozialen Übel" von Rechts wegen verfolgt, und der Tourismus hat die „schönen kulturellen Traditionen" der Völker von Laos zu erhalten. Doch Konsum und Kommerz verändern das Land; das vor wenigen Jahren noch so geruhsame Leben nimmt inzwischen deutlich an Geschwindigkeit auf. Und auch einige Besucher bewegen sich hastig durchs Land und haken die besichtigten Orte eilig auf ihrem Streckenplan ab.

So erlebt und erfährt man wenig über Land und Leute. Denn **Zeit** sollte man sich für eine Laos-Reise nehmen. Nur dann kann man genießen, was Laos im Vergleich zu vielen anderen Ländern der Region noch immer auszeichnet: Ruhe, Gelassenheit und Ursprünglichkeit.

Wir wünschen Ihnen eine wunderbare Reise!

Vanessa Leppert
und *Michael Schultze*

laos153 vl

Inhalt

Karten

Kapitelkarten

Stadtpläne und sonstige Karten

Exkurse

Nicht verpassen!

In jedem Kapitel sind einige (touristische) Highlights hervorgehoben – man erkennt sie an der **gelben Hinterlegung.**

UNSER TIPP: Besonders empfehlenswerte Unterkünfte, Restaurants und sonstige besondere Tipps des Autors sind als Tipp gekennzeichnet.

Der Schmetterling zeigt an, wo man **besonders gut Natur erleben** oder **Angebote im Bereich des nachhaltigen Tourismus** finden kann.

Steckbrief Laos

- **Offizielle Staatsbezeichnung:** Demokratische Volksrepublik Laos
- **Staat/Regierung:** Volksrepublik, sozialistisches Einparteiensystem unter Präsident *Choummaly Sayasone*
- **Sprache/Schrift:** Laotisch
- **Geschichte:** 1353 gründete König *Fa Ngoum* das erste gesamtlaotische Königreich Lane Xang Hom Khao (Land der Millionen Elefanten und des Weißen Schirms). Am 12. Oktober 1945 proklamierte die Lao-Itsala-Regierung die Unabhängigkeit des Landes, die jedoch von der Kolonialmacht Frankreich nicht anerkannt wurde. 1949 räumte Frankreich eine Schein-Unabhängigkeit ein. Die tatsächliche Souveränität erlangte das Land erst mit der Genfer Indochinakonferenz von 1954.
- **Zeit:** Mitteleuropäische Zeit plus 6 Stunden (Sommerzeit: plus 5 Stunden)
- **Hauptstadt:** Vientiane (640.000 Einwohner)
- **Bevölkerung:** 6,5 Mio. Einwohner = 27 Einwohner pro Quadratkilometer
- **Lebenserwartung:** 65 Jahre (Frauen), 62 Jahre (Männer)
- **Alphabetisierungsrate:** 84,7%
- **Ethnische Gruppen:** Lao-Thai (62,4%), Mon-Khmer (23,7%), Hmong-Mien (9,7%), Chinesisch-Tibetisch 2,9%)
- **Religionen:** Buddhisten (64,7%), Christen (1,7%), Sonstige (33,6%)
- **Bruttoinlandsprodukt:** 7,3 Mrd. US-Dollar
- **Währung:** Kip (LAK)
- **Fläche:** 236.800 Quadratkilometer
- **Nord-Süd-Ausdehnung:** 1600 km
- **Küsten:** keine, Laos ist ein Binnenland
- **Flüsse:** Mekong (1898 km in Laos), Nam Ou (448 km)
- **Höchster Berg:** Phou Bia (2819 m)

Hinweise zur Benutzung

Schreibweise

Aufgrund der historischen Entwicklung wurden laotische Namen und Begriffe früher international meist in französischer Umschrift wiedergegeben. Mittlerweile setzen sich aber immer häufiger auch an der englischen Aussprache orientierte Schreibweisen durch. Beide haben für den Deutsch sprechenden Leser den Nachteil, dass er sie häufig falsch ausspricht und daher nicht verstanden wird. **Angesichts dieser etwas komplizierten Situation wird in diesem Buch folgender Weg beschritten:** Alle Namen werden so mit lateinischen Buchstaben geschrieben, wie die Laoten es selber am häufigsten tun, d.h. in französischer Manier. Andere laotische Begriffe werden in einer an der deutschen Aussprache orientierten Weise dargestellt. Mit Hilfe der vergleichenden **Übersicht rechts** können die schwerwiegendsten Ausspracheprobleme gemeistert werden.

Preisangaben

Die Preise sind als **Richtwerte** zu verstehen. Sie bewegen sich in den letzten Jahren stetig nach oben. In jedem Fall schwanken sie je nach Saison. An Feiertagen wie z.B. dem laotischen Neujahr können die Preise außerdem extrem nach oben schnellen. Dann empfiehlt es sich vorzubuchen.

Die Preise werden in diesem Buch **in Kip** (der Landeswährung) **und US-Dollar** angegeben, manchmal als Preisspanne. In ländlichen Gebieten werden, wenn auch mittlerweile sehr selten, teilweise nur Kip akzeptiert.

Was man unbedingt wissen sollte

Aus der **buddhistischen Prägung** des Landes erwachsen auch die Regeln des täglichen Lebens in Laos, die vom Besucher respektiert werden sollten.

- **Pagoden** nur ohne Schuhe betreten.
- Niemals mit den **Füßen** auf etwas zeigen. Vor allem beim Sitzen auf dem Fußboden stets auf die Ausrichtung der Füße achten. Sie sollten auf keine Buddha-Figur, keinen Mönch, am besten überhaupt auf niemanden zeigen.
- Niemals zu viel Haut zeigen. **„Sittsame" Bekleidung,** d.h. lange Hosen bzw. Rock, ist vor allem beim Besuch in Pagoden angebracht (kann an einigen stark frequentierten Orten am Eingang u.U. gegen Entgelt ausgeliehen werden).
- **Niemals laut werden** oder wild herumgestikulieren. Wer so einmal bei den Laoten sein Gesicht verloren hat, wird künftig selten ernst genommen.
- Niemals sollen **Frauen** einen **Mönch** berühren oder ihm direkt etwas übergeben (stets durch eine männliche Person überreichen lassen oder in bequemer Reichweite des Mönchs ablegen).
- Nicht den **Händedruck** zur Begrüßung aufdrängen. Ein **Wai** (vor der Brust gefaltete Hände) begleitet das Begrüßungswort „Sabai dii".
- In **Bergregionen** unbedingt durch Totemzeichen gesperrte Orte achten.
- Schließlich sei jedem Besucher angeraten, **niemals die Geduld** zu **verlieren.** Das laotische **Bøø Pen Njang** („Macht nichts!") ist nicht nur Redensart, sondern Lebensphilosophie. Ein freundliches Lächeln auch in komplizierten Situationen hilft weiter und beruhigt die Nerven.

Aussprache

Französisch	Englisch	Aussprache	Beispiel
ou	u	u	Phou, gesprochen *Phu*
u	eu	ü	Nam Ngum, gespr. *Nam Ngüm*
eu	eu	ü	Attopeu, gespr. *Attopüü*
x	s	s	Xieng Khouang, gespr. *Sieng Khuang* (stimmloses „s")
y	y	i	Phongsaly, gespr. *Fongsali*
ch	ch	tj	Champasak, gespr. *Tjampasak*
r	r	l	Saravane, gespr. *Salavan*
è, ae	ae	ä	Mae (Mutter), gespr. *Mää*

Weitere Besonderheiten

- Steht ein **h** nach **k, p** oder **t,** werden diese Buchstaben sehr stark behaucht. Ph wird also nicht wie f ausgesprochen. Zum Beispiel: *Houaphan* (Provinz), gespr. *Huapan*.
- Ein **e** nach einem **n** am Wortende wird nicht gesprochen. Zum Beispiel: *Vientiane* (Hauptstadt), gespr. *Wiengtjan*.
- Abweichend von den genannten Regeln wird **Luang** mit u, nicht mit ü gesprochen. Eine Besonderheit für sich ist **Luang Prabang,** das *Luang Phabaang* gesprochen wird (in einigen Publikationen findet sich gar die Schreibweise *Louang Phrabang*).
- Folgen in der deutschen Umschrift zwei **Selbstlaute** (z.B. aa, ee, ii etc.) aufeinander, muss der betreffende Laut lang gesprochen werden, zum Beispiel: *düüm* (trinken).
- Das Zeichen **ø** wird wie ein o in „Loch" gesprochen, zum Beispiel: *Høøng* = Zimmer.

Häufig vorkommende Begriffe

Lao	Aussprache	Bedeutung
Ban – ບ້ານ	*Baan*	Dorf, Gemeinde
Don – ດອນ	*Døøn*	Insel
Khoueng – ແຂວງ	*Khwääng*	Provinz
Muong – ເມືອງ	*Müong*	Stadt, Kreis, Distrikt
(Se) Nam – (ເຊ) ນ້ຳ	*(Se) Nam*	Fluss
Nong – ໜອງ	*Nøøng*	See, Teich
Pak – ປາກ	*Paak*	Flussmündung
Phou – ພູ	*Phuu*	Berg
Tha – ທ່າ	*Thaa*	Hafen
Thanon – ຖະໜົນ	*Thanon*	Straße (engl. Road)
Talaat – ຕະຫຼາດ	*Thalaat*	Markt (engl. Market)
That – ທາດ	*Thaat*	Stupa
Wat – ວັດ	*Wat*	Tempel

Die Regionen im Überblick

1 Vientiane & das Zentrum | 17

Vientiane (S. 19) nimmt im Land eine Sonderstellung ein. Im Vergleich zur thailändischen Metropole Bangkok oder auch zu Phnom Penh (Kambodscha) und Hanoi (Vietnam) zeigt sich die Stadt zwar klein, ruhig und überschaubar – und noch ohne glitzernde Hochhausfassaden –, doch auch sie wächst unaufhörlich. Mit ihrem jungen, modernen Gesicht und herrlichen authentischen Zeugnissen vergangener Zeiten, wie dem Nationalsymbol **That Luang** (S. 33) und dem **Wat Sisaket** (S. 46), dem ältesten erhaltenen Kloster in Vientiane, ist sie definitiv einen Besuch wert.

Zum Umland von Vientiane gehört im Norden das Backpacker-Mekka **Vang Vieng** (S. 65). Das südliche Zentrallaos dient oft nur als Zwischenstopp auf dem Weg weiter südwärts, dabei sind die Ebenen um Vientiane und gen Süden die Provinzen Bolikhamsay und Khammouane durchaus einen längeren Aufenthalt wert. Landschaftlich ist es um die Stadt **Thakhek** (S. 79), wo die **Höhle Kong Lo** (S. 76) das Entdeckerherz höher schla-

2018 – Visit Laos Year

Tourismus ist ein Standbein der laotischen Wirtschaft. Damit es (noch) stärker wird, hat die laotische Regierung das Jahr 2018 zum „Visit Laos Year" ausgerufen. Sechs Millionen Besucher sind das erklärte Ziel. Dafür gibt es eine Reihe von **Attraktionen und Events,** die das ganze Jahr über und in allen Teilen des Landes Touristen etwas Außergewöhnliches bieten sollen, vom Khmu-Neujahr in Oudomsay über das schon traditionelle Elefantenfestival in Sayabouri bis zum Fest zu Ehren von König Saysettha in Attopeu. Laos lohnt sich – 2018 noch mehr als sonst.

gen lässt, sehr reizvoll – der **Thakhek Loop** (S. 86) vermittelt einen guten Eindruck davon. Durchzogen wird der schmale Landstrich von der Nationalstraße Nr. 13, im Westen begrenzt vom Mekong und dahinter Thailand, im Osten von Vietnam. Naturschutzgebiete wie der **Nationalpark Phou Khao Khouay** (S. 74) laden zur Erkundung ein.

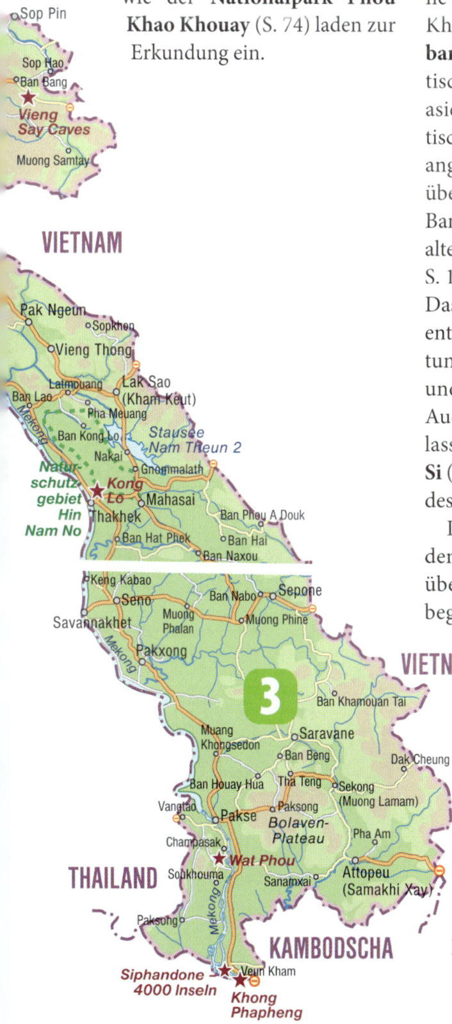

2 Luang Prabang & der Norden | 91

Der Norden von Laos, das sind die Provinzen Phongsaly, Luang Namtha, Oudomsay, Bokeo, Sayabouri und Houaphan und als südlichstes Gebiet die Ebene der Tonkrüge in der Provinz Xieng Khouang – und natürlich **Luang Prabang** (S. 100). Für den einen ist die laotische Königsstadt eine Perle Südostasiens, für den anderen bereits touristisch überlaufen. Wie dem auch sei, Luang Prabang gleicht einer Filmkulisse: überall in Orange gekleidete Mönche auf Bambusbrücken, feines Kunsthandwerk, alte Tempelanlagen (**Wat Xieng Thong,** S. 111) und der **Goldene Palast** (S. 107). Das Ganze ergänzt durch schicke Cafés, entspannte Bars und schöne Übernachtungsmöglichkeiten, alles relativ teuer und mit dementsprechender Klientel. Auch die Umgebung kann sich sehen lassen, darunter der **Wasserfall Kuang Si** (S. 131) mit seinen türkisfarbenen Badestellen.

Landschaftlich dominieren im Norden zerklüftete Gebirgsketten, die bis über 2000 Meter aufragen. Im Westen begrenzt durch den Mekong und im Landesinneren durchzogen von vielen Nebenflüssen wie dem **Nam Ou** (S. 134), sind Flussfahrten ein touristisches Highlight der Region. Viele Reisende kommen über den nördlichen Grenzübergang Houay Say ins Land und starten in Laos mit der zweitägigen **Mekongfahrt** (S. 179) nach Luang Prabang. Das Klima ist im Norden kühler als in der Hauptstadt Vientiane und in der Mekong-Ebene im Süden, und es gibt mehr Niederschläge, was bei Trekkingtouren, z.B. im Umland von **Phongsaly** (S. 161), zu beachten ist. Weitere Attraktionen sind das **Elefantencamp Sayabouri** (S. 128, 151), die **Höhlen der Pathet Lao bei Vieng Say** (S. 157) und natürlich die mysteriöse **Ebene der Tonkrüge bei Phone Savan** (S. 145).

3 Der Süden | 183

Der Süden beginnt mit der Provinz Savannakhet. Die Kleinstadt **Savannakhet** (S. 189) besticht durch ihre Lage am Mekong und schöne Gebäude im Kolonialstil. **Pakse** (S. 203) ist der Dreh- und Angelpunkt des Südens. Die Stadt eignet sich als Ausgangspunkt für eine Tour über das **Bolaven-Plateau** (S. 209). Diese Hochebene, bekannt für Wasserfälle und Kaffeeplantagen, erhebt sich bis zu 1000 Meter hoch und bietet daher auch etwas kühlere Temperaturen als sie im Rest des Südens herrschen. Die Provinzen Saravane, Attopeu und Champasak haben jeweils Anteil an dem Plateau. Pakse ist auch Ausgangspunkt für die Weiterreise zu den **4000 Inseln – Siphandone** (S. 224). In diesem Gebiet dehnt sich der Mekong auf eine Breite von bis zu 15 Kilometer aus und lässt so eine fantastische Wasser- und Inselwelt entstehen. Die Inseln **Don Khong** (S. 225), **Don Khon** (S. 229) und **Don Det** (S. 229) werden am meisten be-

laos144 vl

☒ Der Hafen von Nakasang ganz im Süden von Laos

sucht. Beeindruckend ist der **Wasserfall Khong Phapheng** (S. 230) südlich von Nakasang. In der Nähe der Stadt Champasak findet sich die Tempelanlage von **Wat Phou** (S. 218). Die ältesten Ruinen datieren aus dem 5./6. Jahrhundert und sind damit 200 Jahre älter als die ältesten Teile von Angkor Wat in Kambodscha.

laos017 vl

1

Vientiane & das Zentrum

Jung, modern, voll gelebter Geschichte – die Hauptstadt Vientiane wächst unaufhörlich, bleibt aber überschaubar und ruhig. Kulturell bietet die Stadt einige Highlights. Die Gebiete am Mekong Richtung Süden werden gern unterschätzt, bieten aber landschaftlich viel und haben Entdeckerpotenzial.

‹ Vientiane: Trommelturm am Wat Sisaket

ÜBERBLICK: DAS ZENTRALE LAOS

Das zentrale Laos dient oft nur als Zwischenstopp auf der Reise bzw. als Ausgangspunkt, wenn man über die Hauptstadt Vientiane anreist, dabei sind das nördliche Hinterland von Vientiane bis Vang Vieng und südlich die Provinzen Bolikhamsay und Khammouane durchaus einen längeren Aufenthalt wert. Als Zentrallaos kann man das Gebiet der Provinzen Vientiane, Bolikhamsay und Khammouane bezeichnen, das ab Paksan als schmaler Landstrich im Westen an Thailand und im Osten an Vietnam grenzt. Zahlreiche Nationalparks sind von der Hauptverbindungslinie, der Straße Nr. 13, zu erreichen.

Vientiane

ວຽງຈັນ

Überblick

Vientiane (laot. Vieng Tjan) ist nicht nur **Hauptstadt, Regierungssitz und Verwaltungszentrum der Demokratischen Volksrepublik Laos,** sondern unbestritten auch **wirtschaftliches, politisches und kulturelles Zentrum des Landes.** Nicht zu Unrecht sagt man hierzulande, Vientiane sei nicht Laos. Zu groß sind die Unterschiede zwischen der immer moderner werdenden Hauptstadt am Mekong und dem Rest der Republik.

Vientiane hat fast so viele registrierte Kraftfahrzeuge wie Einwohner und viel zu schmale Straßen für den immens wachsenden Verkehr. **Vientiane steht im Stau,** zumindest morgens zwischen halb acht und neun und abends zwischen vier und sechs. Auch dazwischen

kommt man auf einigen Hauptstraßen nur im Schritttempo voran. Die **Bebauung der Stadt** verdichtet sich zusehends und treibt die Häuser auch in die Höhe; die 100-Meter-Marke ist längst geknackt, immer mehr Hochhäuser entstehen. Stück für Stück wird die Mekong-Front zubetoniert. Vorbei die Zeit der Kokospalmenhaine und Reisfelder, heute bestimmen Beton und Asphalt mehr und mehr das Stadtbild, wobei die Stadtväter sich alle Mühe geben, Vientiane zu einer sauberen und aufgeräumten Großstadt zu machen. Bislang mit gutem Erfolg.

Tümpel und Teiche, von westlichen Stadtentwicklern als unentbehrlich für den Wasserhaushalt und das Mikroklima von Vientiane bezeichnet, werden zugeschüttet und machen **neuen Bauprojekten** Platz. Ist schließlich günstiger, als endlose Verhandlungen mit Grundstückseignern der gewachsenen Stadtstruktur zu führen. Dabei sollen vor allem Einkaufszentren entstehen – als seien ITECC Mall und Vientiane Center noch nicht genug.

Vientiane gibt es gewissermaßen in dreifacher Ausführung: als **Provinz,** als **hauptstädtische Verwaltungseinheit** (Vientiane Capital) und als **Stadt.** Seit den 1980er Jahren hat die Provinz Vientiane mit der Stadt nur noch den Namen gemein. Zuvor saß auch die Provinzverwaltung in der Hauptstadt, aber dann zog diese um nach **Phone Hong** 70 Kilometer weiter nördlich.

Verwaltungseinheit und Stadt dagegen sind fest miteinander vereint. Immerhin bringt es **Vientiane Capital,** d.h. das städtische Kerngebiet und die angrenzenden ländlichen Gebiete, auf knapp 4000 km² Fläche und steht der kleinsten Flächenprovinz Bokeo nur um 2000 km² nach. In Vientiane Capital leben über 820.000 Einwohner (die Stadt selbst zählt 640.000), das sind für laotische Verhältnisse furchtbar viele Menschen auf einem Quadratkilometer, nämlich 209 (Landesdurchschnitt 27). 22% der Einwohner des Hauptstadtbezirks gelten laut Statistik als ländliche, wobei drei der neun Distrikte von Vientiane gar keine ländlichen Siedlungen mehr aufweisen.

Den Hauptanteil an der **Bevölkerung** stellen hier natürlich die **Lao.** Selbst Vertreter anderer in Laos beheimateter Völkerschaften passten sich im Laufe der

NICHT VERPASSEN!

- **Wat Sisaket in Vientiane:** eines der wenigen authentischen Zeugnisse laotischer Baukunst vergangener Zeiten | 46
- **Vang Vieng:** Backpacker-Mekka und Baustelle, aber auch grandiose Natur, gut zu bewundern auf einer Ballonfahrt | 65
- **Tham Kong Lo:** eine Bootsfahrt wie in Jules Vernes' „Reise zum Mittelpunkt der Erde" | 76
- **Thakhek Loop:** auf neuen Pfaden das Hinterland entdecken | 86

Diese Tipps sind gelb hinterlegt.

Segnung durch einen Mönch im Vorraum von Wat Si Muong

Zeit den dominierenden Lao an. Nicht so die fremden **Zuwanderer.** Die zahlenmäßig kleine, aber deutlich sichtbare Einwohnerschaft indischer und pakistanischer Abstammung – meist sind sie im Stoff- und Edelsteinhandel zu finden – erhielten sich ihre kulturelle Identität. Ebenso die zahlreichen, meist seit Generationen hier lebenden Chinesen und Vietnamesen. Hinzu kommt eine große Zahl westlicher sowie in jüngerer Zeit aus China zugewanderter Ausländer. Die liberale Wirtschaftspolitik des Landes und umfangreiche internationale Hilfsprojekte sind die Gründe dafür.

Der größte Teil der laotischen **Wirtschaft** ist in der Hauptstadt konzentriert. Knapp ein Drittel aller laotischen Unternehmen haben in Vientiane ihren Sitz. Bei den größeren Firmen mit mehr als 100 Beschäftigten steigt dieser Anteil auf mehr als die Hälfte. Darunter sorgen vor allem Nähereibetriebe für große Beschäftigtenzahlen, wenn mit mehr als 20.000 Firmen auch fast zwei Drittel aller Unternehmen im Handel angesiedelt sind. Zweitgrößter Sektor ist das Hotel- und Gaststättengewerbe mit 5500 Firmen, gefolgt von 3500 Betrieben im verarbeitenden Gewerbe. Hierzu zählen mit Brauerei, Pepsi-Abfüllbetrieb, Zigarettenfabrik, einem kleinen Landmaschinenwerk sowie einer Reihe von Holzverarbeitungsbetrieben auch die Firmen im traditionellen „Industriegürtel" der Stadt zwischen der City und dem Grenzübergang nach Nongkhai in Thailand.

Aber auch die **Landwirtschaft** hat nach wie vor große Bedeutung. Nach Savannakhet und Champasak ist der

laos001 vl

Hauptstadtbezirk vor allem dank seiner bewässerten Flächen noch immer ein wichtiger Reisproduzent. Bedeutung haben weiter vor allem der Anbau von Gemüse, die Rinderhaltung und die Geflügelzucht.

Die Lage der Stadt am Mekong in der Vientianer Tiefebene bestimmt **Landschaftsprofil** und Klima. Die Ebene umgibt die Hauptstadt wie ein Teller, dessen Rand in nördlicher, östlicher und südlicher Richtung ansteigt. Bei klarer Sicht lassen sich von einem etwas höher gelegenen Standort, etwa von der obersten Plattform des Anousavari, in jeder dieser Richtungen die Berge erkennen. In der Stadt kommen allenfalls Hügel vor, die sich dann großartig in den Namen der Stadtviertel präsentieren, steht doch „Phone" für Hügel.

Vientiane unterliegt voll und ganz dem Einfluss tropischer Monsune. Die höchsten **Temperaturen** werden im April/Mai bei dazu noch zunehmender Luftfeuchtigkeit gemessen. Dann klettert die Quecksilbersäule auf mehr als 40 Grad. Die Monate Juni bis September sind der Regenzeit vorbehalten, ehe die kalte Jahreszeit einsetzt, die von Oktober bis Januar dauert. Im Normalfall sollte auch an einem kühlen Morgen die Temperatur nicht unter 10 Grad fallen – und tagsüber werden es schnell wieder mehr als 20 Grad.

☒ Abendgymnastik auf der Uferpromenade am Mekong

Orientierung

Vientiane erstreckt sich mehrere Kilometer entlang des **Mekong.** Da der Fluss hier einen recht scharfen Rechtsknick vollführt, folgt auch die Stadt dieser Biegung. Das **Stadtzentrum** wird von drei Straßenzügen geprägt, die gewissermaßen das Rückgrat des Wegenetzes darstellen. Zum einen sind dies die beiden parallel zum Mekong verlaufenden Straßen **Samsenthai Road** (Einbahnstraße in östlicher Richtung) und **Setthathirath Road** (Einbahnstraße in umgekehrter Richtung); außerhalb des Zentrums vereinen sich die beiden Straßen. Nach Westen bzw. letztendlich nach Norden verläuft die **Souphanouvong Road,** Ausgangspunkt der Nationalstraße 13 Nord, die bis in die alte Königsstadt Luang Prabang führt. In südlicher Richtung führt die **Tha Deua Road,** auf der man zum Grenzübergang nach Nongkhai und noch weiter nach Wat Xieng Khuan und zum Buddha Park gelangt.

Etwa auf Höhe der Hälfte der Einbahnstraßen Samsenthai und Setthathirath verläuft die **Avenue Lane Xang** rechtwinklig zu diesen bzw. schnurgerade vom ehemaligen Königs- und heutigen Präsidentenpalast (Høø Kham) bis zum Patou Say. Dieser Prachtboulevard ist ebenso wie der Triumphbogen eine Reminiszenz an Paris, dessen Zentrum es den laotischen Stadtplanern und Architekten offenbar angetan hatte.

Viel des städtischen Lebens spielt sich im Bannkreis dieser drei Straßen und ihrer Querverbindungen ab. Dabei ist die Samsenthai Road die einstige Haupteinkaufsstraße der Stadt, während die Setthathirath auf der dem Mekong zugewandten Straßenseite fast ununterbrochen von Pagoden gesäumt wird. Das brachte der Straße denn auch den Beinamen „Pagodenstraße“ ein. Auf der anderen Straßenseite drängt sich inzwischen Restaurant an Restaurant. Die Avenue Lane Xang versucht sich dagegen immer stärker als **Geschäftszentrum** zu entwickeln. Die meisten der in Laos ansässigen Banken ließen sich im Umfeld dieser Straßen nieder und versuchen ihr mit Bankpalästen aus Stahlbeton und Glas zu neuem Glanz zu verhelfen.

Richtung Mekong schließt sich die **Fa Ngoum Road** an, einstige Uferstraße und inzwischen auch Einbahnstraße Richtung Norden. Westwärts folgt ein Stück neu gewonnenen Landes, das vor allem abends Freizeitsportlern und dem

Nachtmarkt zur Verfügung steht. Auf Höhe des Präsidentenpalastes steht seit 2010 der 8,28 Meter große **König Anouvong in Bronze** und mit Blick über den Mekong. 1827/28 hatte er versucht, mit einer zu kleinen Armee die laotischen Gebiete auf dem rechten Mekongufer einzunehmen und Laos aus siamesischer Abhängigkeit zu befreien.

laos016 vl

In Vientiane braucht es den richtungsweisenden Arm des Königs nicht. Spezielle **Hinweisschilder** weisen den Weg zu den Sehenswürdigkeiten. Auch die meisten Straßen im Zentrum sind zweisprachig beschildert und helfen so dem Ortsunkundigen weiter. Mit den Vientianern wird man allerdings bei der Suche nach einer bestimmten Straße oft nicht sehr weit kommen, denn die **Straßennamen** erleben erst in jüngster Zeit eine gewisse Renaissance, nachdem sie fast in Vergessenheit geraten schienen. Den Einheimischen fällt die **Orientierung nach „Dörfern" (Ban),** wie hier die einzelnen Stadtviertel genannt werden, viel leichter. Die Viertel tragen in der Regel den gleichen Namen wie die dazugehörige Pagode.

Entfernungen spielen in Vientiane keine dominierende Rolle. Von einem Ende der Stadt bis zum anderen sind es parallel zum Mekong rund 15 Kilometer, in der „Breite" kommt Vientiane inzwischen auf etwa das gleiche Maß. Demzufolge ist man überall schnell angekommen. Vom Flugplatz bis zum Stadtzentrum fährt ein Auto nur 10 Minuten, die in der Rush Hour auch mal zu einer halben Stunde werden können. Die meisten **Strecken innerhalb der Stadt** sind per Motorrad in einer Viertelstunde zu bewältigen. So kann man das Stadtzentrum getrost zu Fuß erschließen. Für die gesamte Stadt ist man mit einem Fahrrad ausreichend mobil und meist auch besser dran als mit einem Auto: Man kommt leichter durch den Verkehr und hat kein Problem bei der Parkplatzsuche.

◁ Buddha-Darstellungen am Wat Sisaket

Geschichte

Vor den Lao

Vientiane zählt zu den **ältesten Siedlungsplätzen in Laos.** Dabei hat sich der Name des Ortes ebenso oft geändert wie seine genaue Lage, denn zwischenzeitlich war Vientiane wiederholt vollkommen zerstört oder verlassen.

Bereits vor Christus gab es im heutigen Stadtgebiet Siedlungen und spätestens seit Kaiser *Ashoka* (Konzil von Pataliputra im Jahre 242 vor Christus) war auch der **Buddhismus** hier präsent. Denn zu jener Zeit, so sagt die Überlieferung, erreichten buddhistische Mönche Vientiane und errichteten an einem den Eingeborenen heiligen Platz östlich der Stadt ein buddhistisches Heiligtum. Ein Nachweis dieser Darstellung fehlt jedoch bislang. Heute wird dieser Ort beherrscht vom **That Luang,** der bedeutendsten buddhistischen Pilgerstätte des Landes. Nicht ohne Grund ist sie dies geworden, sollen doch die damals hier angekommenen Mönche ein Teil des Brustbeins Buddhas mit sich geführt und hier eingeschreint haben. Die Kultstätte wurde seitdem nicht mehr aufgegeben, sondern – wie auch Funde aus der Khmer-Periode belegen – von den jeweiligen Herrschern weiter ausgebaut.

Mit der Herrschaft der **Khmer** (6. bis 12. Jahrhundert) begann der Überlieferung zufolge auch die Geschichte Vientianes als Stadt. Über den bedeutungslosen Ort Ban Nong Khanthae herrschte ein offensichtlich recht umsichtiger Mann namens **Bulichanh.** Er machte sich um den Ausbau der Stadt verdient und ließ sich zu ihrem Herrscher küren. Den Segen dazu erhielt er aus dem Zentrum des Sikhottabong-Reiches, dem heutigen Thakhek, dessen Fürst ihn zum Statthalter machte und ihm einen Adelstitel verlieh. Gleichzeitig wurde die Stadt nach dem nun geadelten Herrscher benannt. Und dafür existieren gleich zwei Varianten: Zum einen lautete der neue Name **Muong Chanthabuli,** eine direkte Ableitung von *Bulichanh.* Bis in die Gegenwart trägt ein Distrikt von Vientiane Capital diesen Namen. Zum anderen wird auch der heutige Name Vientiane aus der gleichen Quelle hergeleitet: **Vieng** hat in etwa die gleiche Bedeutung wie „Muong" (also Stadt oder Fürstentum), und **Chanh** ist die letzte Silbe des Herrschernamens und bedeutet zugleich Mond.

Nun war *Bulichanh,* mit adligem Titel *Phagna Chanthabuli Pasitthisak,* ein eifriger Anhänger des Buddhismus und ließ die **ersten Pagoden** der Stadt errichten. So entstanden Wat Pa Neua (Nördlicher Waldtempel) und Wat Pa Tai (Südlicher Waldtempel). Da man noch Mangel an eigenen Bonzen (= buddhistische Mönche) litt, waren es indische Mönche, die den Pagoden vorstanden. Die Plätze beider Pagoden sind bis auf den heutigen Tag heilige Orte geblieben. Wat Pa Neua heißt heute That Fun und befindet sich unweit des Talaat Sao. That Fun ist die größte Einäscherungspagode der Hauptstadt. Wat Pa Tai dagegen fand seinen Nachfolger in Wat Sokpaluang schräg gegenüber der deutschen Botschaft.

Aus der zu Ende gehenden Khmer-Zeit stammen auch die Anfänge der **Stadtbefestigungen** (12. Jahrhundert), deren Reste noch heute zu erkennen sind. Vientiane verfügte einst über zwei Stadtmauern, eine innere und eine äußere. Beide bestanden ursprünglich als Erdwälle, die mit Steinen befestigt waren. Erst im 16. Jahrhundert kamen Ziegelmauern hinzu.

Stadt der Lao

Die Tributbeziehungen zu Khmer-Reichen endeten mit dem Eroberungszug von **König Fa Ngoum,** der im Jahr **1356** Vientiane belagerte und einnahm. Nicht genug mit der erfolgreichen Einnahme der Stadt, *Fa Ngoum* ließ hier auch erstmals im Jahre 1356 seine großen Siege feiern. Er setzte Statthalter ein und verlieh Adelstitel. Gleichzeitig rief er sich selbst zum **König von Lane Xang,** wie das Reich der Lao nun heißen sollte, aus. Den Spaß ließ er sich zehn Elefanten, 1000 Rinder und 2000 Büffel kosten, die im Laufe der einwochigen Jubelfeiern verspeist wurden. Seine Hauptstadt allerdings sah der Monarch deshalb noch lange nicht in Vientiane. Er zog weiter nach Luang Prabang, damals noch Xieng

Die Eroberung von Vientiane

1356 war **König Fa Ngoum** auf seinem erfolgreichen Feldzug bis vor die Stadt Vientiane gekommen. Einige der umliegenden Ortschaften waren ihm bereits untertan, doch **Vieng Chanh** und **Vieng Kham,** zwei Nachbarorte, wollten sich nicht ergeben. Im Gegenteil, bei Herannahen der Eroberer stellten sie eine 20.000 Mann und 500 Elefanten starke Armee zur Verteidigung ihrer Orte auf. Der Elefant ihres Führers soll stolze neun Ellen (4,50 Meter) hoch gewesen sein. Nach einer ersten Schlacht, in der der Herrscher von Vieng Chanh getötet wurde, zog sich dessen Sohn nach Vieng Kham zurück. Die Stadt schien für *Fa Ngoum* uneinnehmbar, wurde sie doch von einem dichten Bambusgürtel umgeben. Der Fürst sann lange, ehe er auf eine **Kriegslist** verfiel. Er ließ seinen Schatzmeister kommen und hieß diesen, aus den Beständen an Gold und Silber Pfeile herstellen zu lassen. Die Geschosse aus den Edelmetallen wurden dann recht wahllos in das Bambusdickicht verschossen.

Daraufhin zog *Fa Ngoum* seine Truppen ab und wandte sich dem rechten Mekong-Ufer zu, wo er sich genauso erfolgreich Fürstentum auf Fürstentum bis hin zur Hauptstadt Si Ayudhaya seinem Reich einverleibte. Lediglich ein kleiner Trupp blieb zurück. Die Einwohner von Vieng Kham sahen die Gefahr gebannt und gingen wieder ihrem normalen Tagewerk nach. Wie erstaunt sie waren, im Bambusdickicht auf **Gold und Silber** zu stoßen, lässt sich leicht vorstellen. Arglos begannen sie auf der Suche nach mehr von den Schätzen den **Bambusgürtel** um ihre Stadt zu roden. Die Truppen *Fa Ngoums,* die diese Entwicklung nur abgewartet hatten, überwanden den nun leichten Widerstand der Stadt und unterwarfen auch sie. Der Anführer der Verteidiger und Herrscher der Stadt erlitt ein wenig beneidenswertes Schicksal: In einem Käfig verfrachtete man ihn nach Luang Prabang. Dort kam er allerdings nicht an, denn schon auf der ersten Etappe der Reise segnete er das Zeitliche.

Dong/Xieng Thong, die Stadt, die er als seine Metropole auserkoren hatte. Vientiane blieb wichtiges, aber eben nur zweites Zentrum des Landes.

Das Reich erlebte einige Könige, friedliche und weniger friedliche Zeiten, in denen Vientiane auf- und verblühte, Ort innerer Fehden und äußerer Bedrohung wurde, wie bei der vietnamesischen Invasion von 1479.

König Phothisarath (1520–1550) war es schließlich, der dem Zwist in der Hauptstadt Luang Prabang entgehen und seine Verbindung zu Si-Ayudhaya (Siam) stärken wollte. Deshalb verlegte er seine ständige Residenz nach Vientiane, ohne allerdings die alte Hauptstadt aufzugeben.

Hauptstadt der Lao

Phothisaraths Sohn und Nachfolger, **König Setthathirath (1550–1571),** verlegte die Hauptstadt ganz nach Vientiane. Die Gründe dafür waren vielfältiger Art. Zum einen argumentieren die Geschichtsschreiber, der enge Talkessel von Luang Prabang habe nicht genug Raum für die Entfaltung der Stadt und nicht genug Äcker für ihre Versorgung geboten. Weit wesentlicher erscheint aber ein anderer Grund. Jahrelang hatten sich die Burmesen bemüht, mit Laos ein Bündnis gegen Siam zu schmieden. Als dies nicht gelang, wandten sich die kriegerischen Nachbarn gegen Lane Xang. Um dieser Bedrohung zu entgehen, verlegte König *Setthathirath* 1560 die Hauptstadt kurzerhand in das südlichere Vientiane. Damit folgte er dem Zug der Zeit, denn nicht nur die Burmesen strebten westlich von Lane Xang nach Süden, sondern auch die Vietnamesen weiter im Osten.

Der Stadt tat dies zunächst einmal sehr gut. *Setthathirath* ordnete den Bau des **That Luang** in seiner heutigen Form an und ließ zur Einschreinung des Pha Keo, des berühmten Jade-Buddhas, eine Pagode errichten. Den **Pha Keo** hatte der König zuvor höchstselbst aus Chieng Mai mitgeführt, wo er vor seiner Inthronisierung in Lane Xang kurze Zeit geherrscht hatte. Weitere Bauten von Pagoden gehen auf das Konto des Monarchen, der übrigens auch die alte Hauptstadt Xieng Dong/Xieng Thong nach der dort zurückgelassenen Buddha-Statue Pha Bang in Luang Prabang umbenannte. Insgesamt 120 Pagoden soll Vientiane seinerzeit gezählt haben.

Doch konnten sie nicht verhindern, dass die Stadt dreimal innerhalb kurzer Zeit **von Burmesen überfallen** wurde. **1563** verlief alles noch recht glimpflich. **1570** dann wandte der Laotenkönig eine neue Taktik an, um die Burmesen zu vertreiben. Zunächst ließ er die Stadt vollständig evakuieren und ordnete seinen Truppen **Guerillakampf** an. Erst mieden die Angreifer die leere Stadt, doch mit dem Beginn der Regenzeit zogen sie sich in den Ort zurück. Damit hatten sie sich selbst gefangen, denn in der menschenleeren Stadt konnten sie natürlich auch keine Lebensmittel auftreiben. Zogen die Besatzer in die Dörfer, um Proviant zu beschaffen, lauerten die Guerillakämpfer im Hinterhalt und fielen über die Burmesen her. Schließlich gaben diese auf und zogen in Richtung Heimat ab; darauf hatten die Laoten nur gewartet und machten den größten Teil der geschwächten Burmesen nieder.

1574 – der große König *Setthathirath* teilte inzwischen das Schicksal *Barbarossas* und war verschollen – standen die Burmesen erneut vor Vientiane. Inzwischen schwächte innerer Streit die Laoten, und es war den Angreifern ein Leichtes, die Stadt zu erobern, zu plündern und zu unterwerfen.

1603 endete die burmesische Herrschaft über Vientiane.

Fortdauernder Streit um die Erbfolge verbunden mit Anbiederungen mal nach der einen, mal nach der anderen Seite ruinierten das Reich zusehends. Doch noch einmal, unter **König Souligna Vongsa (1633–1698),** schwang sich Lane Xang zu großer Blüte auf, ehe es völlig unterging. Der Monarch hinterließ keinen Thronfolger, und die liebe Verwandtschaft konnte sich nicht auf einen Nachfolger einigen. Das Reich zerfiel in drei Teilreiche: Luang Prabang, Vientiane und Champasak.

In die Herrschaftszeit von *Souligna Vongsa* fiel auch der erste überlieferte Besuch eines Europäers. Der Holländer **Gerrit van Wuysthoff** erreichte Vientiane **1641** und war begeistert von der Stadt und ihrem buddhistischen Leben. Er fand die Zahl der Mönche „größer als die der Soldaten des Kaisers von Deutschland", und das will schon etwas heißen.

Stadt unter siamesischer Kontrolle

Zwar brachte die Teilung des Reichs Vientiane zunächst einmal das Buddhabildnis **Pha Bang** (1707) aus Luang Prabang, doch vor allem kam es in der Folge zu nicht enden wollenden Streitigkeiten um Allianzen und Fehden, Kriegs- und Raubzüge. Im **Kampf der großen Nachbarn Burma, Vietnam und Siam** waren letztlich immer die zersplitterten Laoten die Leidtragenden. Das Spiel endete, wie es musste: Wie die anderen Teilreiche verlor auch Vientiane seine Unabhängigkeit und kam unter die Fuchtel der **Siamesen.** Zuvor allerdings eroberten diese die Stadt, in der sie furchtbar hausten und keinen Stein auf dem anderen ließen. Neben Zehntausenden Laoten, die als Kulis und Fronarbeiter nach Thailand verschleppt wurden, traten auch die Heiligtümer Pha Bang und Pha Keo ihren Weg dorthin an. Nach nur 71 Jahren war das „Königreich Vieng Chanh" am Ende.

Erst Anfang des 19. Jahrhunderts rührte sich wieder etwas am Mekong. Vientianes **König** von Siams Gnaden, **Tiao Anouvong,** wollte seinem Volk wieder zur Unabhängigkeit verhelfen. In Vientiane begann er ein großartiges Bauprogramm buddhistischer Pagoden, die helfen sollten, die Wunden der Zerstörung der Stadt zu heilen und den Nationalstolz der Lao neu zu entfachen. **Wat Sisaket** ist das einzig erhaltene Zeugnis dieses Tuns. Doch seine Versuche, die Teile des laotischen Reiches zu vereinen und gegen die Siamesen zu führen, stießen in Luang Prabang auf taube Ohren. So machte sich der bis heute als Nationalheld verehrte König allein ans Werk. **1827** zog er mit einer Armee los, deren Ziel die Eroberung Bangkoks war. Doch nur wenige Kilometer westlich des Mekong endete das militärische Abenteuer mit der **vernichtenden Niederlage** der Truppen *Anouvongs.* Die Siamesen machten sich erneut über Vientiane her und ließen nichts unversehrt. Das einzige Gebäude, das das Wüten der Eroberer überstand, war die schon erwähnte Pagode Wat Sisaket.

Den Rest gaben der arg gebeutelten Stadt die Horden der **chinesischen Ho,** die **1873** über die noch weitgehend zerstörte Siedlung herfielen. Sie machten auch vor der Zerstörung des That Luang nicht halt. Die doppelte Vernichtung war so gründlich, dass Einheimische dem französischen Forscher *Francis Garnier* nur Ruinen zeigen konnten. Erst nach und nach zog wieder Leben ein.

Hauptstadt der französischen Kolonie

Zunächst hatten die Franzosen, die **1893** ihre Herrschaft in Indochina auf Laos ausgedehnt hatten, mit Vientiane nichts im Sinn. Nach den Absprachen zwischen dem französischen Diplomaten *Auguste Pavie,* dem „Eroberer der Herzen", und den Autoritäten vor Ort blieb Luang Prabang als Königreich bestehen und wurde Protektorat. Rest-Laos unterstand dagegen direkter französischer Verwaltung. Als **Verwaltungszentrum** wurde zunächst das zentral gelegene und auch von Vietnam aus günstig zu erreichende Thakhek auserwählt. Doch da spielte die laotische Oberschicht nicht mit. So wurde schließlich Vientiane Verwaltungssitz des französischen Residenten. Die **Stadt in ihrer heutigen Struktur** begann zu entstehen. Viele Straßenzüge und Gebäude zeugen noch heute vom französischen Einfluss. Wasserleitungen, Kanalisation, Strom – Leistungen der französischen Kolonisatoren, die allerdings deren eigenem Bedarf vorbehalten blieben. Auch Schulen und Krankenhäuser waren allein für die Franzosen da. Die schmucken Villen der Kolonialbeamten und der wenigen Geschäftsleute stehen heute unter Denkmalschutz.

Für Laoten gab es derartigen Luxus erst, als den Franzosen das Geld knapp wurde und sie teure Kolonialbeamte durch **einheimisches Personal** ersetzen mussten. Diese Zwänge taten sich vor allem während der beiden Weltkriege auf. In den 1940er Jahren kam hinzu, dass Frankreich den Südostasien beherrschenden Japanern keinesfalls das Feld räumen wollte, obwohl man seit Frankreichs Kapitulation gegenüber Deutschland eigentlich verbündet war.

1945 riefen Patrioten um den **Prinzen Phetsarath** in der Stadt die Unabhängigkeit des Landes aus, ein Schritt, dem der König in Luang Prabang nur widerstrebend folgte. Das Parlament des nun unabhängigen Laos zerstritt sich über Protokollfragen, während die Franzosen Truppen zur militärischen Rückeroberung sandten. 1946 jedenfalls war Vientiane wieder in französischer Hand. Einzig das Gebiet südlich des Talaat Sao, der heutige Busbahnhof sowie der Talaat Khua Din, blieb den französischen Gendarmen ein ständiger Dorn im Auge. In dieser Siedlung aus Bretterbuden über einem recht zweifelhaften Gewässer lebten vor allem Vietnamesen. Nur selten wagten sich Amtspersonen in dieses Gebiet. Hier war zugleich der Unterschlupf der Anhänger der Revolution.

> Bronzeskulpturen im Garten des Wat Høø Pha Keo

>> Holzschnitzereien vor dem Nationalmuseum

1954, als die **Franzosen abzogen,** war die Stadt von den kriegerischen Auseinandersetzungen und den politischen Unruhen im Lande weitgehend verschont geblieben.

Hauptstadt des Königreichs Laos

Mit der letztlich von Frankreich eingeräumten Unabhängigkeit des Königreiches Laos erhielt Vientiane eine neue Rolle. Die Stadt am Mekong wurde Hauptstadt, doch der König blieb in Luang Prabang. **Regierung und Parlament** erhielten ihren Sitz in Vientiane. Hier wurde von nun über die Geschicke des Landes entschieden, hier wurden Ränke geschmiedet, Politiker ermordet, hier rollten 1960 die Panzer des Putschisten-Oberst *Kong Le* durch die Stadt, wurden 1963 gewählte Parlamentarier im Dutzend verhaftet und ohne Prozess in Haft gehalten. In der Stadt betätigten sich neue Gönner, die mit Dollars bezahlten. Vientiane verkam zu einem Sumpf aus **Korruption und Prostitution;** die Stadt hatte den zweifelhaften Ruf, die höchste Zahl von Dirnen pro Einwohner vorweisen zu können. Größte Bordellstraße war die Dongpalane Road. Zu den die Stadt bevölkernden GIs am Vorabend des Vietnamkrieges kamen Journalisten, die vom Krieg in Indochina, den es doch angeblich nicht gab, berichten wollten, sowie Hippies und Junkies aus der ganzen Welt. In Laos war **Rauschgift** legal und überall ausreichend zu haben. Vientiane galt als Treffpunkt auch der Geheimdienstler aus aller Welt. Ob als Diplomaten, Journalisten oder Hippies getarnt – sie waren allgegenwärtig.

laos015 vl

laos014 vl

Hauptstadt der Volksrepublik Laos

All dies endete schlagartig. Mit dem Vientianer Abkommen zur Wiederherstellung des Friedens und zur Erreichung der nationalen Eintracht in Laos (1973) kamen erstmals auch offiziell Bewaffnete der Pathet-Lao-Partei als Ordnungskräfte in die Stadt. Heimlich hatten sie zudem auch die Umgebung infiltriert. Bis 1975 hielt die eigenartige Machtkonstellation, während der die Dschungelkämpfer wegen ihrer Unkenntnis des Stadtlebens mehr als einmal verspottet wurden. Im **August 1975** war es mit dem Spott vorbei: Die Revolutionäre der **Pathet Lao** rissen die Macht an sich und riefen die **Demokratische Volksrepublik Laos** aus. Die Fluchtbewegung der Anhänger des alten Regimes westwärts über den Mekong begann. Wer es nicht weg schaffte, den ereilte zum Jahreswechsel die Einladung zum „Seminar", wie die Umerziehungslager überall genannt wurden. Geschäfte schlossen, Märkte verödeten. Hippies und Junkies wurden des Landes verwiesen, der Personalbestand der US-Botschaft auf sechs Personen begrenzt. Vientiane wurde zur Geisterstadt und wechselte erneut die „Besitzer": Zunächst gaben Vietnamesen den Ton an, ehe die sowjetische Präsenz in der Stadt mehrere tausend Personen erreichte.

Aber auch das ist passé. Als Erinnerung blieben ein überdimensionierter Botschaftsbau und ein monumentales Krankenhaus am Rande der Stadt. Hatten Stadtentwicklungsexperten die revolutionären Machthaber noch dafür gelobt, keine Kolossalbauten in die Stadt geklotzt zu haben, so war es mit der Zurückhaltung vorbei, nachdem die **wirtschaftliche Entwicklung ansprang** und etwas Geld in die Kassen spülte. Der Regierungskomplex am Patou Say, die Vientianer Stadtverwaltung nur einen Block weiter südlich, das protzige Museum des Ministeriums für öffentliche Sicherheit sind Beton gewordene Zeugnisse neuen Selbstbewusstseins. Auch mit der Vorschrift, charakteristische laotische Architekturmerkmale bei der Gestaltung moderner Zweckbauten zu verwenden, ist es nicht mehr weit her. Nachdem einige Bauten noch aufgesetzt wirkende Schnörkel verordnet bekamen, wird inzwischen gebaut wie auch anderswo. Viel Geld dafür kommt aus China, etwa für das neue Stadtgebiet That Luang Marsh (*marsh* = Niederung), einem der wasserregulierenden Feuchtgebiete am Stadtrand, oder für die gewaltigen Shopping Malls an der Straße Khu Vieng. Auch vietnamesische Investoren setzten mit dem Hochhaus-Hotel Muong Thanh Luxury ein weithin sichtbares Zeichen.

Sehenswertes

Wats und Thats

Vientiane ist eine **Stadt der Pagoden.** Die buddhistische Bevölkerung unterhält mehr als einhundert aktive Tempel, und zwar besser und großzügiger als je zuvor. So werden die religiösen Bauwerke fortlaufend renoviert, was den Kultstätten zumindest in den Augen vieler Europäer nicht immer gut bekommt: Buddha-Figuren werden mit bunter Weihnachtsbaumbeleuchtung behängt, Ziegeldächer durch solche aus Wellasbest ersetzt, und manche alte Stuckarbeit wird im Zuge der Erneuerung schlicht und einfach zubetoniert. Den herausragenden und historisch bedeutsamsten Pagoden stößt solcherlei zum Glück recht selten zu, da hier meist nicht nur die Gläubigen der Gemeinde bestimmen, sondern auch Fachleute in Sachen Architektur und Denkmalschutz ein Wörtchen mitreden. Vor dem Weihnachtsbaumschmuck sind allerdings auch diese Tempel nicht gefeit.

Die Pagoden von Vientiane sind gleich Perlen einer Kette in mehreren Schnüren **parallel zum Mekong** aufgefädelt. Die erste und aller Wahrscheinlichkeit nach auch älteste Schnur liegt dicht am Mekong-Ufer; erhalten sind hier die altehrwürdigen Tempel Wat Chan (oder Chanthaburi), Wat Høø Pha Keo und Wat That Khao. Die zweite Kette wird gebildet von Wat Inpeng, Wat Ongtü, Wat Misay und Wat Kao Nhot, die dritte von Wat Haysok, Wat Sisaket, Wat Si Muong und Wat Phasay. Von der vierten Kette der alten Stadtstruktur ist nichts erhalten außer dem That Dam, zu dem früher auch eine Pagode gehörte.

That Luang

Infos: geöffnet täglich 8–12 und 13–16 Uhr, Eintritt 5000 Kip. Für Laoten, die That Luang in Ausübung ihrer Religion besuchen, ist der Eintritt frei. Auch während des That-Luang-Festes im November ist die Anlage frei zugänglich.

Der That Luang ist das **Wahrzeichen von Laos.** Nicht nur, weil er seit 1991 auch das Staatswappen ziert. Die Stupa ist Ausdruck bester laotischer Kunst- und Architekturtradition. Sie ist ebenso Widerspiegelung des tief im Volke verwurzelten **Buddhismus.** Sie ist ein Stück unverzichtbares Laos.

Seit der indische Kaiser *Ashoka* die Welt mit dem Buddhismus vertraut zu machen beschloss, und das war 300 Jahre vor Christus, soll sich an dieser Stelle ein buddhistisches Heiligtum befinden. Vom **indischen** Subkontinent herbeigezogene **Missionare** errichteten der Überlieferung nach einen ersten **Schrein** und eine **Steinsäule.** In seinem Innern soll der Schrein ein Stück vom Brustbein Buddhas beherbergt haben. Einen durch Funde belegbaren Nachweis dafür gibt es jedoch nicht. Doch schon vorher scheint der Platz östlich von Vientiane als **Kultstätte** gedient zu haben, denn Sagen und Legenden überliefern auch das Wirken von Geistern an dieser Stätte. Als Vien-

That Luang: Statue von König Jayavarman VII. rechts neben dem Eingang am Westtor

laos005 vl

Vientiane Überblick

Übernachtung
9 Muong Thanh Luxury
11 Green Park Boutique
15 Landmark Mekong Riverside

Essen und Trinken
1 Khong View
2 Fumanlo
4 Suntara
6 Berliner Garten
7 Tamnak Lao
12 T.O. Sushi
13 Nem Neuang
14 La Scala

Nachtleben
8 Cat Walk Club
10 Hard Rock Café

Einkaufen/Sonstiges
3 Lao Cotton
5 Vientiane Center
16 ITECC Mall

BAN DONGPALEB
BAN PHONPHANAO
Busbahnhof Süd, Nationalstraße 13 Süd, Paksan, Kaysone Phomvihane Museum, Friendship Hospital, Talaat Houa Khoua
51
BAN SAWANG
BAN HONGKAIKEO
52 Armeemuseum
52 Souphanouvong Museum
52 Museum der Sicherheitskräfte
Av. Kaysone Phomvihane
Kamphengmeuang Rd.
BAN SIBOUNHEUAN
Asean Rd.
Nongbone Rd.
Nong Sa Phang Lenh Park
Wat That Luang Neua (Nordpagode)
33 That Luang
Organic Market
Wat That Luang Tai (Südpagode)
National Geographic Department
6 Thailändische Botschaft
23 Singha Rd.
Ministerien
50 Patou Say (Triumphbogen)
Parkanlage des Patou Say
7 Vietnamesische Botschaft
8
Sisangvone Rd.
That Fun (Wat Pa Neua)
Bu Lom Rd.
Nongbone Rd.
Dongpalane Rd.
Av. Lane Xang
Khu Vieng Rd.
Samsenthai Rd.
9
52 Präsidentenpalast (Høø Kham)
5 NONGCHAN
World Trade Center
PHONTHAN NEUA VILLAGE
Kamphengmeuang Rd.
Setthathirath Rd.
Phamacy
Wat Kao Nhot
Simeuang Supermarket
Dongpayana Rd.
SAPAHNTHONG KAANG VILLAGE
4 40 Wat Si Muong
11 COPE Visitor Center 52
Dongpayana Rd.
Bronzestatue König Si Savang Vong
10 53 ITECC Ocean Park
Don Chan Palace
Wat That Khao
Talaat Saphanthong
Tha Deua Rd. (Thadeua Rd.)
12
Saysaat Pharmacy
13
Krankenhaus 103
BAN PHONPAPAO
Kamphengmeuang Rd.
44 Wat Sokpaluang
14
Deutsche Botschaft
44 Wat Xieng Khuan, 44 Buddha Park, 53 Kulturpark der laotischen Ethnien (Inpeng Ethnic and Cultural Park)
15
Tha Deua Rd. (Thadeua Rd.)
Talaat Don Koi, ASEAN Hospital, Setthathirath Hospital, Freundschaftsbrücke
16
Lao-Thai Rd.
1

tiane zum Khmer-Reich gehörte (etwa 6. bis 12. Jahrhundert), bauten die neuen Herrscher weiter an der Pilgerstätte, zunächst in buddhistischer, dann in hinduistischer Manier. That Luang gehörte, nebst den vier Thats in Zentrallaos (siehe Kapitel zu Thakhek und Savannakhet), zum Khmer-Reich Sikhottabong. Eine Statue des Königs *Jayavarman VII.* ist ein deutlicher Beweis dafür; zu sehen ist die sitzende Figur rechter Hand des heute als Eingang dienenden Westtores.

Als **Chedi** (= Stupa) wurde der That Luang erstmals 1566 auf Geheiß des Königs *Setthathirath* errichtet. Nur sechs Jahre zuvor hatte der Herrscher die Hauptstadt von Luang Prabang nach Vientiane verlegt und der Stadt nun ein unvergleichliches religiöses Symbol verschafft, obgleich Luang Prabang weiter

das Zentrum des laotischen Buddhismus blieb. Zugleich mit dem Chedi rief der König auch die Tradition des **That-Luang-Festes** ins Leben, zu dem Mönche und Laien aus dem ganzen Land alljährlich im November in Vientiane zusammenkommen. An den Gründer des modernen That Luang erinnert dann auch das Denkmal vor dem Westtor der Anlage, das König *Setthathirath* darstellt.

Nach siamesischen und burmesischen **Überfällen** auf Vientiane im 18. Jahrhundert war nicht viel übrig vom That Luang. Erst König *Tiao Anouvong* ließ das Bauwerk instand setzen und die umlaufende Galerie errichten. Arbeiten, die nicht lange vorhielten, denn 1827 und 1873 gaben zunächst Siamesen und dann chinesische Ho dem laotischen Heiligtum den Rest. Es blieben nur **Rui-**

nen. 1900 errichteten die Franzosen den That Luang neu, allerdings in einer nur entfernt an sein ursprüngliches Aussehen erinnernden Form. Die erhielt der That Luang nach einer erneuten **Rekonstruktion,** diesmal durch die französische *École d'Extrême Orient* in den Jahren 1931 bis 1935. Wiederholte Renovierungsarbeiten gaben dem Chedi mal einen weißen und schließlich einen komplett **goldenen Anstrich.** Im Oktober 2016 erhielt der That Luang im Zuge der jüngsten Renovierung auch eine neue Spitze, die aus neun Kilogramm Gold gefertigt wurde.

Umgeben wird der Chedi von einer **geschlossenen Galerie** von 91 mal 75 Metern Seitenlänge. In jede Himmelsrichtung führt ein Tor. Durch diese Tore gelangte man einst auch in die umliegenden vier Pagoden. Heute sind nur noch zwei erhalten: **Wat That Luang Neua** (Nordpagode) und **Wat That Luang Tai** (Südpagode). Die Stupa selbst misst am Fuß 68 mal 49 Meter. Die Aufgänge, jeweils in der Mitte der Seiten, werden von

kleinen Kapellen beherrscht. Die **Mauern** der unteren beiden Wandelgänge sind **zinnenbewehrt,** 323 auf der ersten und 223 auf der zweiten Etage. Zwischen beiden findet man noch eine aus 120 stilisierten Lotusblüten bestehende Zinnenreihe. Weiter nach oben trifft man auf **30 kleine Stupas,** die den zentrale Chedi umgeben; sie sind gewissermaßen die Leibgarde der zentralen Stupa. Einst waren sie mit Gold bedeckt, für das dann aber die Plünderer der Jahre 1827 und 1873 andere Verwendung fanden.

laos002 vl

Die eigentliche **Stupa** steht auf einem weiteren Sockel von 30 mal 30 Metern Kantenlänge, der auch die Schätze des Heiligtums enthalten soll. Einem quadratischen Absatz aus stilisierten Lotusblüten folgt der Fuß der Stupa und schließlich die Stupa selbst, ebenfalls eine stilisierte Lotusblüte, die 30 Meter hoch in den Himmel ragt.

Am Nordrand des weitläufigen That-Luang-Platzes ließ die laotische Regierung zum 10. Jahrestag der Gründung der Demokratischen Volksrepublik 1985 das **Denkmal des unbekannten Soldaten** errichten, das später ins Zentrum des neu angelegten Parks gerückt wurde. In Form einer klassischen laotischen Stupa erinnert das schneeweiße Bauwerk an die Gefallenen der laotischen Revolution. Zu revolutionären Feiertagen und bei Kranzniederlegungen ausländischer Staatsgäste erlebt man hier etwas Bewegung. Ein Ehrenfriedhof für die Gefallenen der Revolution wurde 24 Kilometer außerhalb der Stadt angelegt.

Wat Inpeng

Eine der ältesten und prachtvollsten Pagoden der laotischen Hauptstadt, Wat Inpeng, bildet den Anfang der „Pagodenstraße“ Setthathirath, Ecke Khun Bolom Road. Die heutige Pracht verdankt Wat Inpeng in erster Linie der Restaurierung in den Jahren 1968 bis 1975. Hervorzuheben sind die Stuckverzierungen der Veranda des Sim, die Szenen aus dem Leben Buddhas darstellen, sowie die geschnitzten und mit Mosaiken verzierten Giebel.

◁ Die 44 m hohe Stupa That Luang ist laotisches Nationalsymbol

Das genaue **Gründungsdatum** von Wat Inpeng lässt sich nicht mehr feststellen. Der Legende nach soll Gott Indra zur Errichtung des Wat eigens herabgestiegen sein und so auch den Namen hinterlassen haben (*In* = Indra, *Peng* = reparieren, richten). Einige Fundstücke in der Pagode datieren aus der Zeit der Khmer-Herrschaft. Diese Zeugnisse der Vergangenheit findet man heute zum Teil in Wat Høø Pha Keo, andere in Bangkoker Museen. Sie müssen jedoch nicht ursprünglich aus Wat Inpeng stammen. Andere Hinweise lassen den Schluss zu, dass Wat Inpeng aus der Zeit König *Setthathiraths* stammt.

Wat Ongtü

Nur durch wenige Häuser von Wat Inpeng getrennt schließt sich Wat Ongtü in der Setthathirath Road an. In königlichen Zeiten war Wat Ongtü auch Ort royaler und protokollarischer Zeremonien. Auch heute gehört Wat Ongtü zu den **am meisten verehrten Pagoden** des Landes und verfügt über eine der angesehensten buddhistischen Schulen.

Seinen Namen hat Wat Ongtü nach der hier unter König *Setthathirath* aufgestellten **Buddha-Figur Ongtü** (der „Gewaltige"). Zuvor soll an gleicher Stelle bereits eine Pagode mit Namen Wat Sayaphum gestanden haben.

Wie alles andere in Vientiane wurde auch Wat Ongtü 1827 von den Thais verwüstet. Einzig sein Gewicht von mehreren Tonnen bewahrte das bronzene Ongtü-Heiligtum vor der Verschleppung nach Thailand. Wiedererrichtet wurde der Tempel 1911 und 1927 erneut restauriert. Das gedrungen wirkende Gebäude stellt heute einen **Ruhepol** entlang der belebten Setthathirath Road dar.

Künstlerisch einzigartig ist die **Holzschnitzerei** von Wat Ongtü. Der Tempel beherbergt die größte Pagodenschule von Vientiane.

Wat Si Muong

Wat Si Muong in unmittelbarer Nachbarschaft des Denkmals von König *Sri Savang Vong* (s.u.) und der Gabelung der Straßen Samsenthai und Setthathirath steht **auf altehrwürdigem Grund.** Die Ruinenteile auf dem Gelände gehen offenbar bis auf die Khmer-Zeit zurück. In

laos008 vl

seiner heutigen Bedeutung entstand Wat Si Muong wahrscheinlich im Zusammenhang mit dem Umzug der Hauptstadt nach Vientiane (1560) unter der Herrschaft von König *Setthathirath*. Überlieferungen aus früherer Zeit lassen aber auch den Schluss zu, die Pagode sei schon bei der Ankunft der buddhistischen Mönche zur Zeit der Reichsgründung 1356 errichtet worden. Immerhin ordnete der weise *Maha Pasaman* an, eine viereckige Steinstele als Stadtsäule aufzustellen. Der **Legende** nach lief das Ganze dann wie folgt ab: Der Platz war auserwählt worden, die Stele, Verkörperung des Mittelpunktes der Stadt, aufzunehmen. Die Grube, in die die Säule eingelassen werden sollte, war schon ausgehoben, die Säule selbst, eine Steinstele aus den Resten der früheren Khmer-Pagode, über der Grube befestigt. Altem Brauch folgend musste nun etwas Le-

An den Wochenenden trifft man viele Familien am Wat Si Muong

laos006 vl

bendiges in das Fundament der Säule eingeschlossen werden. Die Angehörigen des Königshofes, die unter Gongschlägen und Musik der Zeremonie beiwohnten, hatten eigens dafür einen weißen Hund mitgebracht. Sollte sich kein größeres freiwilliges Opfer finden, so würde allein der Hund sein Leben unter der Säule beenden.

Ein im dritten Monat schwangeres **Mädchen namens Si** wurde durch die Musik ebenfalls angelockt, betrachtete die Grube und sprang schließlich hinein. Kaum war sie in der Grube, löste sich die Verankerung der Säule und begrub Mensch und Hund unter sich. Seitdem besuchen **schwangere Frauen** der näheren und weiteren Umgebung Wat Si Muong, um Glück, Gesundheit und eine leichte Geburt zu erbitten. Auch der Wunsch nach dem Geschlecht des Kindes wird hier ausgesprochen. Ging er in Erfüllung, begeben sich die Gläubigen erneut nach Wat Si Muong, um Bananen, Kokosnüsse, Kerzen und Weihrauchstäbchen zu opfern.

Doch nicht nur der Kinderwunsch wird in Wat Si Muong vorgetragen. Mittlerweile sprechen die Gläubigen vor so ziemlich jeder größeren Entscheidung in Wat Si Muong vor. Der Tempel ist somit der **meistfrequentierte der Stadt,** und wenn er täglich (außer an Feiertagen) bei Einbruch der Dunkelheit schließt, haben sich Bananen und Kokosnüsse in größerer Zahl angesammelt. Von dort werden sie wieder verkauft, das Geld kommt der Pflege der Pagode zugute. Um das Verfahren zu vereinfachen und mögliche Zwischennutznießer auszuschalten – Mönchen ist der Handel untersagt –, sind viele Gläubige dazu übergegangen, direkt Geld zu opfern.

Neben dieser besonderen Bedeutung für die buddhistischen Gläubigen besticht Wat Si Muong durch seine aus Holz geschnitzten Fensterflügel sowie die Sammlung der **Buddha-Figuren** in seinem Innern. Einer der Figuren wird besondere Kraft zugeschrieben, da sie den Ansturm der Siamesen 1827 unbeschadet überstand.

Ein paar Meter Richtung Mekong findet sich ein weiteres pagodenartiges Gebäude. Dabei handelt es sich um den **Schrein** für die Stadtsäule, offenbar der ursprüngliche Ort der Pagode Si Muong. Die Fragmente von Säulen waren 2007 bei Straßenbauarbeiten gefunden worden. Weitere Grabungen erhöhten die Zahl der Artefakte auf 473, ihr Alter wurde zum Teil bis auf das 5. Jahrhundert datiert. Der Beschluss, hier einen Schrein zu errichten, machte auch eine Veränderung der Trassenführung der Straße nötig. Der Schrein wurde schließlich 2012 eröffnet.

Nur wenige Meter von Wat Si Muong steht unverrückbar und in Bronze gegossen der vorletzte König von Laos, **Si Savang Vong,** auf seinem Sockel. Interessanterweise ist die **Bronzestatue** ein Geschenk der Sowjetunion, die sich damit für die Aufnahme diplomatischer Beziehungen zwischen beiden Ländern im Jahre 1962 bedankte. Da die Form für die Statue nun schon vorhanden war, goss man *Sri Savang Vong* gleich zweimal; das zweite Bildnis steht im Park des Königspalastes von Luang Prabang.

◁ Buddha-Figuren im Wat Si Muong, vor denen die Gläubigen ihre Opfergaben dargeben

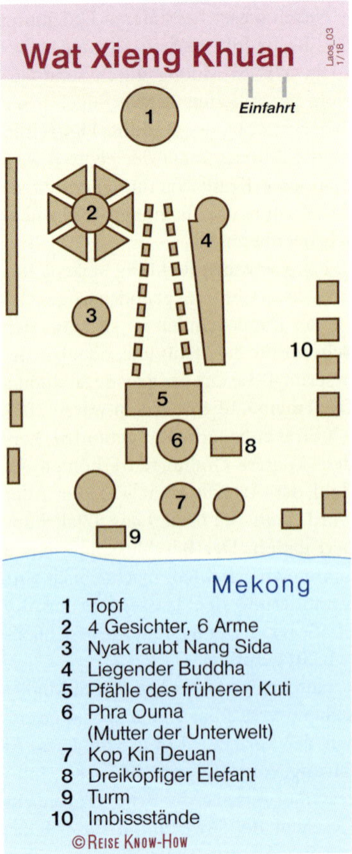

Wat Sokpaluang

Das „Waldkloster" liegt heute mitten im Stadtgebiet schräg gegenüber der Deutschen Botschaft in der Sokpaluang Road. Die Pagode ist **eine der ältesten überhaupt** und wurde einst als Wat PaTai gegründet. Heute erstreckt sich Wat Sokpaluang über ein großes Gebiet mit vielen Bäumen und beherbergt eine Vielzahl an Gebäuden. Auffällig sind die weiß gekleideten Nonnen, die in der Pagode leben. **Nonnen** (laotisch *Mee Sii*) sind recht selten im Buddhismus und haben sich viel strengeren Regeln zu unterwerfen als ihre männlichen Kollegen. Darüber hinaus ist Wat Sokpaluang bekannt für seine traditionelle laotische **Sauna,** die mit Kräutern aller Art bereitet wird. Zuständig hierfür sind eben jene *Mee Sii.* Abkühlung zwischen den Saunagängen verschaffen die Terrasse und der hier gereichte Tee. Voranmeldung ist notwendig.

That Dam

Keine Pagode, keine Prozession, kein Fest, nichts hebt diese Stupa mitten im Zentrum von Vientiane hervor. Sie steht **in schwärzlichen Beton gehüllt** einfach nur da und beherrscht das Bild zwischen den Straßen Samsenthai und Bartholinie. Hin und wieder wird der sich breit machende Bewuchs entfernt. Ihre Entstehung soll bis in die frühesten Jahre Lane Xangs zurückreichen. Im Laufe der Zeit ging der imposanten Stupa nicht nur ihre Bedeutung, sondern auch die dazugehörige Pagode verloren.

Wat Xieng Khuan, Buddha Park

■ **Infos:** Laoten zahlen 5000 Kip, Ausländer 10.000 Kip Eintritt. Wat und Park liegen rund 25 Kilometer südöstlich der Stadt, vorbei an der Freundschaftsbrücke und dem Grenzübergang Tha Deua.

Eigentlich schon in der Umgebung von Vientiane angesiedelt, hat es sich eingebürgert, den Tempel zur Stadt zu zählen, so wie man auch den Grenzübergang als zu Vientiane gehörig betrachtet. Eine Pagode und Mönche sucht man in Wat Xieng Khuan heute vergeblich. Bekannt ist diese Anlage wegen ihres Buddha-Gartens. Ende der 1950er Jahre fing *Luang Pu Bounleuang* an, hier **aus Beton gefertigte Figuren aus indischer, buddhistischer und laotischer Mythologie** aufzustellen. Reiche Spender versuchten auf diese Weise, etwas für ihr Karma und damit für ihr künftiges Leben zu tun. So entstand nach und nach ein skurriler Park mit Dutzenden Figuren und Figurengruppen. Nach dem Sieg der Pathet Lao im Jahr 1975 ging der Schöpfer der Figuren nach Thailand und legte in Wat Khaek unweit von Nongkhai einen zweiten solchen Park an, dessen Figuren noch monumentaler gerieten.

Einige Figurenensembles verdienen besondere Aufmerksamkeit, weniger ihrer künstlerischen Gestaltung als vielmehr ihrer Aussage wegen. Prachtstück der Anlage ist ohne Zweifel der **„Topf“**, ein großes kürbisartiges Gebilde, das etwa acht Meter hoch aufragt. Durch das geöffnete Maul eines Nyak gelangt man in sein Inneres. Rundgänge und schmale Stiegen führen immer weiter nach oben. Interessant sind die Innenräume, in die man im Erdgeschoss nur durch kleine Luken hineinschauen kann, die aber weiter oben auch begehbar sind. Im Erdgeschoss erkennt man eine größere Zahl sich unter Schmerzen windender Gestalten. Da das Leben nach buddhistischer Auffassung Leiden ist, findet man dies hier ausgedrückt. Nach oben hin nimmt die Zahl der Figuren deutlich ab. Auch ihr Leid wird scheinbar geringer. Verdeutlicht wird hier die zunehmende Er-

Der Buddha Park ist eine skurrile Sammlung von Steinskulpturen

laos009 vl

kenntnis. Gelangt man nun auf dem Gipfel der Konstruktion ins Freie, so findet man sich wieder unter eine Nachbildung eben jenes Baumes der Erkenntnis, unter dem auch Buddha erleuchtet wurde. Von hier bietet sich ein herrlicher Überblick über den gesamten Park.

Ein weiterer Anziehungspunkt ist der in seinen Ausmaßen nur von wenigen anderen übertroffene **liegende Buddha,** der den Park nach Osten hin begrenzt. Unweit des Mekong, am südlichen Ende der Anlage, stößt man auf einen **dreiköpfigen Elefanten,** Symbol des laotischen Königshauses. Unweit davon versucht sich ein **Fabelwesen** daran, einen großen Ball zu verschlingen: Diese Darstellung bezieht sich auf die Sage, wonach der Frosch den Mond verschluckt und so eine Mondfinsternis hervorruft *(Kop kin Deuan).*

Am Rande des Parks finden sich einige **Imbissstände,** zu deren Angebot unter anderem scharfer Papayasalat und Erfrischungsgetränke gehören.

Museen

Die Auswahl an Museen in der laotischen Hauptstadt ist nicht eben üppig – das Leben selbst ist ja auch viel interessanter als jede Ausstellung. Doch gerade die **geringe Zahl** deutet es an: Die wenigen vorhandenen Museen haben etwas Unwiederholbares zu zeigen. Offiziell zählt auch der That Luang zu den Museen. Im Gegensatz zu den hier aufgeführten ist That Luang jedoch nach wie vor religiöses Heiligtum, ja religiöses Zentrum des Landes und deshalb bei den Wats und Thats beschrieben.

Wat Sisaket

Infos: geöffnet täglich 8–12 und 13–16 Uhr, Eintritt 10.000 Kip.

Gewiss taucht nun die Frage auf, warum denn schon wieder ein Wat, nun bei den Museen versteckt. Die Erklärung ist ein-

laos003 vl

> Nationales Kulturdenkmal: Wat Sisaket

fach: Obwohl Wat Sisaket ein aktiver Tempel ist, steht die Pagode zugleich im Rang eines Nationalen Kulturdenkmals. Als einziges Gebäude überstand die Pagode die Zerstörung Vientianes durch die Siamesen im Jahr 1827. Wat Sisaket ist somit **eines der wenigen authentischen Zeugnisse laotischer Baukunst vergangener Zeiten** und steht deshalb auch auf der Liste des nationalen Kulturerbes.

Wat Sisaket befindet sich unmittelbar an der Kreuzung von Setthathirath Road und Avenue Lane Xang, schräg gegenüber dem Präsidentenpalast. Die Tempelanlage ist vollständig in ihrer ursprünglichen Form erhalten, mit dem Sim und den ihn umschließenden Galerien. Ursprünglich hieß die Pagode **Wat Satasahatsaahaam,** ein Wortungetüm, das bei den Laoten auf wenig Gegenliebe stieß und nicht Eingang in den Alltags-

laos010 vl

gebrauch fand. Auch der Bezeichnung **Wat Saen,** die in einigen Geschichtsbüchern auftaucht, war ein ähnliches Schicksal bestimmt.

Errichtet wurde die Pagode als Zeichen erstarkenden Nationalbewusstseins unter siamesischer Knute unter dem Rebellenkönig *Tiao Anouvong* zu Beginn des 19. Jahrhunderts. Möglich, dass die deutliche **Anlehnung an den damaligen siamesischen Baustil** den Tempel vor der Zerstörung im Jahre 1827 bewahrte. Anders lässt sich kaum erklären, warum Wat Sisaket als einziges Gebäude das Wüten der Sieger überstand.

Im Wandelgang um Wat Sisaket finden sich Hunderte Buddha-Figuren

Eine Besonderheit von Wat Siasaket sind die Nischen an den Innenwänden, in denen einst insgesamt 9168 **Buddha-Figuren** standen. Diesen und den 120 Buddha-Figuren zu ebener Erde wird die schützende Wirkung gegenüber den Siamesen und den Horden der Ho, die 1873 gar den That Luang und viele neu errichtete Pagoden Vientianes zerstörten, zugeschrieben. Auch bei den Auseinandersetzungen im Jahre 1960, als Putschisten und Gegenputschisten sich in der Stadt bekriegten und einige Gebäude im Stadtzentrum in Flammen aufgingen, blieb Wat Sisaket verschont. Wandgemälde, Verzierungen, Ausstattung – alles blieb einzig hier über all die Jahre hinweg unversehrt.

Sim und Dachkonstruktion sind in Anlehnung an den Stil von Ayuthaya ausgeführt. Die umlaufende **Veranda** ist Bangkoker Pagoden entlehnt, die einst mit Raritäten gespickte **Bibliothek** (Ho Tai in der Mauer zur Avenue Lane Xang) ziert ein burmesisches Dach. Bemerkenswert auch die lange, aus Holz geschnitzte **Naga** im hinteren Teil der Wandelgänge, die der Befeuchtung von Buddha-Statuen während des Neujahrsfestes dient.

Wat Høø Pha Keo

Infos: geöffnet 8–12 und 13–16 Uhr, Eintritt 10.000 Kip.

Gleich neben dem Präsidentenpalast gelegen, war Wat Høø Pha Keo nie aktiver buddhistischer Tempel. Schon das Wort „Høø", es bedeutet Saal oder Palast, deutet darauf hin. Das Gebäude wurde ursprünglich kurz nach dem Umzug der Hauptstadt nach Vientiane (1560) errichtet, um den von König *Setthathirath* mitgeführten **Pha Keo** – den **Jade-Buddha** – aufzunehmen. Die aus Lan Na (Chieng Mai) stammende heilige Statue hatte zehn Jahre in Luang Prabang verbracht und blieb die folgenden 214 Jahre in Vientiane (siehe Exkurs „Pha Keo – Odyssee einer Buddha-Figur").

1779 eroberten und zerstörten siamesische Truppen Vientiane und brachten die heilige Figur in ihren Besitz. Wat Høø Pha Keo, ein Holzgebäude, wurde ebenfalls Opfer der **Zerstörung.** König *Anouvong,* der für die Unabhängigkeit Laos von Thailand eintrat, ließ Wat Høø Pha Keo neu errichten. Doch schon 1827, nach dem fehlgeschlagenen Feldzug *Anouvongs* gegen Siam, lag auch Wat Høø Pha Keo wieder in Ruinen. Erst 1936 begannen Aufräumungsarbeiten, die die Struktur des Gebäudes offenlegten. Nach dem vorgefundenen Grundriss ließ Prinz *Souvanna Phouma* bis zum Jahr 1942 das Gebäude neu aufbauen. Allerdings macht es bis auf den heutigen Tag einen unfertigen Eindruck. Die Vollendung des Gartens und der Außenmauer blieb der Regierung *Phoumi Nosavan* vorbehalten.

In seiner neuen Gestalt wurde Wat Høø Pha Keo **Museum der nationalen Kunstschätze des Landes.** Eine Vielzahl an antiken Fundstücken, Grenzsteine, Stelen und vor allem Buddha-Figuren aus Stein, Bronze und Holz fanden hier ihre Heimstatt. Leider ist die Sammlung zum Teil sehr alter und sehr wertvoller Stücke etwas unaufgeräumt und nur unzureichend beschriftet. Wer sich für die Ausstellung näher interessiert, sollte deshalb auf einen der Führer, die am Eingang auf Kundschaft warten, nicht verzichten.

Im **Garten** findet sich eine Bronzeskulptur, die einen laotischen Jungen und ein laotisches Mädchen darstellt, die einem imaginären Überwesen die Früchte des Landes darbringen. Bis 1975 war dieses Überwesen weit weniger imaginär, denn als dritte Figur beherrschte **Auguste Pavie** die Figurengruppe; ihm war die Ehrbezeugung gewidmet. Die Revolutionäre griffen zur Säge und teilten den Kolonisator ab. Der französische Eroberer von Laos fand sozusagen auf heimatlichem Boden Zuflucht, denn heute steht er, der Öffentlichkeit weitgehend entzogen, im Garten der Französischen Botschaft.

Laotisches Nationalmuseum

Infos: geöffnet 8–12 und 13–16 Uhr, Eintritt 10.000 Kip.

Das Nationalmuseum in der Samsenthai Road beherbergt auf zwei Etagen Ausstellungen zu **Geschichte und Gegenwart des Landes.** Zwei Säle im Erdgeschoss, gewissermaßen Einstimmung auf das Thema, handeln neben Ur- und Früh- auch 500 Jahre laotischer Geschichte ab. Im Obergeschoss des einstigen Oberkommandos der Franzosen kommt man dann zum Thema **Revolution** und revolutionärer Kampf. Neben einmaligen, allerdings meist etwas vergilbten Fotos aus der Periode des Kampfes der Pathet Lao um die Macht sind es immer wieder Gebrauchsgegenstände der Führer der laotischen Revolutionäre, allen voran *Kaysone Phomvihane* und *Souphanouvong,* die hier ausgestellt sind. Im Untergeschoss schließen sich zwei Säle mit Errungenschaften der Volksrepublik an.

Textilmuseum

Etwas außerhalb liegt das private Textilmuseum, das aus einer **Sammlung der Inhaber der Kanchana Boutique** (unweit That Dam) entstand und heute Textilien diverser Völkerschaften und das dazugehörige Produktionsgerät zeigt. Das Museum selbst ist in einer Ansammlung alter Holzhäuser untergebracht, die aus verschiedenen Landesteilen stammen und – sorgfältig restauriert – in Vientiane wieder aufgebaut wurden. Eine Anmeldung in der Kanchana Boutique stellt sicher, dass im Museum auch jemand für eine sachkundige Führung zur Verfügung steht.

Patou Say

Infos: geöffnet 8–12 und 13–16 Uhr, Eintritt 5000 Kip.

Patou Say, der gewaltige **Triumphbogen** am Ende der Avenue Lane Xang, ist nicht zu übersehen. Errichtet wurde das Tor ab Ende der 1960er Jahre und zwar als „Denkmal für die Helden der königlichen Armee". Wegen dieser Widmung war der Triumphbogen lange Zeit nicht eben wohl gelitten. Nach Gründung der Volksrepublik war er 20 Jahre lang namenlos, ehe er 1995 erst den Helden des 23. August und später allen Helden der laotischen Nation gewidmet wurde.

laos012 vl

Während des sich über Jahre erstreckenden Baus hatten spitzzüngige Journalisten dem gewaltigen Betonklotz noch einen Beinamen verpasst: **„Denkmal der Plünderer der Staatskasse“.** Immer wieder bewilligte das Parlament neue Mittel für den Bau des an das Pariser Vorbild angelehnten Torbogens, ohne dass ein Ende der Bauarbeiten in Sicht kam. Zement, den die USA eigentlich für den Bau eines Flugplatzes gedacht hatten, fand hier anderweitige Verwendung. Aber nicht allein hier. „Plünderer der Staatskasse“ spielt nämlich darauf an, dass jede Menge Baumaterial in andere Kanäle abgezweigt wurde und eine erkleckliche Zahl „Kinder des Patou Say“ entstand, jedoch in gefälligerer Form als Villen und Wohnhäuser.

Heute zeigt der noch immer unvollendete Klotz die Bemühungen, westliche Kolossalarchitektur mit orientalischem Putz leichter aussehen zu lassen. **Zuckerbäckertürmchen und Skulpturen aus der indischen Mythologie** schmücken den sonst so trostlosen Beton. Magisch kehren die Zahlen 4 und 7 in den Abmessungen des Bauwerks immer wieder, die vier Säulen des Baus messen 4 mal 4 Meter, der gesamte Triumphbogen ist 7 mal 7 Meter hoch. Mit seinen vier Toröffnungen übertrifft er sein Pariser Vorbild um das Doppelte. Die Geschosse im Innern werden von Händlern für Souvenir- und Erfrischungsstände genutzt. Von der obersten Ampel und den Plattformen bietet sich ein **unübertrefflicher Blick über Vientiane.** Neben dem Blick auf die umliegenden Regierungsgebäude bietet der Turm Ausblick auf den winzig erscheinenden That Luang, die Avenue Lane Xang und die sich rasch verändernde Skyline von Vientiane.

Die dazugehörige **Parkanlage** östlich des Baus mit dem imposanten Springbrunnen spendierte die VR China in Vorbereitung auf den ersten in Vientiane abgehaltenen ASEAN-Gipfel 2004.

Kaysone Phomvihane Museum

■ **Infos:** geöffnet 8–12 und 13–16 Uhr, Eintritt 5000 Kip.

Am Kilometer Sechs der Nationalstraße Nr. 13, unweit des Bürokomplexes der Laotischen Revolutionären Volkspartei, erwartet das Museum für den langjährigen **Führer der laotischen Revolution und der Volksrepublik,** *Kaysone Phomvihane,* Besucher. Es bietet in weitläufigen Räumlichkeiten eine Vielzahl von Fotos und Dokumenten aus der Zeit des revolutionären Kampfes. Komplettiert wird die Ausstellung durch Waffen und Gebrauchsgegenstände aus dem Besitz des Parteiführers sowie durch Nachbildungen wesentlicher Aufenthaltsorte. *Kaysone* führte die laotischen Revolutionäre seit den 1940er Jahren an und war vom Gründungstag der Laotischen Revolutionären Volkspartei am 22. März 1955 bis zu seinem Ableben im November 1991 deren Generalsekretär. *Kaysone* gilt als der **geistige Vater der Pathet Lao.** Sein Verdienst ist die Ausarbeitung und Realisierung der Reformpolitik in Laos.

◁ Auf dem Abendmarkt am Mekong könnte das Angebot nicht bunter sein

Souphanouvong Museum

Infos: geöffnet 8–12 und 13–16 Uhr, Eintritt 5000 Kip.

Im ehemaligen Wohnhaus des „Roten Prinzen" und **ersten Präsidenten der Volksrepublik** in Ban Phone Keng öffnete im November 2005 ein Museum. Im Untergeschoss zeigt es eine Ausstellung über Leben und Wirken des adligen Revolutionärs. Das Obergeschoss gibt einen Einblick in das Leben des Mannes, der lange Jahre Gesicht und Stimme der Pathet Lao war.

Armeemuseum

Gleich auf der gegenüberliegenden Straßenseite, neben dem Verteidigungsministerium, befindet sich dieses „Museum", das **nicht öffentlich zugänglich** ist. So bleibt nur ein Blick über den Zaun auf Kanonen, Flugzeuge und Panzer der siegreichen Revolutionäre sowie auf zerstörte Militärausrüstung der Gegner.

Museum der Sicherheitskräfte

Infos: geöffnet 8–12 und 13–16 Uhr, Eintritt frei.

In einem **gewaltigen Bau** schräg gegenüber vom Armeemuseum, aus dem das Polizeimuseum 2005 ausgegliedert wurde, sind Bilder, Dokumente und eine Sammlung von Waffen, Fahrzeugen und Ausrüstungen zu sehen.

COPE Visitor Center

Infos: geöffnet 9–18 Uhr.

Das Center ist zwar kein Museum im eigentlichen Sinne, doch wird es wegen der traurigen Berühmtheit von Laos als dem am meisten bombardierten Land der Erde von vielen Touristen besucht. Die **nicht explodierten Sprengkörper** (UXO, *Unexploded Ordnance*) sind zwar in den meisten Museen ebenfalls dokumentiert, doch im COPE Visitor Center erfährt man, wie den Menschen, die noch heute Opfer der Kriegshinterlassenschaft werden, geholfen wird.

Sonstiges

Präsidentenpalast

Erst 1974 in seiner heutigen Form errichtet, beherrscht der einstige Königspalast (für die Öffentlichkeit **nicht zugänglich**) das Westende der Avenue Lane Xang. Die Aufschrift **„Høø Kham" (Goldener Palast)** ziert den Giebel der Fassade. Genutzt wird das Gebäude nur für repräsentative Zwecke. Früher befanden sich an dieser Stelle die Vientianer Residenz des Königs sowie die des Vizekönigs (Upahat) *Tiao Phetsarath*. Erst in jüngerer Zeit wurden auf dem ursprünglich flachen Dach Ziertürmchen errichtet, und auf dem Gelände entstanden im Stil angepasste Gebäude für die Verwaltung des Präsidialamtes.

Katholische Kirche

Gleich hinter der Französischen Botschaft, unverkennbar im Komplex mit Botschaft und medizinischer Universität verbunden, steht die von den Franzosen errichtete Kirche. Eine deutsch-laotische Baufirma hat sich 2004/05 um die **Renovierung** einschließlich Trockenlegung der Wände verdient gemacht.

Weberdorf Nong Bouathong

In Nong Bouathong **im Norden der Hauptstadt** leben vor allem Berg-Thai-

Völker wie Thai Khao oder Thai Dam. Bei ihnen hat sich die Tradition der Weberei sehr stark erhalten. Gewiss findet man auch mitten in Vientiane eine nicht geringe Zahl von Webstühlen, die auch meist in Betrieb sind, doch in Nong Bouathong ist die Weberei konzentriert. Stoffe von hier stehen in dem Ruf, die schönsten von Vientiane zu sein.

Kulturpark der laotischen Ethnien (Inpeng Ethnic and Cultural Park)

Aus dem ursprünglich als Freilandmuseum gedachten Park mit Nachbildungen von Wohnhäusern und Sammlungen von Gebrauchsgegenständen ist nach seiner Privatisierung im Jahr 2014 ein **Ausflugsrestaurant mit Swimmingpools** geworden, das im weitläufigen Park am Mekong unweit der Freundschaftsbrücke auch die ursprünglichen **Ausstellungsgegenstände** bis hin zum Betonsaurier beherbergt.

ITECC Ocean Park

■ **Infos:** geöffnet 10–18 Uhr, Eintritt Erwachsene 100.000 Kip, Kinder 50.000 Kip.

In diesem 2014 angelegten Park im ITECC Complex im Osten von Vientiane erwarten den Besucher große Wasserrutschen, ein **Spaßbad** und ein mächtiges Wellenbecken.

Praktische Informationen

■ Eine **Informationsstelle für Touristen** findet sich im Gebäude der Tourismusabteilung des Ministeriums für Information, Kultur und Tourismus in der Avenue Lane Xang. Man erwarte sich nicht zu viel, auch die Öffnungszeiten bzw. Präsenz von Personal scheinen recht willkürlich zu sein.

An- und Weiterreise mit dem Bus

Vientiane ist der **Verkehrsknotenpunkt des Landes.** Auf dem Landweg erreicht man die Stadt aus Thailand über die Freundschaftsbrücke Nongkhai-Vientiane sowohl per Auto oder Bus als auch per Bahn, wobei die Bahnlinie nach nur zwei Kilometern endet. Die **Nationalstraße Nr. 13** führt nordwärts über Luang Prabang bis zur Grenze mit China und südwärts durch das gesamte Land über Pakse und schließlich nach Kambodscha. Auf der gesamten Länge dieser Straße verkehren Busse.

Vientiane verfügt über **drei Busbahnhöfe,** je nach Fahrtrichtung. Busse von und nach Thailand (Nongkhai, Udon Thani, Khon Kaen und Bangkok) starten vom **Busbahnhof Talaat Sao** (Morning Market), der sonst dem Nahverkehr (einschließlich Freundschaftsbrücke und Zubringer zu den Fernbussen) vorbehalten ist. Da der Busbahnhof noch bis 2018 umgebaut wird, fahren die Busse zur Brücke und zum Busbahnhof Nord von der nächsten Querstraße ab.

Die **Busbahnhöfe Nord Bzw. Süd** sind, wie die Namen schon sagen, Ausgangspunkt für Busse Richtung Norden bzw. Süden, einschließlich der internationalen Verbindungen nach China (Nord) und Vietnam (Süd). Besonderheit: Seit es zwei Straßen nach Xieng Khouang gibt, fahren Busse sowohl vom Nordbahnhof (über Vang Vieng – Phou Khoun) als auch vom Südbahnhof (über Paksan) nach Xieng Khouang.

Auf den langen Strecken verkehren **drei Arten von Bussen: Normalbusse** (meist wenig komfortabel ausgestattete Fahrzeuge oft auch älterer Baujahre), **VIP-Busse** (in der Regel mit Fernseher und Discoanlage an Bord) und **„Sleeper"** mit Schlafabteilen für jeweils zwei eher schlanke Personen (der Kauf von zwei Tickets beschert ein separates Abteil). Ob auf den bergigen, sehr kurvenreichen Strecken Richtung Norden an Schlaf zu denken ist, muss jeder für sich entscheiden. Die Fahrpreise sind staatlich vorgegeben und werden regelmäßig den aktuellen Benzinpreisen angepasst.

Busse ab Busbahnhof Talaat Sao

- **Busbahnhof Nord:** 6–17 Uhr alle 30 Min.
- **Freundschaftsbrücke:** 5:50–18 Uhr alle 15 Min.
- **Bangkok,** Thailand: 18 Uhr, 248.000 Kip.
- **Nong Khai,** Thailand: 7:30, 9:30, 12:40, 14:30, 15:30, 18 Uhr, 15.000 Kip.
- **Udon Thani,** Thailand: 8, 9, 10:30, 11:30, 14, 15, 16:30, 18 Uhr, 22.000 Kip.
- **Khon Kaen,** Thailand: 8:15, 14:45 Uhr, 50.000 Kip.

Busse ab Busbahnhof Nord

- **Vang Vieng:** stündlich, 50.000 Kip.
- **Luang Prabang:** 6:30, 7:30, 8:30, 11, 13:30, 16, 18 Uhr, 110.000 Kip; VIP 8, 9, 19:30 Uhr, 130.000 Kip; Sleeper 20 Uhr, 150.000 Kip.
- **Oudomsay:** 6:45, 13:45, 17 Uhr, 170.000 Kip; Sleeper 16 Uhr, 190.000 Kip.
- **Luang Namtha:** 8:30, 17 Uhr, 200.000 Kip.
- **Bokeo:** 17:30 Uhr, 230.000 Kip; Sleeper 10 Uhr, 250.000 Kip.
- **Phongsaly:** 7:15 Uhr, 210.000 Kip; Sleeper 18 Uhr, 230.000 Kip.
- **Xieng Khouang:** 6:30, 7:30, 9:30, 16, 18:40 Uhr, 110.000 Kip; Sleeper 20 Uhr, 150.000 Kip.
- **Sam Neua:** 7, 9:30, 12, 17 Uhr, 190.000 Kip; Sleeper 14 Uhr, 210.000 Kip.
- **Nonghet:** 11 Uhr, 150.000 Kip.
- **Sayabouri:** 9, 16 Uhr, 110.000 Kip; VIP 18:30 Uhr, 130.000 Kip.
- **Bangkok,** Thailand: 17 Uhr, 248.000 Kip.
- **Khorat,** Thailand: 17 Uhr, 149.000 Kip.
- **Khon Kaen,** Thailand: 8:15 Uhr, 50.000 Kip.
- **Kunming,** China: 14 Uhr, 625.000 Kip.
- **Mengla,** China: 11 Uhr, 284.000 Kip.

Busse ab Busbahnhof Süd

- **Pakse:** 10, 12:30, 13, 13:30, 14, 14:30, 15, 15:30, 16 Uhr, 110.000 Kip; VIP 5:15, 18, 18:30, 20 Uhr, 140.000 Kip; Sleeper 20:30, 21 Uhr, 170.000 Kip.
- **Savannakhet:** 5:30–9 Uhr alle 30 Min., 90.000 Kip; VIP 20:30 Uhr, 120.000 Kip.
- **Lak Sao:** 5, 6, 7, 11:30, 18:30 Uhr, 85.000 Kip.
- **Kong Lo:** 10 Uhr, 80.000 Kip.
- **Attopeu:** 9:30, 17 Uhr, 140.000 Kip; VIP 7:15 Uhr, 180.000 Kip; Sleeper 20:30 Uhr, 220.000 Kip.
- **Don Khong:** 10:30 Uhr, 150.000 Kip.
- **Veun Kham:** 11 Uhr, 150.000 Kip.
- **Xieng Khouang:** 6:30, 8:30, 19 Uhr, 110.000 Kip; Sleeper 20:30 Uhr, 150.000 Kip.
- **Hanoi,** Vietnam: 17:30, 18, 18:30 Uhr, 200.000 Kip.
- **Vinh,** Vietnam: 18, 18:30 Uhr, 160.000 Kip.
- **Danang,** Vietnam: 17:30, 18 Uhr, 200.000 Kip.
- **Ha Tinh,** Vietnam: 17:30, 18 Uhr, 140.000 Kip.
- **Ho-Chi-Minh-Stadt**, Vietnam: 500.000 Kip.

An- und Weiterreise mit dem Flugzeug

- Der **Wattay International Airport** liegt im Stadtgebiet, die Taxifahrt ins Zentrum dauert 10 Minuten. Taxis ab dem Airport sind im Ankunftsbereich zu buchen, Fixpreise je nach Stadtgebiet ab 40.000 Kip. Tuk-Tuks haben keinen Zugang zum Flughafen. Das Inlandsterminal findet sich derzeit in einem Aushilfsbau, da noch bis 2018 am neuen Gebäude gebaut wird.
- Nach Vientiane gibt es **keine Direktflüge aus Europa,** sondern von vielen regionalen Destinationen: Bangkok, Hanoi, Ho-Chi-Minh-Stadt, Singapur, Kuala Lumpur, Phnom Penh etc. (siehe auch „Praktische Tipps A–Z, Anreise"). Inlandsflüge verbinden Vientiane mit acht von 16 Provinzhauptstädten des Landes (siehe in den Regionalkapiteln).

> Lokale Flüge in kleinen Propellermaschinen sind ein Erlebnis

An- und Weiterreise mit dem Boot

Auf dem Mekong fahren Passagierboote in Richtung Norden und bei ausreichend hohem Wasserstand von Juni bis November auch in Richtung Süden. Genauere Informationen finden sich im Kapitel „Praktische Tipps A–Z, Anreise" sowie in den Kapiteln zu den einzelnen Provinzen.

Stadtverkehr

■ Neben **Chum Boos, Tuk-Tuks** und **Samlos,** bei denen der Preis vor der Fahrt auszuhandeln ist (Richtpreis 30.000 Kip im Stadtzentrum), stehen **Stadtbusse** zur Verfügung, die ab dem Busbahnhof Talaat Sao verschiedene Linien bedienen. Der Fahrpreis ist festgelegt und sehr niedrig. Die Busse halten nicht an den Haltestellen, sondern wo immer jemand ein- oder aussteigen möchte.
■ Ebenfalls möglich ist eine Fahrt per **Taxi,** wobei Fahrzeuge mit Taxameter in der Unterzahl sind. Die Fahrpreise von den Einreisestellen Flughafen und Freundschaftsbrücke sind staatlich festgelegt und hängen dort auch aus.
■ Unabhängiger ist man mit geliehenem fahrbaren Untersatz. **Fahrräder,** die für die „Eroberung" Vientianes völlig ausreichen, gibt es beispielsweise in vielen Gasthäusern sowie bei speziellen Anbietern in der Innenstadt. Die Ausleihe von Motorrollern und Motorrädern ist ebenfalls an vielen Stellen möglich.

Mietwagen

Autovermietungen internationaler Ketten haben auch Laos erreicht, wobei es den Betreibern oft lieber ist, wenn ein Fahrzeug samt Fahrer geordert wird.

27 **AVIS** (Plan S. 36), Büro in der Setthathirath Rd., Tel. 021-223867. Weitere Filialen finden sich in Luang Prabang und Pakse.

laos013 vl

27 **Budget** (Plan S. 36), Büro in der Setthathirath Rd., Tel. 020-22864488, sowie am Wattay Airport. Weitere Filialen in Luang Prabang, Pakse (jeweils am Airport und in der Stadt) sowie in Savannakhet.
■ **Sixt,** Verleihstation am Wattay Airport.

Geld

■ Die meisten der inzwischen nahezu überall zu findenden **Geldautomaten** (ATM = *Automatic Teller Machine*) akzeptieren internationale **Kreditkarten** (VISA, MasterCard, Union Pay) und geben dafür laotische Kip aus. Da die größte Stückelung 100.000 Kip (etwa 10 Euro) sind, ist das Limit für Abhebungen überschaubar (1,5 bis 2 Millionen Kip), was die Gebühren in die Höhe treibt.
■ Der Umtausch von **Bargeld** (bevorzugt US-Dollar, Thai-Baht und Euro) ist in vielen lizensierten Umtauschstuben sowie in den Bankfilialen problemlos möglich. Größte laotische Bank mit einem weitreichenden Filialnetz ist die BCEL.

laos007 vl

Post

Vientiane verfügt inzwischen über zwei Postämter: Da ist erstens das neu errichtete **Hauptpostamt** in der Khu Vieng Road neben dem Morning Market (Talaat Sao) und zweitens die **Filiale** an der Saylom Road gegenüber dem Hauptsitz von Lao Telecom. Angeboten werden neben den postalischen Diensten wie Brief- und Paketdienst auch EMS-Kurierdienste und Finanzdienstleistungen (Best Western, Laotische Postbank) sowie in Ermangelung einer Hauszustellung von Postsendungen Schließfächer. Daneben gibt es ein umfangreiches Sortiment an Briefmarken.

Telefonieren

Je nach Anbieter in Deutschland/Europa findet sich in der Regel unter den vier laotischen Telefongesellschaften auch ein Roaming-Partner. Das ist aber teuer. Viel einfacher und preiswerter ist es, eine **laotische Prepaid-SIM-Karte** zu kaufen. Zwar schreibt das Gesetz die Registrierung der Inhaber vor, doch hat sich das wohl bisher nicht bis zu den Verkäufern herumgesprochen … Gespräche nach Deutschland kosten dann 2000 Kip pro Minute.

Unterkunft

Der Boom an Hotelbauten und neuen Gasthäusern hält schon seit Jahren ungebremst an und beschert der Stadt ständig neue **Angebote in allen Preiskategorien.** Die letzte Statistik für Vientiane wies 199 Hotels und 231 Gästehäuser aus. Was hier folgt, sind einige Empfehlungen.

< Figur am Wat Si Muong

Luxushotels (ab 150 €)

40 Settha Palace (Plan S. 36)
Tel. 021-217581, www.setthapalace.com, 6 Pang Kham Street. In bester City-Lage zwischen den geschäftigen Samsenthai und Khun Borom Roads bietet das kleine Haus mit kolonialem Ambiente einen Ruhepol mit allen Annehmlichkeiten. Solider Service in entspannter Atmosphäre. Mein persönlicher Favorit in dieser Kategorie.

15 Landmark Mekong Riverside (Plan S. 34)
Tel. 021-266888, www.landmarkmekongriverside-hotel.com, Don Chanh Island. Riesiges, etwas unpersönliches Haus direkt am Mekong, ein Stück entfernt vom Stadtzentrum.

2 Crowne Plaza (Plan S. 36)
Tel. 021-908888, www.ihg.com/crowneplaza/hotels/us/en/vientiane, 20 Samsenthai Road. Das von InterContinental gemanagte Haus, 2017 frisch eröffnet, verspricht den Standard der Gruppe nun auch in Laos. Gute Lage direkt am Park Tjao Fa Ngoum, 10 Minuten zu Fuß ins Stadtzentrum.

9 Muong Thanh Luxury (Plan S. 34)
Tel. 021-998999, www.luxuryvientiane.muongthanh.com, Burichan Road. Das zur größten vietnamesischen Hotelkette gehörende Haus öffnete 2016 und bietet guten Service in einem jüngeren Geschäftsviertel der laotischen Hauptstadt.

Gehobene Kategorie („First Class") (50–150 €)

39 Lao Plaza (Plan S. 36)
Tel. 021-218800-1, www.laoplazahotel.com, 63 Samsenthai Road. Seit nunmehr 20 Jahren guter Standard in guter Lage im Vientianer Zentrum, nur fünf Minuten Fußweg vom legendären Nam-Phou-Platz entfernt.

16 Best Western Vientiane (Plan S. 36)
Tel. 021-216906, www.bestwesternvientiane.com, 2-12 Francois Nginn. Gediegenes Geschäftshotel in bester Lage.

11 Green Park Boutique (Plan S. 34)
Tel. 021-264097, www.greenparkvientiane.com, 248 Khouvieng Road. Grüne Oase in unmittelbarer Nachbarschaft der großen Shopping Malls direkt an der zur Straße umfunktionierten historischen Stadtmauer.

14 Ansara (Plan S. 36)
Tel. 021-213514/8, www.ansarahotel.com, Hom 5 Quai Fa Ngoum. Echtes Kleinod im alten Stadtgebiet zwischen Setthathirath und Mekong.

Mittlere Kategorie („Tourist Class") (20–50 €)

36 IBIS Vientiane Namphu (Plan S. 36)
Tel. 021-262050, www.ibis.com/gb/hotel-8074-ibis-vientiane-nam-phu, Nam Phou Square, Setthathirath Road. Im Zentrum direkt am Springbrunnen, praktisch und zuverlässig, wie IBIS eben.

3 Vansana Riverside (Plan S. 36)
Tel. 021-252090, www.vansanahotel-group.com, Quai Fa Ngoum. Mit Blick auf den Mekong in einer Reihe mit mehreren anderen Hotels vergleichbaren Standards unterscheidet sich das Vansana vor allem dadurch, dass es zu einer einheimischen Kette mit weiteren Häusern in Luang Prabang, Vang Vieng und Xieng Khouang gehört.

42 AV Hotel (Plan S. 36)
Tel. 021-265085, in zentraler Lage in der Samsenthai Road, nur 50 Meter vom Boulevard Lane Xang, der Präsidentenpalast und Triumphbogen miteinander verbindet.

Budget (bis 20 €)

22 Avalon (Plan S. 36)
Tel. 021-263597, www.avalonbookong.com, Phnom Penh/Samsenthai Road. Das fast schon familiäre Hotel mit 32 Zimmern bietet ordentlichen Service in zentraler Lage. Nicht verwechseln mit dem Avalon B&B in der Nähe (s.u.)!

9 Sala Inpeng (Plan S. 36)
Tel. 021-242021, www.salalao.com, Inpeng Road. Zu Recht meistens ausgebucht, haben die Holzbungalows rund um einen ruhigen Garten gegenüber dem beliebten Mak Phet Restaurant ein wunderbares entspannendes Flair. Zur Sala-Gruppe gehören weitere Herbergen in Luang Prabang, Savannakhet,

nahe der Kong-Lo-Höhle und auf der Mekong-Insel Don Khone im Süden. Traditionelle laotische Häuser sind das Markenzeichen der Gruppe.

Gästehäuser (20–50 €)

Im Gegensatz zu landläufigen Vorstellungen muss das Wohnen in einem Guesthouse in Vientiane nicht unbedingt billiger sein als im Hotel. Familiäre Atmosphäre statt administrativer Höflichkeit sind der größte Vorteil dieser Unterkünfte, die allerdings vom Aussterben bedroht scheinen.

Auf der anderen Seite gibt es eine zunehmende Zahl von Unterkünften, die sich vor allem an Backpacker und ganz Preisbewusste wenden. Solche Unterkünfte sind vor allem im Stadtzentrum zwischen den Straßen Setthathirath und Fa Ngoum sowie in Sihom (hinter dem Wind West Pub) zu finden. Erwähnenswert in dieser Kategorie sind das 23 **Avalon B&B** (unweit Tiao Anou Stadion) und das gut besuchte 20 **Mixay Paradise** in der François Nginn Road (beide Plan S. 36).

7 **Lani 1 (Lani's House by the Ponds)** (Plan S. 36)
Setthathirath Road, Tel. 021-215639, www.lanis-house-bytheponds.com. Das erste Gästehaus der Stadt, was Zeitpunkt der Eröffnung und seinen nun schon traditionell guten Ruf bei westlichen Besuchern angeht. Mitten im Stadtzentrum gelegen.

38 **Mali Namphu Guesthouse** (Plan S. 36)
Tel. 021-215093, www.vientianestarhotel.com/star-hotels/mali-namphu-guesthouse.html. In bester Stadtlage direkt am Springbrunnen Nam Phou überrascht das Haus mit einem ruhigen Innenhof.

Essen und Trinken (Plan S. 36, wenn nicht anders angegeben)

Frühstück

Wer sich das ewige Einerlei eines Hotelfrühstücks ersparen möchte, dem sei eine der **Suppenküchen** oder Kaffeestuben empfohlen. Die besten Suppen kochen die vietnamesischen Suppenköche in der Heng Boun Road. In den traditionellen **Kaffeestuben** bekommt man Spiegelei *(Khai Dao)*, frisch aufgebackenes Baguette mit Butter und Zucker *(Khao Tjii Sai Beu)*, einige örtliche Spezialitäten, Croissants und Fettgebäck sowie frischen und starken Kaffee. Die **Bäckereien** in der Chao Anou Rd. bietet zum Kaffee Backwaren verschiedenster Art. Noch einfacher ist es, am Straßenrand ein belegtes Brot zu kaufen. Auch auf den **Märkten** existieren Kaffee- und Suppenstände.

Wer auf internationales Flair steht, der findet in der rasch wachsenden Zahl an **Cafés** eine sehr gute Auswahl an **Frühstücksmenüs.** Empfohlen seien an dieser Stelle 34 **JoMa** (drei Filialen in Vientiane, für Touristen am leichtesten zugänglich ist die beim Nam Phou), 30 **Le Banneton** (beim Wat Misay), 31 **Naked Espresso** (Manthatourath Rd.), 12 **Common Grounds** (Anou Rd.) und 15 **Café Sinouk** (Fa Ngoum Rd.), von denen alle auch mit einer eigenen Kaffeemarke aufwarten können.

Suppenküchen

Ganztägig, je nach Durchsetzung der verordneten Schließzeiten gern auch bis weit nach Mitternacht, bieten die Küchen der Khun Bolom Road, in Sihom (gegenüber Wind West Pub) oder gegenüber dem Settha Palace Hotel Suppen an. Entweder mit weißen oder gelben Nudeln sind die einzigartigen und von Laden zu Laden anders zusammengesetzten Brühen mit Fleisch, Fleischbällchen, Huhn bis hin zu Meeresgetier **echte Delikatessen.** Den besten Ruf zum Mittag haben die Küche neben dem Sitz der Wasserwirtschaft (Phone Keng Road) sowie Ban Phim in der Luang Prabang Road.

Laotische Küche

■ Für ursprüngliche laotische Küche bester Qualität gibt es zwei Empfehlungen: 8 **Nang Kham Bang** in der Khun Bolom Road in der Nähe von Wat Inpeng und 24 **Lao Kitchen** in der Heng Boun Road.
■ Laotische Küche gehobenen Stils gibt es in 41 **Khua Lao** (Samsenthai) und 7 **Tamnak Lao** (un-

weit Patou Say, Plan S. 34). Empfehlenswert sind auch 33 **Amphone** (Setthathirath Road) und 4 **Suntara** am Mekong-Ufer (Plan S. 34), das auch einen tollen Blick auf den Fluss bietet.

■ Laotische Gerichte gibt es auch in den meisten Restaurants auf den Terrassen **entlang des Mekong** und in vielen ausländischen Lokalitäten.

Chinesische, japanische, koreanische, vietnamesische, sonstige asiatische Küche

■ Mit dem Zuzug vieler Chinesen in jüngster Vergangenheit vervielfachte sich auch das Angebot **chinesischer Restaurants.** 2 **Fumanlo** (Plan S. 34) in der Luang Prabang Road ist eines der beliebtesten.

■ Eine asienweite Modeerscheinung scheint der Hang zu **japanischen Restaurants** zu sein. Auch in Vientiane gibt es inzwischen mehr als ein Dutzend davon. 17 **Fuji** in der François Nginn Road ist eines der besseren, ebenso 12 **T.O. Sushi** in der Tha Deua Road (Plan S. 34).

■ Nahezu überall in Vientiane trifft man auf **koreanische Restaurants.** Oft auf koreanische Touristen spezialisiert, sind einige auch von allgemeinem Interesse. Ein kleines Straßenrestaurant unweit der Lao Development Bank (Souphanouvong Avenue) mit dem unscheinbaren Namen 5 **Nine** gehört zu den positiven Überraschungen.

■ **Vietnamesisches Essen** mit Kultstatus bietet **Nem Neuang,** egal ob im traditionellen Laden in der 6 **Heng Boun Road** oder im größeren Geschäft in der 13 **Tha Deua Road** (Plan S. 34).

■ Natürlich gibt es auch **Thai Food,** etwa im 1 **Khong View** (Ban Nakham, Plan S. 34) mit Musik und Blick auf den Mekong.

■ **Indisch** isst man in vielen Restaurants der Innenstadt und entlang des Mekong.

■ „In" ist das 4 **Spirit House** am Mekong-Ufer nördlich des Stadtzentrums: Leckere asiatische Küche und ein gutes Ambiente sorgen für ein stets volles Haus.

■ Etwas Besonderes ist 11 **Mak Phet** in der Querstraße hinter Wat Ong Tue zum Mekong: Sehr gutes Asian Fusion Food gepaart mit dem Anliegen, Straßenkindern eine Ausbildung und damit Zukunft zu eröffnen, bringen das Restaurant weit nach vorn auf der Beliebtheitsskala.

Europäische und sonstige Küche

Wem nach langer Entwöhnung danach ist oder wer nicht davon lassen kann – europäische Küche wird in Vientiane in guter Vielfalt angeboten.

■ **Italienische und französische Küche** geben hier den Ton an; genannt seien 29 **La Terrasse** (Mixay), 26 **Le Silapa** (Setthathirath Road), 13 **L'Adresse** (nördlich vom Wat Chan), 43 **Le Na Dao** (Phonepanao), 37 **L'Opera** (Nam Phou), 19 **Aryia,** 18 **Acqua** (beide in der François Nginn Road) und 14 **La Scala** (Tha Deua Road, Plan S. 34).

■ **Deutsche Küche** gibt es im 6 **Berliner Garten** (unweit des Triumphbogens, Plan S. 34).

■ **Pizza, Hamburger** und andere „Spezialitäten" bekommt man inzwischen in vielen Restaurants, nicht zuletzt in den meisten Cafés.

■ Eine vielseitiges Angebot, das von vielen Besuchern angenommen wird, bietet 35 **Khop Chai Deu,** wohl nach wie vor die Top-Adresse für viele Vientiane-Besucher: zentrale Lage, breites Sortiment, abends Live-Musik. Vergleichbar im Angebot, wenn auch mit weniger Western Food, ist 1 **Mark II** beim Mercure Hotel.

■ In der Fa Ngoum Road führt das 32 **Chokdee,** verschämt „Café" betitelt, ein großes Sortiment belgischer Biere.

■ **Fertiggerichte aller Art** werden abends in großer Auswahl auf dem Talaat Vangthong (450-Jahre-Markt) in der Khun Bolom Road sowie entlang der Phai Nam Street angeboten.

Nachtleben

Vientianes Nachtleben ist **kurz und intensiv.** Schon um 23:30 Uhr sollen alle Vergnügungsstätten geschlossen haben. Da das von nicht wenigen Lokalen immer wieder ignoriert wird, hat sich ein Katz-und-Maus-Spiel zwischen Behörden und (manchen) Kneipenbetreibern entwickelt. Immer wieder wird dabei auch die zeitweilige oder dauerhafte Schließung von Lokalen angeordnet, weshalb es nicht einfach ist, (dauerhafte) Empfehlungen auszusprechen. Ende 2017 lautete die Vorgabe der Behörden: Kein Alkoholverkauf oder -ausschank in einem Umkreis von 500 Metern um Schulen, Pagoden, Botschaften usw. Danach könnten die meisten Lokale in Vientiane geschlossen werden.

10 Beliebt ist **Bor Pen Nyang** auf der Dachterrasse eines Hauses in der Fa Ngoum Road am Mekong (Plan S. 36): internationales Publikum, tolle Aussicht, Billard.

21 Der **Samlo Pub** bietet Musik und Drinks zu ebener Erde (Setthathirath Rd., Plan S. 36).

8 Einen Besuch wert ist der **Cat Walk Club** in der Sisangvone Street (Plan S. 34).

10 Internationales Flair verströmt das **Hard Rock Café** beim ITECC Ocean Park (Plan S. 34).

Notfall

Krankenhäuser

- Vientiane verfügt über vier große allgemeine Krankenhäuser. Dem ältesten davon, dem **Mahosoth Hospital** (Quai Fa Ngoum), ist auch eine internationale Klinik angegliedert, die sich auf die Behandlung von Ausländern spezialisiert hat.
- Auf Traumatologie spezialisiert ist das **Friendship Hospital** (auch „150-Betten-Krankenhaus" oder Mithaphap Hospital) im Stadtteil Chommany.
- Viele Ausländer trauen den laotischen Einrichtungen nicht und wenden sich deshalb bei Problemen an das **Alliance International Medical Center** (Honda Complex, Souphanouvong Avenue, Tel. 021-513095), das von der Wattana Hospital Group aus Thailand unterstützt wird. Ebenfalls gern konsultiert wird die Klinik der französischen Botschaft an der Khu Vieng Road (Tel. 021-214150).
- Bei Unfällen stehen die Notfallhelfer von **Vientiane Rescue** (Notruf 1623) bereit. Der von Freiwilligen aufgebaute Dienst hat inzwischen mehrere Einsatzzentralen in verschiedenen Stadtteilen.

Apotheken

Apotheken erkennt man weithin an ihren grünen Zeichen mit grünem Kreuz. Es gibt sie in **drei Kategorien,** was durch eine „1", „2" oder „3" im Kreuz ersichtlich wird. Apotheken der Kategorie 1 verfügen laut Vorschrift über einen ausgebildeten Pharmazeuten. In großer Konzentration finden sich Apotheken im Umfeld von Krankenhäusern.

- Gut sortiert ist die **Nou Pheuak Phamacy** in der Sakarin Road Ecke Quai Fa Ngoum (gleich neben dem Mahosoth Hospital).
- Ein großer Pharma-Markt ist die **Saysaath Pharmacy** in der Lao-Thai Road beim Krankenhaus 103. Angeboten werden einheimische Produkte, Importe aus Vietnam, Indien, Thailand, aber auch internationale Markenmedikamente.

Polizei

Die Polizei lässt sich generell in die khakifarben uniformierte **Verkehrspolizei** und die olivgrün gekleidete **Sicherheitspolizei** einteilen. Hinzu kommen die nicht uniformierten Dorfmilizen der Wohngebiete. Als **Notrufnummer** der Polizei wird **191,** für die **Touristenpolizei 193** angegeben.

Reisebüros

Reisebüros gibt es in Laos bzw. Vientiane **wie Sand am Meer.** Einige von ihnen, vor allem die größeren, betreuen gemeinsam mit oder im Auftrag ausländischer Reisebüros Reisegruppen. Manche organisieren die zunehmend beliebten Touren von Laoten ins Ausland. Die Mehrzahl aber lebt von der Laufkundschaft im Land. Sie verkaufen Tickets, arrangieren Minibusse, vermieten Motorräder, verkaufen Touren zu entlegenen Zielen im Land, Trekkingtouren, Home Stays oder was immer gerade angesagt und erwünscht ist. **Auf vielen Gebieten sind sie nahezu unentbehrlich.** Manchmal ist auch ein ortskundiger und bei vielen ethnischen Gruppen auch sprachkundiger Führer eine große Hilfe. Einige dieser Firmen sind regional spezialisiert, andere operieren landesweit. Die meisten der laotischen Reisebüros nutzen Englisch als Standardsprache, einige wenige haben auch Deutsch sprechende Mitarbeiter, etwa **Lao Top Travel** (Tel. 021-563058, www.laostoptravel.com) oder der südostasienweit tätige Anbieter **Diethelm Travel** (Tel. 021-262058, www.dietheltravel.com). Empfohlen sei auch **Asian Trails** (Tel. 021-263936, www.asiantrails.com). Keines dieser Reisebüros hat allerdings ein Büro in der näheren Umgebung der Traveller-Hochburgen, dass auf Kundenverkehr eingerichtet ist.

Shopping

■ Kein Aufenthalt ohne Mitbringsel. Shopping-Mekka in Laos ist der **Talaat Sao.** Angeboten werden hier Industriewaren, aber auch Erzeugnisse des laotischen Handwerks. Ein ganzer Flügel des zweigeschossigen Baus ist traditionellen laotischen Stoffen vorbehalten. Die Bahnen, die schon zum laotischen Wickelrock *Sin* gesteckt sind, müssen allerdings erst genäht werden. Die Preise für einen Sin liegen zwischen 20 und 300 Dollar, je nach Art und Beschaffenheit von Stoff und Mustern sowie nach Art der Fußborte des Rockes, *Tin Sin.* Ebenfalls angeboten werden Flechterzeugnisse der Bergvölker sowie kleinere Schnitzereien. Im Obergeschoss beherrschen Gold- und Silberschmiede einen Flügel. Meisterhaft gearbeitet und recht preiswert sind Silberwaren, vom Nippes bis zu den einen *Sin* erst komplettierenden Gürteln.

■ Großen Zuspruchs erfreut sich auch der **Vientianer Nachtmarkt,** der täglich ab etwa 17 Uhr am Mekong gegenüber Wat Chan seine Zelte aufschlägt. Krimskrams aus chinesischer, vietnamesischer, thailändischer oder sonstiger Produktion wechselt sich ab mit laotischen Erzeugnissen traditioneller und moderner Art.

■ Traditionelles Marktgewusel findet sich noch auf dem **Talaat Saphanthong** (Lao-Thai Road unweit Krankenhaus 103), dem **Talaat Houa Khoua** (ex That-Luang-Markt, von der That-Luang-Ampelkreuzung 2 km stadtauswärts) sowie auf dem **Talaat Don Koi** (Khamphengmeuang Street unweit Setthathirath Hospital). Großer Beliebtheit erfreut sich der **Organic Market** (samstags auf dem That-Luang-Platz, mittwochs im Fa-Ngoum-Park).

3 Tradition in modernem Design und moderner Verarbeitung offeriert **Lao Cotton** (Plan S. 34). Das aus einem Entwicklungshilfeprojekt hervorgegangene Unternehmen produziert in Handarbeit Baumwoll- und Seidenstoffe, die im Unternehmen zu Taschen, Kleidungsstücken oder Wohnraumtextilien weiterverarbeitet werden. Auf den Betrieb, in dem auch die größte Verkaufsstelle untergebracht ist, weist ein Hinweisschild an der Luang Prabang Road in Richtung Flugplatz rechts.

■ Traditionelle Märkte verschwinden – zumindest im Stadtzentrum – nach und nach, meist um großen **Shopping Malls** Platz zu machen, die dann selten voll sind; so zu erleben in der 16 **ITECC Mall** an der Khamphengmeuang Street (Plan S. 34). Das chinesische 5 **Vientiane Center** an der Khu Vieng Road (Plan S. 34) ist belebter, auch wenn das Angebot überschaubar ist. Moderne **Kinos** in beiden Malls zeigen auch Filme in englischer Sprache.

Film und Foto

Vientiane ist gut bestück mit **Fotolabors.** Sie drucken nicht nur Fotos aus und fertigen Pass- und sonstige Bilder, sondern halten auch Speichermedien, Ersatz-Ladegeräte, Batterien und anderes Zubehör bereit. An den meisten Sehenswürdigkeiten werden Besucher zudem von **mobilen Fotoshops** erwartet, die innerhalb von Minuten Ausdrucke von (gerahmten) Erinnerungsfotos liefern.

Karten und Stadtpläne

In den Buchläden der Stadt werden auch die in Laos gedruckten Karten und Stadtpläne vertrieben. Stadtpläne gibt es bislang allerdings nur von Vientiane und Luang Prabang. Trotz einiger Ungenauigkeiten und Probleme bei der Transkription aus dem Laotischen ins Englische ist die **Vientiane Tourist Map** der beste und handhabbarste Stadtplan von Vientiane. Die vom laotischen Kartenamt herausgegebenen Übersichtskarten des Landes zeichnen sich durch geringe Attraktivität aus. Wer an genaueren Karten interessiert ist, der bekommt diese zu erstaunlich niedrigen Preisen im Kartenamt (National Geographic Department, Na Hai Diao, Government Office Complex, Zugang von der ASEAN Road).

Buddha-Figur am Wat Sisaket

laos010 vl

Bücher und Zeitungen

- Ein gutes Angebot an Büchern über Laos und Südostasien, meist in englischer oder französischer Sprache, führt der 28 **Monument Bookstore** in der Nokkeokoumane Street (Plan S. 36). Die verbreiteten **Second-Hand-Buchläden,** die neue wie gebrauchte Bücher verkaufen oder tauschen, findet man auch in Vientiane. Besonders hervorgehoben werden soll das unscheinbare 25 **Book Café** in der Heng Boun Road (Plan S. 36, neben der Agricultural Promotion Bank). Der Betreiber *Robert Cooper* verkauft nicht nur seine eigenen Bücher über Laos und dessen Völker, sondern er verlegt auch die international erfolgreichen Dr.-Siri-Krimis von *Colin Cotterill.* Bücher in laotischer Sprache erhält man u.a. im staatlichen Buchladen in der Setthathirath Road.
- Die englischsprachige **„Vientiane Times"** erhält man z.B. in dem von in Vientiane lebenden Ausländern gut frequentierten Simeuang Supermarket. Ebenso die einem steten Wechsel unterliegenden Magazine, von denen sich einige zweisprachig versuchen (*Update, Shadow, Society Lifestyle* usw.).

Sport

Sportlich Aktive können sich vielerorts betätigen, sei es in lokalen **Fitnesszentren** oder denen der großen Hotels oder in Sportkomplexen, die in der Regel ihre Stammkundschaft oder feste Mitglieder haben. Besonderer Beliebtheit erfreuen sich überdachte **Kleinfeld-Fußballanlagen** mit Kunstrasen und **Badminton-Hallen. Aerobic** gibt es jeden Abend im Tiao Anou Park, Läufer trifft man jederzeit und nahezu überall, vor allem wiederum am Tiao Anou Park und auf dem That-Luang-Platz. In jüngerer Zeit sehr beliebt ist **Radfahren** mit technisch sehr hochwertigem Material, speziell entlang des Mekong Richtung Norden (Kao Liao Richtung Sangthong). Auf dem Mekong treffen sich vor allem an den Wochenenden auch die Jet-Ski-Fahrer.

Provinz Vientiane

Stausee Nam Ngoum

Der Stausee ist für die Vientianer **beliebtes Ausflugsziel** an Wochenenden und Feiertagen. Die Entfernung zur südlich vom See gelegenen Hauptstadt beträgt knapp 100 Kilometer. Für die **Anfahrt** stehen zwei Routen zur Verfügung: die durch erste Bergausläufer führende Straße Nr. 10 **über Thangone** und die langweiligere Straße Nr. 13 **über die Hauptstadt der Provinz Vientiane, Phone Hong.** Der Stausee entstand Anfang der 1970er Jahre, als die Staumauer für das Wasserkraftwerk am Lauf des Nam Ngoum (gespr. Naam Ngüm) errichtet wurde. Das Kraftwerk war das erste seiner Art in Laos und leistet heute etwa 155 Megawatt. Ein großer Teil des produzierten Stroms wird nach Thailand exportiert.

Am Stausee verbinden sich die Vorzüge von **Wasser und Gebirge,** denn der See ist von eindrucksvollen Bergen umgeben, deren größter Brocken 1500 Meter hoch ist. Folglich ist es hier auch ein wenig kühler als in der Vientianer Ebene. Bei den Laoten heißt das Fahrtziel übrigens **Thalat,** der dem Staudamm nächstgelegene Ort; von hier starten die meisten Bootstouren über den Stausee.

Dem Stausee mussten einige Dörfer weichen, andere entstanden neu. Der See brachte aber auch einige **neue Gewerbe** mit sich, die heute die Gegend mitprägen. So die (nun rückläufige) Fischerei, den Schiffsverkehr auf dem See samt Bootsbau, aber auch Tourismus oder die ausgefallene Technik des Holzeinschlags unter Wasser. Letztere war direkte Folge eiligen Fortschritts, denn der Einschlag des Holzes auf dem Gebiet des entstehenden Sees konnte nicht mit dem rasch steigenden Wasserstand mithalten.

Eine Rarität ganz anderer Art findet sich auf einigen der **Inseln im See.** Diese wurden vom Innenministerium als **Umerziehungslager** und **Strafvollzugseinrichtung** genutzt. Vor allem Prostituierte und Kleinkriminelle aus Vientiane landeten auf den als „Fraueninsel" und „Männerinsel" fast landesweit bekannten Eilanden. Dabei machten sich die Schöpfer dieser Einrichtungen die Tatsache zunutze, dass die Mehrzahl der Laoten nicht schwimmen kann.

Der größte Reiz eines Ausflugs nach Thalat, als Tor zum Stausee, besteht in der Kombination mit **anderen Zielen an der Strecke.** So haben es auch die meisten Anbieter im Programm.

Auf der **Straße Nr. 10** ist dies der **Lao-Zoo in Ban Bo.** In dem Anfang 1994 eröffneten Park lassen sich in erster Linie einheimische Tiere bestaunen. Eintrittspreise für Ausländer: Erwachsene 15.000 Kip, Kinder 10.000 Kip.

Weitere sehenswerte Orte und Plätze finden sich entlang der **Straße Nr. 13.** Bei der Jugend der laotischen Hauptstadt beliebt sind die kleinen **Wasserfälle** und Rückhaltebecken der Bäche. Hier vergnügen sie sich mit Baden (meist in voller Montur) und Picknick.

Die Orte **Hin Khan Na** (Abfahrt westwärts von der Straße Nr. 13 nach etwa 10 km) und **Tat Son** (etwa 25 km) sind entspannte Ziele. Bei Tat Son finden sich einige wie von Geisterhand aufgeschichtete Felsen (Dan Soung), teilweise mit schöner Aussicht auf die tiefer liegende Mekong-Ebene. Einige Buddha-Statuen hier stammen aus Zeiten sehr früher Besiedlung.

Vang Xang liegt ca. 60 Kilometer nördlich von Vientiane. Ein Hinweisschild zum Vang Xang Resort markiert den Weg; hier biegt man rechts ab. Der Name „Vang Xang" bedeutet Elefantenloch. Es handelt sich hier um eine mindestens seit dem Jahr 1002 bestehende Einsiedelei buddhistischer Mönche. Buddha-Skulpturen zieren die Felsen. Ein großer Felsblock inmitten eines Tümpels hat die Form eines Elefanten – und gab so dem Platz seinen Namen.

Der winzige Fischerort **Na Keun** liegt ca. 6 Kilometer hinter Thalat direkt am Seeufer; hier kann man im Long Ngoum View Resort nächtigen.

Hian Samanaa – Umerziehungslager in Laos

Kaum hatte die **Pathet Lao** im Dezember 1975 die Macht im Lande auch offiziell übernommen, als ein Begriff die Anhänger des alten Regimes zu schrecken begann: **Hian Samanaa – „im Seminar lernen".** Nach wie vor gibt es keine Angaben darüber, wie viele Menschen von diesen „Umschulungen" betroffen waren. Ihre Zahl geht auf alle Fälle in die Tausende. Bekannt aber ist, dass sich 300.000 Repräsentanten der alten Ordnung durch Flucht dem Zugriff der Revolutionäre entzogen, meist bei Nacht und Nebel über den Mekong nach Thailand. Wer nicht schnell genug wegkam oder nicht wegwollte, kam zur Umerziehung in die unwirtlichen Regionen des Landes. Vorwiegend in den nordöstlichen Provinzen, aber auch in anderen Landesteilen, befanden sich diese Lager. Unter einfachen ländlichen Bedingungen lebten die Vertreter des alten Regimes zum Teil gemeinsam mit ihren Familien bei **Landarbeit und politischen Schulungen.** Die Dauer des Aufenthaltes hing dabei von der einstigen Position in der politisch-staatlichen Hierarchie und vom Grad der „Besserung" ab. Wer schnell und glaubwürdig die neuen Losungen nachbetete, konnte im Normalfall auch mit baldiger Entlassung rechnen. 1988 wurden die letzten Lager offiziell aufgelöst.

Die Gründe für eine „Einweisung" ins Lager konnten durchaus unterschiedlich sein. Schließlich stand die neue Führung vor der Frage, wohin mit all den militärischen und politischen Widersachern, ohne sie physisch zu liquidieren? Wie gewährleisten, dass sie die neue Ordnung akzeptieren und nicht mit Unterstützung ausländischer Gönner – und die gab es zu Zeiten der Systemauseinandersetzung genug – die Macht zurückerobern würden? So verhinderten Umschulung und Massenflucht das Entstehen einer schlagkräftigen Opposition.

Aber auch die weit verbreitete Prostitution und Kriminalität galt es zu beseitigen. **Dirnen und Diebe** landeten ebenfalls in solchen Lagern, erlernten dort einen Beruf und wurden in Seminaren über das Frevelhafte ihrer bisherigen Lebensweise und die Vorzüge der neuen Ordnung aufgeklärt.

Praktische Informationen

An- und Weiterreise

Die meisten Besucher kommen mit einer gebuchten **Tour** aus Vientiane. Individuell lässt sich die Strecke sehr gut mit dem eigenen Roller bewältigen, und auch **Busse** von Vientiane fahren ab der Busstation Talaat Sao nach Talaat (alle 30 Min., 2 Std. Fahrt, 15.000 Kip).

Unterkunft

Khemnung Guesthouse
Tel. 023-440456, hinter der Brücke in Talaat, empfehlenswerte Unterkunft unter einigen recht einfachen Übernachtungsmöglichkeiten (15 US$).

Long Ngoum View Resort
Direkt über der Anlegestelle in Na Keun weist ein kleines Schild auf das Resort hin, Tel. 030-5264371. Traumhafte Idylle mit Pool (25 US$).

Vang Vieng

ວັງວຽງ

Laotisches Backpacker-Mekka, Baustelle und wunderschöne Natur, das ist Vang Vieng. Fährt man von Vientiane auf der Nationalstraße Nr. 13 nach Norden, erreicht man nach 153 Kilometern und gut zwei Fahrstunden die Kreisstadt mit rund 20.000 Einwohnern. Vang Vieng selbst ist nicht aufregend, doch die Natur ringsum zeigt sich von der besten Seite. Die durch Vorboten der nordlaotischen Bergwelt führende Anfahrtsstraße aus Vientiane gibt eine Ahnung von dem, was einen erwartet, und die aus dem Gebirge kommende Trasse aus Luang Prabang ist fast schon wieder im Tiefland angelangt. Der Ort selbst liegt in einem lang gestreckten **Tal,** das **vom Nam Song durchflossen** wird. Wie von Geisterhand hingesetzt, ragt inmitten des Tals und als seine westliche Begrenzung eine **Kette bizarrer Kalksteinfelsen** auf, in denen es eine größere Anzahl von Höhlen gibt. Der Blick aus der Stadt auf diese Karstkette ist beeindruckend, während die Sicht von der anderen Seite auf die Stadt eher Ernüchterung bringt, denn Baustellen und Partybuden prägen das Bild.

Dem Zug der Zeit folgend, entwickelt sich Vang Vieng vom Travellerziel in Richtung Mittelklasse-Tourismus. Mehrgeschossige Hotels und Gasthäuser machen mittlerweile das Ufer des Nam Song aus, gepaart mit Baustellenlärm und Partymusik. Auch in der schönen

Vientiane & das Zentrum

☐ Vang Vieng: Heißluftballons starten in den frühen Morgenstunden

laos022 vl

Vang Vieng
0 100 m
©Reise Know-How Laos_04 1/18
1 (4 km) 2 (9 km) • Markt (2 km), Ⓑ Busstation (2 km), • Tubing-Startpunkt, Luang Prabang
13
Nam Song
Übernachtung
1 Organic Farm
2 Vang Vieng Eco-Lodge
4 Champa Lao Guesthouse
7 Central Backpackers
8 Inthira Vang Vieng
10 Elefant Crossing Hotel
12 Maylin Guesthouse
13 Riverside Boutique Resort
14 Vilayvong Guesthouse
15 Phoomchai Guesthouse
16 Vang Vieng Resort
Essen und Trinken
3 Bars
5 Luang Prabang Bakery
9 Viman Vang Vieng
Sonstiges
6 Green Discovery
11 Adam's Rock Climbing School
Bankautomat
Bankautomat
Kangmuong St.
Alter Flugplatz
Bankautomat
Bankautomat
Krankenhaus
Nam Song
68
Tham Poukham
68
16 Tham Tjang (Tham Chang)
Vientiane
13

Naturkulisse außerhalb des Ortes entstehen Resorts, die teilweise ökologisch ausgerichtet sind.

Durch die Höhenlage ist es das ganze Jahr über **etwas kühler als in Vientiane.** Das macht sich besonders in den Monaten Dezember und Januar bemerkbar, wenn es in den Frühstunden mit Temperaturen unter 10 Grad empfindlich kalt sein kann. Oft versperren tief hängende Wolken und Nebel in den Morgenstunden die sonst so beeindruckende Aussicht.

Seit 1994 ist Vang Vieng auch das **Zentrum der laotischen Zementindustrie.** Die zwei von China errichteten Anlagen stehen südlich der Stadt. Während des 2. Indochinakrieges diente der Ort vor allem wegen seines **Flugplatzes** zu verschiedenen Zeiten nahezu allen am Konflikt beteiligten Seiten und war zeitweilig sogar in zwei Zonen geteilt, die der Pathet Lao und die der Neutralisten von Kong Le. Als die Freundschaft zwischen den beiden Gruppierungen zerbrach, kam es in der Stadt zu heftigen Kampfhandlungen (siehe im Kapitel zur Geschichte). Heute dient die asphaltierte Landepiste Rindern und Büffeln des Ortes als Ruheplatz und manchem Einwohner als Ort erster Fahrübungen mit dem Auto oder Motorrad.

Heute leben in und um Vang Vieng **viele Lao und Hmong,** die während des Krieges aus Sam Neua hierher umgesiedelt worden waren. Aber auch nicht wenige der Alteingesessenen stammen ursprünglich aus östlicheren Landesteilen.

Sehenswertes

Die **Hobo Map** ist empfehlenswert, wenn man sich in der Umgebung eigenständig orientieren möchte – einfach in den Läden danach fragen. Höhlen und die Wege für Touren in die Umgebung sind in der Karte eingezeichnet. Es gibt sie auch bei Monument Books in Vientiane (ca. 25.000 Kip).

Neben dem Bergpanorama und der großartigen Natur, wunderbar vom Fluss aus zu betrachten, sind es vor allem die **Höhlen in den Kalksteinfelsen,** die einen Besuch lohnen. In einigen Höhlen kann man schwimmen, in anderen ist es stockfinster. Eine Mindestausrüstung umfasst festes Schuhwerk, Taschenlampe und angemessene Badekleidung. Frauen sollten daher einen Wickelrock über dem Badeanzug und Männer nicht

laos004 vl

Die Umgebung Vang Viengs lädt zur Erkundung diverser Höhlen ein

zu kurze Shorts tragen. Man schaue sich an, wie die Laoten selbst baden!

Die **wichtigsten Höhlen** sind:

Banana Pancake Trail

Der Banana Pancake Trail steht für **Routen in Südostasien, auf denen viele Backpacker unterwegs sind.** Reisende haben naturgemäß Einfluss auf das bereiste Land, Tourismus entsteht, findige Einheimische bieten Waren feil, die sie auf die Touristen abgestimmt haben. Findet man auf der Speisekarte zum Beispiel Pfannkuchen, gern mit Bananen und Sirup serviert, statt der klassischen Nudelsuppe, befindet man sich sehr wahrscheinlich auf dem Pancake Trail.

In Vang Vieng etablierte sich früh das **Tubing,** bei dem man in einem Gummischlauch den Fluss hinunter treibt. Neben dem Ausblick auf die Natur und der Erfrischung in der Hitze waren es auch die unzähligen Bars am Rand des Flusses mit oft freizügigem Drogenangebot, die in Hochzeiten Hunderte Backpacker nach Vang Vieng lockten. 2012 zog diese „Szene" dann die Aufmerksamkeit auf sich, als zwei junge Männer kurz hintereinander starben. Schon 2011 sollen nach entsprechenden Berichten bereits ca. 20 Menschen gestorben sein. Die Regierung stoppte den Party-Tourismus und ließ alle Bars entlang des Flusses schließen. Einige sind nun wieder geöffnet, und dort, wo der Fluss die Stadt durchfließt, dröhnt der Bass aus den Boxen. Gibt man auf Youtube „Vang Vieng Tubing" ein, kann man sich ein Bild vom Spektakel machen …

Tham Tjang (Tham Chang)

Die am besten bewirtschaftete – und somit auch sehr gut frequentierte – Höhle **gehört zum 16 Vang Vieng Resort** (Eintritt 17.000 Kip, Zutritt 7–11:30 und 13–17 Uhr). Man überquert den Nam Song auf einer eigens angelegten Brücke. Der Aufstieg zum Höhleneingang erfolgt bequem über eine Treppe, der Boden im Höhleninnern ist betoniert und die Höhle ausreichend beleuchtet. Der Besuch ist vor allem deshalb lohnenswert, weil sich von einer Felsöffnung in luftiger Höhe ein **überwältigender Blick über das Tal** bietet. Zu erreichen ist die Höhle zu Fuß oder mit dem Fahrrad, einfach den Hinweisschildern zum Resort folgen.

Tham Poukham

Zutritt: 10.000 Kip. Auf vielen Schildern falsch geschrieben, denn „Phoukham" hieße „Goldener Berg". Poukham ohne „ph" weist jedoch auf eine andere Rarität hin: **große Krabben,** die in der Regenzeit hier zu finden sein sollen. Die **größte Höhle der Region** erfordert Klettersicherheit beim Aufstieg zu dem über 30 Meter hoch gelegenen Eingang. Im ersten Gewölbe begrüßt den Besucher eine liegende Buddha-Statue. Es folgen mindestens drei Gewölbe gewaltigen Ausmaßes. Auch im Höhleninnern sind Kletterkünste gefragt. Ein erfrischendes Bad ist im glasklaren **Quellbach** am Fuße des Felsens möglich. An diesem natürlichen Pool, überall als „Blue Lagoon" angepriesen, ist allerdings immer viel los. Sogar eine Rutsche wurde gebaut.

> Die Stadt am Karst im Morgendunst

Weitere Höhlen werden stetig neu entdeckt und begehbar gemacht. Kleinere, unspektakuläre Höhlen sind auch weniger besucht. Es lohnt sich, einen lokalen Führer zu engagieren.

Aktivitäten

Tubing – in einem Reifen auf dem Nam Song treiben

Teilnehmer werden **per Tuk-Tuk oder Songthaeo zur Einsatzstelle** gebracht; meist befindet sich diese nur 4 km nördlich der Stadt. In der Trockenzeit muss man damit rechnen, auch mal durch Niedrigwasser zu waten. Das Ende der Tubingstrecke ist mit großen Schildern gekennzeichnet. Der Fluss scheint harmlos, dabei ist es absolut sinnvoll, die Schwimmweste, die man gestellt bekommt, auch zu tragen. Preis inklusive Transfer ab 50.000 Kip pro Person (zzgl. Pfand für Reifen und Schimmweste).

Achtung: Sonnenbrandgefahr! Ordentlich eincremen, bedeckende Kleidung und Hut tragen!

Trekking, Rafting etc.

Die Innenstadt ist voll mit Agenturen, Restaurants und Gasthäusern, die Trekking, Rafting, Climbing, Canoeing und Fahrradtouren unter sachkundiger Anleitung in der Umgebung anbieten. Sicher aufgehoben ist man bei 6 **Green Discovery** in der Innenstadt (www.greendiscoverylaos.com). Einen guten Ruf hat auch 11 **Adam's Rock Climbing School** (Tel. 020-55010832, www.laoclimbing.com, Kurse auf Deutsch ab 180.000 Kip). Für Ausflüge kann man die lokalen Karten nutzen, besser aber schließt man sich einem der Guides an.

Ballonfahrten

Ballonfahrten werden von einer chinesischen Firma angeboten **(in fast jeder Unterkunft buchbar)** und sind zum

laos021 vl

Preis von ca. 80 US$ ein echtes Schnäppchen. Zur Sicherheit dieses Abenteuers können wir keine Auskunft geben; bisher hat es keine Unfälle gegeben.

Praktische Informationen

An- und Weiterreise mit dem Bus

Die **Busstation** befindet sich 2 km außerhalb der Stadt Richtung Norden an der Nationalstraße 13. Auf den Hauptreiserouten werden auch private Minibusse angeboten.

☐ Mönche überqueren die Bambusbrücke über den Nam Song

- **Luang Prabang,** 227 km, 6 Std.: 9, 14 Uhr (Minibus, 100.000 Kip), 10 Uhr (Bus, 90.000 Kip).
- **Vientiane,** 156 km, 3 Std.: 9 Uhr (Minibus, 60.000 Kip), 10, 13 Uhr (Express Bus, 50.000 Kip).
- **Phone Savan,** 218 km, 6 Std.: 9:30 Uhr (Minibus, 100.000 Kip).
- **Udon Thani,** Thailand (215 km, 6–7 Std.): 9:30 Uhr (Bus, 100.000 Kip).

Geld

- In der Innenstadt sind **viele Geldautomaten und Wechselstuben** zu finden.

Post

- **Zentral** in der Kurve der Uferstraße (siehe Plan) gelegen, Mo bis Fr 8–11:30 und 13:30–15:30 Uhr.

Gesundheit

- **Apotheken** befinden sich am Markt.
- Das **Krankenhaus** ist neu, allerdings ist bei ernsten Fällen wie immer die Reise nach Thailand angeraten, in diesem Fall nach Udon Thani.

Unterkunft

In 99% aller Unterkünfte steht gutes **WLAN** (kostenfrei) zur Verfügung.

1 Organic Farm

Tel. 023-511220, www.laofarm.org, 4 km nördlich der Stadt. 1996 gegründeter Bio-Hof, der inzwischen berühmt ist für Maulbeertee und vor allem den selbst gemachten Ziegenkäse. Als Unterkunft werden günstige Mehrbettzimmer (ab 50.000 Kip), Einzel- bzw. Doppelzimmer, Bungalows und Lehmhütten (bis 250.000 Kip) angeboten. Teilweise mit Klimaanlage. Empfehlenswert vor allem für einen Tagesausflug.

laos020 vl

2 Vang Vieng Eco-Lodge

Tel. 020-22247323, wie eine winzige Ferienanlage taucht 9 km von Vang Vieng entfernt das Areal der Eco-Lodge auf. Hinter der Rezeption entlang des Flusses den kleinen Hügel hinauf befinden sich die schönen Bungalows, teilweise mit herrlichem Flussblick (250.000 Kip). Alle haben eine Terrasse mit Liegestühlen. Es gibt ein Haupthaus und ein einfaches Restaurant, ebenfalls mit schöner Aussicht, wenn auch die Gerichte von unterschiedlicher Qualität sind. In der Mitte der Bungalows befindet sich ein Grillplatz. Im Fluss kann man schwimmen. Von hier bieten sich zudem schöne Wanderungen an.

13 Riverside Boutique Resort

Tel. 023-5117268, www.riversidevangvieng.com, zentral im Ort gelegen. Neu, luxuriös und stilvoll eingerichtet, der Preis (ab 70 US$) entspricht dem Standard. Mit Liegestühlen am Pool, von denen man einen tollen Blick auf den Fluss hat. Ruhig.

8 Inthira Vang Vieng

Tel. 023-511088, www.inthira.com, gegenüber dem Krankenhaus. Mit Pool und schönem Terrassenrestaurant. Ab 70 US$.

Unser Tipp: 10 Elefant Crossing Hotel

Tel. 023-511232, www.theelefantcrossinghotel.com. Standard-Zimmer ab 50 US$ mit fantastischer Aussicht auf den Fluss und den Karst im Hintergrund. Das Restaurant ist der perfekte Ort für einen Cocktail zum Sonnenuntergang.

4 Champa Lao Guesthouse

Tel. 020-55428518. Einfach, sauber und eine empfehlenswerte Alternative. Ab 10 US$.

15 Phoomchai Guesthouse

Tel. 020-54105116. Ruhige Bungalows ab 10 US$ hinter dem Haupthaus. Nicht ganz zentral gelegen.

7 Central Backpackers

Tel. 023-511593, www.vangviengbackpackers.com. Der Name ist Programm: zentral gelegen, Mehrbettzimmer ab 30.000 Kip und auch saubere Einzel-

laos019 vl

zimmer. Gute Location, um mit anderen Reisenden ins Gespräch zu kommen und z.B. Tipps für Ausflüge zu erfahren.

UNSER TIPP: 14 Vilayvong Guesthouse

Tel. 023-511703, vilaygh@hotmail.com. Die Bungalows sind schön, doch die Zimmer oben im Haupthaus haben Flussblick. Ab 10 US$, prima Preis-Leistungsverhältnis.

12 Maylin Guesthouse

Tel. 020-55604095, auf der anderen Flussseite. Schöne Gartenanlage mit Bambusbungalows und kleinem Restaurant. Sehr gemütlich. Ab 10 US$.

Vang Vieng zieht viele Partytouristen an

Essen und Trinken

Das kulinarische Angebot ist sehr umfangreich: Von asiatischem Traveller Food über Burger und Pfannkuchen bis zur Bakery und Pizzeria ist alles zwischen Markt und Wat Kang zu finden. Abends konkurrieren die Gaststätten darum, wer mit dem besten Film- und Fernsehangebot und dem größten Bildschirm die meisten Kunden lockt. Wer Wert auf Qualität (und weniger Trubel) legt, sollte sich an die etwas teureren Terrassenlokale der großen Hotels am südlichen Ufer halten. Hier zwei Empfehlungen:

5 Luang Prabang Bakery

Kaffee, Cappucino, Tee, Obstsalat, Baguette – hier lässt es sich seit Jahren prima frühstücken. Auch Herzhaftes wie zum Beispiel indische Gerichte steht auf der Speisekarte.

9 Viman Vang Vieng

Mr. Katz ist eine One-Man-Show, für die man Zeit mitbringen sollte. Auf der Speisekarte stehen deutsche Klassiker wie Schnitzel neben thailändischen Gerichten – und alles ist sehr gut.

Provinz Bolikhamsay

Die Provinz Bolikhamsay entstand erst im Zuge der Verwaltungsreform des Jahres 1983. Sie ist mit 14.863 km² die zweitkleinste der am Mekong liegenden Provinzen und mit etwa 274.000 Einwohnern auch relativ **schwach besiedelt.** Bewohnt wird die Provinz entlang dem Mekong von Lao und in den übrigen Gebieten von Phou Tai sowie bei Khamkeut (an der Straße Nr. 8) von Hmong und Khmu und verstreut von anderen Völkern. Der größte Teil der Provinz wird von **Gebirgen** bedeckt, die allerdings nicht durch besondere Gipfelhöhen auf sich aufmerksam machen. Durch die Provinz fließen der Nam Kading und der Nam Theun, die sich besonderer Aufmerksamkeit seitens der Staudamm-Entwickler erfreuen. **Verwaltungszentrum** von Bolikhamsay ist die Stadt **Paksan,** die sonst nicht weiter auffällt. Wirtschaftliche Bedeutung erlangte der Holzeinschlag in den **reichen Wäldern** entlang der Straße Nr. 8, die ins benachbarte Vietnam führt, und der Straße Nr. 4, die Paksan mit der Bergprovinz Xieng Khouang verbindet, sowie im Umfeld der Wasserkraftprojekte.

Historisch erlebte das Gebiet zur Zeit der französischen Herrschaft einige Aufregung, da sich das Zentrum der katholischen Kirche in Paksan befand und in Ban Nape und Lak Sao unweit der vietnamesischen Grenze französische Garnisonen stationiert waren, die für Ruhe und Ordnung unter den dort siedelnden Hmong sorgen sollten.

Der **Mekong** bildet die Grenze zum Königreich Thailand. Am dortigen Ufer liegt der selbst in Thailand wenig bekannte Ort Beung Kan.

Interessant ist **Lak Sao** (auch Lak Xao) nahe der vietnamesischen Grenze. Ein großes Plus sind hier die Hinweisschilder auf lohnenswerte Ziele entlang der Hauptstraße.

Von Vientiane Richtung Osten

Auf dem Weg von Vientiane nach Paksan passiert man nach 81 Kilometern Fahrt auf der Straße Nr. 13 **Wat Phabat Phone (Wat Phrabat).** Der Wat wird von einer ansehnlichen Stupa geziert und ist stolz, in seinen Mauern einen angeblichen Fußabdruck Buddhas präsentieren zu können. Auf der gegenüberliegenden Straßenseite führt ein Weg nach 2 Kilometern bis an den Mekong, wo auf einem Hügel ein weiterer Wat steht: Im **Wat Phone San** soll Buddha bei seinem eifrigen Schreiten durch die Lande gerastet und einen Imbiss zu sich genommen haben. Wie Wat Phabat Phone ist dieser Ort eine beliebte Pilgerstätte.

Zurück auf der Straße Nr. 13, weist nach weiteren 10 Kilometern in **Thabok** hinter der ersten Brücke ein Wegweiser zum Nationalpark Phou Khao Khouay (s.u.). Der Weg dorthin führt über 20 Kilometer kurvenreiche Piste bergauf und bergab. Wer die Zeit hat, sollte sich diesen Ausflug gönnen. Der **Nam Leuk,** ein keinesfalls kleiner Nebenfluss des Mekong, stürzt hier über eine Kaskade von vier Felsstufen insgesamt mehr als 30 Meter in die Tiefe. Zum Ende der Trockenzeit im Februar/März erlaubt der niedrige Wasserstand gar eine erfrischende Dusche. Vorsicht allerdings vor den tief ausgewaschenen Höhlungen im Flussbett!

Nach insgesamt 147 Kilometern auf der Straße Nr. 13 erreicht man das Verwaltungszentrum der Provinz, Paksan. Weiter auf der Fahrt nach Süden passiert die Straße Nr. 13 kurz vor Verlassen der Provinz Bolikhamsay die Kreisstadt **Pak Kading.** Erwähnenswert ist die Stadt wegen ihrer idyllischen Lage an der Mündung des **Nam Kading** in den Mekong und der Schönheit des Nam Kading, der sich hier auch per Boot befahren lässt und dessen ruhige Strände zum Baden einladen. Pak Kading ist beliebter Zwischenstopp auf der Tour nach Thakhek oder Savannakhet, um sich die Beine zu vertreten und eine Nudelsuppe zu essen. Inzwischen gibt es sogar ein Gästehaus, das Vilada Guesthouse am Ortsausgang.

Nationalpark Phou Khao Khouay

Agenturen in Vientiane haben Ausflüge hierher im Programm. Wer selbst anreist, kann von Ban Hatkhai aus starten, sollte sich aber vorher **anmelden:** *Mr. Khammouane* (Tel. 020-22240303). Lassen Sie einen Sprachkundigen anrufen.

Phou Khao Khouay heißt auf Deutsch Büffelhornberg. Nordöstlich der Hauptstadt Vientiane im Grenzgebiet der Provinzen Vientiane und Bolikhamsay gelegen, erhebt sich der **Berg** auf stolze 1026 Meter. Zum Gipfel gehören noch ein Bergmassiv und ein kleines Hochplateau gleichen Namens, das sich etwa 15 Kilometer in Nord-Süd-Richtung erstreckt und dessen südlichen Abschluss der Gipfel bildet.

Phou Khao Khouay ist nicht nur der der Hauptstadt nächstgelegene Berg, sondern auch ein Naturschutzgebiet. Vor allem die **Kiefernwälder** in den höheren Lagen waren es, denen das Gebiet diesen Status verdankt. Dank der Höhenlage ist es hier kühler als in der Vientianer Ebene. Das Naturschutzgebiet wurde mit Unterstützung eines Experten des Deutschen Entwicklungsdienstes zu einem Zentrum des Öko-Tourismus ausgebaut.

Früher gab es in **Ban Na** einen Aussichtsturm für die Beobachtung von wilden Elefanten; die Tiere sind inzwischen verschwunden.

In Ban Na und auch in Ban Hatkhai sind **Übernachtungen bei Familien** möglich. Eine Voranmeldung wird dringend empfohlen.

Ban Hatkhai

Seine **malerische Lage am Nam Mang,** umgeben von Bergen, Wäldern und Reisfeldern, macht das **Dorf** zur Attraktion. Von hier starten diverse Trekkingtouren, etwa zu den Wasserfällen Tad Xay und Pha Xay, eine etwas anstrengendere Tour hinauf auf den Pha Luang oder entlang des Baches Houei Ki Ling.

Tad Leuk

Tad Leuk (20 km von Ban Hatkhai), ein mehrstufiger **Wasserfall** mit ausgiebigen Bademöglichkeiten, ist das wohl am leichtesten erreichbare und am besten ausgebaute Ziel. Früher gehörte es zu einem von Schweden unterstützten Forstwirtschaftsbetrieb. Ein Informationszentrum erklärt Flora und Fauna. Verpflegung sollte man selbst mitbringen, Campingutensilien können gemietet werden.

Paksan

ປາກຊັນ

Paksan zeichnet sich dadurch aus, dass es sich durch fast nichts auszeichnet. Zur Zeit der Franzosen **schachbrettartig angelegte Straßenzüge** warten noch heute auf ihre Bebauung mit festen Häusern. Selbst der Markt bietet nichts Aufregendes. Doch Paksan steht deshalb in diesem Buch, weil die Stadt nach wie vor das **Zentrum des katholischen Glaubens in Laos** ist. Vor der Revolution befand sich hier die katholische Klosterschule *Institution de Mazenod,* in der sowohl katholische als auch nicht-katholische Jungen eine fundierte Ausbildung französischen Stils und in französischer Sprache erhielten. Bei „Rückfällen" ins Laotische drohten drastische Strafen. Gleich über die Straße steht das katholische Gotteshaus – ein unerwartet modernistischer Bau aus dem Jahre 1966, der Madonna von Lourdes gewidmet. Eine Querstraße weiter befand sich früher die ebenfalls von der Mission betriebene Schule für Haushaltshilfen. Noch ziert das Kreuz den Giebel des Gebäudes, in dem mehrere Jahre lang die Provinzverwaltung von Bolikhamsay residierte.

Bis auf den heutigen Tag weist Paksan die zahlenmäßig größte katholische Gemeinde von Laos auf. Im Gegensatz zu vielen anderen Orten sind hier die katholischen Gläubigen überwiegend ethnische Lao. So ist z.B. **Ban Keng Sadok,** malerisch an einer der großen Stromschnellen des Mekong gelegen, seit 1888 christlich.

Paksan hat sich ziemlich unscheinbar Richtung Osten entwickelt. An der Straße nordwärts nach **Borikane** – ein Hinweisschild weist auf Wat Dan –, die in schlecht befahrbarem Zustand über Saysomboune bis nach Xieng Khouang weiterführt, entstand ein völlig neuer Stadtteil mit modernen Verwaltungsgebäuden und Fabriken. Etwa 50 Kilometer außerhalb der Stadt, in **Pha Meuang,** tut sich eine bizarre Kalksteinlandschaft auf.

Praktische Informationen

An- und Weiterreise mit dem Bus

Busse und Songthaeos fahren ab dem Markt, wo sich die **Busstation** befindet.

- **Vientiane,** 143 km, 3 Std., 30.000 Kip: 6 und 12:30 Uhr; Songthaeos starten unregelmäßig, und auch in Busse aus dem Süden kann man zusteigen.
- **Phone Savan,** 230 km, 6 Std., 100.000 Kip: 7:30 Uhr; es besteht die Möglichkeit, in Busse, die in Vientiane Richtung Phone Savan gestartet sind, zuzusteigen. Achtung: Nachfragen, wo genau diese Busse vorbeikommen.
- Busse Richtung Süden nach **Thakhek** (192 km), **Savannakhet** (325 km) und **Pakse** (527 km) starten in Vientiane und kommen ca. 2 Std. später durch Paksan. Auch hier gilt: Nachfragen, wo genau diese Busse vorbeikommen. Am besten stellt man sich mit lokalen Reisenden zusammen.

Geld

- **Lao Development Bank,** an der Busstation, mit Geldautomat, Mo bis Fr 8:30–15:30 Uhr.

Unterkunft, Essen und Trinken

- Im Ort gibt es eine Handvoll Gästehäuser, z.B. das **Saymongkhoune Guesthouse,** Tel. 054-280413, nahe der Busstation; einfach und sauber, WLAN.
- **Saynamsan Restaurant,** an der Brücke mit Flussblick. Laotische und Thai-Küche.

Nach Vietnam über Lak Sao

Für die Einreise nach Vietnam muss ein Visum vorliegen. Dann kann man **von Nam Phao nach Cau Treo** Laos verlassen. Der Grenzübergang ist von 7–17 Uhr geöffnet, danach und am Wochenende ist ein Zuschlag zu bezahlen.

Man startet in dem 35 Kilometer vor der Grenze liegenden Ort Lak Sao, falls man nicht eine durchgängige Fahrt von einer größeren Stadt, z.B. Vientiane, gebucht hat. **Lak Sao** – zu Deutsch Kilometer 20 – liegt inmitten einer eindrucksvollen Gebirgslandschaft an der Straße Nr. 8. Der Ort ist Zentrum eines wirtschaftlichen Entwicklungsprojekts, das allerdings schon bessere Zeiten erlebt hat. Noch immer wird die Entwicklung mit den reichen Holzvorräten der Gegend bezahlt, die über den kurzen Weg zur vietnamesischen Küste transportiert werden. Es gibt Übernachtungsmöglichkeiten, die in Ordnung sind.

- **Busse ab Lak Sao:** nach Vingh 12 Uhr, 120.000 Kip, nach Tay Son (Trung Tam) 13:30 und 14 Uhr, 50.000 Kip.

Tham Kong Lo

ຖ້ຳກອງລໍ

Eine **Bootsfahrt** wie in *Jules Vernes'* „Reise zum Mittelpunkt der Erde“: 7 Kilometer lang ist die Bootsfahrt durch den Kalksteinfelsen. Der Fluss **Hinboun** hat sich hier im Laufe der Jahrtausende einen Weg gebahnt, der nun an den weitesten Stellen bis zu 100 Meter hoch und 90 Meter breit ist. An anderen Stellen braust man um die schmalen Ecken, und Hochgewachsene mögen hier und da auch mal das Gefühl haben, den Kopf einziehen zu müssen. Am Ende der Fahrt gibt es einen beleuchteten Pfad, der durch eine Tropfsteinhöhle führt. Dann wird man vom Bootsmann wieder eingeladen.

Es ist frisch **im Inneren der Höhle,** bedingt durch den Fels und den Fahrtwind. Daher ist die Mitnahme von Jacke oder Pullover ratsam. Einige Passagen müssen durchwatet werden, und die **Strömung** ist nicht zu unterschätzen. So trägt man am besten fest am Fuß sitzendes Schuhwerk (der Flip Flop ist sehr schnell davongeschwommen), das nass werden darf. Shorts sind praktisch, da man nicht selten bis zu den Oberschenkeln nass wird. **Wertsachen** können in einem Packsack untergebracht werden. Stirnlampe, wasserdichter Packsack und Schwimmweste werden mit der Eintrittskarte ausgegeben. Es ist außerdem laut, das Dröhnen der motorisierten Boote hallt von den Felswenden zurück, und die Bootsführer müssen darüber hinweg rufen, um sich mit manchmal entgegenkommenden Booten zu verständigen. Noch ist es nicht zu überfüllt, **die Fahrt ist ein Erlebnis,** und man fühlt sich wie ein Entdecker, vor allem wenn man vorn im Boot sitzt. Der Kegel der Taschenlampe scheint auf Sandstrände, dann wieder kreuzen Fledermäuse, und schließlich taucht nach etwa 1 Stunde Fahrt wieder Licht auf. Auf der

⊳ Ein Erlebnis: Im Langboot unterwegs auf dem Fluss Hinboun

anderen Seite warten **Verkaufsstände:** Snacks, sehr gute Bambusmatten und Stoffe werden angeboten. Homestay ist möglich. Dann geht es durch die Höhle wieder zurück. Am Picknickplatz/Parkplatz um das Tickethäuschen kann man sich auch **Gummireifen** ausleihen, um sich den Fluss hinuntertreiben zu lassen. Beim ersten Einlass-Häuschen, noch einige Meter vor der Höhle, gibt es außerdem ein **Restaurant.** Wer in Ban Kong Lo übernachtet hat, kann hier auch frühstücken.

Praktische Informationen

- **Geöffnet:** tägl. 8–16 Uhr.
- **Bootpreis:** 100.000 Kip, bei mehr als einer Person kann der Preis auch auf 130.000 Kip ansteigen.
- **Eintritt:** 10.000 Kip pro Person für den Eintritt auf das Gelände und Extrakosten, wenn man mit dem eigenen Fahrzeug anreist.

An- und Weiterreise

- **Ban Kong Lo** liegt etwas abseits (40 km von der Straße Nr. 8). Über Touren ist die Höhle einfach zu erreichen. Die meisten Anbieter haben sie im Programm, auch von Vientiane oder Thakhek aus.
- Zu erreichen ist die Höhle auch von Osten, wo eine unbefestigte Straße von **Nakai** aus zur Höhle führt.

Unser Tipp: Ein schöner Zwischenstopp ist Ban Kong Lo auch innerhalb einer Tour rund um **Thakhek** mit dem gemieteten Motorrad oder Roller. Siehe dazu auch den Exkurs „Thakhek Loop".

- **Busse/Songthaeos:** Die Bushaltestelle in Ban Kong Lo ist durch ein blaues Schild an der Hauptstraße gekennzeichnet. Verbindungen: Vientiane (südliche Busstation) – Ban Kong Lo, 10 Uhr, Ban

laos023 vl

Kong Lo – Vientiane, 7 Uhr (Bus, 7–8 Std., 80.000 Kip), Ban Kong Lo – Thakhek, 6:30, 7:30 Uhr (Songthaeo, 4–5 Std., 75.000 Kip).

Unterkunft

Ban Kong Lo ist noch ein sehr ursprüngliches Dorf 1 km vor der Höhle. Fluss und Fels rahmen es ein, während man sich entlang der Straße in Tabakplantagen wiederfindet. Die meisten Gästehäuser befinden sich angrenzend kurz vor dem Dorf, ein Zimmer sollte immer zu finden sein.

- **Spring River Resort,** 1 km vor Ban Kong Lo dem Schild auf ungeteerter Straße folgen, www.springriverresort.com, Tel. 020-59636111. Schwimmen, Bootstouren (auch die „Kong Lo Tour" ist im Programm), Restaurant, ruhige Lage, saubere Bungalows mit gutem Moskitonetz (10–25 US$).
- **Khounmee Guesthouse,** links direkt am Ortseingang, Tel. 020-58790652, das Restaurant gegenüber auf der anderen Straßenseite gehört dazu. Hauszeile mit Zimmern nebeneinander im Motelstil, schlicht, aber mit direktem Blick auf den Fels, solide Zimmer ab 5 US$.
- **Enjoy Boy Guesthouse,** im Ort, Tel. 020-7776 4896, mehr als hier kann man im Dorfleben nicht drin sein. Sehr einfache, aber saubere Zimmer ab 5 US$. Das kleine Restaurant hat einen wunderschönen Blick auf die Gärten am Fluss und lohnt sich auch nur für ein Getränk.
- In der Umgebung gibt es weitere Anlagen, die oft im Rahmen von Touren angesteuert werden. In **Ban Phonegneng** (ca. 7 km von Ban Kong Lo) ist **Sala Hinboun** sehr empfehlenswert: schöne Lage am Fluss, leckeres Restaurant, daher oft ausgebucht (ab 20 US$, Tel. 020-77755220, www.salalao.com).

Provinz Khammouane

Die Provinz Khammouane, oft auch nach ihrer Provinzhauptstadt Thakhek genannt, zieht sich durch Laos in ganzer Breite. Im Westen dominiert der **Mekong** mit seiner landwirtschaftlich bedeutsamen Ebene, nach Osten hin steigt das Terrain an bis hin zu den vietnamesischen Kordilleren, deren Bergrücken die Grenze zu Vietnam darstellt. Neben dem Mekong ist hier der **Sebangfai** der wichtigste Fluss. Durchquert wird auch diese Provinz in Nord-Süd-Richtung von der Straße Nr. 13.

Auf einer Fläche von 16.315 km² leben hier über 392.000 Menschen. Diese vertreten eine Vielzahl kleiner und kleinster **Völker.** Erwähnt seien neben den Lao die zu den Berg-Thai zählenden Saek, die in Mahasay lebenden Bur sowie die zur vietnamesischen Sprachgruppe zählenden Tum, Mon und Kri.

Khammouane gehört zu den sechs großen **Reisprovinzen** des Landes. Die Wirtschaft der Provinz wird seit 2005 vom gewaltigen und nicht unumstrittenen **Wasserkraftprojekt Nam Theun 2** dominiert, das ein Gebiet von 450 km² unter Wasser setzte – und nun zu einem Tourismusziel wird.

[>] Thakhek: Chum-Boo-Fahrer warten auf Kundschaft am Mekong

Thakhek

ທ່າແຂກ

Thakhek, in einigen Quellen auch Muong Khammouane, liegt **direkt am Ufer des Mekong** an einer Stelle, die schon viele Jahrhunderte hindurch menschlichen Ansiedlungen diente. Am gegenüberliegenden Ufer ragen die Bauten der thailändischen Provinzhauptstadt Nakhon Phanom auf. Nach wie vor sind beide Orte von Vertretern des gleichen Volkes besiedelt, den Lao.

Geschichte

Thakhek war schon vor unserer Zeitrechnung eines der Zentren des damaligen großen **buddhistischen Reiches Sikhottabong,** das von den Khmer gebildet worden war und weite Teile der heutigen Staaten Kambodscha, Thailand und Laos einnahm. Abgeleitet ist der Reichsname vom Sanskrit-Wort *Gotapura,* was so viel wie „östliches Königreich" bedeutet. In chinesischen Chroniken fand das Reich unter der dann auch in Europa bekannt gewordenen Bezeichnung **Funan** (auch Poh-Nam, allesamt Ableitungen von *Phanom*) Eingang. Die Glanzzeit jener frühen Blüte fiel in das 4. bis 3. Jahrhundert vor unserer Zeitrechnung, als unter der Herrschaft des indischen Königs *Ashoka* Tausende Inder nach Indochina übersiedelten.

Hier liegt vielleicht die Wurzel des Stadtnamens, denn übersetzt heißt Thakhek **„Inder-Hafen".** Thakhek nahm unter seinem damaligen Namen Marukra Nakorn eine führende Stellung unter den Städten des Königreichs ein. Später breiteten sich Brahmanismus und Hinduismus auch in Sikhottabong aus, was seine Spuren auch an den vorgefunde-

laos024 ms

nen buddhistischen Baudenkmälern hinterließ. 1349 unterwarf sich Sikhottabong der Herrschaft von *Fa Ngoum,* des Einigers der laotischen Fürstentümer zum **Reich Lane Xang.** Jahrhunderte geringerer Bedeutung folgten, ehe schließlich Ende des 19. Jahrhunderts die französischen Kolonisatoren Thakhek wegen seiner zentralen Lage als Hauptstadt der Kolonie Laos auserkoren. Allerdings kam es nicht zur Realisierung dieses Vorhabens, da sich die laotischen Fürsten gegen die Wahl der unbedeutenden Provinzstadt stellten und schließlich die Administration in Vientiane angesiedelt wurde. Dennoch ist der **französische Einfluss** noch überall in der Stadt sichtbar. In besserem Zustand als in den meisten anderen laotischen Provinzstädten präsentieren sich hier die typischen Häuserzeilen des Stadtzentrums.

Thakhek machte **1946** auf sich aufmerksam, als hier die Schlacht zur **Rückeroberung des Landes durch Frankreich** nach den Wirren des Zweiten Weltkriegs und der anschließenden Unabhängigkeitserklärung des Königreiches Laos stattfand. Von der „Eroberung des Landes durch die Eroberung der Herzen der Menschen“ à la *Auguste Pavie* war längst nicht mehr die Rede. Die laotisch-vietnamesische Truppe des Verteidigungsministers der Pathet-Lao-Regierung, Prinz *Souphanouvong,* wurde von den überlegenen französischen Kräften erbarmungslos zusammengeschossen und mit Bomben eingedeckt. Selbst als sich die Laoten inklusive des verwundeten *Souphanouvong* über den Mekong nach Thailand in Sicherheit gebracht hatten, setzten die Franzosen ihre Attacken fort und richteten ein Blutbad unter der Zivilbevölkerung an.

Während des **Indochinakrieges** der Amerikaner spielte die Stadt Anfang der 1960er Jahre erneut eine Rolle, als sich nach dem Putsch des Fallschirmobersten *Kong Le* die rechten Kräfte hier sammelten und Vientiane mit dem Gegenputsch drohten.

Heute ist Thakhek ein ruhiges Städtchen am Mekong, das seinen Wohlstand vor allem dem Holzboom aus der Zeit des Baus des Wasserkraftwerkes Nam Theun 2 verdankt. Seit die Brücke über den Mekong 17 km nördlich der Stadt fertig ist, wurde die Straße Nr. 12 zur Haupttransitstrecke zwischen Thailand und Vietnam. Die Umgebung der Stadt bietet eine Vielzahl lohnender naturgegebener Ausflugsziele, für deren Erkundung man zwei bis drei Tage einplanen kann. Bei den meisten Reisenden ist Thakhek allerdings nur ein kurzer Zwischenstopp auf dem Weg vom Norden nach Pakse.

Orientierung

In der Stadt fällt die Orientierung **nicht schwer.** Fächerartig führen zwei Hauptstraßen von ihrer Gabelung am Stadteingang aus Norden zum Mekong. Ein halbes Dutzend parallel zum Fluss verlaufender Querverbindungen komplettiert das Stadtbild. In und aus der Stadt gibt es ganze drei Wege: die Straße Nr. 13 nach Vientiane (gen Norden) bzw. Savannakhet (südwärts) und die Straße Nr. 12 nach Osten zur vietnamesischen Grenze.

Das **Stadtzentrum** am Mekongufer lässt sich bequem zu Fuß erforschen. Bis zum That Sikhottabong (s.u.) gelangt man auch per Chum Boo, die meist am Fährhafen auf Kundschaft warten. Bei weiteren Touren sollte man sich einem robusteren Fahrzeug anvertrauen oder ein Motorrad mieten.

Sehenswertes in und außerhalb der Stadt

An der Chao Anou Rd. sowie an dem mit Springbrunnen und Sitzbänken zum Boulevard ausgebauten Kopfstück der Kouvoravong Rd. stehen ansehnliche **Häuser aus der französischen Kolonialzeit.** Auch der einstige Gouverneurspalast am Mekongufer, der heute das Souksomboon Hotel beherbergt, ist mehr als einen Blick wert. Architektonischen Reiz besitzt auch das **katholische Gotteshaus** mit seinem separaten Glockenturm.

Wichtig für die Einheimischen und interessant für Besucher sind die **Märkte.** Thakhek hat einen riesigen, vietnamesisch geprägten Markt am Stadtrand an der Straße Nr. 13 nach Savannakhet. Das etwas gewaltig geratene Betonareal trägt den stolzen Namen **Talaat Souksomboune** (Vollständiges Glück) und dient auch als Busbahnhof. Der **Talaat Lak Song** liegt am Kreisverkehr und ist am empfehlenswertesten mit kleinen Häppchen und Stoffen. Direkt gegenüber befindet sich der **Talaat Pethmany,** und als vierten Markt gibt es den **Talaat Nabo** in der Chao Anou Rd., auch mit den üblichen Gebrauchsgegenständen.

That Sikhottabong

Die **wichtigste Sehenswürdigkeit der Stadt** liegt knapp 6 Kilometer außerhalb. Die Stupa That Sikhottabong gehört zu den Architekturdenkmälern des laotischen Fürstentums Sikhottabong und **zählt zu den bedeutendsten buddhistischen Pilgerstätten von Laos.** Gemeinsam mit That Phanom auf dem anderen Mekongufer, That Ing Hang und That Phon in der Umgebung von Savannakhet legt die Stupa Zeugnis ab von der hohen Blüte der buddhistischen Fürstentümer aus dem 6. Jahrhundert. That Sikhottabong befindet sich direkt am Ufer des Mekong. Der Blick auf den Fluss hat einen besonderen Reiz in den Nachmittagsstunden, wenn die untergehende Sonne dem Strom einen goldenen Glanz verleiht.

Die in **Form einer geschlossenen Lotosblüte** – einer charakteristischen Form in der laotischen Kunst – errichtete Stupa weist am Fuß des Sockels eine Kantenlänge von 25,30 x 25,30 Metern auf. Das Bauwerk erhebt sich knapp 29 Meter in die Höhe. Der obere Teil der Stupa, eben die stilisierte Blüte, erinnert stark an die heutige Form des That Luang in Vientiane, dem das gleiche Motiv zugrunde liegt. Zugleich hat der Bau etwas völlig Eigenes, ebenso Harmonisches wie das Heiligtum in der Hauptstadt.

Am Fuß der Stupa finden sich in östlicher Himmelsrichtung in zwei Vierergruppen insgesamt **acht Darstellungen von Buddha.** Sie verkörpern die einzelnen Wochentage, links beginnend mit dem Sonntag. Der Mittwoch wird in eine Tages- und eine Nachthälfte geteilt und kommt folglich in jeder Gruppe vor. Außerdem ist so die Ordnung mit der magischen Zahl 8 (wie z.B. achtteiliger Pfad) wieder hergestellt.

Auffällig sind die sonst selten anzutreffenden Reliefs mit **Darstellungen aus dem Leben und Wirken Buddhas** an dem der Stupa zugewandten Giebel des im 19. Jahrhundert errichteten Sim.

Zum zunehmenden Halbmond des dritten laotischen Monats, d.h. im Februar jedes Jahres, feiern buddhistische Mönche und die Bevölkerung das **Fest der Stupa,** das stets von einem großen Jahrmarkt begleitet wird.

■ **Infos:** Eintritt 15.000 Kip, Tuk-Tuk aus dem Zentrum 50.000 Kip.

Die große Mauer

Wer Mauern nur mit China und Berlin in Verbindung bringt, ist im Irrtum.

1

Auch Laos hat seine Mauer. Sie steht deutlich sichtbar und doch vom Unkundigen verkannt etwa 7 Kilometer nördlich von Thakhek direkt an der Straße Nr. 13. Bei dieser Mauer handelt es sich um ein **Felsgebilde** von bis zu 30 Metern Höhe und einer Breite an der Mauerkrone von knapp über einem Meter. Mehrere erhaltene Einzelsegmente weisen auf eine Gesamtlänge von zig Kilometern hin. Das Ganze scheint aus **einzelnen Steinquadern** aufgeschichtet zu sein, ein Umstand, der den meist sehr abergläubischen Laoten sofort die Erklärung lieferte: Die Mauer muss ein Werk der einst hier lebenden **Khon Päät Søøk** sein. Khon Päät Søøk bedeutet so viel wie „Acht-Ellen-Mensch", ein Menschenschlag von über drei Metern Körpergröße und unbändiger Kraft, ohne Zweifel enge Verwandte des Yeti. Den Riesen wird auch die Herstellung der Riesentöpfe in der Ebene der Tonkrüge (siehe im Kapitel zur Provinz Xieng Khouang) zugeschrieben. An der Rückseite eines der Mauerstücke richtete die katholische Gemeinde von Thakhek im Jahre 1989 eine Art **Waldkapelle** mit Madonnenbildnis ein, die allerdings nur zu Weihnachten und Ostern für religiöse Zwecke genutzt wird.

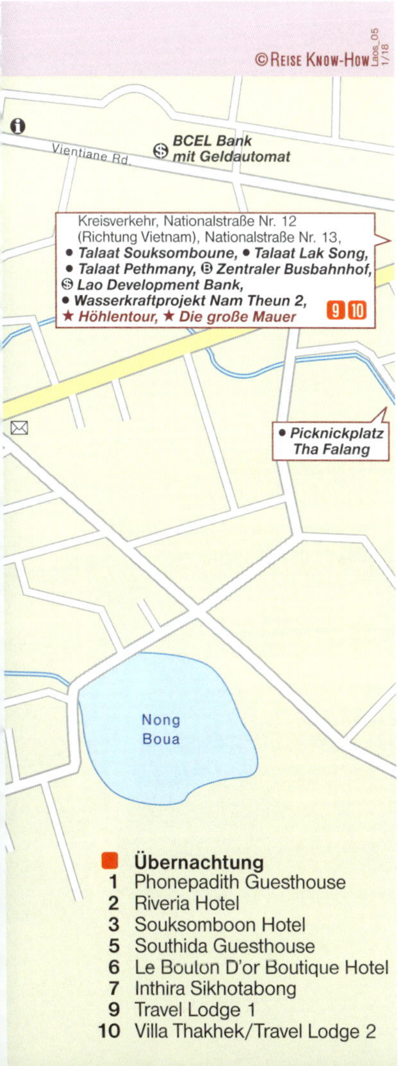

Höhlentour

Ein weiterer Ausflug in die unmittelbare Umgebung von Thakhek führt auf der Straße Nr. 12 **durch eine malerische Felslandschaft zu mehreren Höhlen.** Auf dieser Tour sind festes Schuhwerk ebenso zu empfehlen wie eine starke Taschenlampe, wenn möglich wasserdicht, sowie die Bereitschaft, auch einmal ins Wasser zu steigen und sich evtl. der Gefahr einer engeren Bekanntschaft mit Blutegeln auszusetzen (die Tiere reagieren sehr empfindlich auf die Glut einer Zigarette oder etwas Zitronensaft und lassen bei Berührung damit freiwillig von ihrem Opfer ab).

laos025 vt

Nur 5 Kilometer außerhalb der Stadt, 1 Kilometer hinter der zweiten Brücke, rechts der Straße faktisch im ersten Felsmassiv, gähnt ein großer Schlund mit Namen **Tham Pha** oder **Tham Sang.** Diese Höhle beherbergt eine größere Zahl von Buddha-Figuren und ist auch sonst Ort religiöser Einkehr. Die Höhle ist nicht tief, aber von beeindruckender Höhe. Trotz dieser Tatsache und der großen Öffnung, durch die eigentlich genug Tageslicht einfällt, ist eine Lampe sehr angebracht. In einer stockfinsteren Nische seitlich einer großen Buddha-Figur befindet sich ein auf geheimnisvolle Weise aus dem Felsen herausragender steinerner Elefantenkopf.

Nach 7 Kilometern weiterer Fahrt geht es unmittelbar vor einer kleinen Brücke wenige hundert Meter weit nach rechts. Ein Picknickplatz verrät, dass man richtig ist: **Tham Sieng Lian.** Bizarre Felsbildungen, Stalagmite und Stalaktite beherrschen das Bild dieser faszinierenden Höhle. Besonders eindrucksvoll sind die auf einem Felsvorsprung in Jahrtausenden entstandenen „Mönche“, zwei Tropfsteine, die in der Tat buddhistischen Mönchen verblüffend ähneln. Dennoch wurde diese Höhle nicht zu einem Wallfahrtsort, sondern hat eine ganz andere Geschichte: In den Wirren des Zweiten Weltkriegs verbarg sich in Tham Sieng Lian ein Kommando der zu *de Gaulle* gehörenden Franzosen, die mit britischer Unterstützung von Indien zur Vorbereitung der Rückeroberung Indochinas per Fallschirm auch in Laos abgesetzt worden waren. Der stets ausreichend klares Quellwasser führende Bach sicherte nicht nur die Wasserversorgung, sondern erschwerte auch den Zugang zu dem umfangreichen Höhlenlabyrinth. Mit entsprechender Ausrüstung könnte man einen Ausflug ins Innere der Höhle wagen.

Nur 6 Kilometer weiter stößt man dann auf **Tham Nang Aen** (geöffnet 9–18 Uhr, 30.000 Kip Eintritt), die dritte von Thakhek aus leicht zugängliche Höhle. Sie ist mit Gängen und Beleuchtung versehen. Dank eines Staudamms lassen sich die 1,5 Kilometer per Boot zurücklegen (20.000 Kip pro Person), wobei am anderen Höhlenausgang auch noch eine kleine Trekkingtour wartet.

laos027 vl

◁ ▷ Bedeutende Pilgerstätte:
Die Stupa That Sikhottabong
in der Umgebung von Thakhek

Thakhek Loop

Dank des Wasserkraftwerks Nam Theun 2 gibt es in der Gegend mehrere gut ausgebaute Straßen, die von Thakhek aus einen Rundkurs erlauben – „The Loop". Wenigstens zwei, aber auch drei oder mehr Tage lassen sich auf dieser Runde zubringen. Die emsigen Traveller starten entgegen der Uhrzeigerrichtung von Thakhek aus **Richtung Mahasai und Gnommalath.** Hier lassen sich in malerischer Kalksteinlandschaft Höhlen besuchen und ein Badestopp am **Tha Falang** einlegen. Bis Gnommalath teilt man sich die Straße mit einer großen Zahl beeindruckender Sattelschlepper, die den Transit zwischen Thailand und Vietnam bewerkstelligen und vor allem Rollerfahrern gefährlich auf den Leib rücken können.

An der Abzweigung Gnommalath hält man sich links Richtung **Nakai.** Kurz vor dem Maschinenhaus des Wasserkraftwerks trifft man auf das Besucherzentrum, das über das gewaltige Projekt informiert. Dann geht es heftig bergan, sind doch auf 6 Kilometern Straße rund 400 Höhenmeter zu meistern. Oben erwartet die Besucher meist eine frische Brise und immer ein riesiger See, aus dem noch immer Unmassen von abgestorbenen Bäumen (meist minderer Holzqualität) ragen. Die Gegend lebt inzwischen vom Fischfang.

Übernachten lässt sich entweder noch im Tal (Phoutthavong Guesthouse Gnommalath) oder in Oudomsouk (mehrere Gästehäuser im ersten Ort auf dem Plateau). Ban Thalang am Nordende des Sees bietet ebenfalls zwei gut besuchte Gästehäuser. Von dort lassen sich auch Touren auf dem See organisieren. Diskutiert wurde zum Zeitpunkt der Recherche auch der Zugang zum Naturschutzgebiet am Ostufer des Sees.

Ein Stück nördlich des Sees geht es wieder hinab ins Flachland. Kurz vor **Lak Sao** zeigt die Bergkette deutliche Spuren menschlichen Tuns – hier wird Gold gefördert. Von Lak Sao (hier viele Übernachtungsmöglichkeiten) geht es dann wieder Richtung Westen, wobei die Straße drei Bergketten überwindet. Zwischen diesen findet sich die Abzweigung zur **Höhle Kong Lo** – ein Abstecher von 40 km (auch hier gutes Angebot an Übernachtungsmöglichkeiten). Schließlich führt die Straße Nr. 8 auch am Rand des **Naturschutzgebietes Hin Nam No** vorbei, das 2017 für die Liste des UNESCO-Naturerbes vorgeschlagen wurde. Zu guter Letzt mündet die Straße in die nationale Nord-Süd-Magistrale Straße Nr. 13, um über Namthone zurück nach Thakhek zu führen.

laos148 vl

> Eingang zur Höhle Kong Lo

Manche Besucher stören sich an den Betontreppen und -gängen.

Sehenswert sind auch die Höhlen **Tham Pha Chanh** und **Tham Pha Fa.** Letztere wurde erst im April 2004 entdeckt und enthält 229 alte Buddha-Figuren. Die Zufahrt führt über historisches Geläuf, nämlich das Stück Bahndamm inklusive Eisenbahnbrücke, das die Franzosen hier in den 1930er Jahren als Teil der geplanten Linie nach Da Nang in Vietnam errichteten.

Sonstiges

Tha Falang am Ufer des Nam Done ist ein malerischer Picknickplatz und Ausgangspunkt für Bootstouren.

Beliebt bei Travellern sind **2-Tages-Rundfahrten** per Motorrad von Thakhek über Gnommalath nach Lak Sao über die Straßen Nr. 8 und 13 und zurück nach Thakhek (siehe nebenstehenden Exkurs „Thakhek Loop").

Praktische Informationen

An- und Weiterreise mit dem Bus

Der **zentrale Busbahnhof** liegt an der Straße Nr. 13 3,5 km gen Osten. Es gibt Verbindungen nach:

- **Savannakhet,** 133 km, 2 Std., 30.000 Kip: 10:30 Uhr, es folgen stündlich die Busse aus Vientiane, in die man zusteigen kann.
- **Pakse,** 395 km, 7 Std., 60.000 Kip: 8:30, 10 Uhr, es folgen stündlich die Busse aus Vientiane, in die man zusteigen kann.
- **Vientiane,** 335 km, 6 Std., 60.000 Kip: 5:30, 6:30, 7:30, 8:30 Uhr, es folgen ab 9:30 Uhr stündlich Busse aus dem Süden; 9 Uhr VIP-Bus (80.000 Kip).
- **Vietnam:** Vinh (12 Std., 90.000 Kip), 7 Uhr; Hanoi (18 Std., 170.000 Kip), Di, Do, Sa 12 Uhr; Hue (12 Std., 90.000 Kip), Mo 7 Uhr, Di–So 20 Uhr.
- Vom Talaat Souksomboune fahren Busse nach **Savannakhet** (133 km, 3 Std., 30.000 Kip) stündlich ab 7–16 Uhr.

Grenzübergang nach Thailand

- **Über die 3. Freundschaftsbrücke** gelangt man problemlos von Laos nach Thailand und umgekehrt. Geöffnet ist der Übergang von 8–22 Uhr. Der nächste Ort in Thailand ist Nakhon Phanom, von wo es auch direkt nach Bangkok weitergehen kann (127 km, 12 Std., stündlich). Zur Freundschaftsbrücke gelangt man per Bus ab dem zentralen Busbahnhof (stündlich 8–16 Uhr).

Tourist Info

- **Vientiane Rd.,** etwas außerhalb vom Zentrum, Tel. 030-5300503, Mo bis Fr 8–16:30 Uhr. Fungiert auch als kleines Museum, ferner Trekkingangebote und Informationen zur Provinz.

Geld

- **BCEL** (mit Geldautomat), Vientiane Rd., Mo bis Fr 8:30–15:30 Uhr.
- **Lao Development Bank,** am Kreisverkehr, Mo bis Fr 8:30–15:30 Uhr.
- **Geldautomaten** stehen außerdem an der zentralen Busstation und am zentralen Platz.

Post

- **Kouvoravong Rd./Nongbuakham Rd.,** Mo bis Fr 8–11:30 und 13–16 Uhr.

Gesundheit

- **Provinzkrankenhaus,** Chao Anou Rd., Tel. 020-22325130. Bei einer ernsten Erkrankung besser nach Thailand/Nakhon Phanom fahren.

Motorradverleih

8 **Mad Monkey Motorbike,** am zentralen Platz, Tel. 020-59939909, Roller und geländegängige Motorräder sowie eine sehr gute Beratung für Touren. Tagespreise von 130.000 Kip für Roller bis 350.000 Kip für Motorräder.

Trekking und Touren

■ **Tourist Info,** s.o.

7 **Green Discovery,** Tel. 051-251390, www.greendiscoverylaos.com, im Hotel Inthira Sikhotabong. Z.B. schöne Trekkingangebote zu den umliegenden Höhlen, natürlich auch Ban Kong Lo.

Unterkunft

6 **Le Bouton D'or Boutique Hotel,** Tel. 856-51250678, bountondor-tk@hotmail.com. Wunderbare Lage direkt am Mekong, sehr schickes Hotel im Kolonialstil, mit schönem Restaurant und elegantem Stil. Es wird nur wenig englisch gesprochen. Ab 40 US$.

7 **Inthira Sikhotabong,** Tel. 051-251237, www.inthirahotels.com. Nicht direkt am Mekong, nahe dem zentralen Platz, Boutique-Hotel mit Charme und gutem Service, Restaurant. Ab 40 US$.

2 **Riveria Hotel,** Setthathirath Rd., Tel. 051-250 000, www.hotelriveriathakhek.com. Großer Hotelkomplex an der Ecke zum Mekong am Fähranleger, gehobener Standard (ab 40 US$).

5 **Southida Guesthouse,** Tel. 051-212568, in einer Seitenstraße der Setthathirath Rd., zentrale Lage. Gute Zimmer ab 10 US$, manche mit kleinem Kühlschrank.

1 **Phonepadith Guesthouse,** Vientiane Rd., Tel. 051-213261, ein wenig vom Zentrum entfernt, daher ruhig. Saubere, schlichte Zimmer (ab 10 US$).

10 **Villa Thakhek,** Tel. 020-22213632, villathakhek@gmail.com, tkhtravellodge2@gmail.com, auch **Thakhek Travel Lodge 2** genannt, ist die gehobene Alternative zur **9** **Travel Lodge 1,** die als Backpacker-Unterkunft bekannt ist. In der Villa Thakhek kann man das Flair einer Budget-Herberge (Reisetipps, gemütliches Beisammensein) gepaart mit Zimmern für den höheren Anspruch haben (10–45 US$). Gute Tourangebote gibt es außerdem. Etwas außerhalb, daher am meisten für Selbstfahrer zu empfehlen. Hier trifft man sich in Vorbereitung für den Motorradloop.

Essen und Trinken

■ **Am Nachtmarkt oder direkt am Mekong** lässt es sich am schönsten mit Blick auf den Sonnenuntergang über dem Fluss verweilen. *Sin Dat* (Tischgrill) und kalte Getränke.

7 **Inthira Restaurant & Bar,** zum Hotel Inthira Sikhotabong gehörend, eine sichere Wahl mit vielen asiatischen und westlichen Gerichten im Angebot, 6–22 Uhr.

laos026 vl

6 Le Bouton D'or Boutique, Restaurant im gleichnamigen Hotel (s.o.), vom Balkon wunderbarer Ausblick. Sogar die Pizza ist empfehlenswert.

4 Soukmany Restaurant, gegenüber dem Southida Guesthouse (s.o.), sehr gute laotische Küche, 10–22 Uhr.

■ Am Mekong gibt es einige **Karaoke-Bars** mit leckeren Cocktails und teilweise stimmungsvollem Ambiente im Lampionschein. Beliebt, vor allem bei Asiaten, sind die **schwimmenden Restaurants/Discos** auf dem Fluss.

Schöne Häuserzeilen präsentieren sich in Thakhek am Mekongufer – in den Abendstunden geht es hier geschäftiger zu

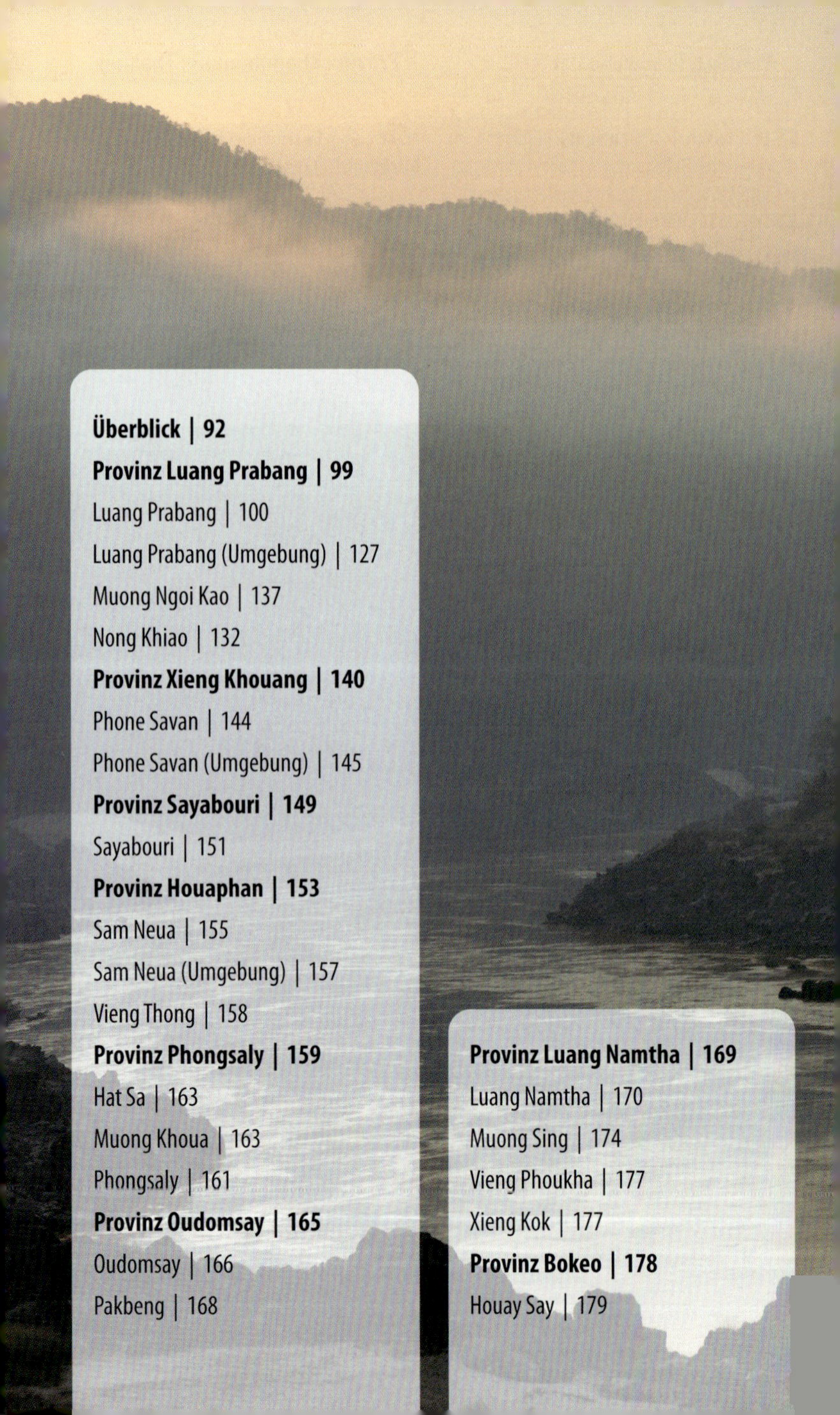

2 Luang Prabang & der Norden

An Luang Prabang kommt man nicht vorbei: Charmant, kulinarisch vielfältig, voller Kunsthandwerk und Historie, eingetaucht in das Orange der Mönche – die Stadt ist eine asiatische Perle. Doch der Norden insgesamt ist ein Highlight: Es locken von Urwald bedeckte Berge, Flussfahrten durch unberührte Natur, Trekkingtouren und Einblicke in das Leben ethnischer Minderheiten – Laos at it's best!

◁ Pakbeng: Morgennebel am Mekong

ÜBERBLICK: DAS NÖRDLICHE LAOS

Der Norden von Laos umfasst die Provinzen Phongsaly, Luang Namtha, Oudomsay, Bokeo, Sayabouri und Houaphan sowie Luang Prabang und als südlichstes Gebiet die Ebene der Tonkrüge in der Provinz Xieng Khouang. Die gesamte Region besteht überwiegend aus zerklüfteten Gebirgen mit Höhen bis weit über 2000 Meter. Durchzogen wird das Land von einer Vielzahl von Nebenflüssen des Mekong. Das Klima ist hier kühler als in der Hauptstadt und der Mekong-Ebene, und es gibt mehr Niederschläge. Leichte Nachtfröste sind in den Wintermonaten keine Seltenheit.

Der laotische Norden kann in vielerlei Hinsicht nicht getrennt von den angrenzenden Regionen der **Nachbarländer** China, Vietnam, Myanmar (Burma) und Thailand betrachtet werden. Zum einen setzen sich dort die geografischen Eigenheiten der Gebirgslandschaft fort. Zum

NICHT VERPASSEN!

- **Luang Prabang:** Wat Xieng Thong und der „Goldene Palast" sind kulturelle Highlights | 107, 111
- **Tat Kuang Si:** türkisblaues Wasser an den Wasserfällen in der Nähe von Luang Prabang | 131
- **Phone Savan:** die Ebene der Tonkrüge ist sagenumwoben | 145
- **Sayabouri:** Elephant Conservation Center – Elefantenbesuch tierfreundlich gestalten | 151
- **Vieng Say:** Höhlensysteme erkunden in der geheimen „Hauptstadt" der Pathet Lao | 157
- **Trekking in Phongsaly:** die mühsame Anreise lohnt sich | 160, 162

Diese Tipps sind gelb hinterlegt.

laos078 vl

anderen siedeln in diesem Raum ungeachtet der heutigen Grenzen überall die gleichen **Völker,** im Norden von Laos Vertreter aller Hauptgruppen der laotischen Einwohnerschaft: die Lao, Angehörige der Mon-Khmer-Völker (überwiegend Khmu), Hmong-Mien sowie sino-tibetische Völker. Die ethnische Karte des Nordens gleicht denn auch einem Flickenteppich, denn man findet keine geballten Siedlungsräume einer dieser Gruppen. Eine Vielzahl kleiner und kleinster Völker und Stämme, von denen einige nur wenige hundert Angehörige haben, trägt weiter zur ethnischen Vielfalt bei. Diese findet ihre Erklärung in der Geschichte der Region.

Das Leben am Wasser prägt die Dörfer an den Ufern des Nam Ou

Geschichte

Die **Lao** zogen gemeinsam mit den anderen **Thai-Völkern** aus Südchina unter dem Druck der mongolischen Eroberer unter *Kublai Khan* nach Süden und verstreuten sich schließlich über ein größeres Gebiet bis hin nach Assam in Indien. Zum laotischen Staat gehörten einst die auch heute von Lao und nahe verwandten Thai-Völkern bewohnten Gebiete Sipsongphanna (bedeutet 12.000 Reisfelder, heute Teil von Yunnan/China), Kengtung (Myanmar), Sipsong Chao Thai (12 Thai-Herrscher, heute größtenteils Vietnam) sowie das zeitweise selbstständige, zeitweise zu Laos und nun zu Thailand gehörende einstige Reich Lan Na (Chiang Mai). Das Gebiet von Muong Teng in Sipsong Chao Thai, viel besser bekannt unter seinem vietnamesischen Namen Dien Bien Phu, ist das **Urland von Laos** überhaupt, denn hier soll der legendäre König *Khun Bolom* vom Himmel auf die Erde herabgestiegen sein. Tatsache ist, dass in dieser Region die **ersten Fürstentümer** der Lao in Indochina entstanden, darunter auch Muong Soua (Luang Prabang) und Muong Phuan (Xieng Khouang). Aber auch die

Laos – der Norden

letzten Ankömmlinge in Indochina, die in Laos früher als **Lao Soung** zusammengefassten Hmong-Mieng und sinotibetischen Völker, wanderten aus dem chinesischen Süden zu. So leben in den Gebieten aller fünf Staaten die gleichen Völker.

Seit 1353 das gesamtlaotische **Königreich Lane Xang** gegründet wurde, gehörten die Gebiete im Norden weitgehend zum Kernland dieses Reichs. Im Zuge der Teilung von Laos in drei Teilreiche Anfang des 18. Jahrhunderts wurde der Norden zum **Königreich Luang Prabang,** welches aber schnell in thailändische Abhängigkeit geriet. Ende des 19. Jahrhunderts drangen **chinesische Räuberbanden,** zum Teil Reste der Rebellen des Tai-Ping-Aufstandes (Boxeraufstand), in den Norden von Laos ein. Siam, so hieß Thailand damals, konnte die Sicherheit von Luang Prabang nicht gewährleisten und räumte nach der Plünderung der alten Königsstadt durch die chinesischen Banden den Franzosen das Feld. Die **Franzosen** waren es dann, die auf ihrer Eroberungstour in Indochina die „legitimen Ansprüche" Vietnams auf Sipsong Chao Thai gegenüber Siam herausstrichen und so das Gebiet end-

gültig zu Vietnam gaben. Ein weiterer „Verdienst" Frankreichs war die stete Erhöhung der **Opiumproduktion** im Norden von Laos. Schließlich wurde die Abgabenschraube überdreht, und die Mohn anbauenden Bergvölker rebellierten gegen die Kolonialmacht. Deklariertes Ziel der Aufstände von 1914 bis 1922, denen sich vor allem die Hmong (auch bekannt als Meo, was von den Hmong jedoch als Schimpfwort betrachtet wird) anschlossen, war die Schaffung eines **Hmong-Königreichs** in ihren Siedlungsgebieten in Südchina, Nordvietnam und Nordlaos. Bekanntester Rebellenführer war *Tiao Pachai,* dessen Rebellenarmee die Franzosen in nicht geringe Bedrängnis brachte. Eine militärische Großoffensive und die gezielte Vernichtung ganzer Siedlungen brachen schließlich den Widerstand der Bergvölker. Dabei verstanden es die Kolonisatoren, einen Teil der Hmong-Fürsten, vor allem die am Opiumhandel mit den Franzosen verdienenden, auf ihre Seite zu bringen.

Diese **Spaltung unter den Hmong** setzte sich auch später fort, als sich Hmong auf Seiten der Pathet Lao mit denen der „Special Forces" der USA bekriegten. Auch nach der laotischen Re-

Laos – der Norden

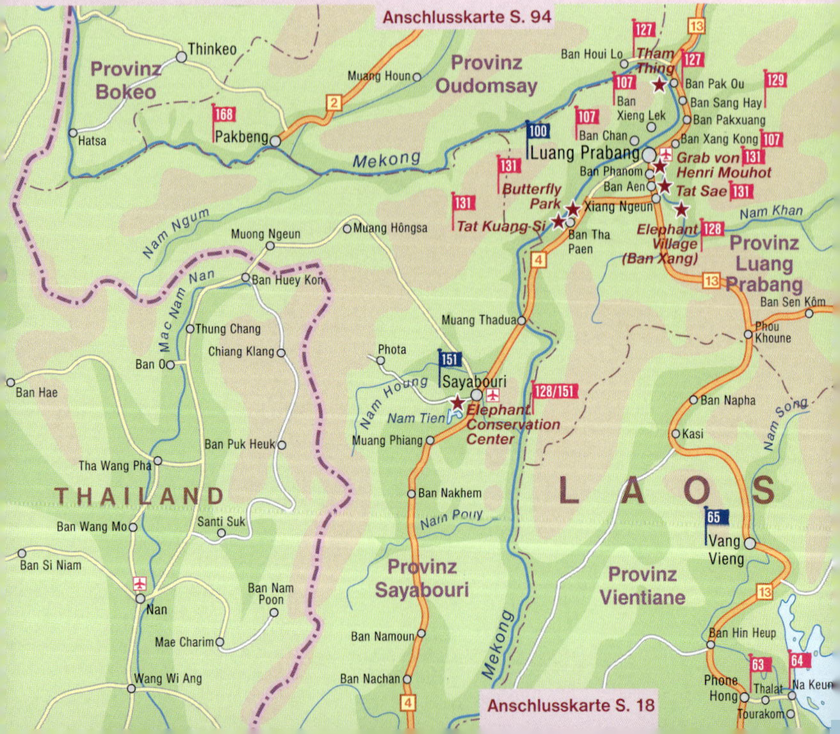

volution im Jahr 1975 leisteten die Hmong bewaffneten Widerstand gegen das neue Regime, weshalb einige Gebiete des laotischen Nordens lange Zeit für Ausländer nicht zugänglich waren. Das ist inzwischen anders und nicht zuletzt auf eine Änderung der **Haltung Thailands** zurückzuführen. Mehr als 15 Jahre lang boten die Thais den aus Übersee agierenden Hmong Unterkunft, wenn nicht gar Unterstützung. Vor allem der in den USA lebende Hmong-General *Vang Pao* nutzte bis zu seinem Tod 2011 wiederholt Thai-Gebiet, um „Exilregierungen" ins Leben zu rufen. Mit der laotischen Öffnungspolitik stieg jedoch das thailändische Interesse an ungestörten Wirtschaftsbeziehungen, und die Aktivitäten der Exil-Hmong wurden mehr und mehr zur Belastung.

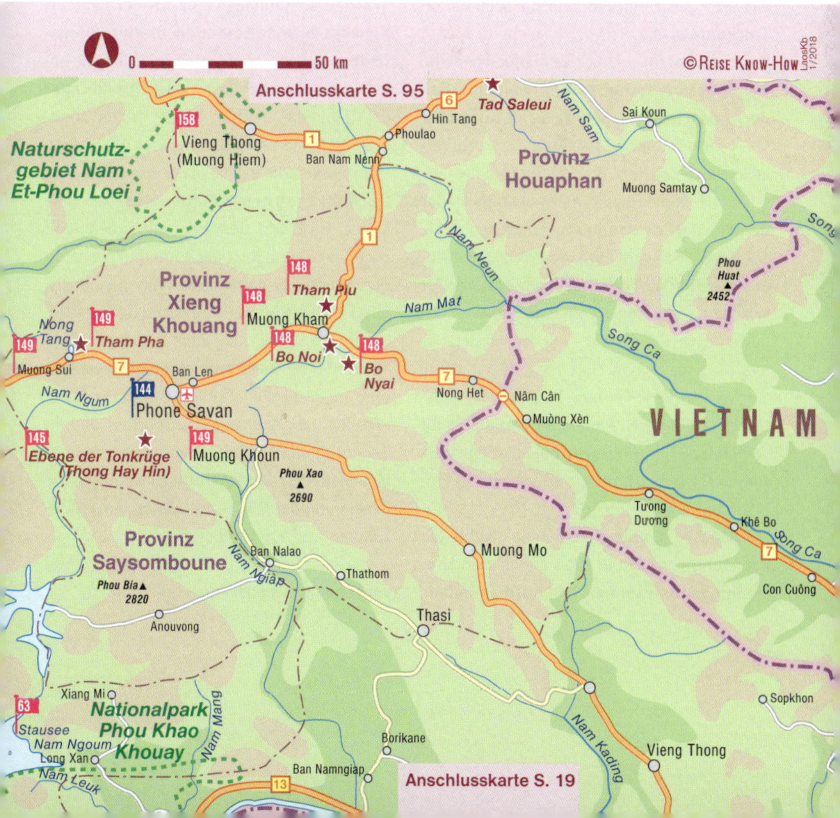

Brandrodungsfeldbau

Der **Norden von Laos** ist traditionell **Schwerpunkt** des Brandrodungsfeldbaus. Wegen des gebirgigen Geländes stehen nur wenige Flächen zur Verfügung, auf denen der herkömmliche Reisanbau im bewässerten Feld möglich ist. An Berghängen müssten für diese Art der Reisproduktion aufwändige Terrassensysteme angelegt werden, wie sie aus den Hochgebirgsregionen Chinas oder Nepals bekannt sind. In Laos stand jedoch immer ausreichend Boden zur Verfügung, um den weit weniger aufwändigen, allerdings auch weniger ertragreichen Weg zu beschreiten. Halb nomadisierende Völker brennen ein Stück des Waldes ab und pflanzen darauf **Trockenreis,** eine Reisart, die nicht im Wasser stehend, sondern auf trockenem Grund gedeiht. **Das Abbrennen schafft die notwendigen Felder,** die Asche dient gleichzeitig als Düngemittel. Nach zwei bis drei Jahren ist die Fruchtbarkeit eines solchen Brandrodungsfeldes erschöpft, und die Familie, meist aber gleich das gesamte Dorf, zieht weiter zum nächsten Stück. Auf diese Weise wird noch immer Wald vernichtet, wobei der Wert des abgebrannten Holzes oft in keinem vernünftigen Verhältnis zum Wert des gewonnenen Reises steht – mit dem großen Unterschied, dass man Holz nicht essen kann. Wachsende Bevölkerung, beginnender Austausch mit anderen Produkten und die damit verbundene Notwendigkeit, über die Selbstversorgung hinaus zu produzieren, spitzen das Problem zu.

Einen Weg aus diesem Dilemma glaubte die Regierung zunächst in groß angelegten **Umsiedlungsprogrammen** gefunden zu haben. Bergbewohner sollten in Flachlandgebieten neu angesiedelt werden und so zu sesshaften Nassreisbauern werden. Damit wollte man gleich noch eine zweite Fliege mit derselben Klappe schlagen: Man hätte die notorisch aufsässigen Bergvölker besser unter Kontrolle gehabt. Allerdings ging die Rechnung nicht auf. Die Bergbewohner konnten sich nicht an das andere Klima und an die neuen Lebensbedingungen im Flachland gewöhnen. Das anfangs verkündete Prinzip der Freiwilligkeit blieb oft Deklaration, was die Politik weitgehend diskreditierte.

Inzwischen versucht man, andere Wege zu gehen. Gewissermaßen als Notnagel dient das **Konzept des „rotierenden Brandrodungsfeldbaus".** Dabei bleibt im Prinzip alles wie gehabt, nur wird eben kein neuer Urwald Opfer der Flammen, sondern bereits früher abgebrannte Stellen mit nun weniger wertvollem Pflanzenbestand. Parallel dazu propagiert man den **Anbau von neuen Kulturen,** in erster Linie Kaffee, Obst und Gemüse, aber zunehmend auch Teak-Plantagen oder Kautschukpflanzungen. Ähnlich wie bei den Anti-Drogen-Programmen ist jedoch Grundvoraussetzung dieses Vorhabens die Entwicklung eines leistungsfähigen Straßennetzes sowie entsprechender Verarbeitungsmöglichkeiten. Schließlich müssen Äpfel, Pfirsiche oder Ananas abtransportiert und im Gegenzug größere Reismengen in die Berggebiete befördert werden. Nicht zu vergessen die Belieferung der Märkte, auf denen die „Ersatzkulturen" verkauft werden sollen.

Die Brandrodung ist in Laos **mittlerweile verboten,** was an der Praxis wenig ändert.

Provinz Luang Prabang

Die Provinz Luang Prabang ist das **Schmuckstück des Landes.** Hier vereinen sich ethnische und kulturelle Vielfalt mit laotischer Tradition und Geschichte. Die Stadt Luang Prabang ist ein Touristenmagnet und steht als Gesamtensemble seit 1993 unter Denkmalschutz. 1995 wurde die Stadt als eine der in ihrer Ursprünglichkeit am besten erhaltenen Städte Asiens in die UNESCO-Liste des kulturellen Welterbes aufgenommen. Auch über die Stadtgrenzen hinaus bietet die Provinz Besuchern ansprechende Reiseziele.

Luang Prabang ist eine **Gebirgsprovinz.** Höchster Punkt ist der Phou Soy mit stolzen 2257 Metern. Ebenes Land kommt nur entlang dem Mekong und der Mündung des Nam Khan – in unmittelbarer Nachbarschaft Luang Prabangs – vor. Die **Temperaturen** sind erheblich niedriger als in den wärmeren Flachlandgebieten. Die wichtigsten **Flüsse** sind neben dem Mekong, der hier zur Abwechslung einmal laotisches Binnengewässer ist, der Nam Khan und der Nam Ou.

So zerklüftet wie die Gebirgslandschaft ist auch die **Siedlungsstruktur** der Provinz, in ethnischer wie in geografischer Hinsicht. Die Dörfer liegen vereinzelt in den Bergen, viele nur während der Trockenzeit mit Landfahrzeugen erreichbar. Insgesamt sind **zwölf ethnische Gruppen** in der Provinz vertreten. Dabei bilden die Mon-Khmer-Völker mit knapp 50% fast eine absolute Mehrheit. Bewohnt wird die Provinz auch von Lao, die das Gros der Luang Prabanger stellen. Vor allem die Untergruppe der Bo hat ihr Siedlungsgebiet hier. Daneben leben in der Provinz Lü, Nyuan (beides Berg-Thai-Völker), Hmong (Hmong-Mien) und Khmu (Mon-Khmer).

Die Provinz zählt etwa **432.000 Einwohner,** was im Schnitt 26 Menschen auf jeden der knapp 17.000 km² kommen lässt. Allein im Kreis Luang Prabang konzentrieren sich 90.000 Menschen. Mehr als 80% der Einwohner leben von der **Landwirtschaft.** Wirtschaftliche Bedeutung haben der Reisanbau in den engen Flusstälern sowie leider noch immer der unselige **Brandrodungsfeldbau** (siehe Exkurs). Bedeutend sind auch der Gemüseanbau sowie der Anbau von Sesam, von Sojabohnen und Erdnüssen. Selbst Kaffee wächst inzwischen in der Provinz.

Luang Prabang: Tempel im Mondschein

laos032 vl

Luang Prabang

ຫລວງພະບາງ

Luang Prabang übertrifft jede Erwartung. An sich eine kleine Stadt zwischen Mekong und Nam Khan, atmet hier jeder Quadratmeter Boden Geschichte. Das Tal des Nam Khan herab kämpften sich 1353 die Truppen des legendären Reichsgründers *Fa Ngoum.* Hier fand das **Heiligtum** des Königreiches Lane Xang, die Buddha-Statue **Pha Bang,** Namenspatronin der Stadt, ihre Heimat und zog im Laufe der Jahrhunderte von Tempel zu Tempel. Hier wurden Könige gekrönt, Ränke geschmiedet und Kriege geführt, nicht immer siegreich, denn mehrmals wurde die Stadt von den Burmesen erobert. Das günstiger gelegene Vientiane wurde deshalb statt Luang Prabang Hauptstadt des Reiches. Doch die Stadt blieb stets etwas Besonderes, sie war immer das **Symbol für Laos.** Die wechselvolle Geschichte spiegelt sich in jahrhundertealten Pagoden, einer südfranzösisch anmutenden Stadtbebauung und nicht zuletzt in der übrig gebliebenen Drehlafette einer Fliegerabwehrkanone auf dem zentralen Punkt der Stadt, dem Phou Si.

Herrliche Gebirge mit malerischen Flussläufen und mächtigen, tosenden Wasserfällen verleihen der **Umgebung** von Luang Prabang jenen Reiz, dem sich kein Besucher entziehen kann. Luang Prabang ist und bleibt die Königsstadt, das kulturhistorische Zentrum des Landes, eine Art heimliche Hauptstadt.

laos030 vl

Am nördlichsten Punkt der Luang Prabanger Halbinsel mündet der Nam Khan in den Mekong

Orientierung

Luang Prabang wächst stetig, an jeder Ecke sprießen neue Gästehäuser, Hotels und Restaurants aus dem Boden. Die Hauptsehenswürdigkeiten in der Stadt konzentrieren sich auf einem **relativ überschaubaren Gebiet** und ermöglichen dem Besucher die Erkundung in wenigen Tagen.

Die **Kernstadt** mit ihren ca. 40.000 Einwohnern lässt sich in zwei Tagen ganz gut zu Fuß kreuz und quer erforschen. Angenehmer ist es sicher per Fahrrad, das man für ca. 20.000 Kip pro Tag ausleihen kann.

laos031 vl

Die Stadt liegt auf einer Art **Halbinsel** zwischen Mekong (von den Einheimischen nur Nam Khong genannt) und seinem Nebenfluss Nam Khan. Im Süden dieser Halbinsel liegt der **Phou Si** (Schöner Berg), der sich 150 Meter über die Stadt erhebt und einen herrlichen Ausblick auf Stadt und Umgebung gewährt (Zugang 20.000 Kip).

Die wichtigsten Straßen sind **Sakkarine Road, Sisavangvong Road und Chao Fa Ngum.** Dieser Straßenzug verläuft von der Spitze der Halbinsel zwischen Mekong und Nam Khan vorbei an Wat Pak Khan, Wat Sene, dem Museum (ehemals Königspalast), dem Aufstieg zum Phou Si sowie Wat May und Hauptpost bis zum Springbrunnen und in seiner Verlängerung bis Wat Phabat und damit bis zum südlichen Stadtende. Nur wenige Sehenswürdigkeiten von Luang Prabang befinden sich nicht direkt im Einzugsgebiet dieser Straßen.

Fast auf der Spitze der Halbinsel liegt **Wat Xieng Thong,** zu dessen Füßen am Mekong auch die Boote nach Pak Ou abfahren. Im Süden der Halbinsel zweigt von der Uferstraße des Mekong die Inthasom Road ab (später übergehend in die Setthathirath Road), die am Talaat Dara vorbeiführt. Biegt man am Markt auf die Siphouphan Road ab, gelangt man auf die **Uferstraße des Nam Khan.** Geht man erst eine Querstraße weiter nach links, kommt man zu Wat Visounnarat mit der Melonenstupa (That Mak Mo) und zu Wat Aham. Vorbei an That Mak Mo und über die alte, nur Zweirädern vorbehaltene Brücke über den Nam Khan führt die Straße zum Flughafen.

Naga am Eingang des Ho Phra Bang auf dem Gelände des Palastmuseums

Geografie und Klima

Dank ihrer nördlichen Lage (20° nördlicher Breite, etwa gleiche Breite wie Mexico City) und der **gebirgigen Umgebung** ist es in der Stadt längst nicht so heiß wie in der Hauptstadt Vientiane. Selbst in den wärmsten Monaten April bis Juni sinken die Temperaturen nachts meistens auf ein erträgliches Niveau. In den Wintermonaten Dezember und Januar kann es bei morgendlichen Temperaturen unter 10° C empfindlich kühl werden. Die **Durchschnittstemperaturen** liegen zwischen 17 und 28° C, die Regenzeit dauert von Mai bis September, wobei in den Monaten Juli und August die meisten Niederschläge fallen.

Geschichte

In Luang Prabang lebten bereits Menschen, bevor die Thai-Lao-Völker in diese Gegend einwanderten. Darauf deuten **Höhlenmalereien** hin, die schon mehrere 10.000 Jahre alt sind. In der zweiten Hälfte des ersten Jahrtausends war der Ort einer der nördlichsten Vorposten der großen Khmer-Reiche. Als **Muong Soua** (auch Muong Swa geschrieben) kommt der Stadt der Ruhm zu, **Zentrum eines der ersten Lao-Fürstentümer** im heutigen Laos gewesen zu sein. Immerhin herrschte hier *Khun Lo,* der älteste Sohn von *Khun Bolom,* des legendären Urkönigs aller Thai-Lao.

Hauptstadt

1353 wurde die Stadt vom Reichsgründer *Fa Ngoum* zur Hauptstadt von Lane Xang Hom Khao gemacht. Zu jener Zeit hieß die Stadt Xieng Dong Xieng Thong.

Als Anerkennung der Souveränität des neuen, großen Nachbarn sandte der König von Angkor die **Buddha-Statue Pha Bang,** begleitet von 10.000 Mönchen, Künstlern und Handwerkern. Auf dieser Grundlage entwickelte Luang Prabang seine eigenen Formen in Skulptur und Architektur, die sich deutlich von den Khmer-Vorbildern unterscheiden.

Im 15. und 16. Jahrhundert war Luang Prabang wiederholt **Ziel burmesischer und siamesischer Angriffe.** Deshalb zog König *Setthathirath* 1560 mitsamt Hof und der Buddha-Figur Pha Keo (siehe Kapitel zu Vientiane) ins leichter zu verteidigende Vientiane. Gewissermaßen als Trost blieb der Pha Bang in der Stadt, und *Setthathirath* verfügte die Umbenennung in Luang Prabang.

Tierbildnis am Ho Phra Bang

laos033 vl

Für die folgenden 140 Jahre war Luang Prabang nur die Nummer 2 unter den laotischen Städten. Dieses Schicksal kam daher, so glauben zumindest die Luang Prabanger, dass Pha Bang und Pha Keo zusammen in der Stadt waren, was Unglück bringen soll. Weiteres Unglück folgte, weil der Pha Bang aus der Stadt entfernt wurde. In den Wirren der **Teilung des laotischen Reiches Anfang des 18. Jahrhunderts** hatte nämlich einer der Thronanwärter das Heiligtum nach Vientiane entführt. Nun war Luang Prabang zwar wieder Hauptstadt, aber nur noch des gleichnamigen Reiches. Die Schwäche des nun viel kleineren Landes und den dauernden Zwist mit dem Rivalen Vientiane nutzten die **Burmesen** und machten sich 1753 und 1771 über Luang Prabang her. Schließlich geriet Luang Prabang unter **siamesische Vorherrschaft.**

Protektoratsstadt

Lange konnten sich die Siamesen ihrer – noch dazu mit Vietnam geteilten – Herrschaft nicht erfreuen. Die **Räuberbanden der Ho** fielen just zu dem Zeitpunkt über Luang Prabang her, als sich **Briten und Franzosen** anschickten, von Süden her China zu kolonisieren. 1887 war die britisch unterstützte siamesische Garnison Luang Prabangs von den marodierenden Ho in die Flucht geschlagen worden, da bot der gewiefte Franzose *Auguste Pavie* dem greisen König *Oun Kham* Schutz an. Der Laotenkönig, noch unter dem Eindruck seiner Flucht aus der von den Ho geplünderten Stadt, schlug ein und hinterließ der Nachwelt ein **Königreich mit Protektoratsstatus** innerhalb einer Kolonie. So wurde Luang Prabang wieder zur einzigen laotischen Königsstadt, zum traditionellen und religiösen Zentrum des gesamten Landes, während die politische und wirtschaftliche Macht in Vientiane angesiedelt war. Mit französischer Hilfe wurde in den 1930er und vor allem in den 1940er Jahren einiges von Luang Prabangs Pracht und Schönheit restauriert, aber große Sprünge konnte der kleine König nicht machen.

Königsstadt

Nach dem Zweiten Weltkrieg unternahm Frankreich alles, um die Kolonie Laos nicht ganz zu verlieren. Daraus ergaben sich für die laotische Aristokratie politische Spielräume, und so erhielt Luang Prabang schließlich den Status des Königssitzes des vereinten Königreiches Laos. Aus dem unabhängigen König wurde wegen der politischen und militärischen Entwicklung bald ein Herrscher, der nur noch dank amerikanischer Dollars auf dem Thron saß. Obwohl weite Teile der Provinz mehrmals in die Hände der Pathet Lao fielen, blieb die Stadt selbst stets unter Kontrolle der Vientianer Seite. Erst mit dem Abkommen von 1973 kamen 500 Kämpfer der Patriotischen Front in die Stadt. Die Doppelherrschaft endete rasch, und das letzte Zeichen aus Luang Prabang war die Abdankungsurkunde des Königs im Dezember 1975.

Provinzstadt

Nach der Gründung der Republik hatten die Vertreter der alten Staatsmacht die Sessel zu räumen. Für sie begann das Exil oder die Umerziehung. In der Stadt gab es wenig an wirtschaftlicher Substanz, die unter staatliche Verwaltung hätte gestellt werden können. Es kam aber auch wenig hinzu, was nun zur Privatisierung stünde. Ohne seine großartige Vergangenheit und deren steinerne Zeugen wäre Luang Prabang heute ein Provinznest wie viele andere. Doch eben die Geschichte und die **Aura des Königlichen** geben der Stadt ihr einzigartiges Fluidum. Vom König und seiner Verwandtschaft weiß hier jeder etwas zu berichten. Dabei waren „Königs" in den Anfangstagen der neuen Macht durchaus angesehene Leute. Ex-König *Sri Savang Vatthana* war Berater von Präsident *Souphanouvong*, seines Großneffen. Kronprinz *Vong Savang* zierte die Reihen des Parlaments. Erst nach **Gerüchten über die Beteiligung der Königsfamilie an Umsturzversuchen** folgten die einstigen Majestäten vielen ihrer treuen Anhänger in die Umerziehungslager. Bis heute bleibt, dank spärlicher Information durch Regierungsstellen, das Schicksal der Königsfamilie geheimnisumwittert. „Wir alle sind sterblich", beschied Premierminister *Kaysone Phomvihane* 1989 in Paris neugierige Journalisten. Die Welt nahm es als Bestätigung für den Tod von König, Königin und Kronprinz. In den Villen der Monarchie haben sich heute Hotels eingerichtet, wie beispielsweise Villa Santi, Maison Souvannaphoum oder Le Grand, das dem einstigen Besitzer, Prinz *Phetsarath*, gar eine Gedenkstätte einrichtete.

☐ Der „Goldene Palast", das Palastmuseum

laos034 vl

Drei Tage Luang Prabang – Highlights

Wer mehr als drei volle Tage Zeit mitbringt, um diese Perle einer südostasiatischen Stadt zu erkunden, hat Glück. Für alle anderen wird es ein **Balanceakt:** einerseits die Höhepunkte Luang Prabangs zu entdecken, andererseits die Ruhe und Gelassenheit, die diese Stadt ausströmt, auch selbst genießen zu können. Ein Vorschlag zur Erkundung der Stadt:

Tag 1

Am Vortag angereist, kann man den Tag gelassen beginnen, mit einem Frühstück im Hotel oder in einem der vielen Cafés an der Sakkarine Rd. Dann bietet es sich an, von der Spitze der Halbinsel vom **Wat Xieng Thong** (6–18 Uhr) ausgehend die an der Straße liegenden Tempel zu entdecken, mit dem **Palastmuseum** (8–11:30 und 13:30–16 Uhr) als Höhepunkt und mit **Wat May.** Ein Mittagessen zwischendurch, zum Beispiel im sehr guten Tamarind am Fluss mit klassischen laotischen Gerichten, sorgt für die nötige Stärkung.

Das **Traditional Art und Ethnology Centre (TAEC)** gibt einen übersichtlichen Eindruck der unterschiedlichen ethnischen Gruppen in Laos (9–18 Uhr). Ein Getränk im Viewpoint Café des Hotels 24 **Mekong Riverview** (Karte Umschlag hinten), mit Blick auf den im Abendlicht leuchtenden Fluss, oder direkt auf einer der Sandbänke bietet eine schöne Einstimmung auf den allabendlichen **Nachtmarkt** (17–22 Uhr).

Tag 2

Der Frühaufsteher erblickt beim Spaziergang durch die Gassen Luang Prabangs immer wieder **Mönche** auf dem Weg zum oder vom *dag bag* (laot. *Thak Baat*), dem **Almosengang** an der Sakkarine Rd. (6 Uhr). Eine Tasse Kaffee am Fluss, der morgens noch in nebeligen Dunst gehüllt ist, ist ein geruhsamer Start in den Tag. Einen schönen Ausblick hat man von der Aussichtsplattform des **Utopia** (8–23:30 Uhr). Um sich für den erneuten „Run" auf Sehenswürdigkeiten zu stärken, ist ein leckeres Frühstück in einem der vielen Cafés der Altstadt zu empfehlen, vielleicht im kleinen französischen 8 **Ban Wat Sene** auf der Sakkarine Rd. (Karte Umschlag hinten). Der frische Morgen ist ideal, um den **Phou**

laos035 vl

< Goldene Stupa auf dem Phou Si

Si zu besteigen – vormittägliche Ruhe beim Ausblick auf die Stadt. Dann könnte man ein weiteres der kleinen, feinen Museen der Stadt besuchen, empfohlen sei hier auf jeden Fall das **UXO Lao Visitor Center** (8–12 und 13–16 Uhr) in der Nähe der Souphanouvong-Statue. Eine frische Nudelsuppe an einer der vielen Garküchen macht Lust auf eine Pause.

Wat That Luang ist ein Muss, und im schattigen **Wat Aham** kann man der nachmittäglichen Hitze trotzen. Fußmüde gönnen sich nun eine Massage, um anschließend noch einmal über eine der kleinen Bambusbrücken zu spazieren, die über den Nam Khan führen. Noch nicht vollkommen Erschöpfte gönnen sich noch den Blick vom gegenüberliegenden Flussufer des Mekong. Lässt man sich auf die andere Seite verschiffen, hat man vom **Wat Chom Phet** einen tollen Ausblick (genug Zeit einplanen!).

Tag 3

Ausflüge in die nähere Umgebung von Luang Prabang seien ausdrücklich empfohlen. Frühmorgens ist es am **Wasserfall Tad Kuang Si** am schönsten. Vielleicht ist ein **Kochkurs** eine gute Alternative, wenn man die vielen Sehenswürdigkeiten nicht einfach aneinanderreihen möchte.

Wer hochwertige Mitbringsel sucht, kann dies in einer der größeren Städte wie Luang Prabang (gut möglich an der Sakkarine Rd.) oder Vientiane tun. Aber auch auf einem der vielen Märkte kann ein Glücksgriff gelingen. In den Weberdörfern **Ban Xieng Lek** und **Ban Xang Kong** kann man nicht nur der Seidenweberei und Papierherstellung zuschauen, sondern auch ordentlich einkaufen. Hier sind viele Reisegruppen unterwegs. Ähnlich in **Ban Chan,** dem Dorf der Töpfer.

Sehenswertes

Palastmuseum (Königspalast)

Der **„Goldene Palast"** **(Ho Kham)** wurde erst 1904 für König *Si Savang Vong* erbaut. Er liegt **zwischen Mekong und Phou Si** und hat eine eigene Anlegestelle direkt unterhalb des Anwesens, die von Gästen wie vom König selbst genutzt wurde. Der Haupteingang befindet sich allerdings auf der dem Phou Si zugewandten, also anderen Seite. Zum Palast gelangt man durch eine von Zuckerpalmen gesäumte Allee.

Ho Kham selbst ist ein **zweigeschossiges Gebäude,** dessen Portal überbaut ist. Die beiden Seitenflügel des Hauptgebäudes waren offiziellen Zwecken vorbehalten. Neben der Eingangshalle finden sich hier der Empfangssaal des Königs im rechten Flügel, ein Festsaal sowie der kleinere Empfangssaal der Königin im linken Flügel. Über dem Thronsaal im Zentrum des Bauwerks erhebt sich ein alles weit überragender turmartiger Aufbau. Im hinteren Teil schließen sich die Privaträume der königlichen Familie an. Dieser Bereich wurde 1995/96 vollständig restauriert.

Im rechten Seitenflügel des Hauptgebäudes, von außen zugänglich, findet sich die Sammlung der wertvollsten Kunstschätze des Museums. Vor allem natürlich der legendäre **Pha Bang** (Phra Bang) oder dessen Nachbildung – das überaus wertvolle Original soll sich im Safe der laotischen Staatsbank befinden. In dem Raum sieht man zudem Elefantenstoßzähne von beachtlichen Ausmaßen und reich mit Schnitzwerk verziert, von Khmer angefertigte Buddha-Figuren sowie Buddhas im traditionellen Luang-Prabang-Stil.

Luang Prabang Überblick

Die **Eingangshalle** wird geprägt vom Thron des buddhistischen Obermönchs. In einer Vitrine an der rechten Seite ist der Kopf einer Buddha-Figur aus dem Indien des 1. Jahrhunderts zu sehen. Weitere Vitrinen hier, im Thronsaal und seinen Nebengelassen zeigen zum Teil sehr alte und wertvolle Buddha-Figuren aus That Mak Mo und aus zerstörten Tempeln der Stadt.

Der **Empfangssaal** des Königs wird bestimmt von den 1930 geschaffenen Wandmalereien des Franzosen *Alix de Fauterau*, die Szenen aus dem ländlichen Leben darstellen.

Die Räume **im linken Flügel des Hauptgebäudes** bergen eine Sammlung ausländischer Staatsgeschenke. Selbst hier lässt sich der Wettlauf der Großmächte zum Mond nachvollziehen. Das Modell einer sowjetischen Mondsonde fehlt ebenso wenig wie eine Nachbildung der laotischen Fahne, die von Apollo 17 auf den Mond gebracht wurde, und ein Krümel Mondgestein darf auch nicht fehlen. „Die Hoffnung des amerikanischen Volkes auf eine Welt des Friedens", wie es in der Widmung des damaligen US-Präsidenten *Nixon* zu dieser Gabe heißt, hatten die Amerikaner gerade acht Jahre lang durch den Abwurf von mehr als 3 Millionen Tonnen Bomben auf Laos mit recht eigenartigen Mitteln zu verwirklichen versucht. Den **Empfangssaal der Königin** schmücken lebensgroße Gemälde von König *Sri Savang Vatthana*, Königin *Kham Phoui* und Kronprinz *Vong Savang*. Die Werke schuf 1967 der russische Maler *Ilya Glazunow*, der zwei Jahre lang am königlichen Hof lebte und arbeitete.

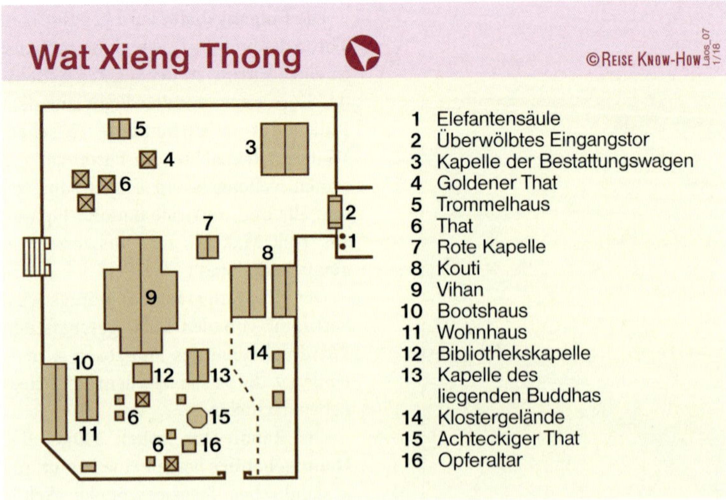

Von besonderem Glanz ist der in Rot und Gold gehaltene **Thronsaal:** Hier finden sich reiche Mosaike an den Wänden sowie prunkvolle Säbel und wertvolle Buddha-Figuren in den Vitrinen. Allerdings hat der letzte König, *Si Savang Vatthana,* den hier befindlichen und für König *Si Savang Vong* neu angefertigten Thron nie bestiegen. Als *Si Savang Vong* im Jahre 1959 starb, wurde der Nachfolger zwar König, ein günstiger Termin für die Zeremonie der Thronbesteigung ließ sich aber bis zu seiner Abdankung im Jahre 1975 nicht finden. Immerhin waren die Glasmosaiken an den Wänden eigens für den großen Tag geschaffen worden. Etwas unscheinbar an einer Wand stehen der Vorgänger des jetzigen Throns, der mehreren Königen diente, sowie ein Elefantenreitsitz vom Feldzug des Königs *Anou* gegen Siam.

Verbreiten die offiziellen Säle noch etwas königlichen Glanz, so zeugen die **Privaträume der königlichen Familie** von eher bescheidenem Luxus. Das Bett des Königs, aus massivem Holz, fällt nur durch das etwas überdimensionierte Wappen am Fußende auf. Mehr Aufmerksamkeit verdienen die Sammlung traditioneller laotischer **Musikinstrumente** und die **Tanzmasken und -gewänder,** die für Aufführungen des Palak Palam genutzt wurden.

Infos: Eintritt 30.000 Kip, geöffnet 8–11:30 und 13:30–16 Uhr, letzter Einlass um 15.30 Uhr, Kameras sind nicht gestattet.

▷ Die tief gezogenen Dächer des Wat Xieng Thong sind typisch für den Architekturstil des Nordens

Wat Xieng Thong

Luang Prabang besticht durch seine Wat. Anders als Vientiane, das 1827 von den Siamesen fast dem Erdboden gleichgemacht wurde, gibt es hier auch heute noch jahrhundertealte Bauwerke mit reichen Verzierungen und teilweise in ursprünglicher Schönheit zu betrachten. **Dreißig Wat** zählt Luang Prabang heute, einst waren es mehr als fünfzig; rund ein Dutzend sind von kulturhistorischer Bedeutung. Der **Tempelrundgang** könnte beispielsweise bei Wat Xieng Thong beginnen. Anschließend empfiehlt sich der Besuch weiterer Tempelanlagen entlang der Phothisarath Road einschließlich eines Aufstiegs zum Phou Si. Nach einem Abstecher zum Wat Visoun mit der „Melonenstupa" lohnt sich der Besuch von Wat That, Wat That Luang und Wat Manorom im Südwesten der Stadt. Als Abschluss sei die Betrachtung des Sonnenuntergangs in Wat Phabat Tai empfohlen.

laos036 vl

Wat Xieng Thong ist die Tempelanlage von Luang Prabang schlechthin. Sie befindet sich am Mekong-Ufer fast auf der Spitze der von Mekong und Nam Khan gebildeten Halbinsel. Ihr Sim verdeutlicht am besten den eigenen Architekturstil des laotischen Nordens: Charakteristisch sind die fast bis auf den Boden gezogenen Dächer und die reiche Innenausstattung der Dachbalken und Sparren (siehe auch im Kapitel zur Architektur). Erbaut wurde Wat Xieng Thong **1560** unter König *Setthathirath.* Als einziger Tempel der Stadt blieb er 1887 von den verheerenden Plünderungen und Zerstörungen der Ho verschont, da deren Anführer *Deo Van Tri* selbst hier gelebt hatte. Von 1960 bis 1962 wurde die Anlage unter königlicher Schirmherrschaft restauriert und zum Museum erklärt.

Östlich des Sim stehen mehrere Kapellen, in denen jeweils eine Buddha-Figur untergebracht ist. Besonders selten ist **Pha Sagnath,** ein liegender Buddha, der auch schon auf der Kolonialausstellung 1931 in Paris zu bewundern war.

Beachtenswert sind die **Mosaike** an den Außenwänden der Kapellen. Diese wurden 1957 anlässlich von Buddhas 2500. Geburtstag geschaffen und stellen die **Geschichte „Sieo Savath"** dar. *Louis Finot,* einer der bekanntesten Laos-Forscher, stufte diese Legende unter die „vernünftigen, wahrhaftigen Geschichten" ein. Die Geschichte stammt aus dem 17. Jahrhundert und berichtet von einem

Kaufmannssohn, der wegen seiner klugen Entscheidungen bekannt war. Von weither kamen die Leute, um sich seinem Richterspruch zu unterwerfen.

In der prachtvoll ausgestatteten **Begräbniskapelle** befindet sich der Bestattungswagen der königlichen Familie nebst Urnen. Der Wagen ist von derart beeindruckenden Ausmaßen, dass er nicht durch die Tür passt.

Der **Trommelturm** beherbergt eine aus einem Stück gefertigte Trommel mit einem Durchmesser von rund einem Meter.

Am Wat Xieng Thong führen die alljährlich zum Neujahrsfest im April stattfindenden **Prozessionen** entlang, die weiter zum Wat That und Wat Vixun ziehen.

Infos: Eintritt 20.000 Kip, geöffnet 6–18 Uhr.

laos028 vl

Wat Pak Khan

Erbaut im Jahr **1737,** ist Wat Pak Khan architektonisch ein kleiner Bruder von Wat That Luang, das Gelände steht aber in dem Ruf, einer der ältesten Kultplätze der Stadt zu sein.

Wat Khili

Wat Khili wurde **1773** von den Phouan aus Xieng Khouang als Zufluchtsort errichtet, als sie der von Burmesen bedrohten Stadt zu Hilfe kamen.

Wat Sene

Wat Sene befindet sich ebenfalls auf der Halbinsel zwischen Mekong und Nam Khan. Errichtet wurde der Wat im Jahre **1718** mit den Spendengeldern eines gewissen *Tiao Mang,* der einen Goldklumpen von derart großem Gewicht gefunden hatte, dass es auf der Waage nicht mehr angezeigt werden konnte. Es sollen über 100.000 Ka (ca. 9,5 kg) gewesen sein, was dem Wat denn auch den Namen gab – Sene (gespr. Sään) heißt Hunderttausend. Aufgrund der räumlichen Nähe wuchs Wat Sene mit einer zweiten Tempelanlage zusammen, sodass Wat Sene heute über zwei Sim verfügt.

Wat Sene besticht durch sein reiches Golddekor an den Giebeln, die achteckigen, goldverzierten roten Säulen und das nach thailändischem Muster zweifarbig gedeckte Dach. Berühmt ist Wat Sene für seine **reich verzierten Pirogen,** die rund fünfzig Ruderern Platz bieten.

Wat Xieng Thong wurde 1560 erbaut

Almosengang der Mönche – Thak Baat

Morgens gegen 6 Uhr, noch im Dunkel der Nacht, wird es laut in der **Sakkarine Road.** Der morgendliche Thak Baat, bei dem Mönche um Almosen bitten, eine eigentlich feierliche Zeremonie des Theravada-Buddhismus (siehe auch Exkurs „Die buddhistische Lehre"), steht dann im Zentrum der touristischen Aufmerksamkeit. Empfohlen sei, diese Zeremonie sich selbst zu überlassen – weder Fotos mit Blitzlicht noch sich selbst in die Reihe der Almosengeber einzugliedern, scheint hier angemessen zu sein. Trotzdem kommen ganze Busladungen von Touristen, und sogar die ein oder andere Kamera wird den Mönchen direkt ins Gesicht gehalten. Wenn man sich schon nicht fernhalten kann, sollte man **still im Hintergrund bleiben und Respekt zeigen.** Jeder Reisende kann einen Unterschied machen, und es wäre doch schade, wenn das Klosterleben aus dem Stadtbild verschwinden würde, sind es doch die Mönche, die es zu einem großen Teil ausmachen.

laos037 vl

1972 wurde eine aus dem 18. Jahrhundert stammende **Buddha-Statue** abgerissen und durch eine neue aus Beton ersetzt. Der neue Buddha geriet jedoch derart streng, dass er von den Anwohnern „Gendarm" genannt wird.

Wat Sene war bis zum Jahr 2007, als der Abt des Klosters Satou Phra Kham Chan starb, die Pagode des obersten Mönchs von Luang Prabang.

Wat Sop

Unweit von Wat Sene findet sich Wat Sop, eine auf das Jahr **1480** zurückgehende Anlage. Sie wurde vom Prinzen *Thene Kham* zur Bestattung seines Vaters, König *Chakkaphat,* errichtet, der von einem siegreichen Feldzug gegen die Vietnamesen nicht zurückkehrte. 1485 ließ der nunmehrige König einen zweiten Bestattungstempel erbauen, der schon ein Jahr darauf zu seiner eigenen Beisetzung benötigt wurde. Seit dem 18. Jahrhundert sind beide Wats zu einem vereint. Der jetzige Sim stammt allerdings erst aus dem Jahr 1909. Hinter dem Sim befindet sich ein **interessanter Opferaltar,** dessen Dach von Stützen gehalten wird, die neben Nagas auch die in der laotischen Kunst sehr selten vorkommenden Fische zieren.

Wat Pa Phay

Der „Tempel des Bambuswaldes", ein weiterer Wat an der Photisarath Road, stammt aus dem Jahre **1815** und ist im Vientianer Stil errichtet. Hervorzuheben sind sein **rot-goldener Giebel** und die mit einer Glaseinlegearbeit verzierte Tür.

Wat Xieng Mouane

Unweit von Wat Pa Phay, in der Parallelstraße der Photisarath Road, steht dieses an den Stil von Xieng Khouang angelehnte Bauwerk **(1853)** mit **außergewöhnlich schönen Skulpturen** im Innern. Unter den Fresken befindet sich eine Darstellung des Schattengeistes *Rahou,* der den Mond verschlingt. Einst war die Außenfläche um den Sim mit Kupferplatten ausgelegt.

Wat Choum Khong

Gleich neben Wat Xieng Mouane trifft man auf den wenige Jahre älteren Wat Choum Khong, der ebenfalls an den Xieng-Khouang-Stil angelehnt ist. Bekannt geworden ist der Wat durch den **melodischen Klang seiner Trommel.** Zwei aus China stammende Figuren flankieren die Treppe zum Sim. Diese Figuren haben eine längere Odyssee hinter sich: Dem französischen Hohen Kommissar gefielen sie so gut, dass er sie als Schmuck vor seiner Residenz aufstellen ließ. Nach dem Ersten Weltkrieg zogen sie zum Königspalast um, um schließlich in den 1930er Jahren in Wat Choum Khong zu landen.

Wat Nong

Geht man von Wat Choum Khong ein Stück in nordöstlicher Richtung auf der gleichen Straße weiter, stößt man auf die **einfache Pagode** Wat Nong. Ursprünglich **1729** erbaut, erhielt sie einen aus Siam stammenden großen Bronze-Buddha. Als Luang Prabang im Jahr 1771 von den Burmesen zerstört wurde, blieben der Buddha und die Wand hinter ihm unversehrt, in den Augen der Gläubigen ein Zeichen für die besondere Kraft dieser Statue. 1965 restaurierten die Anhänger des Wat das Gebäude aus eigener Kraft, was den Fresken nicht gut bekam. Es war ein Sieg des Betons.

Wat Phou Si (Wat Chomsi)

Dies ist sicher der **höchstgelegene Tempel Luang Prabangs,** befindet er sich doch auf dem Gipfel des Phou Si in der Stadtmitte. Seit 1937 führt eine Treppe von **328 Stufen** vom Königspalast am Fuße des Berges direkt zu Wat Chomsi, der oft auch Wat Phou Si genannt wird. Von oben bietet sich nicht nur ein **herrlicher Ausblick** auf Luang Prabang und seine Umgebung, der Tempel ist auch wichtige Pilgerstätte und Ausgangspunkt einer traditionellen Zeremonie zum laotischen Neuen Jahr. Am Abend des letzten Tages der Neujahrsfeier nimmt in Wat Chomsi eine **Prozession zu Ehren der Naga,** der Beschützerin der Stadt, ihren Anfang. Ein Mädchen steigt durch ein Fackel- und Laternenspalier hinab zu den königlichen Gärten. Als Höhepunkt der Feier wurden einst Szenen aus den Palak Palam, der laotischen Version des Ramayana, aufgeführt, eine Tradition, die im Jahr 2000 wieder erwachte.

Der Phou Si beherbergt noch sechs weitere Tempelanlagen, darunter **Wat Pha Houak** (s.u.) am Fuße der Treppe. **Wat Pha Phutthabat** zeigt sich als bescheidenes Gebäude, dessen Attraktion ein von den Gläubigen verehrter Fußabdruck Buddhas ist. Folgt man der nächsten Treppe Richtung Mekong abwärts, gelangt man zu **Wat Pha Khae,** das heute Teil von Wat Pha Phouttabat geworden ist. Von besonderem Interesse an diesem Bau sind die Holzschnitzereien an den Türen. Die linke der drei Eingangstüren zeigt einen Herren in holländischer Handelstracht des 17. Jahrhunderts, die letzte Tür an der Westseite einen Genueser. Lange gab es Streit darüber, wie die Bildnisse hierher gelangten, waren doch die abgebildeten Herren

Gerrit van Wuysthoff (1641) und *Giovanne-Maria Leria* (1642) lediglich bis Vientiane gelangt. Außerdem wurden die fraglichen Türen erst 200 Jahre nach den Besuchen der ersten Europäer in Laos gefertigt. Die Lösung des Rätsels findet sich vielleicht im Königspalast, wo in einer Ecke ein Schrank mit dem Hinweis „aus der Zeit von König *Souligna Vongsa*" steht. Just jener König hatte die Europäer an seinem Hof empfangen. Und selbigen Schrank ziert eben jenes Bildnis des Holländers, das wir heute auch auf der Pagodentür bewundern können.

Ausblick vom Phou Si auf Luang Prabang

laos029 vl

Infos: Eintritt 20.000 Kip, Kassen an den Aufgängen zum Phou Si.

Phou Si – der heilige Berg

Der Aufstieg auf den heiligen Berg mitten in der Stadt gehört schon zu den touristischen Ritualen. Zum Sonnenuntergang wird es hier sehr voll. **Zwei Zwischenterrassen** öffnen den Blick auf Palast, Wat May und Mekong, ehe man vom Gipfel aus vor allem die Aussicht auf den Nam Khan und den Südteil der Stadt genießen kann. Wählt man den Abstieg in Richtung Nam Khan, findet sich eine Etage unter den Resten des Flakgeschützes eine **Plattform,** die auch den Ausblick auf den alten Stadtkern erlaubt. Auf diesem Weg abwärts geht es

im wahrsten Sinne des Wortes von Tempel zu Tempel, ehe man schließlich auf der Uferstraße des Nam Khan anlangt.

Wat Pafang

Wat Pafang oder Wat Xieng Ngam (Tempel der schönen Stadt) stammt aus dem Jahr **1799** und ist ein Beispiel für den Stil Xieng Khouangs. Das tief gezogene Dach reicht fast bis auf den Boden und wird von massigen runden Säulen gestützt.

Wat Pha Houak

Wat Pha Houak liegt südlich des Königspalastes und hat einen auf das Jahr **1853** zurückgehenden und unter siamesischem Einfluss erbauten Sim. Besonders erwähnenswert sind die **Wandgemälde.**

Wat May (Neuer Tempel)

Wat May heißt eigentlich **Wat Sisouvanna Phommaham.** Bis 1975 war der Wat Sitz des Obermönchs von Laos. Obwohl relativ neu, zählt das Bauwerk dennoch zu den schönsten Luang Prabangs. Sein fünfetagiges Dach, die vergoldeten Giebel und die von jeweils sechs Säulen gestützten Seitengalerien verleihen dem Sim ein wahrhaft **majestätisches Aussehen.** Wat May ist ohne Übertreibung ein Jahrhundertwerk. Die Idee zu seiner Errichtung stammt aus dem Jahr 1796 von König *Anourouth.* Unter König *Manthathourath* begann schließlich 1821 der Bau, der erst siebzig Jahre später unter König *Sakhalin* beendet wurde. Die Dekorationen stammen zum Teil sogar erst aus den 1960er Jahren. Auf den Fassaden werden die Legende „Phavet" und ländliches Leben dargestellt. 1894 brachte König *Sakkalin,* begleitet vom französischen Laos-Eroberer *Auguste Pavie,* in prächtiger Prozession den Pha Bang nach Wat May. Zum laotischen Neujahr im April wird die Statue auch heute noch mit einer Prozession nach Wat May geleitet. Vor der Tempelanlage befinden sich immer noch die mittlerweile raren **Elefantensäulen,** an denen in früheren Zeiten die königlichen Elefanten festgezurrt wurden.

Wat Visounnarat, That Mak Mo

Wat Visounnarat mit der Stupa That Pathoum befindet sich in einer von der Setthathirath Road Richtung Nam Khan abzweigenden Straße. **1512** ließ der friedliche und der Errichtung buddhistischer Monumente sehr zugetane König *Visounnarat* mit diesem Wat sich selbst ein Denkmal setzen. Einzigartig ist der **quadratische Grundriss des Sim,** der von Seitengängen umgeben ist. Der ursprünglich hölzerne Bau fiel jedoch 1887 der Zerstörungswut der Ho zum Opfer. Kurze Zeit später schufen laotische Architekten und Bauleute eine Rekonstruktion des Sim, nun allerdings aus Stein. Die in Indien und Kambodscha verbreitete Technik, gedrechselte Holzsäulen aus Stein zu imitieren, wurde hier erstmals auch in einem laotischen Bauwerk angewandt. Neben dem Sim findet sich, wie in vielen anderen Tempelanlagen Luang Prabangs, unter einem Schutzdach ein laotisches Langboot. Wat Visoun ist alljährlich im August Ausgangspunkt der traditionellen Prozession zum Bootsrennen auf dem Nam Khan. Wat Visoun beherbergt heute eine **einzigartige Sammlung von hölzernen und steinernen Buddha-Figuren,** vor allem die im grazilen Luang Prabanger

Stil geschnitzten Buddha-Bildnisse in der Pose „um Regen bittend“.

That Pathoum (Stupa des großen Lotos), besser bekannt als Melonenstupa **(That Mak Mo),** stammte ursprünglich aus dem Jahr **1504.** In seinem Innern befanden sich Unmassen goldener, kristallener und anderer Buddha-Figuren sowie weitere Wertgegenstände, die später den Ho in die Hände fielen. Was davon gerettet werden konnte, findet sich heute im Königspalast. Die Stupa selbst wurde neu errichtet, doch Witterungsunbilden machten einen weiteren Neubau notwendig. Das heutige Bauwerk stammt aus dem Jahr **1914.** Darin, so vermerkte ein eifriger Chronist, wurden 425.697 Ziegelsteine verbaut.

Infos: Eintritt 20.000 Kip, geöffnet 7–17:30 Uhr.

Pha Bang – das Nationalheiligtum der Laoten

Der Pha Bang (Phra Bang) ist nicht nur Namenspatron der Stadt, sondern zugleich Palladium des Landes und des laotischen Buddhismus. Dabei hatte die 83 cm hohe vergoldete Statue (Gewichtsangaben schwanken zwischen 43 und 54 kg) schon früher eine **bewegte Geschichte.** Hergestellt aller Wahrscheinlichkeit nach in Sri Lanka im 1. Jahrhundert, gelangte sie zunächst als Geschenk an den Hof von Angkor. 1356 kam der **stehende Buddha in der Pose „Streit schlichtend“** zusammen mit zehntausend Mönchen, Künstlern und Handwerkern aus Kambodscha nach Laos. Sein erstes Domizil fand er in Vientiane. 1489 brachte König *Lan Na Sen Thai* den Pha Bang nach Luan Prabang. Zunächst kam die Statue nach Wat Xieng Kang, 1491 dann nach Wat Manorom, um schließlich ab 1513 in Wat Visoun zu residieren. 1706, während innerlaotischer kriegerischer Auseinandersetzungen, brachte der Statthalter von Luang Prabang die Statue nach Vientiane „in Sicherheit“ – ein Frevel in den Augen der abergläubischen Laoten. Denn halten sich Pha Bang und Pha Keo in einer Stadt auf, so bringt dies ihrer Meinung nach **Unglück** mit sich. In diesem Fall sicher nicht von der Hand zu weisen, denn 1779 wurde Vientiane zerstört und das laotische Nationalheiligtum nebst Pha Keo von den Siamesen geraubt, die das gute Stück nach vier Jahren wieder herausrückten. Allerdings an Vientiane, das inzwischen thailändischer Vasall war. 1827 verschleppten die Siamesen den Goldschatz erneut.

1866 brachte König *Chantharad* die Statue schließlich nach Wat Visoun zurück. 1894 zog die Figur mit großer Prozession nach **Wat May** um, das sie 1947 dann in Richtung **Königspalast** verließ. Jedoch wird die Statue jedes Jahr zum laotischen Neuen Jahr in Wat May ausgestellt.

Wat Aham

Wat Aham nimmt sich in unmittelbarer Nachbarschaft zu Wat Visoun etwas unscheinbar aus. Einen weit größeren Eindruck als der Sim hinterlassen wohl die beiden **prächtigen Bodhi-Bäume,** und doch hat gerade Wat Aham in der Vergangenheit als Sitz des Oberhauptes der buddhistischen Sangha (Gemeinschaft) große Bedeutung für das gesamte Land gehabt. Während einer der vielen innerlaotischen Kriege floh das Oberhaupt der Buddhisten von Muong Phouan (Xieng Khouang) nach Luang Prabang und fand in Wat Aham (Aham bedeutet „sich wohl fühlen") Aufnahme.

Wat Aham ist typisch für den **Baustil** Luang Prabangs im **19. Jahrhundert:** Doppeltes Dach, keine Seitengalerien, Giebel ohne Holzschnitzerei und runde Säulen sind Ausdruck dafür.

Infos: Eintritt 20.000 Kip.

Wat That

In Wat That steht **eine der schönsten Pagoden der Stadt** im typischen örtlichen Stil (gleich hinter dem Hotel Phousy). **1548** wurde sie auf Geheiß von König *Setthathirath* errichtet, gewissermaßen als Entschuldigung für die Verlegung der Hauptstadt nach Vientiane. In ihrer heutigen Gestalt wurde die Pagode 1907 neu erbaut, nachdem sie sieben Jahre zuvor durch ein Unwetter zerstört worden war. Bestechend die Vergoldungen an Giebeln und Säulen sowie die Darstellung der Legende von König *Sisouthone* und *Nang Manola,* der schönsten der Kinnari (Fabelwesen, halb Frau, halb Vogel) auf den Türen und Fenstern des Sim. Die Fabel zählt zu den beliebtesten überhaupt in Laos und wird als Singspiel *(Lam Lüang)* und als Theaterstück aufgeführt. In Wat That werden auch die Kostüme der Stadtbeschützer *Phun Njö, Nja Njö* und *Sing Thong* aufbewahrt, die jeweils zum Neujahrsfest aus ihrer Truhe geholt werden.

Wat That Luang

Der Überlieferung nach ist Wat That Luang die mit Abstand **älteste buddhistische Anlage Luang Prabangs.** Kaiser *Ashoka,* ein indischer Herrscher mit missionarischem Eifer, sandte im 3. Jahrhundert vor unserer Zeit Mönche zur Verbreitung des Buddhismus über den ganzen indischen Subkontinent und darüber hinaus in die angrenzenden Gebiete. Sie sollen es gewesen sein, die an der Stelle des heutigen Wat That Luang bereits eine Pagode errichteten. Genau an dieser Stelle ließ König *Fa Ngoum* 1359 auch den ersten laotischen Wat Luang Prabangs erbauen, Wat Pasaman. Der heutige, quadratische Sim mit umlaufenden Galerien stammt allerdings aus dem Jahr 1818. Doch bis auf den heutigen Tag nimmt Wat That Luang unter den Tempeln Luang Prabangs eine **Sonderstellung** ein, sammeln sich doch hier die meisten Mönche und Novizen der Stadt. In der großen Stupa ist die Asche von König *Si Savang Vong* beigesetzt.

Wat Manorom (Manolom)

Wat Manorom teilte sich früher das Gelände mit dem nicht mehr existierenden Wat Xieng Kang, der ersten Heimstatt des Pha Bang in Luang Prabang. Errichtet wurde Wat Manorom **1375** auf Geheiß des Königs *Samsenthai* und ist somit einer der ältesten Wat des Landes. Die Pagode beherbergt **einen der größ-**

ten und ältesten armlosen Buddhas, der ohne Sockel sechs Meter hoch ist und stolze zwölf Tonnen auf die Waage bringt. In früheren Zeiten stammten die Elefantenführer des Königs ausschließlich aus der Gemeinde von Wat Manorom, was dem Tempel bis auf den heutigen Tag Achtung verschafft.

Wat Phabat Tai

Am südlichen Stadtende unweit des Marktes liegt direkt am Mekong-Ufer Wat Phabat Tai, der Tempel des südlichen Fußabdrucks, eine inzwischen fast schon kurios anmutende **Ansammlung von Tempelgebäuden.** Die ursprüngliche Pagode war im Stil von Chieng May wahrscheinlich schon unter *Samsenthai* im 15. Jahrhundert angelegt worden. 1960 vergab man die Restauration des verfallenen Gebäudes an die chinesisch-vietnamesische Gemeinde von Luang Prabang. Resultat war die nunmehr vietnamesische Gestaltung der Gebäude, zu denen man durch ein chinesisches Tor gelangt. Ein Buddha, ein Steintor, das an Khmer-Kunst erinnert, und schließlich der Fußabdruck direkt im Steilufer des Mekong sind die Attraktionen des Wat, die von Touristen besonders gern zum Sonnenuntergang besucht werden.

■ **Infos:** Eintritt 10.000 Kip.

Wat Pa Phon Phao

Etwa 3 Kilometer **außerhalb der Stadt** in südöstlicher Richtung befindet sich Wat Pa Phon Phao. Zu diesem bekannten Tempel gehört **Santi Chedi,** die Friedensstupa. Das erst 1988 errichtete gelbe Bauwerk soll vor allem dem friedlichen Zusammenleben mit den Thais dienen. Die Fresken im Innern stellen Szenen aus dem Leben Buddhas dar. Andere Bilder sind als Ermahnung zu sittsamem Lebenswandel zu verstehen, wozu sich die Künstler allerdings martialischer Ausdrucksmittel und detaillierter Darstellung der Höllenqualen, die Missetäter erwarten, bedienten. Weit beeindruckender als diese Bilder ist ein Blick von der Galerie des Obergeschosses auf das Tal zwischen Mekong und Nam Khan, in das Luang Prabang eingebettet ist.

Tempel auf dem rechten Mekong-Ufer

Auf dem rechten Ufer des Mekong setzt sich die Fülle an Wat fort. Da wäre zunächst **Wat Tham Xieng Maen** (Eintritt 10.000 Kip), in einer fast 100 Meter tiefen Felsgrotte direkt gegenüber Wat Xieng Thong gelegen. In dieser Grotte findet sich eine große Anzahl von Buddha-Figuren aus nicht mehr bestehenden Pagoden. Vor allem zum Neujahrsfest im April, wenn die Sitte gebietet, auf dem rechten Mekong-Ufer kleine Stupas aus Flusssand zu errichten, erfreut sich die Grotte unzähliger Besucher. Die Figuren werden dann ebenso eifrig wie die der anderen Pagoden mit Wasser beschüttet.

Nicht weit entfernt steht der im 18. Jahrhundert erbaute **Wat Long Khun.** Der Tradition nach verbrachten hier die designierten Könige vor der Thronbesteigung drei Tage in Meditation.

Wat Chom Phet (Eintritt 10.000 Kip) liegt auf dem Berg hinter den beiden genannten Wat und ist wegen des guten Ausblickes auf die Stadt bekannt.

Bleibt noch **Wat Xieng Maen,** dessen Geschichte bis 1592 zurückreicht. Noch heute zehrt dieser Wat von dem Ruhm, 1866 den nach längerem Aufenthalt in Vientiane und Bangkok nach Luang Pra-

laos038 vl

Der Nachtmarkt eignet sich gut für kulinarische Entdeckungsreisen

bang zurückkehrenden Pha Bang sieben Tage und Nächte lang beherbergt zu haben. Der heutige Sim hat dies allerdings noch nicht erlebt. Er stammt aus dem Jahr 1927, nachdem auch der verbleichende Ruhm das Gebäude nicht vor dem Verfall retten konnte.

Infos: Überfahrt zu den Tempeln auf dem rechten Mekong-Ufer vom Anleger Tha Heua Kham südwestlich des Palastmuseums (5000 Kip).

Märkte

Die Aufzählung der Sehenswürdigkeiten wäre unvollständig ohne die Erwähnung der Märkte. Sie mögen sich allerdings in Luang Prabang Mühe geben, wie sie wollen, die Wat drängen sie in den Schatten. Dabei haben sie viel zu bieten, schließlich ist Luang Prabang der Marktplatz für alle Völker der Gegend. Besonders geschätzt sind die **fein gearbeiteten Silberwaren** und die **farbenprächtigen Stoffe** des laotischen Nordens.

Eine Attraktion für Einheimische wie Besucher ist der allabendlich von 17 bis 22 Uhr stattfindende **Nachtmarkt** auf der Hauptstraße zwischen Phou-Si-Kreuzung und Königspalast, auf dem allerdings traditionelle Produkte langsam von den Billigwaren aus den Nachbarländern und All-You-Can-Eat-Büfetts verdrängt werden. Ab 17 Uhr ist das geschäftige Treiben schön vom Vorplatz des Wat Pha Houak gegenüber des Palastes zu beobachten. Hier bieten sich immer sehr schöne Fotomotive.

Der auch am Tag stattfindende **Talaat Hmong** direkt an der Kreuzung der Straßen Sisavangvong und Setthathirath wird heute dominiert von Saft- und Baguetteverkäufern, die sich hauptsächlich an Touristen richten.

Früh am Morgen kann man auf dem **Talaat Tha Heua** südlich des Königspalastes, zwischen Mekong und Sisavangvong Road, noch exotische Waren begutachten. Tagsüber werden Obst und Gemüse verkauft.

Souphanouvong-Statue

Zum 100sten Geburtstag *Souphanouvongs* (1909–1995) wurde eine **5,40 Meter hohe und drei Tonnen schwere Bronzestatue** eingeweiht. Mit chinesischem Sponsoring ist sie Teil einer ca. 8000 m² großen Gedenkstätte. *Souphanouvong* wurde in Luang Prabang als Sohn des Vizekönigs *Boun Khong* und dessen Nebenfrau *Kham On* geboren. Er studierte früh im Ausland und arbeitete später als Bauingenieur in Laos und Vietnam. In Hanoi traf er auf *Ho Chi Minh.* Berühmt wurde er als Anführer der Pathet-Lao-Bewegung und daher auch „Roter Prinz" genannt. Als Staatspräsident von 1975 bis 1991 war seine Tätigkeit aber eher repräsentativer Natur. Dargestellt wird er von den staatlichen Führern gern als Held der Revolution.

UXO Lao Visitor's Center

UXO *(Unexploded Ordnance)* bezeichnet die **nicht detonierten Bomben und Blindgänger** aus der Zeit der US-amerikanischen Massenbombardierung im Zweiten Indochinakrieg. Das kleine Visitor's Center hinterlässt einen nachdrücklichen und nachdenklich machenden Eindruck. Wer noch nach Vientiane kommt, kann dort auch das etwas größere COPE Center besuchen.

Infos: geöffnet Mo bis Fr 8–12 und 13–16 Uhr, der Eintritt ist frei, es wird um eine Spende gebeten.

Traditional Art and Ethnology Centre (TAEC)

Den Hügel beim Dara-Markt hoch, bietet die kleine Ausstellung einen guten Überblick über **traditionelles Kunsthandwerk** und die ethnische Vielfalt des Landes. Es gibt einen **Verkaufsraum** und die Möglichkeit, an traditionellen Handarbeitskursen teilzunehmen. Im angrenzenden **Patio Café** kann man authentische Landesküche probieren.

Infos: www.taeclaos.org, geöffnet Di bis So 9–18 Uhr, Eintritt 25.000 Kip, TAEC Boutique nahe Ban Vat Sene geöffnet 9–21 Uhr.

Praktische Informationen

An- und Weiterreise mit dem Bus/Minivan

Minivans für **Ziele in Laos** und Busse für **internationale Verbindungen** (**Naluang Busbahnhof Süd,** ab Zentrum ca. 3 km, Taxi ca. 20.000 Kip p.P.); Achtung: Die VIP-Busse sind teurer. Möchte man auf jeden Fall ein Ticket für einen frühen Bus ergattern, sollte man auch früh da sein, um die Fahrt nicht im Stehen verbringen zu müssen.

- **Vientiane,** 383 km, 8–10 Std., 110.000 Kip: 6:30, 7:30, 8, 8:30, 9, 11, 14, 16:30, 18:30, 19:30 (VIP), 20 Uhr (Schlafbus, 150.000 Kip); die Busse nach Vientiane halten auch in Phou Khoun (121 km, 3½ Std.) und Vang Vieng (227 km, 5–6 Std.).
- **Nong Kiao,** 140 km, 55.000 Kip: 9:30 Uhr.
- **Vang Vieng,** 227 km, 5–6 Std., 105.000 Kip: 8, 9:30, 10, 12:30 (VIP), 13, 14, 15 Uhr.

laos039 vl

Buddha-Darstellung in Wat Xieng Thong

- **Phone Savan,** 232 km, 6–9 Std., 105.000 Kip: 9 Uhr.
- **Luang Namtha,** 307 km, 110.000 Kip: 8:30 Uhr.
- **Sayabouri,** 112 km, 3–4 Std., 60.000 Kip: 9, 14 Uhr.
- **Chiang Mai,** Thailand (18 Std., 310.000 Kip): 17 Uhr über Chiang Kong (14 Std., 190.000 Kip) und Chiang Rai (16 Std., 247.000 Kip).
- **Dien Bien Phu,** Vietnam (14 Std., 190.000 Kip): 7 Uhr.
- **Hanoi,** Vietnam (24 Std., 350.000 Kip): 18 Uhr.
- **Vinh,** Vietnam (18 Std., 250.000 Kip): Mo bis So 18 Uhr (Schlafbus), Fr regulärer Bus (200.000 Kip).
- **Kunming,** China (24 Std., 470.000 Kip): 7 Uhr (Schlafbus).

Busbahnhof Nord (ab Zentrum ca. 5 km, Taxi ca. 30.000 Kip p.P.):

- **Nong Kiao,** 140 km, 3–4 Std., 40.000 Kip: 9, 11, 13 Uhr.
- **Pakmong,** 110 km, 2–3 Std., 30.000 Kip: 9, 11, 13 Uhr.
- **Oudomsay,** 193 km, 5 Std., 60.000 Kip: 9, 12, 16 Uhr.
- **Luang Namtha,** 307 km, 8 Std., 100.000 Kip: 9 Uhr.
- **Houay Say,** 500 km, 12–15 Std.): 17:30 Uhr (Nachtbus, 120.000 Kip), 19 Uhr (VIP, 145.000 Kip).
- **Phongsaly,** 410 km, 14–16 Std., 120.000 Kip: 16:30 Uhr.
- **Sam Neua,** 452 km, 12–14 Std., 140.000 Kip: 8:30 und 16 Uhr (Nachtbus, 150.000 Kip) über Vieng Thong (276 km, 7–9 Std., 120.000 Kip)

An- und Weiterreise mit dem Flugzeug

- **Flughafen Luang Prabang,** 4 km außerhalb des Zentrums, Taxi 60.000 Kip p.P., *Visa upon Arrival* erhältlich. Am Flughafen gibt es Airline-Büros und einen Geldautomaten.
- **Lao Airlines** (Phamaha Phasaman Rd.): Verbindungen nach Vientiane, Pakse, Bangkok, Chiang Mai, Hanoi, Jinghong, Siem Reap, Singapur.
- **Lao Central Airlines** (am Flughafen): Verbindung nach Vientiane.
- **Bangkok Airways** (Sisavangvong Rd.): Verbindung nach Bangkok.
- **Vietnam Airlines** (am Flughafen): Verbindungen nach Hanoi und Siem Reap (Kambodscha).

An- und Weiterreise mit dem Boot

Der **Bootsanleger mit Ticketcenter** (7:30–17 Uhr) befindet sich ca. 8 km außerhalb der Stadt, ein Taxi dorthin kostet 20.000 Kip pro Person.

- **Linienboot/Slow Boat: Pakbeng** (8–9 Std., 110.000 Kip) und weiter nach **Houay Say** (8–9 Std., 110.000 Kip)
- **Speed Boats** sind wegen des Unfallrisikos nicht zu empfehlen.

Kreuzfahrten (Anbieter siehe hintere Umschlagkarte)

Exklusive Erlebnisse auf den Strecken Luang Prabang – Houay Say, Luang Prabang – Vientiane und Vientiane – Nakhon Phanom bieten folgende Veranstalter in unterschiedlichen Kombinationen mit Übernachtungen und Ausflügen:

UNSER TIPP: 7 **Mekong Cruises & The Luang Say,** 50/4 Sakkarine Rd., Tel. 071-252553, www.mekong-cruises.com, u.a. zweitägige Tour ab 433 US$, es werden evtl. Rabatte gewährt.

23 **Mekong River Cruises,** 22/2 Sakkarine Rd., Tel. 071-254768, www.cruisemekong.com, längere Touren, u.a. 6 Tage Nordlaos ab ca. 700 US$.

14 **Shompoo Cruise,** 18/2 Ounkham Rd., Tel. 071-213189, www.shompoocruise.com, günstigere Mittelklasse, 2-Tage-Tour ab 130 US$.

Trekking und Touren

Die Angebote haben sich in vielfältigster Art und Weise entwickelt. Agenturen sind im Zentrum massenhaft vorhanden, auch jedes Hotel und Guesthouse bietet Touren teilweise mit Homestay an. Hier seien zwei beständige Anbieter genannt:

5 Tiger Trail, Plan S. 108, Ban Phone Peang Rd., Tel. 071-252655, www.laos-adventure.com. Im Programm sind Trekking, Rafting, Canoeing, Biking und Elefantenreiten, einzeln oder in Kombination von einem Tag bis zu einer Woche in der näheren und weiteren Umgebung von Luang Prabang.

2 Green Discovery, Plan Umschlag hinten, Sisavangvong Rd., www.greendiscoverylaos.com. Landesweit tätige Agentur mit Angeboten im ökotouristischen Bereich.

Internet, Post, Geldwechsel

- **WLAN** ist in fast jeder Unterkunft und nahezu in jedem Café vorhanden.
- Die **Hauptpost** befindet sich in der Chao Fa Ngum Rd., geöffnet 8–20 Uhr.
- **Geldautomaten** (ATM) und **Wechselschalter** befinden sich im Zentrum, viele in der Sisavangvong Rd.; Achtung: Wechselkurse vergleichen!
- **Banque Franco-Lao,** Sisavangvong Rd., 8:30–20:30 Uhr.
- **Joint Development Bank,** Phou Vao Rd., 8:30–15:30 Uhr.
- **BCEL,** Phou Vao Rd., 8:30–15:30 Uhr.
- **Lao Development Bank,** Vixounarat Rd., 8:30–15:30 Uhr.

Medizinische Hilfe, Polizei

- Im Notfall empfiehlt sich die Ausreise nach Thailand. Das **Provinzkrankenhaus** in Luang Prabang (Tel. 071-252049) bietet nur eine Grundversorgung.
- **Polizei,** Tel. 071-212151.

Verlängerung von Visa

- **Immigration Office,** Vixounarat Rd., Mo bis Fr 8–11:15 und 13:45–16 Uhr.

Unterkunft

Die **Auswahl** an Übernachtungsmöglichkeiten in Luang Prabang ist **immens:** Waren es 2005 noch ca. 130 nennenswerte Hotels und Gästehäuser, hat sich die Zahl bis heute mit ca. 400 Unterkünften mehr als verdreifacht. Und die Zahl steigt. Auch wenn es in der Hochsaison (Oktober bis Februar) voll werden kann, sollte doch für jeden Reisenden ein Zimmer zu finden sein. Vorbuchen muss man nur, wenn man eine bestimmte Unterkunft im Sinn hat, besonderen Wert auf ein qualitativ hochwertiges Zimmer bzw. großen Wert auf die Lage legt, z.B. direkt auf der Halbinsel im „Old Quarter", oder zu einem der Feiertage anreist – zum chinesischen Neujahr kann wirklich fast alles ausgebucht sein. Auch wenn man zu später Stunde mit dem Nachtbus ankommen sollte, ist eine Vorbuchung und die Absprache über den Einlass günstig, denn sonst findet man die Stadt verriegelt und dunkel vor. Empfehlenswert, wenn auch teurer sind die Hotels und Gästehäuser auf der Halbinsel, umgeben von Mekong und Nam Khan. Wer es etwas günstiger mag, wählt eine Herberge südlich vom Phou Si. Insgesamt ist das Angebot **teurer als in anderen Städten,** was vor allem für Budget-Reisende, die aus Thailand kommen, oft zu Überraschungen führt.

Die Unterkünfte sind – falls nicht anders angegeben – im **Stadtplan im hinteren Umschlag** eingetragen.

Gehobene Kategorie (ab 150 US$)

Unser Tipp: **24 Mekong Riverview,** Tel. 071-254 900, www.mekongriverview.com, die Lage an der Spitze der Halbinsel mit Blick auf den Fluss ist wahrlich einzigartig. Das schicke Boutique-Hotel versprüht viel Charme und besitzt mit dem Viewpoint Café einen vorzüglichen Ort für das regelmäßig stattfindende Meet and Greet mit dem schwedischen Besitzer.

6 Le Grand Luang Prabang, Tel. 071-253851, www.grandluangprabang.com, Plan S. 108, etwa 7 km außerhalb am Mekong liegt diese weitläufige Anlage. Zum Hotel gehört das Wohnhaus des ehemaligen Vizekönigs *Phetsarath.*

17 3 Nagas, Tel. 071-260777, www.accorhotels.com, www.3-nagas.com, Sakkarine Road, sehr zentral. Luxuszimmer in drei traditionellen Häusern mit schönem Innenhof und angrenzendem, sehr gutem Restaurant.

11 **Villa Santi Hotel & Resort,** Tel. 071-212267, www.villasantihotel.com, in bester City-Lage nicht weit vom 3 Nagas in der Sakkarine Road. 7 km außerhalb betreibt der gleiche Besitzer ein Resort mit weitläufiger Gartenanlage.

20 **The Apsara,** Kingitsarath Rd., Tel. 071-254670, www.theapsara.com. Mit Ausblick auf den Nam Khan – ein Klassiker unter den Hotels.

21 **Burasari Heritage,** Kingitsarath Rd., Tel. 071-255031, www.burasariheritage.com. Luxus im Kolonialstil.

15 **The Belle Rive,** Tel. 071-260733, www.thebellerive.com, am linken Mekong-Ufer etwas unterhalb des Piers. 13 Zimmer in drei sehr charmant gestalteten Häusern. Thailändisch-deutsches Management, das in allen Belangen sehr gut berät.

4 **La Sen Boutique Hotel,** Manomai Rd., Plan S. 108, Tel. 071-261668, www.lesenhotel.com. Etwas außerhalb, dafür sehr elegant und sehr ruhig. Es gibt einen Pendelbus.

Mittlere Kategorie (ab 25 US$)

1 **Lao Lu Lodge,** Ban Pakam, Plan S. 108, Tel. 071-255678, laolulodge@gmail.com. Familiärer Empfang mit sehr freundlichem Personal. Die Zimmer in der oberen Etage haben Holzböden.

13 **Ammata Guesthouse,** Khounsua Rd., Tel. 071-212 1175, pphilasouk@yahoo.com. Sauberes und gemütliches kleines Gästehaus mit sehr gutem Preis-Leistungsverhältnis.

Big Brother Mouse – ein Buch für jedes Kind

2006 wurde diese Initiative von einem pensionierten amerikanischen Verleger und laotischen Studenten gegründet. Bücher sind in Laos noch nicht weit verbreitet. Dass **Lesen Spaß** machen kann und es nicht nur Schulbücher gibt, soll mit der Verbreitung von Kinderbüchern gezeigt werden. Infos: www.bigbrothermouse.com.

Unser Tipp: 2 **Matata Garden Guesthouse,** 47 Sisouphan Rd., Plan S. 108, Tel. 071-213297, matatainn@gmail.com, etwas versteckt am Ende einer Gasse, am besten auf das Schild an der Straße achten. Schöne Holzbungalows und Mehrbettzimmer.

5 **Kinnaly Guesthouse,** beim Wat Pa Phay, Tel. 071-212416. Mitten im Zentrum hat man von den beiden Zimmern mit Balkon (AC) einen guten Ausblick auf das Treiben in den Straßen. Beliebt bei Backpackern.

6 **Pathoumphone Guesthouse,** Soukkaseum Rd., Tel. 071-212946. Sehr günstig, daher beliebt bei Backpackern, zudem gut gelegen.

4 **Sackarinh Guesthouse,** zentral, die Straße zweigt von der Sisavangvong Rd. ab, Tel. 071-254 434. Sehr einfache, aber saubere Zimmer mit Klimaanlage.

Unser Tipp: 16 **Lotus Villa,** Kounxoa Rd., Tel. 071-255050, www.lotusvillalaos.com. Schnell ausgebucht sind die 17 Zimmer dieses schönen Boutique-Hotels.

Unser Tipp: 7 **Ock Pop Tok Villa,** Photisalath Rd., Plan S. 108, Tel. 071-212597, www.ockpoptok.com, etwas außerhalb, herrlich ruhig, mit tollem Ausblick gelegen. Die Zimmer sind im Stil unterschiedlicher ethnischer Traditionen eingerichtet.

Essen und Trinken (Plan Umschlag hinten, wenn nicht anders angegeben)

Die Luang Prabanger Küche bietet einige **Spezialitäten,** wie etwa **O-Lam,** ein fast schon zum Eintopf gewordenes Gericht aus Fleisch und viel Gemüse, vor allem Auberginen. Köstlich zum Bier sind die im Aussehen an Dachpappe erinnernden **Kai Phaen,** in Fett gebackene Flussalgen, und **Cheo Bong,** die traditionelle Würzsoße aus Büffelhaut, Knoblauch und Chili. Bekannt ist Luang Prabang auch für sein schmackhaftes **Gemüse** und die leckeren **Flussgarnelen.** Nicht zu vergessen den frischen **Fruchtshake,** den es buchstäblich an jeder Ecke gibt. Für Feinschmecker ist Luang Prabang neben Vientiane der richtige Ort, um sich in einem der Restaurants und Garküchen verwöhnen zu lassen.

3 **Café des Arts,** Sisavangvong Road, schönes Ambiente inklusive kleiner Kunstausstellungen, angeboten werden Pasta, Hamburger und zum Frühstück leckere Omeletts.

22 **Le Banneton French Bakery,** Sakkarine Rd., gegenüber Wat Sop, auf den schnell belegten Plätzen lässt sich bei Kaffee und leckerem Gebäck vormittags die Gartenarbeit der Mönche beobachten.

8 **Café Ban Vat Sene,** Sakkarine Rd., leckerer Cappuccino, frische Quiche und Tartes sorgen für französische Atmosphäre.

1 **Blue Lagoon Restaurant,** in der Ounheun Rd. nördlich des Palastmuseums, www.blue-lagoon-restaurant.com, gut gemachte, leckere westliche Gerichte, aber auch laotische Spezialitäten.

12 **L'Eléphant,** Sathouyaithao Rd., gegenüber Wat Nong, hinter dem Hotel Villa Santi, eines der besten Restaurants der Stadt.

9 **Riverfront Restaurant,** Soukaseum Rd., das Restaurant im Hotel Villa Ban Lakham bietet sich auch für einen Happen zwischendurch an – man genießt einen perfekten Ausblick auf den Fluss. Leckerer geeister Kaffee.

10 **Tamnak Lao,** Sakkarine Rd., gegenüber der Villa Santi und von 3 Nagas, www.tamnaklao.com, sehr gute laotische Küche, und auch Kochkurse werden angeboten.

3 **Nisha,** Setthatirath Rd. (Plan S. 108), wirklich gute indische Küche mit großer Auswahl.

19 **Tamarind Restaurant & Cooking School,** Tel. 071-213128, www.tamarindlaos.com, bekannt für seine Kochkurse, bietet dieses Restaurant einen guten Einstieg in die landestypische Küche.

Einkaufen (Plan S. 108)

- Zum **Nachtmarkt, Talaat Hmong** und **Talaat Tha Heua** siehe oben unter „Märkte".
- **Talaat Dara,** Kleidung und Elektronik, ganztägig geöffnet an der Ecke der Straßen Setthathirath und Siphouphan.
- **Talaat Phosy,** etwas außerhalb, ca. 2 km südlich des Zentrums, in großen Hallen gibt es alles für den täglichen Bedarf der Laoten.

7 **Ock Pop Tok** (Ost trifft West), Photisalath Rd., gegenüber vom Phosy-Markt (Karte S. 108), Führungen durch das Living Crafts Center (8:30–17 Uhr, www.ockpoptok.com): Gezeigt wird traditionelle Weberei, auch Kurse werden angeboten. Der 18 **Laden** von Ock Pop Tok befindet sich in der Sakkarine Rd. (Karte Umschlag hinten); die Waren haben ihren Preis, sind jedoch sehr hochwertig.

Die Umgebung von Luang Prabang

Ban Pak Ou – ปากอู

Ein Besuch in Luang Prabang wäre unvollständig ohne einen Ausflug nach Ban Pak Ou. Pak Ou bedeutet **Mündung des Ou,** denn hier fließt der Nam Ou in den Mekong. Schon auf der rund 25 Kilometer langen Bootsfahrt von Luang Prabang (Abfahrt ab Hafen hinter dem Königspalast, ca. 65.000 Kip pro Person, ca. 1½ Std.) bekommt man während der Trockenzeit eine Vorstellung von den Problemen bei der Navigation auf dem Mekong. In der Nähe von Ban Pak Ou erheben sich schließlich scharfkantige Felsrippen aus dem Wasser und gewähren nur eingeweihten Schiffern Durchlass. Pak Ou ist dann schon von Ferne zu sehen, denn hier ragen malerische Kalksteinfelsen hoch über das Wasser. Die Hauptattraktion findet sich am linken Mekong-Ufer, die **Höhle Tham Thing** (Eintritt 20.000 Kip inkl. oberer Höhle). Möglich ist auch die Anreise auf dem Landweg über Ban Sang Hai (Tuk-Tuk ca. 60.000 Kip), von wo per Boot zu den Höhlen übergesetzt wird.

Tham Thing beherbergt eine schier **unüberschaubare Zahl an Buddha-Fi-**

Elefantenreiten in Laos

Die Holzplanken schwanken leicht, als ich infolge meines Schrecks ruckartig nach hinten weiche – unbegründet, denn die graue **Elefantendame** ist diejenige, die sich eigentlich erschrocken hat. Sie stampft durch das Gehege an unserem Aussichtsturm vorbei, schrill trompetend. Die junge Tierärztin lacht, denn die Majestät erschreckt sich vor jeder Maus. Ich lasse meinen Blick über das grasbewachsene eingezäunte Areal schweifen, vereinzelt spenden hohe Bäume Schatten. Hinter dem Zaun beginnt der Dschungel, und er ist nicht zu überhören: Zirpen, Vogel- und Affenschreie mischen sich zu einem immerwährenden Rauschen. Dann raschelt es aus einer anderen Richtung, ein Mahout (Elefantenführer) gibt Kommandos, und aus dem grauen Schatten wird ein großer **Elefantenbulle,** der sich langsam zwischen den Bäumen hindurchschiebt.

Etwa **400 wilde Elefanten,** so die aktuelle Schätzung, gibt es noch in Laos. Durch Waldrodung und Wilderei wird es eng für die Dickhäuter. Etwa **450 Tiere leben als Arbeitstiere oder Touristenattraktion** in Gefangenschaft. Anders als in Thailand, das 1989 den Forstabbau verboten hat, sind in Laos nur wenige Elefanten für Touristen im Einsatz.

laos125 vl

Camps um Luang Prabang

Von einem der grauen Riesen durch den Dschungel getragen zu werden, davon träumen viele Laos-Reisende. Um Luang Prabang gibt es einige Elefanten-Camps, allerdings bieten sie teilweise schlechte Bedingungen für die Tiere. Das **Elephant Village (Ban Xang)** scheint empfehlenswert, es liegt 15 Kilometer außerhalb am Nam Khan. Informationsbüro in Luang Prabang in der Sisavangvong Rd., Tel. 071-252417, geöffnet 7:30–21:30 Uhr, www.elephantvillage-laos.com). Daneben, im **Shangri Lao,** können luxuriöse Übernachtungen mit Pool gebucht werden (www.shangri-lao.com). Grundsätzlich sollte sich jeder verantwortungsvoll Reisende vor der Buchung informieren; wichtige Hinweise dazu auf www.elefantasia.org.

Elephant Conservation Center (ECC)

Sehr empfehlenswert ist das 2011 eröffnete Elephant Conservation Center am See Nam Tien in der Nähe der Stadt Sayabouri. In **Kooperation mit Elefant Asia,** einer französischen Hilfs- und Schutzorganisation zum Wohl der asiatischen Elefanten, lautet das Ziel, Mahouts zu unterstützen und verletzte oder erkrankte Tiere zu pflegen. Infos unter www.elephantconservationcenter.com und www.elefantasia.org.

Literaturtipp

Mit dem Elefantendoktor in Laos, *Olivier Kugler,* ISBN 978-3-03731-113-4 (siehe auch Exkurs „Laos und seine Elefanten").

guren, die seit 1560 von den laotischen Königen und deren Gefolge bei ihren Pilgerfahrten hierher mitgebracht wurden. Insgesamt sollen es über 5000 gewesen sein, doch die wachsende Zahl der Touristen hat besonders die Reihen der kleinen Metall- und Holzfiguren stark gelichtet. Keiner der Guides in Luang Prabang vergisst zu berichten, dass es den Souvenirjägern oft schlecht erging und nicht wenige von ihnen gar der Tod ereilte. Es sollen nach dieser vorsichtigen Ermahnung schon einige der Figuren in Hotelzimmern zurückgelassen worden sein, von wo sie dann die glückliche Heimreise nach Tham Thing antraten. Fordern Sie also bitte die Geister gar nicht erst heraus, und belassen Sie die oft seit Jahrhunderten in der Höhle befindlichen Statuen an ihrem Platz.

Ergänzt wird der Ort von der **oberen Höhle,** zu der eine Treppe hinaufführt. Sie ist tiefer als Tham Thing und stockduster (Taschenlampe!). Früher lebten hier Einsiedlermönche.

Ein Stück den **Nam Ou flussaufwärts** fährt man an einer steil aufragenden Kalksteinwand entlang. Deutlich sind die Spuren zu sehen, die das Wasser in den Felsen frisst. Bei niedrigem Wasserstand kann man auch Einheimische auf den Sandbänken sehen, die hier **Gold waschen** – ein mühsamer Job, der oft nicht seinen Mann ernährt, sondern von den Anwohnern als Nebenerwerb betrieben wird. Vielleicht aber hat man ja doch eines Tages Glück und ein großes Nugget in der Pfanne.

Die **Landzunge der Nam-Ou-Mündung** wurde inzwischen zu einem beliebten Picknickplatz ausgebaut, das hier liegende Dorf **Ban Pak Ou** ist mit Souvenirläden und Erfrischungsständen voll auf Tourismus eingestellt. Sehr schön ist die Pagode des Ortes.

Den Hin- oder auch den Rückweg kann man dadurch abwechslungsreicher gestalten, dass man in einigen der Dörfer am Fluss einen Zwischenstopp einlegt. Ein solcher Halt hat sich in **Ban Sang Hay** eingebürgert; das Dorf heißt ins Deutsche übersetzt Töpferdorf, doch nach Töpfern sucht man heute vergebens. Tradition ist es inzwischen vielmehr, für den Inhalt der Tontöpfe zu sorgen: Das ganze Dorf brennt Schnaps. Zur Brennerei haben die Dorfbewohner Stufen in die Flussböschung gegraben, wo sie in Tontöpfen Reis vergären und dann auf kleinem Holzfeuer zu dem laotischen **Reisschnaps Lau Lao** brennen. Inzwischen hat sich der Ort voll auf Tourismus eingerichtet, und es wird alles verkauft, was irgendwie exotisch aussieht. Leider ist das Wenigste aus Laos. Dabei bestand hier früher wirklich eine sehr lange Tradition in der Töpferei – nun wird der Ort „Whisky Village" genannt.

Ban Phanom – ບ້ານພານົມ

Ein anderer Ausflug führt 3 bis 4 Kilometer aus der Stadt nach Ban Phanom. Hier hatte der laotische König vor über 300 Jahren aus Südchina stammende **Weber** des Berg-Thai-Volkes **der Thai Lü** angesiedelt, die den Hof mit Baumwolle und Seide versorgten. Die Kunstfertigkeit beim Weben blieb bis heute erhalten, und die Stoffe aus Ban Phanom sind im ganzen Lande berühmt. Sie werden heute Touristen zum Kauf angeboten. Das Dorf erlebte dabei auch eine Entwicklung: Strom und Wasser haben

laos040 vt

das Leben leichter gemacht, und unter den Einwohnern gilt es als unschick, die traditionelle Kleidung zu tragen. Leider ist wenig von der ursprünglichen Atmosphäre erhalten geblieben.

Grab von Henri Mouhot

Erst 1990 wiedergefunden wurde das Grab von *Henri Mouhot*, des französischen **Wieder-Entdeckers von Angkor Wat.** Seine Tagebuchaufzeichnungen endeten am 29. Oktober 1861 mit den Worten „Hab' Mitleid mit mir, oh mein Gott". Am 10. November starb er an Malaria und fand sein Grab zwischen Ban Phanom und dem Khan-Ufer. Der Weg, etwa 4 km von Ban Phanom, ist gut beschildert.

Tat Kuang Si (Tad Kuang Xi)

Ein von den meisten Reisebüros und Tuk-Tuks angebotener Ausflug in Richtung Süden endet nach 29 Kilometern am Tat Kuang Si. **Stufenweise sprudelt hier das Wasser über Kalksteinfelsen,** die eine **Reihe von Bassins** bilden; in diesen lässt sich gut baden. Hier finden sich Stellen zum Picknick sowie Verkaufsstände für Softdrinks und laotische Imbiss-Spezialitäten. Über Treppen lassen sich auch die oberen Etagen gut erreichen. Auch wenn dieses Ausflugsziel absolut touristisch ist und es recht voll werden kann, entlohnt der Anblick. Auf dem Gelände gibt es außerdem ein **Gehege für asiatische Schwarzbären,** eine für asiatische Verhältnisse sehr lobenswerte Anlage. Es können für wenig Geld Souvenirs gekauft werden, um hier weitere Unterstützung zu leisten.

Infos: geöffnet 8–17:30 Uhr, Eintritt 20.000 Kip plus Parkgebühr: 2000 Kip pro Motorroller, 1000 Kip pro Fahrrad; Fahrzeit von Luang Prabang ca. 1 Std.

◁ Ein schönes Ausflugsziel:
Türkisblau schimmert das Wasser am Tat Kuang Si

Butterfly Park

Kurz vor Tat Kuang Si gelegen, hat man im Rahmen einer Tour oft keine Zeit diesen beschaulichen Ort zu genießen, was sehr schade ist, denn in der **900 m² großen Voliere** flattern 50 unterschiedliche Schmetterlingsarten in schillernden Farben.

Infos: geöffnet 10:30–16:30 Uhr, Di geschlossen, laosbutterflies@yahoo.com, Eintritt 30.000 Kip.
Unterkunft: Vanvisa Guesthouse in Ban Tha Paen; über Bambusbrücken gelangt man in einen tropischen Garten, der wie ein kleines Paradies anmutet. Die Reservierung läuft über die gleichnamige Vanvisa Villa in Luang Prabang, Tel. 071-212925, www.vanvisaguesthouse.com, ab 20 US$ p.P.

Tat Sae

Dieser **Wasserfall** in der Nähe von Luang Prabang liegt unweit der Straße Nr. 13 Richtung Süden. Von Ban Aen geht es per Boot noch ein Stück den Nam Khan aufwärts. Der Trip lässt sich bestens mit einem Aufenthalt im **Lao Spirit Resort** in Xieng Lom, 17 km südöstlich von Luang Prabang am Ufer des Nam Khan, verbinden. Vom Resort mit Vollkomfort-Bungalows am malerischen Ufer des Nam Kan lassen sich Abenteuer-Ausflüge einschließlich Elefantenritte in die Umgebung organisieren.

■ **Infos:** geöffnet 8–17:30 Uhr, Eintritt 15.000 Kip, Tuk-Tuk 150.000 Kip, Boot ab Ban Aen hin und zurück ca. 20.000 Kip.
■ **Unterkunft: Lao Spirit Resort** in Xieng Lom, ab 100 US$ pro Bungalow, www.lao-spirit.com.

Nong Khiao

ໜອງຂຽວ

Von Luang Prabang nach Norden fahrend, endet die Straße Nr. 13 in Pak Mong. Hier beginnt die Straße Nr. 1, auf der nach 32 Kilometern ostwärts Nong Khiao erreicht ist, ein **malerisch entspannter Ort am Nam Ou,** den viele Reisende nur als Zwischenstopp auf dem Weg nach Muong Ngoi Kao nutzen. Doch ein oder zwei Übernachtungen lohnen durchaus, wenn man die Zeit hat, einen Gang runterzuschalten und die imposanten Karstberge zu bewundern, eine Wanderung zum Aussichtspunkt des Ortes zu unternehmen oder Höhlen in der Umgebung zu erkunden. Es gibt einen Fahrradverleih (auch Mountainbikes), und örtliche Tourenanbieter können von Klettern bis zur mehrtägigen Trekkingtour mit Homestay alles organisieren. Lecker essen kann man sowieso.

Der höchste Punkt des Felsmassivs bei Nong Khiao, der **Pha Kouang** (auch „Berg der schlafenden Frau“ genannt), ist 1564 Meter hoch. Direkt darunter verbindet die 1976 gebaute Brücke Ban Nong Khiao und Ban Sophoun. Nong Khiao liegt auf der Westseite und ist das Verwaltungszentrum des Distrikts Muong Ngoi, der mehrere Ban umfasst. Der Ort verändert sich im Eiltempo, **es wird fleißig gebaut.** Noch ist ein dörfliches Leben zu beobachten, aber immer mehr Bewohner geben ihr traditionelles Handwerk zugunsten des Tourismus auf. Man hat bereits Vergleiche mit Vang Vieng vernommen, doch mit dieser Party-Hochburg ist Nong Khiao, jedenfalls bisher, keinesfalls zu vergleichen, auch wenn es schon einen kleinen Tubing-Anbieter gibt – noch gehen hier die Lichter früh aus. Einstweilen bleibt Nong Khiao eine Perle des nördlichen Laos in einer wunderbar entspannten und ruhigen Atmosphäre, umgeben von atemberaubender Naturschönheit.

Eine Attraktion ist der **View Point,** eine Holzterrasse, die man ganz winzig bereits von der Brücke aus mit Blick gen Osten auf dem linken Berg sehen kann. Folgt man der Hauptstraße über die Brücke ostwärts, trifft man einige Meter hinter Wat Sophoun auf der linken Straßenseite auf den Wegweiser. Für 20.000 Kip und nach ca. 1½ Stunden anstrengender Wanderung bergauf wird man mit einem herrlichen Ausblick belohnt (geöffnet 6:30–16 Uhr). Um der Tageshitze zu entgehen und die Karstberge in Nebel getaucht bewundern zu können, empfiehlt sich der Aufstieg am Morgen.

Tipp: Kleines **Picknick** einpacken, außerdem: Am Eingang gibt es kostenlose **Wanderstöcke,** die auf den teils steilen Stücken sehr hilfreich sein können.

Überquert man die Brücke, so gelangt man nach ca. 2 Kilometern zwischen die Kalksteinfelsen. Rechter Hand geht es über ein Reisfeld bis an den Felsen, hier fließt auch der Houay Houn, der in Nong Khiao in den Nam Ou mündet. Dort kommt man über eine steile Treppe hinauf in eine geräumige **Höhle** namens **Tham Phathok,** während des Krieges Unterschlupf und Kommandostelle der Pathet Lao in der Provinz Luang Prabang, heute für 5000 Kip zu besichtigen, zusammen mit den weiteren Höhlen des Komplexes, der Bank-Höhle, der Handels-Höhle usw. Die Bank-Höhle mündet in ein schier endloses Labyrinth enger Gänge und ist nichts für Leute, die an Klaustrophobie leiden. Trotz Taschenlampe sieht man recht wenig; um einen atmosphärischen Eindruck von der Höhle und ihrer Geschichte zu erhalten, lohnt sich eine Führung, die man in Nong Khiao buchen kann.

Praktische Informationen

An- und Weiterreise mit dem Bus

Am Bootsanleger stehen Tuk-Tuks zur Busstation für 5000 Kip bereit. **Tickets** für die Fahrten Richtung Luang Prabang, Oudomsay, Sam Neua oder Pakmong (wer weiter nach Luang Namtha möchte) können nur am Fahrtag gekauft werden. Busse können bei zu wenigen Passagieren ausfallen. Verbindungen bestehen nach:

- **Luang Prabang** (140 km, 3–4 Std., 40.000 Kip): 8:30, 10, 12 Uhr (zur Busstation Nord), 13:30 Uhr (zur Busstation Süd).
- **Oudomsay** (113 km, 4 Std., 50.000 Kip): 11 Uhr (Minibus).
- **Sam Neua** (367 km, 12 Std., 150.000 Kip): 12 Uhr (Zwischenhalt des Busses), 20–22 Uhr (Zwischenhalt des Nachtbusses aus Vientiane), über Vieng Thong (175 km, 4–5 Std.).
- **Pakmong** (32 km, 1 Std., 20.000 Kip): regelmäßig

In der Höhle Tham Phathok

laos056 vl

Flussfahrt auf dem Nam Ou

Die Fahrt geht **stromaufwärts** von Nong Khiao über Muong Ngoi Kao und Muong Khoua nach Hat Sa. Stromabwärts ginge es schneller, und vor allem Touristen, die die Nordrunde im Uhrzeigersinn von Hua Xai und aus Thailand kommend machen, nehmen diese Richtung. Da die Boote nur bei Auslastung fahren, sind flussabwärts die Chancen größer, dass man nicht ein oder zwei Tage in Muong Ngoi Kao oder Muong Khoua strandet.

Wir allerdings fuhren gegen den Uhrzeigersinn, also stromaufwärts, und stürzten uns in Nong Khiao in das Abenteuer einer Flussfahrt auf dem Nam Ou und haben es nicht bereut.

1. Etappe: Nong Khiao – Muong Ngoi Kao

■ **1–2 Std.,** 25.000 Kip, Abfahrt um 11 und 14 Uhr. Sollten ausreichend Fahrgäste Interesse haben, kann ein Boot bis nach Muong Khoua (5–6 Std., 120.000 Kip) gebucht werden. Für ca. 1.200.000 Kip Privatcharter.

Die erste Etappe unserer Reise ist **stark frequentiert,** und damit ist es in der Hochsaison sicher, die Fahrt antreten zu können. Der schneidige Fahrtwind, die kühle Morgenluft und die frischeren Temperaturen im Norden machen eine Jacke nötig, evtl. auch eine Mütze und Ohrenstöpsel, denn es ist laut auf dem Boot. Vorn sitzt der Kapitän am Steuerrad, hochkonzentriert, meist mit Zigarette im Mundwinkel, lehnt er sich immer wieder weit hinaus, um die richtige Durchschiffung der Stromschnellen zu wählen. Umso später in der Trockenzeit man sich befindet, desto wahrscheinlicher wird es, dass man auch mal festhängt und mit anschieben muss.

Die **Langboote** sind keine ausschließlichen Touristenboote, was man spätestens dann merkt, wenn der nächste Sack Reis neben einem aufgestapelt wird und das Federvieh, solange der Motor noch nicht läuft, eine sehr lebendige Geräuschkulisse abgibt. Die vorderen Plätze, bestehend aus bequemen Einzelsitzen, sind schnell belegt. Nach hinten geht es über Plastikstühle zu Bretterbänken.

Sandbänke mit trägen Wasserbüffeln ziehen vorbei, die Gischt spritzt ins Gesicht. An dem einen oder anderen kleinen Dorf wird gehalten, und wir staunen, wie schnell jeweils ent- und beladen wird. Die Uferbänke werden oft als Gärten benutzt, **der Fluss ist Lebensader** der hier lebenden Bevölkerung. Im Wasser wird Wäsche gewaschen, gebadet, gefischt und gespielt. Ein Fotomotiv reiht sich an das nächste, und wir müssen uns zwingen, die Kamera zur Seite zu legen (Tipp: Ein wasserdichter Packsack für Wertsachen kann nicht schaden), um einfach nur zu genießen.

2. Etappe: Muong Ngoi Kao – Muong Khoua

■ In Muong Ngoi Kao angekommen, macht es Sinn, sich gleich am Anleger über die Weiterfahrt am nächsten Tag nach Muong Khoua zu informieren (**5 Std.,** ca. 100.000 Kip).

■ Erst bei **ausreichend Passagieren** (es sollten ca. 10 Personen sein) fährt ein Boot, der Preis variiert mit der Anzahl der Passagiere. Am Anleger kann man sich in eine Liste eintragen und sehen, wie viele Personen die Reise antreten möchten. Das Boot fährt meist gegen 9 Uhr los, manchmal ist erst am Morgen klar, ob und wann es startet.

Das Boot ist nun kleiner als auf der ersten Etappe. Wir haben Proviant eingepackt und uns auf den Blanken des Bootes zurechtgeruckelt. Beim Blick auf die Weggefährten fällt nun auf, dass die **Einheimischen überwiegen.** Es geht durch eine wunderschöne Landschaft, die uns für die etwas harte Sitzgelegenheit mehr als entschädigt. Immer wieder fallen uns kleine Wasserräder im Fluss auf, die für die Stromerzeugung verwendet werden.

3. Etappe: Muong Khoua – Hat Sa

■ **5–7 Std.,** insgesamt ca. 120.000 Kip.

Um 9:50 Uhr geht es endlich los, aber dann muss zuerst eine Baustelle überwunden werden. Danach ist der **Fluss noch breit,** in der glatten Wasserfläche spiegeln sich die angrenzenden Bäume. Leichter Nebel wabert über die Wasseroberfläche, die frische Morgenluft vertreibt die letzte Müdigkeit. Die ersten Dörfer, die man auf der rechten Seite erblickt, werden, wenn der Damm fertiggestellt ist, wahrscheinlich nicht mehr da sein.

Die Ufer werden felsiger und fallen steil ab. Es gibt **viele flache Stellen im Wasser,** unser Bootsführer ist hochkonzentriert. Nach ca. 2½ Std. kommen wir irgendwo an und müssen aussteigen. Nach kurzem Aufenthalt geht es zunächst mit dem Minivan weiter, denn eine riesige Baustelle muss in ca. 30 Minuten umfahren werden.

Wieder im Boot, fällt der Blick auf steile Hänge und satten grünen Urwald. Die Fahrt wird länger als gedacht, und als **Hat Sa** sich endlich mit dreckigen Uferböschungen und immer mehr Hütten am Flussufer ankündigt, freuen wir uns, bald wieder festen Boden unter den Füßen zu haben.

☑ Der Nam Ou kommt aus dem Norden und schlängelt sich in Nong Khiao am Karst vorbei Richtung Luang Prabang

laos057 vl

laos055 vl

Blick vom View Point auf Nong Khiao

An- und Weiterreise mit dem Boot

Das **Ticketcenter** (7–16 Uhr) befindet sich direkt am Anleger und verkauft Tickets manchmal auch einen Tag im Voraus, ansonsten einfach rechtzeitig am Abfahrtstag ankommen.

- **Muong Ngoi Kao,** Fahrtdauer 1–2 Std., 25.000 Kip, Abfahrt um 11 und 14 Uhr. Sollten ausreichend Fahrgäste Interesse haben, kann ein Boot bis nach Muong Khoua (von hier Weiterfahrt nach Phongsaly möglich) geordert werden (5–6 Std., 120.000 Kip). Für ca. 1.200.000 Kip kann ein privates Boot gechartert werden.
- Wer flussabwärts nach **Luang Prabang** möchte, kann die Bootsfahrt über eine Reiseagentur organisieren lassen, da durch den Bau des Staudammes die Fahrt nicht mehr durchgängig möglich ist.

Geld

Es gibt **zwei Geldautomaten,** einer direkt hinter der Brücke in Ban Souphon, der zweite auf der Westseite direkt an der BCEL-Filiale (Mo bis Fr 8:30–15:30 Uhr).

Trekking und Touren

- **Green Discovery,** neben der Post, Tel. 071-810081, www.greendiscoverylaos.com. Kayakfahren, Bootstouren, Mountainbiking, Trekking, auch Mehrtagestouren sind möglich. Die 2-Tage-Kayaktour auf dem Nam Ou ist ein Highlight.
- **Tiger Trail,** genau gegenüber von Green Discovery, Tel. 071-71252655 (Luang Prabang), www.trekking-in-laos.com. Trekkingtouren (auch mehrtägig) mit Homestay in Bergdörfern werden angeboten. Die Wanderung zu den 100 Wasserfällen ist zu Recht besonders beliebt.

Unterkunft

Die meisten Gästehäuser befinden sich von der Busstation aus östlich auf der anderen Seite der Brücke in Ban Sophoun. Von der Busstation kann man das

Tuk-Tuk für 5000 Kip nehmen oder die ca. 1½ Kilometer auch einfach zu Fuß gehen. Eine Vorbuchung des Schlafplatzes sollte nicht nötig sein. Bei der Ankunft wird der Neuling bereits mit Unterkunftsofferten begrüßt. Der kleine Ort hat sich in den letzten Jahren rasant gemausert, Stromversorgung rund um die Uhr, WLAN und warme Duschen sind fast Standard geworden.

Mandala Ou, Tel. 030-53 77 332, www.mandala-ou.com, noch vor der Brücke in Ban Nong Khiao. Ein Paradies mit Poolbar und Spa. Ab 50 US$.

Nong Kiau Riverside, Tel. 071-810004, www.nongkiau.com, links hinter der Brücke gegenüber dem Geldautomaten ausgeschildert. Restaurant und Bungalows hinterlassen einen exklusiven Eindruck. Die laotischen Gerichte sind von hoher Qualität. Ab 50 US$.

Vongmany Guesthouse, Tel. 020-54990787. Steinhaus mit sauberen Zimmern, von den Frontzimmern freie Sicht auf den Nam Ou. Ab 10 US$.

Namhoun Guesthouse, Tel. 020-55774462, die erste Straße rechts hinter der Brücke gelegen. Einfache Bungalows mit Hängematte, einige mit herrlichem Ausblick, WLAN. Ab 10 US$.

Meexai Guesthouse, Tel. 030-9230762, hinter dem Namhoun Guesthouse. Zweistöckiges Steinhaus mit geräumigen Zimmern, alle mit Balkon. Ausblick auf den Fluss haben, nachdem ein weiteres Gebäude direkt davor entstanden ist, nur noch die hinteren Zimmer, der Rest blickt auf einen Betonklotz. WLAN. Ab 10 US$.

Delilah's Guesthouse, Tel. 020-54395686. In der ersten Etage gibt es günstigste Mehrbettzimmer, unten befindet sich ein kleines Restaurant mit Travelleratmosphäre. Lunchpakete für Bootstouren. Ab 10 US$.

Essen und Trinken

Vongmany, 7–22 Uhr, gutes laotisches Essen in einem schönen Terrassenrestaurant, WLAN.

Chennai Restaurant, 7:30–22:30 Uhr, sehr leckeres indisches Essen. Der Chai Masala am Morgen ist ein wohliger Genuss, mit dem man die Kühle vertreiben kann.

Sabai Sabai, 7–22 Uhr, gegenüber Wat Sophoun. Western-Asian Fusion und günstige Fruchtshakes. Derselbe Besitzer bietet auch eine gute Herbal Sauna und Massagen an.

UNSER TIPP: **Alex Restaurant,** 6–22 Uhr. Urig und gemütlich, das „Farmers Breakfast" mit laotisch zubereitetem Omelette, sticky Reis und Algencracker schafft eine gute Grundlage für den Tag.

Muong Ngoi Kao

ເມືອງງອຍເກົ່າ

Noch vor einigen Jahren nur von hartgesottenen Travellern besucht, mit Unterkünften mit Toilette im Hof, Strom aus dem Generator und Waschen im Fluss, kommt der Reisende in Muong Ngoi Kao nun in den Genuss eines wesentlich höheren Standards. Das **einstige Fischerdorf** lebt mittlerweile zum Großteil vom Tourismus, was man der Hauptstraße am Fluss mit ihren Restaurants und Guesthouses auch ansieht. Verlässt man selbige, um vom Fluss weg zu wandern, bekommt man aber noch gute Einblicke in das ursprüngliche Dorfleben. Die Anreise ist noch immer mit dem Boot üblich, obwohl es mittlerweile eine kleine Staubpiste gibt, die in das Dorf führt. Die ersten Autos sind bereits zu sehen.

Jeden Donnerstag wird morgens ein kleiner **Markt** abgehalten.

Begibt man sich hinter Wat Sophoun auf einen kleinen Trampelpfad – es gibt ein kleines Hinweisschild am Beginn des Pfades –, gelangt man nach wenigen Minuten an ein Kassenhäuschen; hier werden 10.000 Kip verlangt (geöffnet 9–17 Uhr). Nach einem steilen Anstieg über wackelige Bambusleitern (Achtung: Gutes Schuhwerk notwendig!) erreicht man nach ca. 30 schweißtreibenden Minuten einen **Aussichtspunkt,** an dem man mit einer fantastischen Aussicht auf den kleinen Ort und die malerische Landschaft belohnt wird.

Zu der **Höhle Tham Kang** (Eintritt 10.000 Kip) sind es 30 Minuten zu Fuß durch schöne Landschaft. Dort gibt es auch das Thamkang Restaurant. Spaziert man weiter, kommt man in das Dorf **Ban Na Kang.** Hier stehen sehr einfache Zimmer zur Verfügung (Matratze und Moskitonetz für 15.000 Kip).

laos058 vl

Zu tun gibt es mehr: Man kann ein Boot oder ein Kanu mieten und auf dem Nam Ou herumpaddeln, sich am Strand aalen oder durch die Bergwelt stapfen, inzwischen auch mit lokalen Führern zu den Bergdörfern. Der Nam Ou wird stromaufwärts immer malerischer. Eine Bootsfahrt im Abendlicht ist sehr schön; die Boote sind dann etwas kleiner und leiser.

Praktische Informationen

An- und Weiterreise mit dem Boot

- **Nong Khiao** (25.000 Kip): 9:30 Uhr, mittags Boot aus Muong Khoua zur Weiterfahrt nach Nong Khiao, jeweils 1 Stunde Fahrtzeit.
- **Muong Khoua** (5 Std., ca. 100.000 Kip): Bei genügend Passagieren (ca. 10 Personen) fährt ein Boot, der Preis variiert mit der Anzahl der Passagiere. Am Anleger kann man sich in eine Liste eintragen und sehen, wie viele Personen die Reise antreten möchten. Von Muong Khoua Weiterfahrt nach Phongsaly möglich, wenn sich genug Mitfahrer finden (5–6 Std., 120.000 Kip).

Trekking und Touren

- **Lao Youth Travel,** am Bootsanleger, Tel. 020-23882051, www.laoyouthtravel.com. Wenn man eine bestimmte Tour oder garantierte Durchführung wünscht, lohnt sich die Buchung vorab in Luang Prabang.

Unterkunft

Einige Unterkünfte **wechseln Geld,** denn es gibt keinen Geldautomaten im Dorf.

Mittlerweile ist eine recht stabile Stromversorgung in Muong Ngoi Kao garantiert

UNSER TIPP: **Lertkeo,** Tel. 020-77305041. Fünf sehr komfortable Bungalows, Frühstück auf dem eigenen Balkon mit wunderbarem Flussblick, Duschen mit heißem Wasser. Ab 7 US$.

Ning Ning Guesthouse, Tel. 020-33863306. Schicke, empfehlenswerte Holzbungalows gruppieren sich um einen hübschen Garten. Von dem netten Restaurant blickt man auf den Fluss. Ab 7 US$.

Aloune Mai Guesthouse, Tel. 020-23863255. Großzügige Zimmer etwas abseits vom Fluss, sehr atmosphärischer Garten, mitten in der Natur mit kleiner stiller Bar. Ab 7 US$.

Lattanavongsa Guesthouse, Tel. 020-2386 3640. Vier Bambusbungalows nahe des Flusses und weitere, etwas höherpreisige und sehr gepflegte Bungalows oberhalb des Bootsanlegers. Ab 7 US$.

Essen und Trinken

Ning Ning Restaurant, eine große Terrasse, halb über dem Fluss.

Meen Restaurant, auch in Muong Ngoi Kao findet man einen Inder, hier auch mit laotischen Gerichten und hübschen Sitzmöglichkeiten.

Saibadee Café, genau wie gegenüber bei Phetdavanh Buffet gibt es hier All-You-Can-Eat-Büfetts. Morgens sehr voll.

Bee Tree, 11:30–23:30 Uhr, am Südende der Straße mit schönem Garten und Happy Hour von 18 bis 19 Uhr – leckere Cocktails.

Ursprüngliche Dörfer rund um Muong Ngoi Kao können auf kurzen Wanderungen erreicht werden

laos060 vl

Provinz Xieng Khouang

Abgesehen vom Phou Bia (2820 m), der zur Provinz Saysomboune gehört, weist die Provinz mit dem Phou Xao (2690 m) und dem Phou Xamxum (2629 m) die einzigen **Gipfel über 2500 m Höhe** in Laos auf. Neben den Gebirgsketten bestimmt die Hochebene von Xieng Khouang mit einem respektablen Niveau von 1200 Metern über dem Meer das geologische Bild der Provinz. Xieng Khouang liegt weitab vom Mekong und wird vom **Nam Ngum** durchflossen, der nördlich von Vientiane zu einem See gestaut ist und südlich der Hauptstadt in die „Mutter der Wasser", den Mekong, mündet. Das **Klima** ist hier kühler, sodass es im Winter auch zu Nachtfrösten kommen kann. Wer Xieng Khouang auf dem Reiseplan hat, sollte also nicht ohne Jacke losfahren. Für Bewohner gemäßigter Breiten bietet die Provinz dank der Höhenlage alles in allem ganzjährig beste Bedingungen: in der warmen Jahreszeit nicht zu heiß, in der kalten Periode nicht zu kalt und in der Regenzeit nicht zu feucht.

In Xieng Khouang leben ungefähr **245.000 Menschen,** die vor allem den Lao – mit der großen Besonderheit, dass es sich hier, und nur hier, um die Untergruppe der Phuan handelt –, den Phou Thai, den Nyuan, den Hmong und den Khmu zuzuordnen sind. Auf jeden der 15.880 km² Provinzfläche entfallen also 15 Personen. Der **Transport** zwischen den einzelnen Dörfern in den Bergen und den Flusstälern ist außerordentlich **kompliziert.** Viele Dörfer sind während der Regenzeit völlig von der Außenwelt abgeschnitten.

Xieng Khouang ist **einer der wichtigsten Fleischproduzenten des Landes.** Wenn man von Norden kommend auf der Straße Nr. 7 einfährt, sieht man ca. 14 Kilometer vor der Stadt Phone Savan einen riesigen Schlachtbetrieb und Lkws mit tierischer Fracht. Sonst bauen die Bergvölker traditionell **Mais** und auch **Tabak** an, in der Vergangenheit war hier eines der Zentren der Opiumproduktion. Jüngeren Datums sind Versuche, **Kaffee** heimisch zu machen und den Anbau von Obst und Gemüse auszuweiten. Gute Ergebnisse bringt auch die Seidenraupenzucht.

Geschichte

Die Geschichte der heutigen Provinz reicht weit in die Vergangenheit zurück. Besonders die ebenso legendäre wie **mysteriöse Ebene der Tonkrüge** zeugt von einer hoch entwickelten Zivilisation, die hier einmal bestanden haben muss. Noch immer rätseln die Wissenschaftler verschiedener Zweige über Herkunft und Zweck der ein bis sechs Tonnen schweren Steingefäße (Näheres siehe unten). In laotischen Zeiten, also nach Bildung des Reiches Lane Xang, spielte Xieng Khouang stets eine etwas eigenwillige Rolle. Bereits vor der Reichsgründung 1353 hatten Laoten hier ein **Fürstentum** mit dem Namen **Muong Phou-**

☒ Die Ebene der Tonkrüge bei Phone Savan ist auch Ausflugsziel von Mönchen

an errichtet, in dem sich ein Fürstengeschlecht etablierte, das sich gleich dem von Luang Prabang direkt vom laotischen Urkönig *Khoun Bolom* herleitete. Schon Reichseiniger *Fa Ngoum* hatte 1352 mit dem Bergfürsten seine liebe Not. Der wollte sich nicht dem neuen König unterwerfen, sodass er kurzerhand hingerichtet und durch einen Sohn *Fa Ngoums* ersetzt wurde. Die Fürsten von Muong Phouan versuchten aber auch in der Folgezeit ständig, ihren Spielraum auszuloten und die Bergregion möglichst fern von der Zentralregierung zu halten. Ein Spiel, das eigentlich bis in die Gegenwart hinein anhält. Die Herrscher der Bergregion sahen ihre Interessen besser gewahrt, indem sie zwischen Laos und den nordvietnamesischen Reichen lavierten. So zahlten sie beiden Tribut und blieben auch von beiden weitgehend unbehelligt. Mal stand Muong Phouan näher zu Laos, mal näher zu Vietnam, dann unter dem Namen **Tranh Ninh.** 1828 endete diese Existenz als Diener zweier Herren, denn nachdem der Fürst *Tiao Noi* den geflüchteten Vientianer König und laotischen Nationalhelden *Anou* an die Siamesen verraten hatte, ließ der Kaiser in Hue den Verräter hinrichten und machte Tranh Ninh zum Teil seines Reiches. So blieb es bis zur Ankunft der **Franzosen,** die das Gebiet ihrer Kolonie Laos zuschlugen.

Während des **Indochinakrieges** war Xieng Khouang, gemeinsam mit der heutigen Provinz Houaphan, hauptsächliches Kampfgebiet in Laos. Hierher zogen sich nach dem Putsch von 1960 die Neutralisten zurück, hier bestand die Regierung von *Khang Khay,* die Hilfe von der **Sowjetunion** erbat. Die richtete schließlich eine Luftbrücke nach Xieng Khouang ein, sodass zeitweise selbst rus-

laos061 vl

sische Militärs auf dem Plateau zugange waren. Auf der Hochebene von Xieng Khouang kämpfte schließlich fast jeder gegen jeden – Pathet Lao, Hmong, Neutralisten, später rechte und „patriotische“ Neutralisten, die königliche Armee, selbst Thais und **Amerikaner.** Hauptsächlich aber trugen die Truppen der Pathet Lao und der **Vietnamesen** ihre Landkämpfe mit der königlichen laotischen Armee und vor allen mit den von den USA finanzierten **„Special Forces“** aus. Die 40.000 Mann der Special Forces waren vorrangig aus Hmong-Kriegern rekrutiert und wurden offiziell von General *Vang Pao* geführt. Ein Beraterstab von Amerikanern stand dem einstigen Sergeanten der französischen Streitkräfte zur Seite. Sogar Kampfflugzeuge vom Typ T 28 gehörten zu *Vang Paos* Truppe. Schließlich befanden sich hier vier der wichtigsten Navigations-

laos062 vl

posten, von denen aus die US-Bomberstaffeln bei ihren Einsätzen über ganz Nordvietnam geleitet wurden.

Immer wenn der Druck des Gegners zu stark wurde, kam aus dem Hauptquartier *Vang Paos* in Long Cheng der Ruf nach **„Air"** – gemeint war die Luftunterstützung durch die Amerikaner. „Air" fegte 1969 in einem einzigen Zug die alte Provinzhauptstadt Xieng Khouang gleich vielen kleineren Orten von der Landkarte. Als die Maschinen der königlichen laotischen Armee nicht mehr genug „Air" geben konnten, begannen die **Flächenbombardements durch B-52-Bomber.** Von Februar 1970 bis April 1973 flogen die B-52 mehrere tausend Einsätze in Nordlaos, kein Dorf auf dem Plateau blieb verschont. Die Bevölkerung flüchtete in andere Landesteile oder lebte permanent in Höhlen. Aus dem Flugzeug ist auch heute die Unzahl von noch immer **vegetationslosen Bombenkratern** zu sehen, die die gesamte Hochebene überziehen. Kriegsschrott wie Bombenhülsen oder die Behälter der Kugelbomben haben heute eine weit bessere Verwendung gefunden – als Zaunpfahl, Schweinetrog oder Abort. Doch leider fordert der Krieg auch heute noch seine Opfer. Jedes Jahr kommen beim Pflügen ihrer Felder Bauern zu Schaden oder gar ums Leben, wenn sie auf **nicht explodierte Sprengkörper** treffen. Von den kleinen Sprengkörpern der Kugelbomben oder den „Pineapple"-Bomben werden bis heute immer wieder auch Kinder verletzt. Erst 1995 erinnerte sich die Welt der **UXO** *(Unexploded Ordnance)* und richtete einen Fond zu deren Beseitigung ein.

[<] Phone Savan: An der breiten Nationalstraße Nr. 7 liegen auch die meisten Gästehäuser

Phone Savan

ໂພນສະຫວັນ

Die **Fahrt von Luang Prabang** ist trotz ihrer Länge ein Genuss für das Auge. Auf nicht enden wollenden Kurven geht es mit grandiosen Ausblicken auf die Berge in die Ebene hinunter.

Phone Savan, im administrativen Sinne auch Muong Pääk/Paek oder wie die Provinz Xieng Khouang genannt, ist die **schmucklose Provinzhauptstadt,** die den Eindruck des Provisoriums längst noch nicht abgestreift hat. Es ist eben schwer, durch administrative Entscheidungen gegen historische Traditionen anzukämpfen, und nach diesen ist nun einmal Xieng Khouang (Muong Khoun) die Hauptstadt der Provinz.

Als **Ausgangspunkt für Besuche der umliegenden Gebiete,** vor allem der rätselhaften Ebene der Tonkrüge (s.u.), ist Phone Savan bestens geeignet, findet man in der Stadt doch Übernachtungsmöglichkeiten. Der **Frischmarkt** ist besonders vor 7 Uhr morgens ein schöner Start in den Tag. Danach beginnt alles etwas muffig zu werden, und viele Händler verlassen den Marktplatz bereits wieder.

Praktische Informationen

An- und Weiterreise mit dem Bus

Es gibt mehrere Busstationen im Ort. Kauft man das Busticket im Gästehaus, wird man entweder dort abgeholt oder mit dem Tuk-Tuk zur richtigen Busstation chauffiert (Fahrpreis inklusive).

Fernbusse starten von der westlichen Busstation ca. 5 km außerhalb zu folgenden Zielen:

- **Vientiane** (374 km, 10 Std., 110.000 Kip): 8:30, 18:40 Uhr, Schlafbus 20:30 Uhr (130.000 Kip), über Vang Vieng (218 km, 6 Std., 95.000 Kip), als Direktverbindung um 7:30 Uhr.
- **Luang Prabang** (232 km, 7–9 Std., 95.000 Kip): 8:30 Uhr.

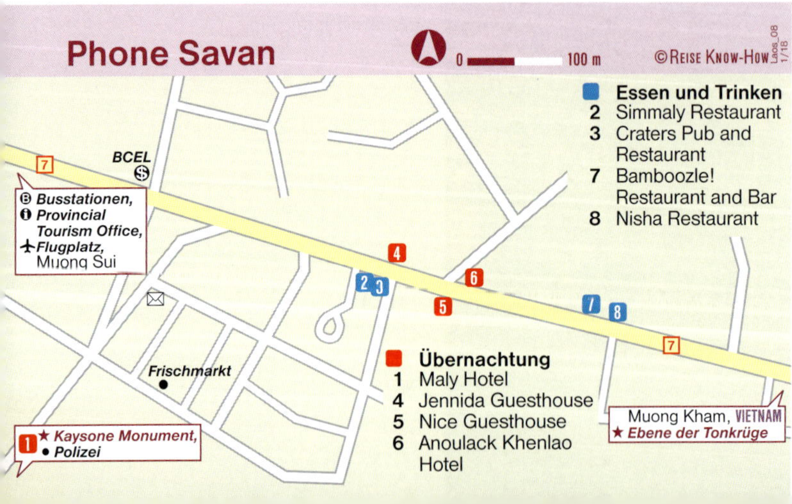

■ **Sam Neua** (239 km, 9–10 Std., 80.000 Kip): 8 Uhr.

Für **Ziele im Süden** ist die Bounmixay Southern Busstation zuständig:
■ **Paksan** (230 km, 6 Std., 10.000 Kip): 6:30, 8:30 Uhr.
■ **Vientiane** (373 km, 10 Std., 110.000 Kip) über Paksan: 19 Uhr und 20:30 Uhr als VIP-Schlafbus (130.000 Kip).
■ **Pakse** (750 km, 14 Std., 170.000 Kip): 6:30 Uhr (nicht täglich) über Thakhek (380 km, 10–11 Std., 150.000 Kip).

An- und Weiterreise mit dem Flugzeug

Südlich der Stadt befindet sich der Flugplatz, auf dem die Propellermaschinen der **Lao Airlines** (www.laoairlines.com) nach 30-minütigem Flug aus **Vientiane** landen oder dorthin starten. Das Ticketcenter befindet sich neben der Lao Development Bank.

Grenzübergang nach Vietnam

Die Grenze **von Nong Het nach Ky Son** ist von 6 bis 18 Uhr geöffnet. Über die Straße Nr. 7 braucht man ca. 3½ Std. dorthin. Ein Visum für Vietnam muss vorab beschafft werden.

Tourist Info

■ **Provincial Tourism Office,** an der Straße zum alten Flugplatz, Tel. 061-312217, Mo bis Fr 8–11:30 und 13:30–16 Uhr. Fahrrad- (20.000 Kip pro Tag) und Motorradverleih (12 US$) sind von der lokalen Tourismusbehörde quasi monopolisiert; die Vehikel gibt es an der Einfahrt zum Lebensmittelmarkt.

Geld

■ **BCEL,** die Bank mit Geldautomat befindet sich an der Hauptstraße.

Unterkunft

6 **Anoulack Khenlao Hotel,** Tel. 061-213599, www.anoulackkhenlao.com. Größeres Hotel, in dem gern asiatische Reisegruppen unterkommen. Komfortable Unterkunft mit großen Zimmern (25 US$), WLAN und Frühstück.
1 **Maly Hotel,** Tel. 061-312031, www.malyht.laotel.com. Etwas dezentral, aber gut funktionierende Heizmöglichkeiten der Zimmer (25 US$) und gutes angeschlossenes Restaurant sowie sehr freundliche Besitzer, die auch sehr gut englisch sprechen. WLAN.
5 **Nice Guesthouse,** Tel. 061-312454, vuemany@hotmail.com, mit angeschlossenem Tour Office, direkt nach der Busstation gelegen, daher auch immer gut besucht. WLAN. 15 US$.
4 **Jennida Guesthouse,** an der Hauptstraße, Tel. 030-9419990, jennidaguesthouse@hotmail. com. WLAN, Fahrradverleih, Supermarkt vor der Tür.

Essen und Trinken

3 **Craters Pub and Restaurant,** gutes Frühstückslokal an der Hauptstraße mit leckerem Kaffee und Müsli. Neben dem Frühstück sind aber auch die laotischen und Thai-Gerichte empfehlenswert.
8 **Nisha Restaurant,** leckeres indisches Restaurant, manchmal brechend voll, manchmal totenstill, aber immer frische Zutaten.
7 **Bamboozle! Restaurant and Bar,** der richtige Ort für Traveller, um zum Start in der Stadt Tipps einzuholen. Bis 23 Uhr geöffnet.
2 **Simmaly Restaurant,** neben dem Craters Pub and Restaurant an der Hauptstraße, gute laotische Kost und sehr große Portionen.

Die Umgebung von Phone Savan

Ebene der Tonkrüge (Thong Hay Hin)

12 Kilometer südlich vor den Toren Phone Savans befindet sich die Ebene der Tonkrüge, jene **geheimnisumwitterte Hochebene,** die Touristen aus aller Welt

anlockt. Rund **300 große Steingefäße** von knapp einem bis zweieinhalb Meter Höhe haben Krieg und Plünderung überstanden und geben noch genauso viele Rätsel auf wie bei ihrer Entdeckung. Nicht einmal über das Material ist man sich einig. Die einen sagen, die Gefäße seien aus Sandstein gehauen, der aber in dieser Gegend gar nicht vorkommt; wie die ein bis sechs Tonnen schweren Brocken dann hierher gelangten, wäre die nächste offene Frage. Die örtliche Sage dagegen behauptet, ein Zement aus Büffelhaut, Zuckerrohr, Sand und Wasser sei der Rohstoff der Krüge. Und eine Kalksteinhöhle mit Rauchabzug sei der Herstellungsort gewesen. Überhaupt hat diese **Sage** namens **„Thao Hung Thao Cheuang"** für alles eine einfache Erklärung. Demnach bestand hier eine hoch entwickelte Zivilisa-

300 aus Stein gehauene Gefäße dienten der Sage nach zur Aufbewahrung des Reisweins einer längst vergangenen Zivilisation

laos063 vl

tion. Jene Menschen müssen mit den legendären Yetis verwandt gewesen sein, denn die Laoten beschreiben sie als „Khon Päät Søøk", zu Deutsch „Acht-Ellen-Menschen". Der König dieses Landes ließ schließlich die Töpfe errichten, um in ihnen Reiswein für eine Siegesfeier keltern zu lassen. Das Gelage soll der Sage nach im 6. Jahrhundert stattgefunden haben. Doch Archäologen geben das Alter der Krüge mit rund 2000 Jahren an. Auch für die einstige Nutzung der Krüge gibt es weitere Hypothesen. Archäologen sehen in ihnen **Grabstätten,** in denen die Fürsten des damaligen Geschlechts bestattet wurden. In den Töpfen sollen sich die Verpflegung für die lange Reise und andere Grabbeigaben befunden haben. Knochenfunde neben den Töpfen stützen diese These. Eine andere These sieht in den Töpfen **Vorratsbehälter** für Reis und andere Produkte. Auch wenn sich die Bestattungsthese durchzusetzen scheint, so bleiben doch offene Fragen. Vor allem die entscheidende: Wer hat diese gewaltigen Gefäße geschaffen?

Es gibt **68 bekannte Gebiete,** in denen die Gefäße bisher gefunden wurden, sieben davon sind für Besichtigungen zugänglich. Die **Lagerstelle Nr. 1 vor den Toren von Phone Savan** ist mit Abstand die interessanteste. Von hier eröffnet sich zudem ein weiter Rundblick über die gesamte Hochebene. Der Besuch dieser Stätte ist vor allem zum Sonnenuntergang ein Klassiker. Die **an Steppen erinnernde Landschaft** ist einmalig in ganz Laos und – trauriges Erbe – noch immer von Bombenkratern übersät. An der Lagerstelle Nr. 1 befindet sich auch das **Visitor's Center** (Mo bis Fr 8–16 Uhr, Eintritt frei), das in einer Ausstellung über die Geschichte informiert.

Infos: Sinnvoll ist die **Buchung einer Tour,** die mehrere Anbieter entlang der Hauptstraße im Programm haben. Es lohnt sich auf jeden Fall ein Vergleich der Preise. Die Stätten liegen weit auseinander, und staubige Schotterpisten machen eine Tour mit Rad oder Roller nicht gerade zu einem Vergnügen. Trotzdem ist natürlich derjenige am unabhängigsten, der sich individuell auf den Weg macht.

Eine **Tour zu drei bis vier Stätten** kostet bei einer Gruppengröße von vier Personen ca. 180.000 Kip, hinzu kommen Eintrittspreise von ca. 15.000 Kip pro Besichtigungsort. Tagestouren kombinieren die Tonkrüge auch mit dem **„War Spoon Village"**, einem Dorf, in dem aus dem Aluminium der US-Bomben Schmuck oder Besteck hergestellt wird.

Muong Kham – ເມືອງຄຳ

Der **Tagesausflug** nach Muong Kham, nur ein unscheinbares Städtchen mit einem viel zu groß geratenen zentralen Platz, bietet neben vielen Natureindrücken eine Abwechslung ganz anderer Art. Rund 30 Kilometer entfernt von Phone Savan (7 km östlich von Muong Kham) und nur wenige hundert Meter abseits der Straße sprudelt **Bo Noi** (Kleine Quelle) ihr heißes Wasser in einen breiten Bach. Etwas weiter ist der Weg zu **Bo Nyai** (Große Quelle), immerhin 50 Kilometer von Phone Savan in Richtung Nong Het bei Ban Nam Tian und ein, zwei Kilometer weg von der Straße. Die Quelle selbst ist abseits gelegen und ergießt sich in einen künstlich angelegten kraterartigen See. Von dort gelangt das Wasser über Rohre in Badehäuschen.

Tham Piu

Nach einer kurzen Anfahrt von Muong Kham auf der Straße Nr. 7 und einigen hundert Metern Fußmarsch gelangt man zu der in einer Kalksteinwand befindlichen Höhle Tham Piu. **Die Höhle erlangte traurige Berühmtheit.** Sie galt, ebenso wie unzählige Höhlen in den laotischen Bergen, schon seit alters her als Zufluchtsstätte bei Überfällen fremder Völker und Stämme. Vor allem Ende des 19. Jahrhunderts, als marodierend durch die Lande ziehende chinesische Banden ganz Nordlaos unsicher machten, flüchteten die Dorfbewohner in Höhlen. Auch während der Aufstände gegen die Franzosen gewährten die Grotten und Höhlen in den Bergen den Menschen Schutz. Genauso war es während des Indochinakrieges der Amerikaner, als die Menschen vor den pausenlosen Bombardements flüchteten und oft Wochen in den Höhlen blieben. In einigen Gebieten wurden gar ganze Ortschaften in Höhlensiedlungen verlegt. Doch Ende 1969 geschah das Schreckliche: Die Höhle Tham Piu war voller Menschen, als ein Flugzeug eine **Rakete** in die Höhlenöffnung feuerte; **400 Menschen,** zumeist Frauen, Kinder und Alte, wurden **getötet.** Die Spuren des Raketeneinschlags sind immer noch sichtbar. Heute ist hier eine Gedenkstätte. Touren organisieren die Anbieter in Phone Savan.

Muong Khoun – ເມືອງຄູນ

Neben der reizvollen Anfahrt sind es vor allem die Ruinen, die den Ort interessant machen: **That Fun Stupa** wurde Ende des 19. Jahrhunderts von den Chinesen geplündert, **Wat Phia Wat** im 20. Jahrhundert von den Amerikanern zerbombt.

Muong Sui – ເມືອງຊຸຍ

Rund 55 Kilometer auf der Straße Nr. 7 Richtung Phoukhoune liegt **Nong Tang,** ein von Kalksteinfelsen umgebener See, der den Einheimischen als Picknickplatz dient. In der Gegend befindet sich auch **Tham Pha,** eine verwinkelte Höhle mit Buddha-Figuren, die Ende des 19. Jahrhunderts dem Schutz gegen die Ho dienen sollten. Schwerer zugänglich ist die „Sarghöhle", in der aus jeweils einem Baum gefertigte und geplünderte Särge unbestimmten Alters stehen. **Muong Sui** selbst war im Krieg eine Zeit lang Hauptquartier der rechten Neutralisten und bei den US-Piloten als „Lima Site 108" bekannt. Auch Panzerwracks in der Gegend zeugen von heftigen Kämpfen. Die massenhaft vorhandenen nicht explodierten Sprengkörper machen die Begleitung durch ortskundige Führer notwendig.

Provinz Sayabouri

Die Provinz Sayabouri, manchmal auch Sayabury, Xaignabuli oder Xayabury geschrieben, dehnt sich entlang dem Mekong in Nord-Süd-Richtung aus und weist schon beim ersten Blick einen wesentlichen Unterschied zu allen anderen laotischen Provinzen auf: Es ist die einzige Provinz, die **in ihrer ganzen Größe auf dem rechten Mekong-Ufer** liegt und so den Mekong hier zum laotischen Binnengewässer macht.

Der höchste Gipfel in Sayabouri reckt sich mit Mühe über die 2000 Meter. **Dichter Wald** charakterisiert die Gegend, in der es neben legalen und illegalen Holzeinschlägern auch die höchste Anzahl von **Arbeitselefanten** gibt. Bewohnt wird die Provinz in erster Linie von Lao, Nyuan, Phu Thai, Khmu sowie – fast nur hier zu finden – **Thin,** einem Mon-Khmer-Volk, das in Thailand auch die Bezeichnung Prei hat (knapp 15.000 Menschen). Insgesamt leben hier fast **382.000 Menschen** auf einer Fläche von 16.389 km^2 (23 pro km^2). Die Landwirtschaft der Provinz ist sehr erfolgreich, beispielsweise beim Anbau von Erdnüssen und Baumwolle, der sogar ein Fest gewidmet ist.

Sayabouri ist **nur sehr schwer zugänglich,** was der Provinz neben ihrer Lage rechts des Mekong immer wieder Scherereien brachte. Lange Zeit war die Provinz gar der großen Nachbarprovinz Luang Prabang administrativ angehängt.

Geschichte

Fast hätte Sayabouri zu Thailand gehört. Die **Franzosen** hatten bereits Vereinbarungen mit den **Siamesen** abgeschlossen, die den Mekong durchgängig zur Grenzlinie des französischen Einflussbereiches machten. Doch hier rebellierte der laotische Adel und versuchte, Frankreich zu weiterem Vordringen nach Westen zu animieren. Die Franzosen wiederum, die bis hierher Laos dank der Umtriebigkeit ihres Beauftragten *Auguste Pavie* ohne größere militärische Aktivitäten vereinnahmt hatten, wollten sich darauf auf keinen Fall einlassen. Sie versuchten es mit der hinterlistigen Formel, wenn die Laoten Ansprüche hätten, sollten sie sie doch selbst geltend machen (um die eventuell gewonnenen Gebiete anschließend wohlfeil den Franzosen präsentieren zu können). Da die Laoten das kriegerischste Volk nicht sind und sich zu jener Zeit außerdem nicht mehr mit den Siamesen messen konnten, unterblieben militärische Attacken. Mit einer Ausnahme – Sayabouri. Aber auch dieser Feldzug hatte seine besondere Note. Frankreich hatte Siam mit altbewährter Kanonenbootpolitik (zwei Kriegsschiffe lagen in Bangkok und drohten dem Königspalast mit Zerstörung) gezwungen, in einer Zone von 25 Kilometern Breite am rechten Ufer des Mekong keine Truppen zu unterhalten. Und genau in diesem limitierten Bereich spielte sich der **siegreiche Feldzug der Laoten** ab, die das Gebiet Paklay und Sayabouri eroberten. Das Abkommen zwischen Frankreich und Großbritannien zur Abgrenzung der Einflusszonen (1896) bestätigte den Status Quo, wie auch die späteren französisch-siamesischen Abkommen von 1904 und 1907, die bis

laos064 vl

heute die Grundlage der Grenzziehung darstellen. Dennoch ist die geografische Lage mit einer langen Landgrenze in unzugänglichen Bergregionen nicht einfach. In Sayabouri toben sich illegale Holzeinschläger aus Thailand weit ungezwungener aus als anderswo. Auch ist der Grenzverlauf nicht immer ganz eindeutig, und nomadisierende Völker fragen höchst selten nach 90 Jahre alten Dokumenten. Nicht zufällig war deshalb der Süden Sayabouris in den 1980er Jahren Gegenstand zweier **Grenzkonflikte,** bei denen erstaunlicherweise die Thais das Nachsehen hatten. Die blutige Auseinandersetzung endete mit der Bestellung von Kommissionen, die bis heute über den Abkommen und Karten brüten und diese mit der Realität in Übereinstimmung zu bringen versuchen.

Sayabouri

ໄຊຍະບູລີ

Sayabouri selbst und die kleineren Städte in der Provinz wie Hongsa, Muong Ngeun und Paklay sind touristisch nicht von großem Interesse, wenn auch landschaftlich sehr schön. **Paklay** war übrigens auch schon Station des französischen Forschers *Henri Mouhot,* der bei Luang Prabang starb. Der Elefantenreichtum wird touristisch genutzt. Interessant ist das 2011 eröffnete **Elephant Conservation Center (ECC)** 8 Kilometer südwestlich von Sayabouri am See Nam Tien (www.elephantconservationcenter.com, siehe „Elefantenreiten in Laos“). Auch in Hongsa gibt es Elefantentouren und eine Handvoll Gästehäuser. Einmal im Jahr findet ein dreitägiges **Festival zu Ehren der Dickhäuter** statt. Dann reisen aus ganz Laos Mahouts mit ihren Elefanten an, schmücken sich und ihre Tiere und feiern ausgelassen (Infos unter www.sayaboulytourism.com). Hotels und Gästehäuser sind dann meist weit im Voraus ausgebucht.

In Sayabouri lohnt es sich wieder einmal, ein **Fahrrad** zu leihen, denn die Straßen ziehen sich ewig lang durch die in der Ebene liegende Stadt. Die vielen großen Verwaltungsgebäude lassen die Stadt noch unlebendiger erscheinen. Am neuen **Markt** herrscht dafür umso mehr Leben; hier liegt außerdem die **Minivan-Station** für die Fahrt nach Luang Prabang und Vientiane, und auch Tuk-Tuks warten hier auf Fahrgäste.

Praktische Informationen

An- und Weiterreise mit dem Bus

Von der **Busstation im Norden** der Stadt (5 km bis zum Zentrum) geht es nach:

- **Vientiane:** 8 Uhr über Paklay (380 km, 10 Std., 90.000 Kip) oder 15 Uhr über Luang Prabang (447 km, 11 Std., 130.000 Kip).
- **Luang Prabang** (110 km, 3–4 Std., 60.000 Kip): 9, 14 Uhr.
- **Hongsa** (88 km, 3 Std., 70.000 Kip): 9 Uhr (mit Minivan).

Verbindungen von der **Busstation im Süden** (5 km bis zum Zentrum):

- **Paklay** (143 km, 4 Std., 70.000 Kip): 7:30, 9:30, 12, 14 Uhr.
- **Kenthao** (200 km, 5 Std., 90.000 Kip): 9 Uhr.

◁ Die Elefanten des Elephant Conservation Center in Sayabouri kommen jeden Morgen von ihrem Schlafplatz im Dschungel zum Camp

Geld

■ **BCEL** (mit Geldautomat), Mo bis Fr 8:30–15:30 Uhr, bei der Post.

■ **Lao Development Bank** (mit Geldautomat), Mo bis Fr 7:30–16 Uhr, südlich vom Kaysone Monument.

Tourist Info

■ **Tourist Office,** Tel. 074-213107, www.sayaboulytourism.com, zentrale Lage südlich des Kaysone Monument an der Hauptstraße. Informationen zu Ausflügen in die Umgebung, Fahrradverleih und Buchung von Trekkingtouren.

Unterkunft

2 **Mekee Guesthouse,** Tel. 074-2399388, nördlich des Zentrums an der Hauptstraße. Etwas persönlicher als das Sayananh Hotel, mit einem sehr netten, englisch sprechenden Besitzerpaar und schönen Zimmern (bis 10 US$).

4 **Sayananh Hotel,** Tel. 074-211116, zentral nahe der Post an der Hauptkreuzung der Stadt. Saubere, große Zimmer (10 US$), Geldautomaten.

1 **Santiphap Guesthouse,** Tel. 074-211184, in der Nähe des neuen Marktes, ebenfalls schöne und saubere Zimmer (15 US$).

Essen und Trinken

■ Am Ufer des Nam Houng werden abends **Essensstände** aufgebaut.

3 Dort befindet sich auch das **Saynamhoung Restaurant** mit einer umfassenden Menükarte; teurer, aber empfehlenswert.

Provinz Houaphan

Houaphan ist die östlichste der Nordprovinzen. Nach Norden, Osten und Süden **an Vietnam grenzend,** ragt sie gleich einem Brückenkopf in das Nachbarland hinein. Hier finden sich einige der wenigen Gebiete von Laos, in denen die Flüsse nicht zum Mekong, sondern in Richtung südchinesisches Meer fließen. Houaphan ist ähnlich **gebirgig** wie die Nachbarprovinz Xieng Khouang, wenn auch nicht ganz so hoch. Der höchste Berg, der **Phou Huat,** erreicht mit 2452 Metern dennoch eine stattliche Höhe. Die knapp **290.000 Bewohner** der Provinz sind in erster Linie Angehörige der verschiedensten Berg-Thai-Völker, wie Phu Thai, Thai Dam, Thai Daeng, Thai Khao, Thai Meuy, Thai Neua und andere. Daneben bestehen auch Siedlungen der Hmong, Khmu sowie des vietnamesischen Volkes der Mon. Geologie und Bevölkerung weisen schon darauf hin, dass Houaphan ein Schwerpunktgebiet der **Brandrodung** ist. Soja und Zuckerrohr gedeihen hier ausgezeichnet. Erfolge gibt es auch beim Anbau von Kaffee und Tee. All dies ist von nicht geringer Bedeutung, versucht die laotische Regierung doch, den Brandrodungsfeldbau wie auch den Anbau von Schlafmohn zurückzudrängen.

Geschichte

Houaphan war **immer Außenseiter im laotischen Staatsgefüge.** Obwohl überwiegend von Thai-Völkern bewohnt, gehörte die Provinz länger zu Vietnam als zu Laos. Was auch verständlich ist angesichts der Tatsache, dass Houaphan von Hanoi her viel einfacher zu erreichen ist als von Vientiane aus. Dabei war das Gebiet für beide Reiche eher von untergeordneter Bedeutung. Das änderte sich erst, als sich im 18. Jahrhundert die **Siamesen** anschickten, alle von Thai bewohnten Gebiete ihrem Land einzuverleiben. Nach den laotischen Teilreichen kam auch Houaphan an die Reihe. Siam konnte sich seiner Beute allerdings nicht lange erfreuen, denn die Ende des 19. Jahrhunderts nach Indochina kommenden **Franzosen** machten die „legitimen Ansprüche" Vietnams auf Houaphan zu ihren eigenen und jagten den Siamesen das Gelände wieder ab. Im Zuge der administrativen Aufteilung ihrer indochinesischen Kolonie schlugen die Kolonialherren die Provinz schließlich gänzlich Laos zu. So ist es bis heute geblieben, wenn auch der **vietnamesische Einfluss** hier weit deutlicher spürbar ist als in jedem anderen laotischen Landesteil. Das hat seine Ursachen neben den länger zurückliegenden Ereignissen vor allem in der jüngsten Geschichte dieses Landstrichs. Nach dem Ende des Zweiten Weltkriegs, als *Ho Chi Minh* am 2. September 1945 die Unabhängigkeit Vietnams von Frankreich deklarierte, bot das Siedlungsgebiet der Thai im Norden des Landes den Revolutionären sicheren Unterschlupf. Mit dem Anschwellen des **Befreiungskampfes gegen Frankreich** rückte auch Laos in den Blickpunkt des Interesses. Nachdem die entscheidenden Schlachten gegen die zurückkehrenden Franzosen in Zentrallaos verloren waren, gingen die eng kooperierenden viet-

namesischen und laotischen Revolutionäre daran, im nördlichen Grenzgebiet „befreite Gebiete“ zu schaffen. Die Provinz Houaphan war somit seit den späten 1940er Jahren stets **Kernland der Pathet Lao.** In Sam Neua, der Provinzhauptstadt, sowie in Vieng Say befand sich ihre Zentrale. Hier fanden die Kongresse der Volksfront und auch die Gründung der Laotischen Revolutionären Volkspartei statt. Schon beim Abschluss des Genfer Indochina-Abkommens 1954 erkannte die Vientianer Regierung de facto die Herrschaft der Pathet Lao über die Provinz Houaphan an. Seitdem lebten hier jahrzehntelang die Führer der laotischen Revolution unter denkbar einfachsten Bedingungen, nach Beginn des Bombenkrieges die meiste Zeit in Höhlen. Heute gehört Houaphan zu den **ärmsten Provinzen des Landes.** Alte Mitstreiter der Revolution, die nicht mit nach Vientiane zogen, beklagen manchmal, dass die Führer in der fernen Hauptstadt wohl ihre Ursprünge vergessen hätten. Für Touristen ist die Provinz ein sehr exotisches Ziel.

> Sam Neua: Figuren im Houaphan-Kuangning-Park

Sam Neua

ຊຳເໜືອ

Sam Neua ist die recht **schmucklose Hauptstadt der Provinz** Houaphan, fünftgrößte Stadt des Landes, von Strom aus Vietnam erhellt und ansonsten von wenig Interesse. Der gesamte Distrikt zählt knapp 57.000 Einwohner. Die Stadt selbst ist Verkehrs- und Verwaltungszentrum der Provinz und dient meist als Zwischenstation auf dem Weg nach Vietnam. Die Gegend ist bekannt für ihre exzellenten **Seidenstoffe** in einzigartiger Vielfalt an Dekors. Die meisten der in den Kunsthandwerksläden von Luang Prabang angebotenen Stoffe stammen aus Sam Neua. Auch landet hier, wer nach Vieng Say aufbricht, um die Höhlen der Revolutionäre aus dem Zweiten Indochinakrieg zu besichtigen (s.u.).

Die Straßen in Sam Neua scheinen für Größeres gebaut worden zu sein. Alles wirkt etwas verlassen. Dieser Eindruck verdichtet sich im **Houaphan-Kuangning-Park,** einem riesigen betonierten Platz, auf dem vereinzelt Figuren aus unterschiedlichen Kulturen stehen.

Hoch oben über der Stadt liegt das **Kloster Wat Sibounheuang,** in dessen Sim eine drei Meter hohe und 3850 kg schwere Buddha-Statue steht. Das Gebäude ist meistens verschlossen, aber auf dem Gelände findet sich wahrscheinlich ein Mönch, der öffnet, wenn man ihn freundlich bittet.

Wie in anderen Städten des Landes auch, ist der **Frischmarkt** ein exotisches Erlebnis, denn hier kommt so einiges zum Verkauf und auf den Tisch, was dem westlichen Reisenden womöglich eher Unbehagen bereitet.

Praktische Informationen

An- und Weiterreise mit dem Bus

Es gibt zwei Busstationen: **Phoutanou Minivan Station** für weiter entfernte Ziele und Nathong Busstation für regionale Ziele. Von Phoutanou starten Busse nach:

- **Vietnam, Thanh Hoa** (284 km, 11 Std., 180.000 Kip): 7:30 Uhr, mit Anschluss nach Hanoi (300.000 Kip).
- **Vientiane** (612 km, 20 Std., 170.000 Kip): 9:30, 12:30, 14:30 Uhr über Phone Savan (7–8 Std.), Schlafbus um 14:30 Uhr (200.000 Kip).
- **Luang Prabang** (452 km, 12–14 Std., 150.000 Kip): 8:30 Uhr, Minivan um 8 Uhr (130.000 Kip).
- **Phone Savan** (239 km, 7–9 Std., 80.000 Kip): 8:30 Uhr, Minivan um 15 Uhr (100.000 Kip).

Verbindung ab **Nathong Busstation:**

- **Xam Tai** (144 km, 6 Std., 45.000 Kip) über Vieng Xai (30 km, 1 Std., 20.000 Kip).

laos065 vl

An- und Weiterreise mit dem Flugzeug

■ **Lao Skyway,** Tel. 064-314268, www.laoskyway.com. Der Flugplan bzw. die Flugzeiten ändern sich oft und kurzfristig, und auch das Wetter muss mitspielen. Wenn man dann jedoch einen Flug ergattert, erlebt man ein einzigartiges Panorama in einer winzigen Maschine. Am besten im Reisebüro vorbuchen und auch die Gepäckvorschriften beachten. Der Flugplatz liegt östlich der Stadt.

Grenzübergang nach Vietnam

Ein Visum vorausgesetzt (in Vientiane und Luang Prabang erhältlich), kann man von Sam Neua in die vietnamesische Provinz **Thanh Hoa** einreisen. Der Bus startet gegen 7:30 Uhr, bis nach Thanh Hoa City sind es ca. 11 Std. Fahrt.

Tourist Info

■ **Tourist Office,** Tel. 064-312567, auf der rechten Seite der Hauptstraße im Zentrum nördlich der Brücke, Mo bis Fr 8–11:30 und 13:30–16 Uhr. Hier erfährt man alles über die angebotenen Touren und kann Ausflüge in Weberdörfer unternehmen, auf Wunsch mit Dolmetscher und Fahrer.

Geld

■ **Lao Development Bank,** Phathy Rd.

Unterkunft

Die Unterkünfte (ab 5 US$) konzentrieren sich auf den Straßenabschnitt nördlich der Brücke direkt am linken Flussufer. Von Tuk-Tuk-Fahrern wird man üblicherweise hier abgesetzt.

UNSER TIPP: 2 **Phonechalern Hotel,** Tel. 064-3121-92, -95. Große, saubere Zimmer, die für den Preis ohne Fehl und Tadel sind.

3 **Bounhom Guesthouse,** drei Häuser weiter südlich, Tel. 064-312223. Roter Neubau, etwas familiärer als das Phonechalern, die Besitzer sprechen ein wenig englisch.

Essen und Trinken

1 **Chittavan Restaurant** im gleichnamigen Hotel, kühle Atmosphäre, aber gute laotische Kost.

laos067 vl

Vieng Say: Einige Höhlen (Pathet Lao Caves) sind heute Besuchern zugänglich

Die Umgebung von Sam Neua

Die reizvolle Gebirgslandschaft um Sam Neua bietet viele Möglichkeiten für Ausflüge und Besuche bei den hier lebenden Bergvölkern. Von der Straße Nr. 6 sichtbar ist der als Picknickplatz beliebte Wasserfall unweit des Ortes **Ban Saleui.** Bereits ausgebaut ist die heiße Quelle von **Na Muong** (von Ban Ham Tay 16 Kilometer westlich von Sam Neua noch ca. 3 Kilometer weiter). Von Sam Neua lassen sich auch erstklassige Trekkingtouren über Houai Sone nach **Ban Bang** unternehmen, wo es den 70 Meter hohen Wasserfall **Tad Nam Neua** zu sehen gibt; an der Brücke über den Nam Neua (Kreuzung 20 Kilometer nach Sam Neua) ist der Wasserfall ausgeschildert. Touren können vor Ort organisiert werden, oder die Touristeninformation bietet wertvolle Hilfe.

Vieng Say (Vieng Xay) – ວຽງໄຊ

Die Attraktion der Provinz liegt 28 Kilometer entfernt von Sam Neua in Richtung der vietnamesischen Grenze malerisch umgeben von Kalksteinfelsen: die geheime **„Hauptstadt“ der Pathet Lao,** Vieng Say. Zum gesamten Distrikt Vieng Say zählen knapp 32.000 Einwohner, das Städtchen selbst mutet sehr dörflich an. Hier finden sich historische Stätten der laotischen Revolution. Einige der **Höhlen, in denen die Führer der Revolution** sicher vor amerikanischen Bombenangriffen **lebten,** sind heute Besuchern zugänglich. Nicht nur die Kommandozentralen, sondern auch Schulen, Krankenhäuser, Fabriken, selbst ein Theater – alles war in Höhlen untergebracht. Ein Infobüro im Ortskern (8–12 und 13–16 Uhr) vermittelt Führer dorthin. Die Führung (Audiotour) startet im **Vieng Xay Caves Visitor Center** (Tel. 064-315 022, www.visit-viengxay.com) um 9 und 13 Uhr (60.000 Kip, ca. 3 Std.). Ein Führer ist unerlässlich, um in den Genuss von Anekdoten und hoch spannendem Wissen über das Leben in den Höhlen zu kommen. Reist man von Sam Neua mit

laos069 vl

Vieng Say: An diesem Tisch tagten die Anführer der Pathet Lao

einem eigens hierfür gecharterten Songthaeo an, kann dieses auch für den Transport zwischen den Höhlen sorgen. Vom Center wird auch ein Fahrradverleih betrieben (15.000 Kip).

An- und Weiterreise

- Nur mit **Songthaeo/Tuk-Tuk** aus Sam Neua. Im Informationsbüro kann man sich auch ein **Taxi** (150.000 Kip) rufen (lassen).

Geld

- Am zentralen Markt stehen **Geldautomaten** zur Verfügung.

Unterkunft

- **Naxay Guesthouse 2,** gegenüber dem Informationsbüro, Tel. 020-55764837. Schön gelegen, sind die teilweise neuen Bambusbungalows eine gute Möglichkeit, um den entspannten Ort zu genießen. Wenn der Besitzer nicht zu finden sein sollte, hilft das Informationsbüro.

Essen und Trinken

- **Thavisay Restaurant,** im gleichnamigen Hotel, großes Restaurant, das für Reisegruppen und Empfänge konzipiert ist. Gute Auswahl, leckeres Essen.

Vieng Thong

ວຽງທອງ

Die Kreisstadt Vieng Thong gehört zu Houaphan und wird oft auch nach ihrem alten Namen **Muong Hiem** genannt. Am nördlichen Ortsausgang in Richtung Luang Prabang, hinter der Brücke über den Nam Khao, weist ein Schild auf das **Naturschutzgebiet Nam Et-Phou Loei.** Der größte Nationalpark in Laos umfasst ca. 4000 km². Die letzten Indochinesischen Tiger der Region sollen hier leben. Infos zu den verfügbaren Touren gibt es unter www.namet.org. Die Nachtsafari ist ein echtes Dschungelabenteuer. Neu eröffnet hat **„the nest“**, ein relativ leichter Tagestrek, der seinen Höhepunkt in der Übernachtung in dem sogenannten Nest, einer zwischen den Bäumen hängenden Kugel, findet – strapaziös, aber einzigartig. Am besten vorab reservieren unter Tel. 020-28600038 oder info@namet.org. Hier können bei dem engagierten Team auch Informationen eingeholt werden.

In der Stadt wird zwischen 4 und 5:30 Uhr ein **Morgenmarkt** abgehalten. Rund einen Kilometer von der Hauptstraße entfernt findet sich eine **heiße Quelle** (10.000 Kip).

Unterkunft

- Der Ort verfügt über drei Gästehäuser. Eines davon ist das **Dork Khoun Thong Guesthouse** im Zentrum, Tel. 020-28600332; hier kann in sauberen Zimmern mit Fenster und warmer Dusche übernachtet werden (50.000 Kip).

▷ Chinesisch geprägte Häuserzeilen in Phongsaly, Hauptstadt der gleichnamigen Provinz

Provinz Phongsaly

Phongsaly ragt einem Horn gleich in die südchinesische Provinz Yunnan hinein. Von dort ist die Anreise auch fast leichter als in Laos selbst. Die **nördlichste Provinz** des Landes ist zugleich auch die **abgeschiedenste.** Zwar hatten chinesische Bautrupps seit 1962 Straßen nach Süden vorangetrieben, doch zu einem Anschluss an das bestehende Straßennetz aus französischer Zeit kam es nicht mehr. Im Gefolge der Vietnamesen kündigte auch Laos 1979 dem großen Nachbarn im Norden die Freundschaft. Die Chinesen hatten bis dahin die Straße von Mengla in China nach Phongsaly fertiggestellt. Doch sollte sie weiter nach Vietnam und nicht in die zentrallaotischen Gebiete führen. Vor diesem Hintergrund kann man nachvollziehen, dass Phongsaly wie Houaphan fest in der Hand der Pathet Lao war. Heute ist die Straße von Oudomsay kommend recht gut ausgebaut und schlängelt sich steil gen Norden. Die Landschaft ist ebenso wie die der anderen Nordprovinzen von **Gebirgen** bestimmt. Zwar bleibt der höchste Gipfel bescheiden unter der 2000-Meter-Marke, doch ist das Gebiet deshalb nicht weniger zerklüftet als in den Nachbarprovinzen.

Der **Nam Ou,** mit knapp 500 Kilometern nach dem Mekong der zweitlängste Fluss des Landes, durchfließt Phongsaly in Nord-Süd-Richtung, ehe er bei Pak Ou wenige Kilometer nördlich von Luang Prabang in den Mekong mündet. An seinen Ufern finden sich mit Ou Tai, Hat Sa und Muong Khua auch die größeren

laos070 vl

Siedlungen neben der Provinzhauptstadt Phongsaly. Der Nam Ou bietet außerdem eine Möglichkeit der Anreise (siehe Exkurs „Flussfahrt auf dem Nam Ou").

Lediglich elf Einwohner „drängeln" sich auf jedem der 16.270 km² der Provinz, insgesamt knapp **178.000 Menschen.** Die Lao sind hier in der Minderheit. Von den **Berg-Thai** trifft man vor allem Lü und Nyang, aber auch Thai Dam und Thai Khao. Von den tibetoburmesischen Völkern haben die **Phou Noi,** zu denen insgesamt rund 25.000 Menschen gehören, ihr laotisches Siedlungszentrum in Phongsaly. Die Phou Noi, obwohl so schon nicht sehr zahlreich, untergliedern sich weiter in Phongsaly, Phongku, Phongseth, Laophai, Chalo, Lava und andere kleine und kleinste Gruppen. Weiter vertreten sind die **Akha** mit ihren zahlreichen Untergruppen, die Teile der Provinz Phongsaly besiedeln. Aber auch Han-Chinesen, Vietnamesen, Khmu, Bit (Pasing) und weitere Gruppen vervollkommnen das Bild der insgesamt 22 Ethnien.

„Trekking-Knigge"

- **Gehen Sie nicht alleine,** auch wenn Sie sich sicher fühlen. Es besteht immer die (geringe) Gefahr, überfallen zu werden, viel mehr aber die Gefahr, sich zu verletzen. Laos ist weder für eine gute Krankenversorgung bekannt, noch wird Sie jemand (rechtzeitig) auf abgelegenen Pfaden finden. Denken Sie daran: Sie sind im Dschungel und befinden sich in unbekannter Umgebung mit wilden Tieren.
- **Vertrauen Sie sich einem verantwortlichen Touranbieter an.** Fragen Sie, wo das Geld landet, ob besuchte Minderheiten von Ihrem Besuch profitieren. Sind es kleine Touristengruppen, die in ein Dorf „einfallen"? Suchen Sie nach Anbietern, die lokale Führer beschäftigen.
- **Tragen Sie angemessen bedeckende Kleidung.** Das sollten Sie nicht nur auf einem Trek beachten, sondern auch in den Dörfern, deren Bewohner nicht unbedingt an Touristen gewöhnt sind. Asiaten sind oft zu höflich, um Sie zurechtzuweisen.
- **Fragen Sie immer Ihren Führer, ob Sie Fotos machen dürfen.** Halten Sie angemessenen Abstand, und beachten bzw. respektieren Sie die Reaktionen der Menschen, die mehr sind als nur Objekte fotografischer Begierden.
- Auch wenn abends gerne **Alkohol** ausgeschenkt wird und dies ein Zeichen der Freundschaft ist, halten Sie sich zurück. Denken Sie an Ihr Benehmen und vor allem an den nächsten anstrengenden Trekkingtag.
- **Fassen Sie nichts und niemanden ohne Aufforderung dazu an.** Fassen Sie keine Kinder an und schon gar nicht am Kopf! Nehmen Sie nichts mit, was Sie unterwegs sehen, denn es könnten Opfergaben sein. Fragen Sie immer Ihren Guide um Rat.
- Die **Akha** markieren die symbolische und spirituelle Grenze zwischen Dorf und Außenwelt mit Toren. Diese sollten von Touristen nur nach Absprache mit einem verantwortungsvollen Führer durchschritten werden.
- **Verteilen Sie keine Geschenke, keine Süßigkeiten und keine medizinischen Produkte.** Dies kann zu Neid und Begehrlichkeiten führen.

Machen Sie den Unterschied!

Übersicht S. 96, Stadtplan S. 162

Phongsaly

ຜົ້ງສາລີ

In der **Provinzhauptstadt** empfiehlt sich ein ausgedehnter Spaziergang auf den die Stadt überragenden **Gipfel des Phoufa.** Nach etwa einer Stunde über Treppenstufen und einen Schotterweg erblickt man einen weißen eckigen Stupa, und es eröffnet sich bei klarem Wetter eine wunderbare Aussicht. Apropos Wetter: Phongsaly ist bekannt für seine raschen und häufigen Witterungsumschwünge. 5000 Kip sind am Kassenhäuschen an einem Picknickplatz zu entrichten; die Kassierer sind immer zu einem Schwätzchen aufgelegt.

Die Stadt Phongsaly verfügt über ein kleines **ethnologisches Museum,** das von französischen Entwicklungshelfern eingerichtet wurde (Eintritt 10.000 Kip, geöffnet 8–11:30 und 13:30–16:30 Uhr).

Hinter dem Phongsaly Hotel befindet sich die **Altstadt.** Man lasse die Architektur und chinesischen Einflüsse bei einem Spaziergang durch die Stadt auf sich wirken. Man fühlt sich in eine andere Zeit versetzt und findet chinesische Holzfassaden wie im alten Kunming.

Praktische Informationen

An- und Weiterreise mit dem Bus/Tuk-Tuk

Ein Songthaeo bzw. Tuk-Tuk zur **Busstation West** 3 km außerhalb kostet ca. 7000 Kip. Es bestehen Verbindungen nach:

- **Oudomsay** (232 km, 7 Std., 75.000 Kip): 8 Uhr.
- **Vientiane** (793 km, 26 Std., 195.000 Kip): 8 Uhr über Luang Prabang (410 km, 130.000 Kip), Minivan um 11 Uhr (130.000 Kip).

laos152 vl

Naga-Buddha auf dem Gipfel des Phoufa

- **Muong Khoua** (7–8 Std., da der Bus weiter nach Vietnam fährt, ist der Preis Verhandlungssache, ca. 70.000 Kip): 8 Uhr, zweimal wöchentlich.
- **Hat Sa** (20 km, 1 Std., 15.000 Kip): 8 Uhr (Schotterpiste mit Löchern, die auf der Strecke 800 Höhenmeter bergab führt). In Hat Sa kann man versuchen das Boot Richtung Muong Khoua zu nehmen.

An- und Weiterreise mit dem Flugzeug

- 40 km außerhalb der Stadt gibt es einen Flugplatz, den **Lao Skyway** (www.laoskyway.com) zweimal wöchentlich aus Vientiane anfliegt; Tickets kosten ca. 700.000 Kip. Falls Sie einen Flug bekommen müssen, buchen Sie besser vorab in einer der größeren Städte. Sie können auch versuchen, im Viphaphone Hotel ein Ticket zu ergattern. Nicht immer sind englischsprachige Mitarbeiter vor Ort.

Tourist Info

■ Phongsaly hat ein sehr gutes kleines Informationsbüro, das auch vorab via Internet kontaktiert werden kann: **Provincial Tourism Office,** Tel. 088-210098, www.phongsaly.net, 8–11:30 und 13:30–16:30 Uhr.

Trekking und Touren

Die Provinz Phongsaly punktet in touristischer Hinsicht vor allem mit der ethnischen Vielfalt ihrer Einwohner und der Abgeschiedenheit einer fast vergessenen Bergwelt. Interessant und durchaus anspruchsvoll sind die meist mehrtägigen Trekkingtouren zu verschiedenen Bergvölkern sowie in das Naturschutzgebiet Daen Din, die auch recht strapaziös ausfallen können.

2 **Amazing Lao Phongsaly,** Tel. 088-210594, www.explorephongsalylaos.com, privater Anbieter ein- bis mehrtägiger Wanderungen, die ab 250.000 Kip kosten.

Geld

■ **Lao Development Bank,** neben dem Phongsaly Hotel, Mo bis Fr 8:30–15:30 Uhr.

■ **BCEL** (mit Geldautomat), am Kaysone Monument Richtung Norden, ca. 150 m die Straße hoch.

Unterkunft, Essen und Trinken

Kommt man spät in der Dunkelheit an (sehr wahrscheinlich bei der Anreise mit dem Bus aus Oudomsay oder mit dem Boot aus Hat Sa – kann auch mal länger dauern), findet man meist geschlossene Tü-

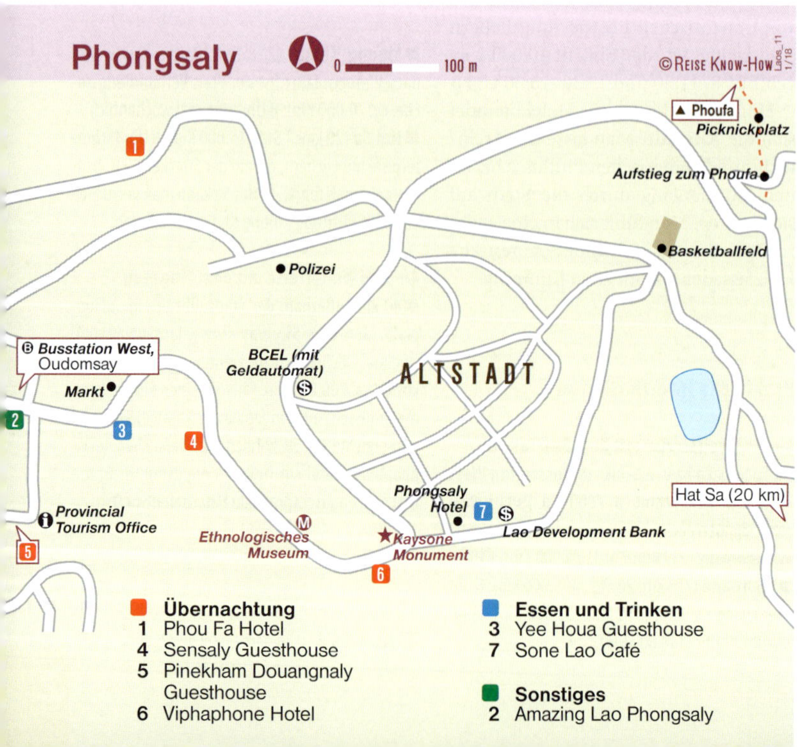

Luang Prabang & der Norden

ren und eine spärliche Beleuchtung vor – nur der herrliche Sternenhimmel glänzt. Reisende sollten sich daher mit der Unterkunftssituation vorab vertraut machen. Der Strom fällt ab und zu aus, daher Taschenlampe bereitlegen.

4 **Sensaly Guesthouse,** Tel. 088-210165, zentral gelegen. Freundliche Familie, zweistöckiges Gebäude, Zimmer bis 15 US$, in der Hauptsaison ist es schnell voll.

5 **Pinekham Douangnaly Guesthouse,** Tel. 020-2299931, es geht den Hügel hinter dem Touristenbüro hinunter. Lilafarbenes Gebäude mit kleinen, aber feinen Zimmern bis 15 US$.

6 **Viphaphone Hotel,** Tel. 088-210111, an der Kreuzung im Zentrum, südlich des Kaysone-Monuments. Große Zimmer (bis 15 US$) in einem recht nüchternen Gebäude.

1 **Phou Fa Hotel,** Tel. 020-28766666, etwas außerhalb nördlich des Zentrums gelegen. Von außen nicht einladend, die Zimmer sind aber solide und manche beheizbar (bis 25 US$).

■ Verpflegung bieten neben den Gästehäusern und Hotels die **Suppenküchen** und **Stände auf dem Markt** und zum Beispiel das 7 **Sone Lao Café** (leckerer Lao-Kaffee von einer lieben Besitzerin). Im 3 **Restaurant des Yee Houa Guesthouse** gibt es eine englische Speisekarte.

Hat Sa

ຫາດສາ

Hat Sa liegt 20 Kilometer – es geht meist bergab – von Phongsaly entfernt unmittelbar am Nam Ou. Daher auch die Bedeutung des Ortes als **wichtiger Umschlagplatz** für Güter und Umsteigegelegenheit für Reisende. Ein paar spartanisch eingerichtete Gästehäuser am Hafen (ab 25.000 Kip) stehen zur Verfügung, aber touristisch ist die kleine Stadt nicht sehr reizvoll. Ein echtes Abenteuer ist der zweimal im Monat stattfindende **Morgenmarkt** (danach fragen), auf dem viele ethnische Minderheiten ihre Produkte anbieten.

An- und Weiterreise mit dem Boot

■ **Muong Khoua:** 9:30 Uhr, es wird auf ausreichend Passagiere gewartet (5–7 Std., insgesamt ca. 120.000 Kip: zuerst 55.000 Kip bis zum Damm, dann 10.000 Kip Tuk-Tuk und im Anschluss 55.000 Kip für das Ticket für die letzte Strecke, zu kaufen am Anleger in Samphan; das Boot muss dort gewechselt werden).

An- und Weiterreise mit dem Songthaeo

■ **Phongsaly** (20 km, 800 Höhenmeter, 1½–2 Std., ca. 20.000 Kip): 9 und 14 Uhr, wenn man später ankommt, sind die Preise Verhandlungssache und richten sich nach der Uhrzeit und Anzahl der Passagiere. Seien Sie nicht geizig, denn die Alternative einer Übernachtung in Hat Sa ist nicht unbedingt attraktiv und die Fahrt nach Phongsaly für jeden Fahrer eine Herausforderung und für den Reisenden nicht ohne Risiko.

Muong Khoua

ເມືອງຂວາ

Diese südlichste Kreisstadt der Provinz Phongsaly ist vor allem **Umsteige- und Umschlagplatz.** Abenteuerlich, wackelig und nichts für Leute mit Höhenangst ist die **Hängebrücke** bzw. ihre Überquerung, ein beliebtes Fotomotiv. Für die Einheimischen wichtig sind Fahrten ins benachbarte Vietnam. Der Grenzübergang ist aber bisher nur für den kleinen Grenzverkehr geöffnet.

Praktische Informationen

An- und Weiterreise mit dem Bus

Die **Busstation** liegt 2 km außerhalb. Man fährt entweder von der Tuk-Tuk-Station oder dem Pier ab (8000 Kip). Verbindungen gibt es nach:

- **Oudomsay** (100 km, 3 Std., 35.000 Kip): 8:30, 12, 15 Uhr.
- **Phongsaly:** Den ersten Bus nach Oudomsay nehmen und nach 1 Std. Fahrt in Pak Nam Noi umsteigen (15.000 Kip); von hier geht's um ca. 10 Uhr weiter mit dem Bus aus Oudomsay nach Phongsaly.

laos071 vl

An- und Weiterreise mit dem Boot

- **Hat Sa** (6 Std., 110.000 Kip): 9 Uhr, fährt aber nur bei ausreichend Passagieren; von Hat Sa Weiterfahrt nach Phongsaly möglich (siehe auch Exkurs „Flussfahrt auf dem Nam Ou").
- **Nong Khiao** (5 Std., 120.000 Kip) über Muong Ngoi Kao (4 Std., 110.000 Kip): Auch hier müssen sich genügend Reisende finden.

Tourist Info

- **Tourism Office,** gegenüber dem Sernnaly Hotel, Tel. 020-22848020, www.muangkhua.com. Infos zu Touren; die ein- bis dreitägigen Wanderungen führen zu Akha- und Khmu-Dörfern.

Geld

- **Lao Development Bank,** bei der Tuk-Tuk-Station, 8–11:30 und 13:30–16 Uhr.
- **BCEL** (mit Geldautomat), 8:30–15:30 Uhr.

Unterkunft

Vom Pier geht man die Straße hinauf, an der es einige Gästehäuser gibt.

- **Chalearnsouk Guesthouse,** Tel. 030-9320888. Geräumige Zimmer für 70.000 Kip, es gibt eine nette Terrasse, um andere Reisende zu treffen. Zimmer vorher anschauen: Sie sind sehr unterschiedlich, einige in Ordnung, andere mit Schimmel und muffig.
- **Sernnaly Hotel,** Tel. 020-5555743, 200.000 Kip. Wird gerne von Gruppen angesteuert.
- **Doinouboun Guesthouse,** Tel. 020-5556997 22, 020-55095005. Sehr saubere und frische Zimmer für 70.000 Kip.

Essen und Trinken

Die Restaurants entlang der Straße vom Pier unterscheiden sich nicht großartig. Das **Nam Ou Restaurant** punktet vor allem mit seinem Ausblick.

[<] Die Überquerung der Hängebrücke in Muong Khoua ist ein Erlebnis

Provinz Oudomsay

Auch Oudomsay (Oudomxai) wird von der **Bergwelt des laotischen Nordens** beherrscht, deren höchster Gipfel, der **Phou Nameo,** knapp 2000 Meter hoch aufragt. In der Provinz gibt es das **beste Straßennetz des Nordens,** das sich der Freundschaft zwischen den laotischen Revolutionären und der chinesischen Volksrepublik verdankt. Von 1962 bis 1979 waren Zehntausende chinesischer Bauarbeiter mit der Errichtung von Asphaltstraßen beschäftigt. Zu Zeiten des Indochinakrieges fühlte sich Thailand vom Bau der Strecke ab Muong Say nach Pak Beng am Mekong, und damit schon in Reichweite der thailändischen Grenze, so bedroht, dass es die Stationierung von 10.000 US-Soldaten erwirkte. Nach dem unfreiwilligen Abzug der Chinesen waren die Straßen dem Verfall preisgegeben, doch dank der wieder aufgeblühten laotisch-chinesischen Freundschaft und wachsender wirtschaftlicher Interessen Thailands ist der Straßenbau erneut in Schwung gekommen.

Die **ethnische Zusammensetzung der Bevölkerung** ähnelt der von Phongsaly, vor allem Berg-Thai (Thai Dam, Thai Khao, Thai Neua, Phouthai, Lü, Nyang) bestimmen das Bild. Unter den gut **307.000 Einwohnern** (20 pro km^2) sind auch Hmong und Mien vertreten. Auch Angehörige des Mon-Khmer-Volkes der Bit (Pasing), das in ganz Laos mit nur ca. 1500 Menschen registriert ist, leben in der Provinz. Insgesamt sind hier 23 ethnische Gruppen ansässig.

Landwirtschaftlich macht Oudomsay durch seinen immer noch sehr hohen Anteil von Brandrodungsfeldern auf sich aufmerksam. Neben Reis werden Bananen, Mais, Gemüse, Zuckerrohr und Baumwolle angebaut. Auch der **Handel** ist von erheblicher und rasch zunehmender Bedeutung. Aus China kommt alles, was sich in Laos vermarkten lässt: Textilien, Porzellan und immer mehr Elektro- und Haushaltsartikel.

Für Touristen interessant ist die herrliche Natur, und auch die exotisch gekleideten Menschen ziehen die Aufmerksamkeit auf sich. Und wie gesagt: Oudomsay hat anderen Nordprovinzen gegenüber den Vorteil, relativ gut zugänglich zu sein.

Von Phongsaly nach Oudomsay

Der Bus startet pünktlich um 8 Uhr an der Busstation 3 km westlich des Zentrums. Die Fahrt von der Songthaeo-Station zum Busbahnhof kostet 8000 Kip, das Busticket 80.000 Kip. Die ersten zwei Fahrtstunden am Morgen gestalten sich spektakulär mit Ausblicken auf die Bergwelt, die sich aus dem Nebel erhebt. Der Bus hält in **Boun Tai,** wo es zwei Gästehäuser gibt. Später werden große abgeholzte Flächen sichtbar, dann wird es flacher. Gemüsefelder und Plantagen tauchen auf.

Der letzte Streckenabschnitt verläuft entlang des Flusses **Nam Pak** und weist viele Schlaglöcher auf. Etwa 30 Kilometer vor Oudomsay kann man Thermalquellen besuchen; dazu in der Muong La Lodge (s.u.) nach dem Weg fragen.

Ein echter Tipp ist **Muong La** 28 Kilometer vor Oudomsay; der kleine Ort liegt schön direkt am Fluss. Zwei Unterkünfte gibt es hier, eine davon die Muong La Lodge (www.muangla.com, Tel. 021-243446), ein Luxusresort, das herrliche Stunden verspricht.

Oudomsay

ອຸດົມໄຊ

Oudomsay, oder auch Muong Say, die in den Sommermonaten extrem **staubige Provinzhauptstadt,** liegt auf einer wei-

ten, von Bergen umgebenen Hochebene. Um den unauffälligen Markt stehen genauso unauffällige Häuser, sieht man von den etwas deplatziert wirkenden chinesischen Hotelbauten ab. Durch den lang gezogenen Ort führt breit die Straße Nr. 13.

Zu sehen gibt es nicht viel. **Phou That** ist eine Anhöhe, die einen schönen Blick auf die Stadt eröffnet. Eine lange Treppe, beginnend ein paar Meter von der Hauptstraße rechts neben dem Vila Keo Seum Sack Guesthouse, führt hinauf zum weiß-goldenen **That Ming Muong.**

Das **Kaysone Monument** im kleinen Stadtpark ist nicht wirklich sehenswert, lohnt aber einen kurzen Blick, wenn man schon vorbeikommt.

In der Umgebung von Oudomsay ist ein **Wasserfall** am Kilometer 11 (ostwärts Richtung Nambak) zu sehen.

Praktische Informationen

An- und Weiterreise mit dem Bus

Die **Busstation** liegt im Süden der Stadt und ist nicht zu verwechseln mit der Songthaeo-Station kurz vorher etwas abseits der Hauptstraße, von der Ziele innerhalb der Provinz angefahren werden. Verbindungen bestehen nach:

- **Luang Namtha** (115 km, 3 Std., 40.000 Kip): 8:30, 12, 15:30 Uhr.
- **Pakbeng** (143 km, 4 Std., 40.000 Kip): 8:30, 10 Uhr.
- **Luang Prabang** (195 km, 5 Std., 60.000 Kip): 9, 12, 15:30 Uhr.
- **Houay Say** (308 km, 7 Std., 90.000 Kip): 9 Uhr.
- **Muong Khoua** (95 km, 3 Std., 35.000 Kip): 8:30, 12, 15:30 Uhr über Muong La (1 Std.).
- **Phongsaly** (230 km, 7 Std., 75.000 Kip): 9 Uhr über Muong La (1 Std.).
- **Nong Khiao** (113 km, 4 Std., 45.000 Kip): 9 Uhr.
- **Vientiane** (576 km, 16 Std., 170.000 Kip): 11, 14, 16 Uhr, Schlafbus um 18 Uhr (190.000 Kip).

An- und Weiterreise mit dem Flugzeug

- Der **Flugplatz** liegt am Rand der Stadt (mit Tuk-Tuk 20.000 Kip). Flugtickets von **Lao Airlines** (täglich Flug nach Vientiane) gibt es ihm Litthavixay Guesthouse oder am Ticketschalter im Flughafen. **Lao Skyway** fliegt Di, Do und Sa in die Hauptstadt (www.laoskyway.com).

Tourist Info

- **Provincial Tourist Office,** Tel. 020-99221408, www.oudomxay.info. Im Angebot sind auch interessante Trekkingtouren sowie tolle Exkursionen zum Höhlensystem Tham Chom Ong.

Fahrrad- und Mopedverleih

6 **Samlaan Cycling Tour,** neben Siso Bakery, Fahrräder für 60.000 Kip pro Tag.

- Für den **Mopedverleih** kann man auch im eigenen Gästehaus nachfragen, ansonsten finden sich einige Läden entlang der Hauptstraße (ca. 90.000 Kip pro Tag).

Geld

- **BCEL** (mit Geldautomat), auf der Höhe des Phou That, südlich des Treppenaufgangs, an der Hauptstraße, Mo bis Fr 8:30–15:30 Uhr.
- **Lao Development Bank,** schräg gegenüber der **Post** (Mo bis Fr 7:30–12 und 13:30–16:30 Uhr), nördlich des Kaysone-Denkmals.

Unterkunft

5 **Litthavixay Guesthouse,** an der Hauptstraße, Tel. 081-212175, litthavixay@yahoo.com. Die Zimmer (mit und ohne AC, 70.000 Kip) in diesem großen und wie ein Hotel wirkenden Gästehaus sind geräumig und sauber. Man kann einen Mietwagen mit Fahrer buchen. Im Haus befindet sich das Ticketcenter von Lao Airlines. WLAN.

3 **Oudomphet Guesthouse,** Tel. 020-556854 55. Saubere Zimmer (80.000 Kip, teilweise mit AC),

kleiner Aufenthaltsbereich und Gemeinschaftsbalkon in einer ruhigeren Seitenstraße. WLAN. Sollte gerade niemand am Empfang zu finden sein, einfach rechts nebenan im kleinen Laden fragen.

4 **Vila Keo Seum Sack Guesthouse,** Tel. 081-312170, seumsack@hotmail.com. WLAN und große Zimmer mit AC (bis 10 US$). Trotz der Lage an der Hauptstraße recht ruhig.

2 **Charming Lao Hotel,** gegenüber vom Park und Kaysone-Denkmal, Tel. 081-212881, www.charminglaohotel.com. TV, WLAN, Spa, Restaurant Cafe Garden, in dem sehr guter Kaffee ausgeschenkt wird. Bis 50 US$.

Die Fahrt mit dem Schiff von Houay Say über Pakbeng nach Luang Prabang ist sehr beliebt

laos072 vl

Essen und Trinken

- Entlang der Hauptstraße lassen sich auch schon zum Frühstück einige gute **Garküchen** finden. Das Hauptangebot ist dabei chinesisch geprägt.

1 Im **Soupailin Restaurant** kommen nordlaotische Gerichte auf den Tisch. Hier werden auch Kochkurse angeboten.

Pakbeng

ປາກແບງ

Pakbeng dient Reisenden hauptsächlich als **Zwischenstopp auf der Flussroute von Luang Prabang nach Houay Say** in der Provinz Bokeo. Die kleine Stadt profitiert von der neu gebauten **Freundschaftsbrücke nach Thailand** weiter südlich, die den Handel ankurbelt. Eine spektakuläre Sehenswürdigkeit hat der Ort zu bieten – den Blick auf den Mekong. Mehr aber auch nicht.

Praktische Informationen

An- und Weiterreise mit dem Bus

- **Oudomsay** (143 km, 3½ Std., 50.000 Kip): 9, 12 Uhr.

An- und Weiterreise mit dem Boot

Der **Ticketverkauf** findet an einem Häuschen unten am Anleger statt.

- **Luang Prabang** (8 Std., 110.000 Kip): 8:30 Uhr.
- **Houay Say** (8–9 Std., 110.000 Kip): 8:30 Uhr.

Tourist Info

- Das **Tourist Office** befindet sich, den Berg hinaufkommend, auf der linken Seite oberhalb des Anlegers. Geöffnet Mo bis Fr 8–11 Uhr (dann ist am ehesten jemand da), 14–16 und 18–20 Uhr.

Unterkunft

Vorbuchen muss man nicht, es wird sich immer ein Schlafplatz finden. Will man sich aber die Kontrolle von Zimmern nach einer anstrengenden und langen Bootsfahrt ersparen (die Ankunft findet im Dunkeln statt), empfiehlt es sich vielleicht doch, ein Hotel oder Gästehaus vorher auszuwählen.

■ **Mekong Riverside Lodge,** Tel. 020-55171068, www.mekongriversidelodge.com, die erste Straße links rein, wenn man vom Bootsanleger kommt. Bambusbungalows mit Balkon und wunderbarer Aussicht (50–80 US$).

■ **Luang Say Lodge,** die gleiche Straße noch ca. 150 m weiter, dann auf der rechten Seite, Tel. 081-2122967, www.luangsay.com. Stilecht und luxuriös, hier übernachten auch die Gäste der Cruise-Touren auf dem Mekong (60–100 US$).

■ **Monsavan Guesthouse,** an der Hauptstraße, vom Fähranleger geradeaus den Berg hoch, auf der linken Seite, Tel. 081-212619. Mit WLAN und gutem Frühstück inklusive ist dieses Gästehaus mit sauberen Zimmern eine gute Wahl (25 US$).

■ **DP Guesthouse,** früher Doangprasead Guesthouse, links neben dem Monsavan Guesthouse, Tel. 081-212624. Mit angeschlossenem Restaurant für den westlichen Geschmack. Eines der neueren Gästehäuser (25–35 US$) mit sehr hilfreichem und englisch sprechendem Personal.

Essen und Trinken

■ **DP Guesthouse,** s.o.

■ **Nampheung Restaurant Lao,** Richtung Markt, auf der linken Seite, die Straße hinauf hinter dem Monsavan Guesthouse.

■ **Sivelai Restaurant,** zweites Restaurant auf der rechten Seite vom Pier kommend, sehr gute Thai-Lao-Küche mit Ausblick auf den Mekong.

UNSER TIPP: **Kopchai Deu,** gegenüber der Riverside Lodge, die linke Straße vom Pier kommend hinein, hat dieses Restaurant einige sehr leckere (auch indische) Gerichte im Angebot.

Provinz Luang Namtha

Im Norden ist Luang Namtha bisher am besten für den Tourismus erschlossen und machte sich besonders als **Pionier des Öko-Tourismus** einen Namen. Auch Luang Namtha ist durchweg von Gebirgen und Hochland bedeckt. Allerdings etwas zurückhaltender als in den Nachbarprovinzen, was die Höhe anlangt. Dennoch klettern einige Gipfel an oder über die 2000 Meter, hoch genug, um auch hier für kühles Klima zu sorgen. Zum Mekong hin fällt das Gelände auf Höhen von etwa 500 Metern ab. Was die **ethnische Vielfalt** anbelangt, ist Luang Namtha der Spitzenreiter unter allen laotischen Provinzen. Angehörige von insgesamt 39 ethnischen Gruppen sind hier ansässig. Die zweitkleinste Nordprovinz (9325 km^2) zählt gut **175.000 Einwohner,** viele davon vom Berg-Thai-Volk der Lü (ca. 126.000 Menschen in Laos), das in Muong Sing sein Siedlungszentrum hat. Neben verschiedenen zu den Berg-Thai gehörenden Gruppen (Thai Dam, Thai Khao, Thai Neua, Thai Daeng, Phou Thai usw.) sind auch Nyuan und Nyang hier zu Hause. Von den Lao Soung findet man Meo, Mien und Laentaen, aber auch die zu den tibeto-burmesischen Völkern gehörenden Ko und Kuy. Von den Lao Theung leben hier vor allem Bit (Pasing) und Samtao, aber auch Khmu. Shan, Han und Lao Loum vervollständigen das Bild.

Wirtschaftlich bedeutend ist in Luang Namtha besonders der Anbau von Zuckerrohr. Daneben beginnt man auch

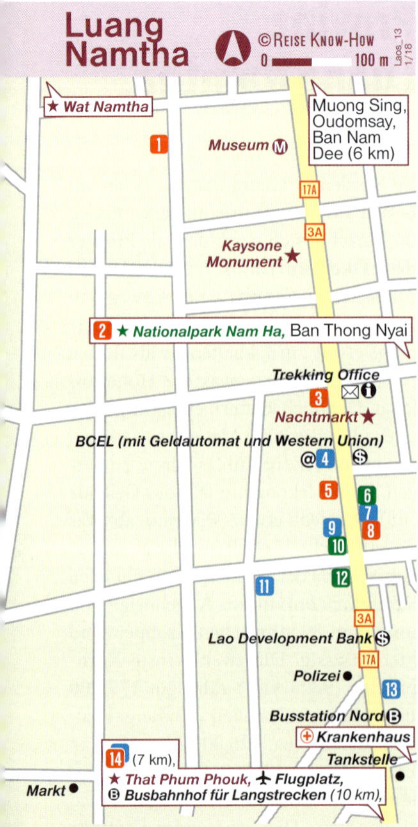

Übernachtung
1 Bouasone Guesthouse
2 Phou lu III Bungalows
3 Zuela Guesthouse
5 Thoulasith Guesthouse
8 Dokchampa Hotel
14 The Boat Landing Guesthouse

Essen und Trinken
4 Nudelsuppenküche
7 Bamboo Restaurant
9 Minority Restaurant
11 Lai's Place
13 Lao Lao Restaurant
14 The Boat Landing Guesthouse

Einkaufen
6 Forest Retreat Laos
10 Minimarkt
12 Green Discovery

mit der Kultivierung von Baumwolle und Tee. Der einst verbreitete Anbau von Schlafmohn zur Opiumproduktion wurde wesentlich reduziert. Wie für Oudomsay, so hat auch für Luang Namtha der wachsende **Handel mit China** und der generell wachsende Einfluss des nördlichen Nachbarn große Bedeutung.

Luang Namtha

ຫລວງນ້ຳທາ

Wer in die **Provinzhauptstadt** reist, ist entweder auf der Durchreise oder möchte den Ort als Basis für einen Ausflug nutzen. Bei der Anreise hat man vielleicht schon die vielen Kautschukplantagen in der näheren Umgebung bemerkt. Das bedeutet, dass man für ein gutes Trekkingvergnügung ausreichend Zeit einplanen sollte, um in „unkultiviertere" Landstriche vorzudringen. Dank eines Tourismusprojektes sind Informationen in nahezu allen Gästehäusern zu bekommen und **Touren zu Bergdörfern** in der Umgebung von Luang Namtha leicht zu organisieren. Speziell im Namtha-Naturschutzgebiet ist die Begleitung durch lokale Führer erforderlich.

Der Distrikt Luang Namtha (54.000 Einwohner) ist Siedlungsgebiet des Volkes der **Laentaen,** das zur Hmong-Mien-Gruppe gehört. Die Stadt ist ein **Neubau aus der Nachkriegszeit,** auffallend sind überdimensionierte Straßen und riesige Verwaltungsgebäude. Alt-Luang Namtha rankt sich eher unauffällig um den Flugplatz. Abends sind an der Hauptstraße kleine Frauengruppen von Minderheiten unterwegs, die selbst gemachte Dinge an den Mann bringen wollen. Für ein Foto wird schnell auch der ein oder andere Dollar fällig.

Der Ort selbst ist wenig spektakulär. Der buddhistische Tempel **Wat Namtha** ist einen Besuch wert. Ein **Museum** (Eintritt 5000 Kip) 100 Meter nördlich vom Kaysone Monument zeigt Trachten und Gegenstände der Völker der Region. Auch Dollar und Kip sind Ausstellungsstücke. Dem Frühaufsteher und Fan von Sonnenaufgängen sei der neue Stupa (2003) **That Phum Phouk** mit Blick über die Felder empfohlen (Eintritt 5000 Kip; Richtung Flughafen fahren und dann hinter dem Rollfeld rechts halten auf den noch ca. 3 km entfernten Hügel mit Stupa zu). Eine schöne Radtour könnte zum Boat Landing Guesthouse zum Mittagessen führen.

Interessant sind die **Dörfer der Laentaen,** etwa **Ban Nam Dee** 6 Kilometer vor Luang Namtha (Richtung Oudomsay) mit seinem Wasserfall, der traditionellen Papierherstellung (Dezember bis März) und Akha entlang der Straßen. **Ban Thong Nyai** (links noch vor dem Namtha-Fluss) ist ein Dorf der Tai Dam und bekannt für seine Seidenverarbeitung. In dem Ort weist gleich neben dem Gästehaus Saykhonglongsack ein kleines Schild auf das Büro des Nam Ha Ecotourism Office, wo sich Touren durch den **Nam-Ha-Nationalpark** (siehe Exkurs nächste Seite) buchen lassen.

Praktische Informationen

An- und Weiterreise mit dem Bus

Der **Busbahnhof** für Langstrecken liegt recht weit außerhalb der Stadt (ca. 10 km, ca. 30.000 Kip pro Person mit Tuk-Tuk). Verbindungen gibt es nach:

- **Luang Prabang** (307 km, 7 Std., 90.000 Kip): 8 Uhr, VIP-Bus um 8, 14:30, 21 Uhr (120.000 Kip).
- **Vientiane** (690 km, 17 Std., 220.000 Kip): 8:30, 14:30 Uhr.
- **Houay Say** (194 km, 5 Std., 65.000 Kip): 9, 12, 16 Uhr über Vieng Phoukha (1 Std.).

Ursprüngliche Dörfer unterschiedlicher ethnischer Minderheiten sind interessante Trekkingziele rund um Luang Namtha

laos073 vl

Von der **nördlichen Busstation** innerorts gelangt man nach:

- **Muong Sing** (59 km, 2 Std., 25.000 Kip): 8, 9:30, 11:30, 12:30, 14:30, 15 Uhr.
- **Vieng Phoukha** (67 km, 1 Std., 25.000 Kip): 9:30, 12:30 Uhr.

An- und Weiterreise mit dem Flugzeug

- Der **Flugplatz** befindet sich 7 km außerhalb der Stadt (südlich).
- **Lao Skyway** (www.laoskyway.com) fliegt drei- bis viermal wöchentlich nach Vientiane.
- Tägliche Flüge in die Hauptstadt hat **Lao Airlines** (Tel. 086-212072, www.laoairlines.com); Ticketschalter am Flughafen und unterhalb der Polizeistation.

Tourist Info

- **Trekking Office,** staatliche Touristeninformation direkt am Platz des Nachtmarktes an der Hauptstraße, Tel. 086-211534, www.luangnamtha-tourism.org, Mo bis Fr 8–11:30 und 13:30–16 Uhr.

Geld

- **BCEL** (mit Geldautomat und Western Union), geöffnet 8:30–15:30 Uhr.
- **Lao Development Bank,** geöffnet Mo bis Fr 8:30–15:30 Uhr.

Nationalpark Nam Ha

Am besten zugänglich von Luang Namtha, Muong Sing oder Vieng Phoukha, erstreckt sich der 2224 km^2 große Nationalpark im Norden **bis an die Grenze Chinas** und umfasst ca. 24% der gesamten Provinz. Die **gebirgige Schutzzone** ist nach dem gleichnamigen Fluss benannt, der zusammen mit dem Nam Tha, der in den Nam Ha mündet, durch den Park fließt.

1993 als erster Nationalpark in Laos **gegründet,** kommt ihm das Öko-Tourismusprojekt Nam Ha zugute. Touristen dürfen **nur mit lizensierten Führern** in das Gebiet des Nationalparks. Es soll sichergestellt werden, dass nur eine Gruppe mit maximal acht Personen auf einmal ein Dorf besucht. Die 25 Dörfer von laotischen Minderheiten wie Akha, Hmong, Khmu und Laentaen werden von dem touristischen Projekt unterstützt.

Die meisten Touren führen durch das Randgebiet des Nationalparks, und man bekommt vor allem ca. 20-jährigen Sekundärwald zu Gesicht. Am Rand des geschützten Areals kommen die Plantagen immer näher, daher wird es schwieriger, geeignete Routen zu finden. Bei der Auswahl, auch unter ökologischen Gesichtspunkten, helfen folgende Überlegungen: Führt die Tour nur durch das Randgebiet oder durch den Nationalpark selbst? Werden Dörfer unterschiedlicher Ethnien besucht? Ist die Übernachtung (Homestay) im Nationalpark oder im Randgebiet, in der Nähe einer größeren Straße? Wo fließt das eingenommene Geld hin? Gibt es in den zu besuchenden Dörfern lokale Guides?

In dem **empfindlichen Ökosystem** des Schutzgebietes sollen 300 Vogelarten, asiatische Elefanten, Gürteltiere, Tiger, Leoparden, Schwarzbären und das Gaure, das größte Rind der Welt, leben. Die **Tiere** bekommt man eher nicht zu Gesicht, aber die Natur ist beeindruckend: Höhlen, Flüsse, Wasserfälle, undurchdringbarer Urwald im Kerngebiet des Parks und seltene Pflanzen machen den Nam Ha zu einem unvergesslichen Erlebnis.

Übrigens können die Temperaturen von November bis Februar nachts auf unter 5°C fallen. Warme Kleidung einpacken!

Post

Beim Nachtmarkt im Zentrum, geöffnet Mo bis Fr 8–12 und 13–16 Uhr.

Gesundheit

Das **Krankenhaus** für Notfälle liegt im Süden der Stadt.

Trekking und Touren

Alle Anbieter haben ein- bis mehrtägige Trekking- und Bootstouren im Programm.

Trekking Office, s.o.

12 **Green Discovery,** südlich des Minimarkts an der Hauptstraße, rechts vom Nachtmarkt (Zentrum) kommend, Tel. 086-211484, www.greendiscovery-laos.com, 7:30–21 Uhr.

6 **Forest Retreat Laos,** beim guten 9 Minority Restaurant, Tel. 020-55680031, www.forestretreat-laos.com.

Fahrrad- und Mopedverleih

Entlang der Hauptstraße gibt es einige Werkstätten und Verleiher, auch manche Gästehäuser haben Zweiräder zum Ausleihen. Die Preise rangieren zwischen 30.000 und 80.000 Kip für ein Moped und zwischen 10.000 und 30.000 Kip für ein Fahrrad (jeweils pro Tag).

Unterkunft

14 **The Boat Landing Guesthouse,** Tel. 086-312398, www.theboatlanding.com. Ökologisch arbeitende Unterkunft 7 km außerhalb der Stadt in der Nähe des Flugplatzes. Schöne, wenn auch etwas in die Jahre gekommene Bungalowanlage (bis 45 US$). Sehr gute lokale Küche und Informationen zu Trekkingmöglichkeiten.

3 **Zuela Guesthouse,** gegenüber vom Nachtmarkt im Zentrum, Tel. 020-55886694. Saubere Zimmer mit AC (bis 20 US$), Fahrrad- und Mopedverleih sowie Tourangebote. Restaurant. Hier sind viele Reisende zum Frühstück mit Müsli und WLAN anzutreffen.

5 **Thoulasith Guesthouse,** etwas weiter südlich als das Zuela, Tel. 086-212166, www.facebook.com/thoulasith. Kleine, aber saubere Zimmer (bis 20 US$), WLAN, AC, gegenüber entsteht ein Neubau, daher gibt es den alten Garten nicht mehr.

2 **Phou lu III Bungalows,** etwas außerhalb des Zentrums, der Straße hinter dem Nachtmarkt rechts rein folgen, Tel. 020-99440084, www.luangnamtha-oasis-resort.com. Die schönen Bambusbungalows (bis 20 US$) sind im Stil unterschiedlicher ethnischer Gruppen gebaut, meistens mit Feuerstelle, trotzdem könnte es in den kalten Monaten recht frisch werden.

1 **Bouasone Guesthouse,** Tel. 020-55486013. Sehr gutes Gästehaus mit Warmwasser, das durch seine Lage hinter dem Museum außerhalb des Zentrums zu Unrecht nur wenige Reisende anzieht. Bis 20 US$.

8 **Dokchampa Hotel,** an der Hauptstraße südlich des Nachtmarkts, Tel. 086-212 226, www.dokchampahotel.com. Etwas unpersönlich, ein großer Hotelklotz, aber genauso günstig wie die Gästehäuser (bis 20 US$), zudem sauber und mit Warmwasser – eine sehr empfehlenswerte Übernachtungsmöglichkeit. Wird oft von Touranbietern gebucht.

Essen und Trinken

Der **Nachtmarkt** bietet Essensstände rund um einen kleinen Platz mit Sitzmöglichkeiten und eine angenehme Atmosphäre für ein „Feierabendbier" – mehr aber auch nicht.

11 **Lai's Place,** vom Nachtmarkt kommend bei Green Discovery rechts rein, 7–21 Uhr, ein paar westliche Gerichte, aber auch sehr gutes Laap und leckere Fischgerichte.

14 **The Boat Landing Guesthouse,** 7–21 Uhr, nicht nur Gästehaus (s.o.), sondern auch sehr empfehlenswertes Restaurant. Serviert werden typische Gerichte verschiedener ortsansässiger Ethnien. Bei Green Discovery (s.o.) gibt es Transportangebot für die Abendstunden.

13 **Lao Lao Restaurant,** authentisches Nudelküchenambiente abseits der Hauptstraße.

4 Neben dem Green Mountain Internet gibt es eine weitere leckere **Nudelsuppenküche.**

Unser Tipp: 7 Bamboo Restaurant, fast gegenüber dem Thoulasith Guesthouse an der Hauptstraße, hier gibt es auch vegane und glutenfreie Gerichte; die kleinen überbackenen Brötchen aus dem Steinofen sind sehr lecker (ab 17 Uhr). Im Restaurant liegen Broschüren zur Arbeit mit den Akha aus.

Muong Sing

ເມືອງສິງ

Muong Sing liegt nordwestlich der Provinzhauptstadt. Von hier führt eine der seinerzeit von den Chinesen gebauten Straßen in die südchinesische Provinz Yunnan. Muong Sing gilt als **„Hauptstadt" der Lü,** eines zu den Berg-Thai gehörenden Volkes. Die Stadt war nicht immer unumstritten laotisches Gebiet. Vor allem **Burma** erhob Ansprüche auf die Region. Doch im Gegenzug beanspruchten auch die Laoten Gebiete in Ostburma und Südchina, die seit Generationen von Lao- und Thai-Völkern bewohnt sind. Erst mit der Abgrenzung der Einflusssphären zwischen den Burma beherrschenden Briten und den Indochina erobernden Franzosen im Jahr 1896 wurden die heutigen Grenzen abgesteckt.

Heute ist Muong Sing bevorzugter **Handelsplatz der Bergvölker der Region.** Deren Erzeugnisse werden gegen Waren meist chinesischen Ursprungs gehandelt. Neben Dollar und Baht kommt hier der chinesische Yuan zu Ansehen. Kein Wunder, dass der **Markt** die eigentliche Sehenswürdigkeit des Ortes ist. Gespeist durch Erzählungen aus Zeiten des längst vergangenen Opiumhandels und durch die Nähe zu China haftet(e) Muong Sing eine gewisse Abenteuerromantik an. Der Ort ist mittlerweile **in chinesischer Hand,** die nähere Umgebung prägen Plantagen. Das hat zur Folge, dass weniger Touristen kommen, was wiederum bewirkt, dass viele Restaurants und Gästehäuser geschlossen haben – ein Teufelskreis. In der Nebensaison von März bis November machen die meisten Unterkünfte und Tourbüros komplett zu. Wem es in Luang Namtha zu trubelig ist, kann in Muong Sing seine Basis für Trecks in den Nam-Ha-Nationalpark (siehe Exkurs) aufschlagen.

Wer sich nach Muong Sing wagt, kann ein gewisses exotisches Flair erleben, gerade auch auf dem **Morgenmarkt** (ab 6 Uhr). Vor Sonnenaufgang ist ein Gewusel von Taschen- und Stirnlampen zu beobachten. Auf dem Weg durch den Ort wärmen sich am Straßenrand vereinzelt Männer an frisch entfachten Feuern. Sehr geschäftig werden frisches Obst und Gemüse angeboten. Weiter oben hört man das Hacken des noch dampfenden Fleisches. Irgendwo im Gewirr schnattern Enten, wahrscheinlich zum letzten Mal. Hunde machen sich über die Fleischabfälle her.

Einen Besuch wert ist das **Kloster Wat Luang.** Von außen recht unscheinbar, bieten im Inneren die vielen bunten Bänder, die für die Geister der Toten aufgehängt werden, ein sehr schönes Bild.

> Es ist frisch auf dem Morgenmarkt in Muong Sing

laos074 vl

laos075 vl

Im Stil der Lue erbaut, wurde das recht verfallene **Muong Sing Tribal Museum** mit internationaler Hilfe eingerichtet. In dem aus Holz gebauten wackeligen Obergeschoss kann man sich auf einem sehr kleinen Fernseher den sehr guten Film „Culture in Change. Akha People of Northern Laos“ anschauen (Mo bis Fr 8–11:30 und 13:30–15:30 Uhr, Eintritt 5000 Kip und 5000 Kip für den Film).

Muong Sing: Im Wat Luang hängen Gebetsfahnen für die Toten

Praktische Informationen

An- und Abreise mit dem Bus

Songthaeos und auch Minivans fahren von der **Busstation** am Markt. Von hier bis ins Zentrum sind es ca. 2 km. Tuk-Tuks organisieren die Gästehäuser oder stehen bei Ankunft vereinzelt am Markt.

■ **Luang Namtha** (59 km, 2 Std., 30.000 Kip): 8, 9:30, 11, 12, 14, 15:30 Uhr.

Tourist Info

■ **Im Zentrum** an der Kreuzung eine Straße weiter westlich als das Museum, Tel. 086-213021, mstouroffice@yahoo.com, Mo bis Fr 8–11:30 und 13:30-16:30 Uhr. Staatliche Angebote für Trekkingtouren.

Geld

■ **BCEL,** gegenüber dem Nachtmarkt, Mo bis Fr 8:30–15:30 Uhr.

■ **Lao Development Bank** (mit Geldautomat), Mo bis Fr 8–15:30 Uhr.

Trekking und Touren

■ **Tourist Info,** s.o.

■ **Phou lu II.,** Tel. 020-55985557, www.muangsingtravel.com. Homestays, Treks und Fahrradtouren, englischsprachiger Führer, nicht billig, aber professionell.

■ **Tigerman Treks,** an der Kreuzung im Zentrum, vom Morgenmarkt (oder der Bushaltestelle) kommend rechts abbiegen und dann auf der linken Straßenseite nach ca. 150 m, Tel. 020-55467833, tigermantrek@gmail.com. Diverse Touren und auch Fahrrad- und Motorradverleih (20.000–70.000 Kip pro Tag).

Fahrradverleih

■ **Tigerman Treks,** s.o.

■ **Phou lu II.,** s.u., 150.000–200.000 Kip pro Tag.

■ **Im Ortskern** finden sich verschiedene Anbieter (30.000–50.000 Kip pro Tag).

Unterkunft, Essen und Trinken

■ **Phou lu II.,** in die zweite Straße hinter dem Nachtmarkt rechts einbiegen (von der Hauptstraße aus), Tel. 020-55985557, www.muangsingtravel.com. Unterkunft (20 US$) mit Reiseagentur (s.o.) und Restaurant, beim letzten Besuch das einzige geöffnete Restaurant im Ort. Auch Fahrradverleih.

■ **Adima Guesthouse,** 8 km außerhalb der Stadt gelegen, Tel. 020-22293398. Mit Restaurant. Einige Dörfer liegen in der Nähe, sodass man von hier auch allein Ausflüge unternehmen kann; hierfür am besten ein Fahrrad aus der Stadt mitbringen. Der Preis ist günstig und Verhandlungssache.

■ **Daen Naue 2 Guesthouse,** an der Straße gegenüber dem Museum, mit großen und sauberen Zimmern für 65.000 Kip.

■ Auf ein Bier lohnt sich das **View Restaurant** mit Ausblick auf die Gemüsefelder. Essen kann man hier zwar nicht, doch ist das Lokal als Treffpunkt für das Feierabendbier der Einheimischen bekannt.

Xieng Kok

ຊຽງກົກ

Der an sich einzig durch seine **Weltabgeschiedenheit** bestechende Ort an der Grenze zu Myanmar bietet einen anderen Weg von und nach Muong Sing als die Straße nach Luang Namtha. Außer Fuchs und Hase sagen sich hier dem Vernehmen nach auch die Opiumhändler Gute Nacht. Dieses Geschäft ist stark rückläufig, dafür nimmt der halb legale **Handel mit China** immens zu, wovon die beeindruckenden Schiffe auf dem Mekong künden. Damit sie es leichter haben, wurden auf diesem Flussabschnitt mehrere Felsriffe gesprengt.

Für Reisende bietet der Ort **wenig Sehenswertes.** Wer dennoch hier strandet, sollte abends in der Unterkunft bleiben und sich auch sonst umsichtig bewegen.

■ **An- und Weiterreise:** Es besteht kein regelmäßiger Busverkehr.

■ **Unterkunft, Essen und Trinken: Daosavanh Guesthouse,** rechts neben dem Anleger, sehr einfach, aber am sichersten (50.000 Kip). An der Hauptstraße gibt es einige chinesische Restaurants.

Vieng Phoukha

ວຽງພູຄາ

Auf dem Weg von Luang Namtha in Richtung Bokeo liegt die Kreisstadt Vieng Phoukha. Eher bekannt für die Braunkohlegruben der Region, bieten der Ort und seine Umgebung aber auch prächtige Möglichkeiten für **Trekking** in und um das Nam-Ha-Naturschutzgebiet – auch als Alternative zu Luang Namtha.

Eine Reihe von **Höhlen** hat nicht nur Natur-Schauwert, sondern auch rituelle **(Tham Nam Ääng)** oder historische **(Tham Hii Sii Nom)** Bedeutung, dienten sie doch in der Kriegszeit als Schutz vor Bombenangriffen. Komplettiert wird das Angebot durch **archäologische Funde** in der historischen Siedlung außerhalb der heutigen Stadt (Ban Nong Kham). Allerdings ist außer den Überresten der Stadtmauer (Kuu Viang) so gut wie nichts geblieben.

Praktische Informationen

An- und Weiterreise mit dem Bus

- In die Busse, die **zwischen Luang Namtha** (67 km, 1 Std., 25.000 Kip) und **Houay Say** (127 km, 3 Std., 70.000 Kip) verkehren, kann man in Vieng Phoukha zu- bzw. aussteigen.

Trekking und Touren

- **Visitor Information Center,** von den Märkten Richtung Süden, an der Trinkwasseraufbereitung rechts ab, dann auf der linken Seite, Tel. 086-215 041, eco-trekvp@hotmail.com, www.luangnamtha-tourism-laos.org). 10 unterschiedliche Touren zu Akha, Khmu und Lahu.
- **Nam Ha Hilltribe Eco Trek,** oberhalb der Busstation an der Hauptstraße, Tel. 086-260015, www.trekvieng phoukha.com. 1- bis 3-tägige Treks.

Unterkunft

- **Samlang Chai's Bungalow, Mountain Lodge,** Tel. 020-55786277, www.samlan-chai-mountain-lodge.com. Holzbungalows (60.000 Kip) in schöner Lage (von Norden kommend an der Tankstelle rechts abbiegen).
- **Thong My Xay Guesthouse,** fast gegenüber der Tankstelle, an der Hauptstraße im Süden des Ortes, Tel. 081-212394. Einige wenige Bambusbungalows mit Blick auf den Fluss, auch Restaurant.

Provinz Bokeo

Im nordwestlichsten Zipfel von Laos liegt die Provinz Bokeo, mit gerade einmal 6196 km² Fläche die **kleinste Provinz des Landes.** Mit höchsten Erhebungen knapp über 1000 Meter erscheint Bokeo im Vergleich zu den anderen Nordprovinzen fast schon als Flachland. Dafür hat die Provinz andere Besonderheiten zu bieten. Der Name verrät es schon (Bokeo heißt Edelsteinquelle): Hier sind Steine zu holen, **Saphire, Smaragde, Rubine.**

Die ethnische Karte der Provinz sieht ähnlich bunt aus wie die von Luang Namtha. Etwa **180.000 Einwohner** hat die Provinz (immerhin 29 pro km²). Auch in Bokeo sind die Lü sehr stark vertreten, ebenso die Nyuan und verschiedene Gruppen der Berg-Thai. Von den Hmong-Mien leben vor allem Mien (Yao) hier, weniger Hmong, dafür aber auch einige der tibeto-birmanischen Völker wie Museu (Lahu) und Akha mit ihren zahlreichen Untergruppen. Mon-Khmer werden neben den Khmu besonders durch die Samtao (Tumoc, ca. 2400 Menschen in Laos) vertreten. Insgesamt leben Angehörige von 34 ethnischen Gruppen in der Provinz.

Wirtschaftliche Bedeutung hat neben der Förderung von Edelsteinen auch hier in erster Linie die **Landwirtschaft.** Dabei hat Bokeo schon aufgrund seiner geringen Fläche Mühe, mit anderen Landesteilen mitzuhalten. Beachtlich ist die recht erkleckliche Tabakproduktion.

Bokeo ist, gemeinsam mit Teilen von Luang Namtha, die **laotische Ecke des Goldenen Dreiecks,** was heute eher touristische Attraktion als Opiumanbau meint. 2005 wurde Bokeo offiziell für opiumfrei erklärt. Bokeo ist aber auch Teil des von Thailand angeregten **Entwicklungs-Vierecks.** Dieses umfasst die von Thai-Lao-Völkern besiedelten Gebiete in Yunnan (Sipsong Phanna), Myanmar (Kengtung) sowie die nordthailändische Provinz Chieng May und eben das laotische Bokeo. Erster Schritt in die wirtschaftlich helle Zukunft soll die Zusammenarbeit der vier Gebiete im Tourismus sein.

Houay Say (Houay Xai)

ຫ້ວຍຊາຍ

Houay Say wächst rasch und verdankt diesen Boom in erster Linie dem **thailändisch-chinesischen Handel,** der den Ort passiert. Die Menschen so vieler unterschiedlicher Völker, die in der Stadt wohnen und arbeiten, machen den Reiz von Houay Say aus. Aber auch Öko-Tourismus, speziell die Beobachtung von Gibbons und der reichen Vogelwelt, lässt sich in der Stadt organisieren.

Houay Say ist für Touristen vor allem als **Anfangs- oder Endpunkt einer Reise durch Laos** bedeutsam, speziell durch die **Verbindung mit Nordthailand.** Die Flussfahrt auf dem Mekong nach Luang Prabang über Pakbeng ist dabei – zu Recht – die meistgewählte Reiseroute.

Houay Say bietet mit dem **Wat Chom Khao Manirath** (von der Hauptstraße führt eine Treppe den Hügel hinauf) einen Bergtempel, von dem die Stadt und der Mekong gut zu überblicken sind. Die Ende des 19. Jahrhunderts errichtete Pagode im Shan-Stil weist schon dadurch auf wechselnde Herrschaftsansprüche in dieser Region hin. Neben den Lao waren es Burmesen und das Thai-Fürstentum Chieng Khong, die ein Auge auf das Fleckchen Erde hatten.

Noch weitgehend unerschlossen ist die **historische Stätte Souvannakhomkham** auf einer einstigen Mekong-Insel rund 60 Kilometer flussaufwärts (nächster Ort ist Ban Ton Pheung). Sie geht auf das Khmer-Reich Sikhottabong (Funan) zurück. Im 6. Jahrhundert war Souvannakhomkham wohl einer der nördlichsten Vorposten des Staates. Neu errichtet wurde der Ort, nun als Nakhou Xieng Saene, im 16. Jahrhundert von König *Setthathirath* als Bollwerk gegen die Burmesen. Diese zerstörten schließlich auch die Stadt, von der heute nur noch Ruinen zu finden sind. Die allerdings haben es in sich. Ein mehr als sieben Meter hoher Buddha zählt zu den größten in Südostasien.

Praktische Informationen

An- und Weiterreise mit dem Boot

Die **Bootsfahrt auf dem Mekong** in zwei Tagen nach Luang Prabang ist ein Highlight einer Laos-Reise. In der späten Trockenzeit sollte man sich bei der Etappenplanung über die Wasserstände informieren. Boote können bei Niedrigwasser ausfallen. Von der Nutzung der ohrenbetäubend lauten und halsbrecherischen Speed-Boote raten wir ab – Unfallgefahr!

- **Regulärer Bootsverkehr** über Pakbeng (6 Std., 110.000 Kip): Abfahrt 11:30 Uhr, am nächsten Tag weiter nach Luang Prabang (8 Std., 110.000 Kip).
- Neben dem regulären Bootsverkehr, den auch überwiegend Touristen in Anspruch nehmen, gibt es **Touranbieter,** die die Mekong-Fahrt gen Süden

Übernachtung
1 Houay Say Riverside Hotel & Phonevichith Guesthouse
2 Sabaydee Guesthouse
6 Hotel Thaveesinh
9 Riverside Houayxai Guesthouse
10 Kaup Jai Guesthouse

Essen und Trinken
3 Bar How?
9 Riverside Houayxai Restaurant

Sonstiges
4 Keo Dan Neau Tour
5 Gibbon Experience
7 Bo Sapphire Travel
8 Luang Prabang Travel

luxuriöser gestalten. Diese Touren brauchen die gleiche Zeit, umfassen Besuche der Höhlen von Pak Ou und die Übernachtung in der ansprechenden Luang Say Lodge in Pakbeng. Anbieter sind z.B. www.cruisemekong.com, www.luangsay.com und www.shompoocruise.com.

An- und Weiterreise mit dem Bus

Die **Busstation** liegt 5 km südlich des Zentrums in der Nähe des Flughafens. Es bestehen Verbindungen nach:

- **Luang Prabang** (500 km, 17 Std., 145.000 Kip): um 17 Uhr VIP-Bus.
- **Luang Namtha** (195 km, 4 Std., 65.000 Kip): 9, 12:30 Uhr.
- **Oudomsay** (308 km, 7 Std., 90.000 Kip): 9:30 Uhr, um 17 Uhr VIP-Bus (115.000 Kip).
- **Vientiane** (884 km, mehr als 30 Std., 230.000 Kip): VIP-Bus um 11:30 Uhr.

An- und Weiterreise mit dem Flugzeug

- Der **Flugplatz** befindet sich 6 km südöstlich der Stadt.
- **Lao Skyway** (www.laoskyway.com) fliegt täglich (außer sonntags) nach Vientiane.
- **Lao Airlines,** Tel. 084-211026, www.laoairlines.com, hat ein Ticket Office in Houay Say (8–12 und 13–17 Uhr).

Grenzübergang nach Thailand

- Seit 2013 über die **Freundschaftsbrücke** 10 km außerhalb (8–20 Uhr). Verbindungen nach Thailand (Chiang Rai) können in einem der Reisebüros gebucht werden. Visa upon Arrival sind in beide Richtungen erhältlich.

Geld

Im Traveller-Zentrum entlang der Hauptstraße sind einige **Geldautomaten** zu finden. In den meisten Unterkünften und Restaurants werden **auch thailändische Baht akzeptiert.**

■ **Lao Development Bank,** am Bootsanleger, Mo bis Fr 8:30–15:30 Uhr.

■ **Phongsavanh Bank,** nördlich von Gibbon Experience (s.u.), Mo bis Fr 8:30–16:30 Uhr.

Tourist Info

■ **Tourist Office,** an der Hauptstraße südwestlich des Aufgangs zum Wat Chom Khao Manirath, tägl. 8:30–11:30 und 13:30–16 Uhr.

Post

■ Im Süden **an der Hauptstraße,** Mo bis Fr 8–12 und 13–16 Uhr.

Trekking und Touren

5 Das Tour Office von **Gibbon Experience** (www.gibbonexperience.org, Organisation „Animo") befindet sich neben dem Thaveesinh Hotel; Öffnungszeiten: 8–11 und 14–18:30 Uhr. Die in den letzten Jahren sehr bekannt gewordenen Touren sollten frühzeitig gebucht werden, da sie oft weit im Voraus ausgebucht sind. Auch wenn die Sichtung oder selbst das Hören der Langarmaffen eher selten vorkommt, sind die Ausblicke aus den Baumhäusern ein sehr schönes Erlebnis. Bei den schnellen Fahrten mit den Zip Lines sollte man nicht zimperlich sein.

■ Anbieter von Touren in die Provinz Bokeo mit Homestay finden sich entlang der Hauptstraße; sie organisieren auch Edelstein-Touren: 8 **Luang Prabang Travel,** Tel. 020-98484529, luangprabangtravel-bokeobranch@hotmail.com; 4 **Keo Dan Neau Tour,** Tel. 020-55683323; 7 **Bo Sapphire Travel,** Tel. 084-212112, bo-sapphire2012@gmail.com.

Unterkunft, Essen und Trinken

Houay Say ist auf viele durchreisende Traveller eingestellt und bietet eine Reihe von Gästehäusern.

6 **Hotel Thaveesinh,** direkt gegenüber vom Gibbon-Experience-Büro im Stadtzentrum, Tel. 084-211502, Thaveesinh.info@gmail.com. Die Zimmer sind in Ordnung (DZ mit AC und WLAN 10–20 US$).

UNSER TIPP: 10 **Kaup Jai Guesthouse,** Tel. 020-55683164. Sehr gutes Preis-Leistungsverhältnis mit frischen Zimmern (AC, WLAN, 15 US$) und sehr hilfsbereitem Personal.

1 **Houay Say Riverside Hotel & Phonevichith Guesthouse,** Tel. 084-211765, www.houayxairiverside.com. Komplex aus Gästehaus und Hotel. Im Hotelgebäude gibt es große, saubere Zimmer (auch mit AC), teilweise mit schönem Blick auf den Fluss (30–40 US$). Dachterrasse und WLAN.

9 9 **Riverside Houayxai Guesthouse & Restaurant** (nicht zu verwechseln mit dem oben genanntem Houayxai Riverside Phonevichi), die Straße gegenüber der Touristeninformation rein, Tel. 084-211064, kai-riversidehtl@hotmail.com. Sehr empfehlenswerte Zimmer (20 US$), die oft ausgebucht sind. WLAN. Das dazugehörige Restaurant ist ebenfalls zu empfehlen.

2 **Sabaydee Guesthouse,** an der Hauptstraße ein wenig nördlich der Bar How? auf der linken Straßenseite, Tel. 084-212252. Guter Treffpunkt für Backpacker. WLAN, manche der oberen Zimmer haben Mekong-Blick (10–15 US$).

3 **Bar How?,** leckere Cocktails, daher abends auch sehr gut besucht, an der Hauptstraße gelegen.

Die Hauptstraße von Houay Say säumen Gästehäuser

laos076 vl

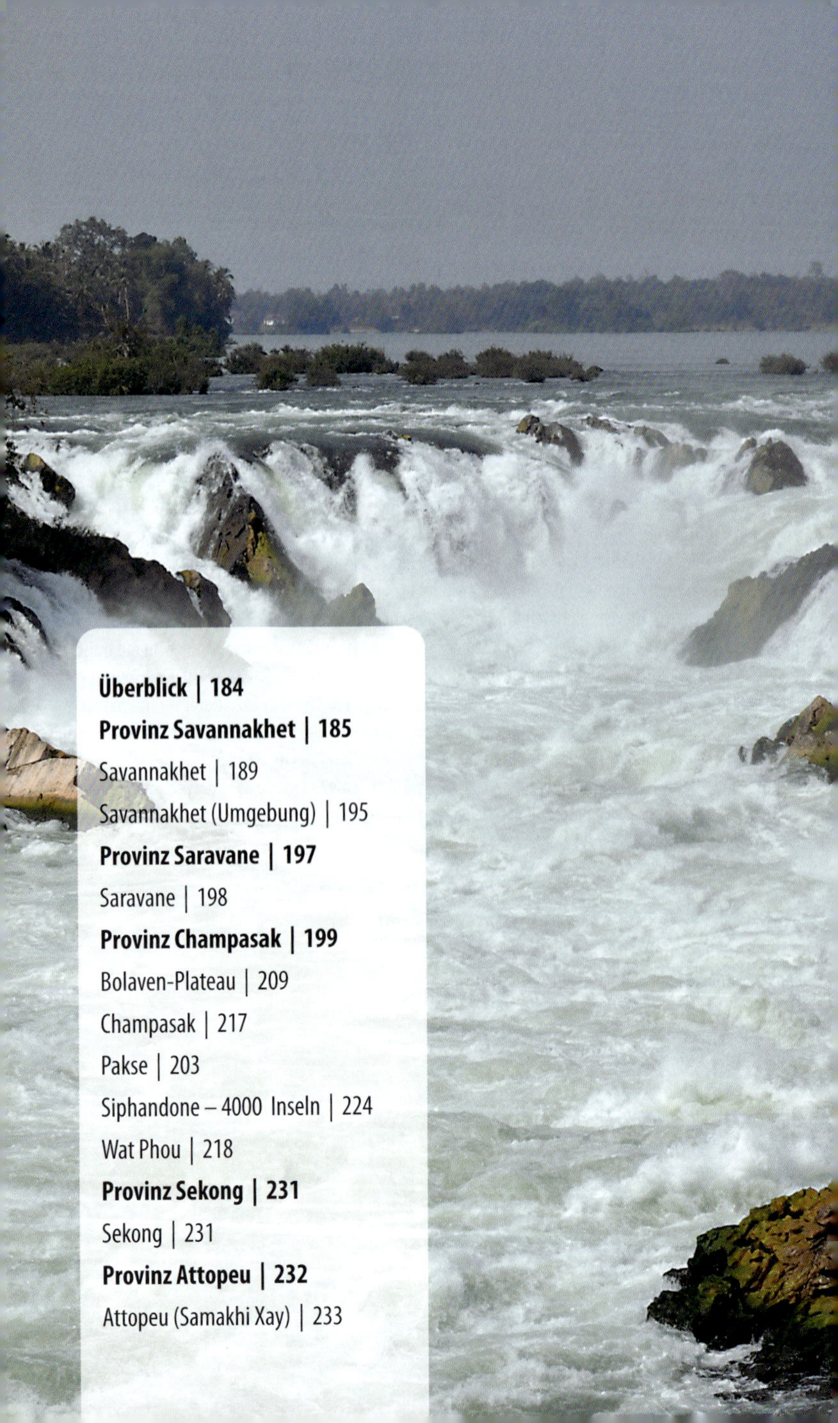

laos105 vl

3

Der Süden

Der mächtige Mekong, Leben auf und am Fluss – das Wasser scheint den Süden zu bestimmen, und doch bietet die Region viel mehr: Kaffeeplantagen für Genießer und uralte Tempelruinen für Entdecker. Im südlichsten Zipfel lockt dann der Backpackertraum schlechthin: die spektakuläre Welt der 4000 Inseln.

< Der Wasserfall Khong Phapheng ganz im Süden

ÜBERBLICK: DAS SÜDLICHE LAOS

Beherrscht wird das südliche Laos vom Bolaven-Plateau, einer Hochebene, die sich gleich einem umgestülpten Teller bis zu 1000 Meter hoch erhebt. Die Provinzen Saravane, Attopeu und Champasak haben jeweils Anteil an dem Plateau.

Das Klima unterscheidet sich spürbar von dem in der Hauptstadt. Im Süden liegen die Temperaturen deutlich höher als im 700 Kilometer nördlicher gelegenen Vientiane. Außerdem fällt im Süden mehr Regen. Angenehm kühl ist es dagegen auf dem Bolaven-Plateau, manchmal schon zu kühl, wie Hagel und gelegentlicher Frost belegen, denen immer wieder einmal die Kaffeeplantagen zum Opfer fallen.

Bewohnt wird die Region von einem bunten **Gemisch unterschiedlichster Völkerschaften,** von denen sich die meisten der Mon-Khmer-Gruppe zuordnen lassen. Viele von ihnen leben vom **Brandrodungsfeldbau.** Landwirtschaftlich bedeutsam ist der Reisanbau in den Mekong-Ebenen. Der Süden von Laos ist im Vergleich zum Rest des Landes und erst recht zum Zentrum sehr **rückständig,** was nach Südosten hin (Provinzen Sekong und Attopeu) zunimmt. Diese Tendenz findet auch jenseits der Grenze besonders in den kambodschanischen Provinzen Rattanakiri und Mondulkiri ihre Fortsetzung. Eine gewisse Ausnahme machen die in den zentralen Gebieten des Bolaven-Plateaus lebenden Völker, die in der Zeit der französischen Kolonialherrschaft mit dem Anbau von Kaffee, Tee, Kardamom oder Obst und Gemüse für den Verkauf begannen.

NICHT VERPASSEN!

- **Bolaven-Plateau:** Wasserfälle und Kaffeeanbau | 209
- **Wat Phou:** „Angkor en miniature" bei Champasak | 218
- **Siphandone:** Irrawaddy-Delfine beobachten im Gebiet der 4000 Inseln | 224, 228
- **Khong Phapheng:** der größte Wasserfall Asiens | 230

Diese Tipps sind gelb hinterlegt.

[>] Savannakhet: Verwitterte Häuserzeilen im Kolonialstil in der Hauptstadt der gleichnamigen Provinz

Übersicht S. 186

Provinz Savannakhet

Savannakhet, wie auch Bolikhamsay und Saravane, klemmt gewissermaßen zwischen Vietnam und Thailand. Doch mit einem gewaltigen Unterschied: Durch die Provinz führt mit der **Straße Nr. 9** die **wichtigste Straßenverbindung zur vietnamesischen Küste.** Zu danken hat die Provinz dies in erster Linie den politischen Unwägbarkeiten des laotisch-thailändischen Verhältnisses in den Jahren nach Gründung der Laotischen Demokratischen Volksrepublik 1975, als Thailand wiederholt seine Grenze zu Laos schloss. Selbst bis in die Tage des beginnenden politischen Tauwetters hinein hielt die thailändische Regierung an einer Liste „strategischer Güter" fest, die nicht ins benachbarte „kommunistische" Laos geliefert werden durften, darunter Benzin, Zement, Asphalt. So war Laos lebensnotwendigerweise auf einen anderen Zugang zum Meer angewiesen und fand ihn in der Straße Nr. 9 bei Nutzung eines Teils des Hafens von Da Nang an der vietnamesischen Küste. Die Straße wurde vor allem mit Hilfe Vietnams und der Sowjetunion asphaltiert, und als Geschenke einiger Ostblockstaaten (Polen, Ungarn, Tschechoslowakei, Bulgarien, UdSSR) entstanden an den größten Flüssen neue Brücken. Starke Beanspruchung und fehlende Instandhaltung lassen das fast schon in Vergessenheit geraten. Japan bezahlte den erneuten Ausbau der im ASEAN-Transitnetz wichtigen Verbindung und finanzierte mit der

laos085 vl

Brücke über den Mekong auch den direkten Anschluss ans Thai-Straßennetz. Der Grenzübergang nach Vietnam in Lao Bao ist für Touristen geöffnet.

Klimatisch und geografisch unterscheidet sich Savannakhet – was sich mit „paradiesischer Landstrich" übersetzen lässt – wenig von den Schwesterprovinzen. Seine Bedeutung für Laos ist jedoch immens. Savannakhet ist die flächenmäßig **größte** (21.774 km²) **und** mit etwa 970.000 Einwohnern auch **bevölkerungsreichste Provinz.**

Zudem ist es die **Reiskammer des Landes** (rund ein Fünftel des gesamten Reisaufkommens der Republik) und die führende Provinz in der Haltung von Wasserbüffeln und Rindern, die zu einem nicht unbedeutenden Teil exportiert werden. Begünstigt werden Ackerbau und **Viehzucht** in diesem Landstrich durch die größere Ausdehnung der Mekong-Ebene und die nicht mehr so hohen Berge, an deren Hängen sich vorzügliche Rinderweiden finden.

In der Mekong-Ebene leben **überwiegend Lao.** Darüber hinaus siedeln in der Provinz Savannakhet auch Phou Thai sowie Ka Tang und Ta Oy. Die Provinz ist auch bekannt für ihren recht bedeutenden Anteil hier ansässiger **Vietnamesen,** die einen nicht geringen Teil der katholischen Gemeinde stellen.

Wie Khammouane gehörte auch Savannakhet schon in grauer Vorzeit, das heißt um das 6. Jahrhundert, zum Kernland des seinerzeit bedeutenden **buddhistischen Khmer-Reiches Sikhottabong.** Zeugnis davon legen heute nicht zuletzt die beiden in jener Zeit begründeten Stupas That Ing Hang und That Phon in der Umgebung der Provinzhauptstadt Savannakhet ab. Zur Zeit der

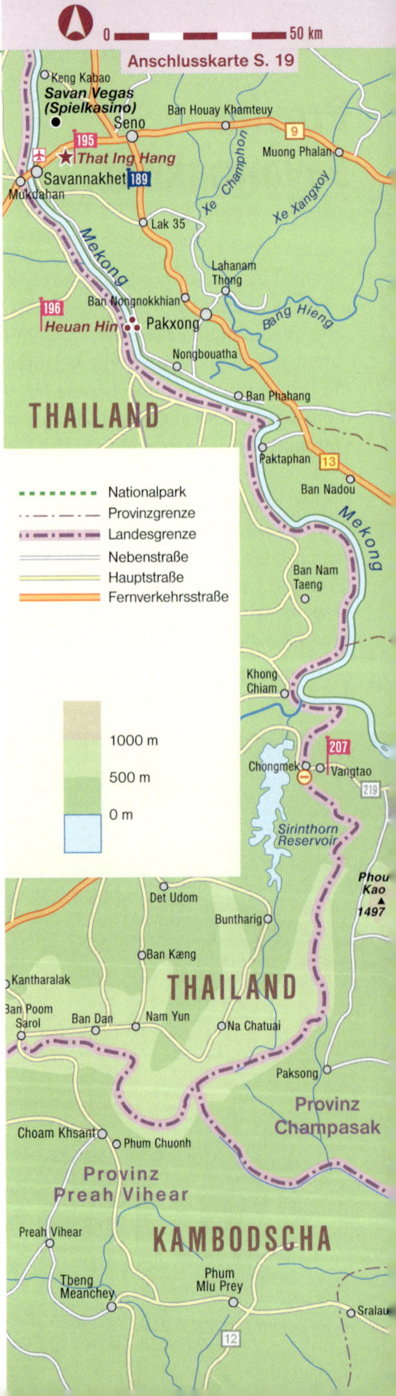

Provinz Quang Tri
Süd-chinesisches Meer
189/196
Sepone
Ban Nabo
196
Ho-Chi-Minh-Pfad
197
Lao Bao
Ban Dong
Khe Sanh
Đong Hà
Quang Trị
Tam Giang Lagune
Thuan An
Phong Dien
Huế
Muong Phine
Thamouak
Xe Lenong
Provinz Savannakhet
VIETNAM
Aluoi
Bach Ma Nationalpark
Bach Mã
Ban Mene
L A O S
Ban Top
Ban Khamouan Tai
1319
2500
Prao
Ho-Chi-Minh-Highway
Provinz Saravane
Ban Songkon
198
Saravane
210
Se Done
Ban Bungxai
Napong
2193
Sông Boung
Ban Soung
Ban Beng
Muang Khongsedon
Provinz Sekong
Sekong
Ban Houay Hun
Thateng
Ban Thounia
Ban Phon
231
Sekong (Muong Lamam)
Dak Cheung
Ban Nanai
209
Ban Itou
209
Paksong
Bolaven-Plateau
203
Pakse
Ban Houay He
Provinz Attopeu
Muong Kao
Provinz Champasak
Đăk Pec
217
Champasak
233
Pha Am
1507
218
Wat Phou
Ban Pathoumphone
233
Attopeu (Samakhi Xay)
233
Saysettha
Ban Senlouang
Don Talat
Ngọc Hoi
Pò Y
Khonthout
Sanamxai
Ban Paong
Soukhouma
Sekong
Mekong
KAMBODSCHA
VIETNAM
26
Khong
Hatsay Khoun
224
Ban Xot
Siphandone – 4000 Inseln
T. Sekông
Veun Sai
Phum Chantuh
Wunsei (Viracheay)
230
Veun Kham
Khong Phapheng
Provinz Stung Treng
Xe Xang
Provinz Gia Lai
Le Thanh
Đức Co
Phum Bâ Kham
Chu Nghe
Banlung
Provinz Rattanakiri

laos085 vt

französischen Kolonialherrschaft vollzog sich in dieser Provinz ein großer Teil dessen, was man als wirtschaftliche Entwicklung bezeichnen könnte. Hier befanden sich die Zinnminen von Phone Tiu, in denen vorwiegend vietnamesische Kulis das nicht zuletzt kriegswichtige Erz abbauten.

1971 machte ein Teil der Provinz Schlagzeilen ganz anderer Art. Nach erfolglosen Flächenbombardements versuchten südvietnamesische Truppen in Stärke von 17.000 Mann, mit Unterstützung weiterer 10.000 US-Militärs, im Rahmen der **Offensive „Lam Son 719"** den legendären Ho-Chi-Minh-Pfad auf laotischem Gebiet zu unterbrechen. Damals ging der Name des Ortes **Sepone** (oft auch Tschepone geschrieben) um die Welt. Die Angreifer erlitten hier eine empfindliche Schlappe.

Neuerlich machte Savannakhet von sich reden, als in den Bergen der Provinz 1992 Überreste von **Dinosauriern** gefunden wurden. Leider ist die Fundstelle nur bei länger andauernder trockener Witterung zu erreichen. Dennoch ein heißer Tipp für alle Saurierfans.

Savannakhet

ສະຫວັນນະເຂດ

Spätestens beim Namen der Provinzhauptstadt Savannakhet beginnt unter Laoten der Streit. Was bei den meisten Savannakhet oder schlicht nur Savan heißt, trägt auf vielen Landkarten und Dokumenten den Namen Khanthabouri. Bewohnt wird die Stadt von etwas mehr als **130.000 Einwohnern,** viele leben auch vom Handel zwischen Thailand und Vietnam.

Ausnahmsweise – und im Gegensatz zu allen anderen größeren Städten am Mekong – liegt Savannakhet **nicht direkt an der Straße Nr. 13,** sondern rund 30 Kilometer westlich. Der wunderbare Ausblick über den Mekong bietet eine Ansicht der Provinzstadt Mukdahan auf dem thailändischen Ufer des Flusses.

laos084 vl

☐ Im sporadisch geöffneten Stadtmuseum von Savannakhet überwiegen die Dokumentationen von erfolgreichen laotischen Kämpfen

☐ In den Straßen von Savannakhet

Savannakheth

Von seinen Ausmaßen her ist der Innenstadtbereich größer als der beispielsweise von Thakhek. Doch die eigentliche **City** lässt sich bequem zu Fuß erkunden. Westlich wird sie von der Personenfähre nach Thailand begrenzt und nach Osten von der diesen Stadtteil beherrschenden katholischen Kirche. Die Häuserzeilen im Kolonialstil sind hier nicht so gut in Schuss wie in Thakhek. Eine Ausnahme bildet der ehemalige Gouverneurspalast, der von Vietnamesen als Mekong-Hotel betrieben wird. Nach wie vor lebt in der Stadt eine große Anzahl von **Vietnamesen und Chinesen,** die vor allem das Wirtschaftsleben prägen.

Die **Orientierung** in der Stadt ist durch die schachbrettartige Anlage recht einfach. Die weite Ausdehnung der Stadt entlang dem Mekong zieht aber manchen Weg in die Länge, sodass sich dann die Nutzung eines Chum Boos empfiehlt. Preis wie immer vor dem Fahrtantritt aushandeln!

Sehenswertes

Die Stadt selbst bietet neben den Bauten aus der Kolonialzeit und der katholischen Kirche noch einige buddhistische Tempel. Diese können jedoch alle auf keine längere Geschichte zurückblicken. Erwähnt sei aber **Wat Sayaphoum (Xayaphoum),** direkt am Mekongufer gelegen. Diese älteste und größte Tempelanlage der Stadt geht auf ihr 100-jähriges Jubiläum zu. Beachtenswert ist die zum Wat gehörende Schule, die sich regen Zuspruchs erfreut.

Das **Dinosaurier-Museum** ist nicht gerade spektakulär, aber einen kurzen Besuch wert; die Infotafeln sind allerdings auf Französisch (tgl. 8–11:30 und 13:30–16 Uhr, Eintritt 5000 Kip).

Wie in jeder asiatischen Stadt ist der **Markt (Talaat Savansay)** schon als solcher eine Sehenswürdigkeit. Der Morgenmarkt von Savannakhet liegt 3 Kilometer außerhalb des Stadtzentrums und erstreckt sich über vier Etagen.

Die katholische **Kathedrale St. Teresia** (erbaut 1930) im Stadtzentrum verspricht von außen weit mehr, als das fast schon spartanische Innere dann hält. Garten und kühles Kirchenschiff lassen den Ort dennoch zu einer Oase der Ruhe werden.

Das an ein Märchenschloss erinnernde **Haus Lahasinh** in der Santiphap Rd. bietet die Vorführung von traditioneller Baumwollverarbeitung und eine stattliche Sammlung alter Gerätschaften. Spezialität ist das Färben mit Indigo (tgl. 8–18 Uhr).

Praktische Informationen

An- und Weiterreise mit dem Bus

Der **Busbahnhof** liegt nördlich des Zentrums. Verbindungen bestehen nach:

- **Pakse** (262 km, 5 Std., 40.000 Kip): ab 7 Uhr mehrere Busse am Vormittag.
- **Dan Savan, Lao Bao/Vietnam** (232 km, 7 Std., 40.000 Kip): 7 und 12 Uhr.
- **Thakhek** (133 km, 2 Std., 30.000 Kip): ab 8 Uhr stündlich bis 13 Uhr.
- **Vientiane** (470 km, 8 Std., 75.000 Kip): ab 6 Uhr halbstündlich bis 11:30 Uhr.

An- und Weiterreise mit dem Flugzeug

- **Lao Airlines,** Tel. 041-212140, www.laoairlines.com, Ticketbüros am Flughafen (8–17 Uhr) und bei SK Travel & Tour (s.u.). Flüge in der Hochsaison tgl.

nach Pakse (30 Min.), Vientiane (1 Std.) und Bangkok (1½ Std.).

Grenzübergang nach Thailand

■ 2007 wurde die **2. Freundschaftsbrücke** zwischen Thailand und Laos eröffnet. 1600 Meter verbinden Mukdahan und Savannakhet. Geöffnet ist der Grenzübergang von 6–22 Uhr. Busse fahren stündlich von der zentralen Busstation ab 8:15 Uhr (14.000 Kip). Auf thailändischer Seite gibt es Busverbindungen nach Bangkok (ca. 10 Std.).

Tourist Info

■ **Provincial Tourism Department,** Chaleunmuang Rd., Tel. 041-214203, Mo bis Fr 8–11 und 13:30–16 Uhr. Spezielle Angebote zum Besuch des südlich von Sepone gelegenen Naturschutzgebietes Dong Phou Vieng, u.a. mehrtägige Trekkingtouren.

Konsulate

■ Das **thailändische Konsulat** befindet sich im Nanhai Hotel 1 km vom Stadtzentrum entfernt, www.thaisavannakhet.com, Visaanträge von 9–11 Uhr.

■ **Vietnamesisches Konsulat,** Sisavangvong Rd., Tel. 041-212418, Visa für 15 (40 US$) und 30 Tage (50 US$) mit drei Tagen Bearbeitungszeit.

Geld

■ **BCEL** (mit Geldautomat), Ratsavongseuk Rd., Mo bis Fr 8:30–15:30 Uhr.

■ **Lao Development Bank,** Oudomsinh Rd., Mo bis Fr 8:30–16 Uhr.

■ **Phongsavanh Bank** (mit Geldautomat), Ratsavongseuk Rd., Mo bis Fr 8:30–16:30 Uhr, Sa 8:30–11:30 Uhr.

■ Auch am Grenzübergang stehen **Geldautomaten** zur Verfügung.

Post

■ **Chanthabouri Rd.,** Mo bis Fr 8–16:30 Uhr.

Abendessen am Mekong

laos082 vl

Gesundheit

■ **Mukdahan International Hospital** in Mukdahan, Thailand, Notruf: 0066-(0)42-633302, Mukdahan-Dontan Rd.

■ **Provinzkrankenhaus,** Chanthabouri Rd., Notruf: 041-212231.

Trekking und Touren

■ **Provincial Tourism Department,** s.o.

11 **Eco-Guide Unit,** Ratsaphanith Rd., tgl. 8–11:30 und 13:30–16 Uhr.

4 **SK Travel & Tour,** Chaymuang Rd., Tel. 041-300177, Mo bis Fr 8:30–16:30 Uhr.

Unterkunft

In Savannakhet ist die Auswahl an Übernachtungsmöglichkeiten erfreulich groß. Die wirklich empfehlenswerten sind allerdings wenige. Einige zur Auswahl:

7 **Souannavong Guesthouse,** Senna Rd., Tel. 041-212600. Gute Zimmer für 5–15 US$, teilweise mit AC. WLAN, auch Fahrrad- (15.000 Kip) und Motorrollerverleih (90.000 Kip).

5 **Leena Guesthouse,** Chao Kim Rd., Tel. 041-212404. Sympathische klassische Backpacker-Unterkunft für den kleinen Geldbeutel (5–15 US$), WLAN, teilweise AC.

1 **Soulinsouk Hotel,** Makhasavan Rd., Tel. 041-213436. Saubere große Zimmer für 15–25 US$, WLAN, AC und Parkplatz. Empfangshalle der besonderen Art: sehr viel Urwald-Deko.

6 **Savanbanhao Hotel,** Senna Rd., Tel. 041-212202. Schlichter, recht großer Komplex mit sauberen Zimmern (15–25 US$), AC, Tourangebote.

12 **Daosavanh Resort & Spa Hotel,** Chanthabouri Rd., Tel. 041-252188, www.daosavanh.com. Kleiner Pool, Sauna, moderne Zimmer ab 50 US$ und guter Service – eine sehr komfortable Unterkunft.

Essen und Trinken

■ **Talaat Savansay,** der Morgenmarkt liegt westlich der Busstation. Hier gibt es frische Früchte, Reis in vielen Varianten und auch das gedörrte Rindfleisch „Sin Savanh", für das Savannakhet in ganz Laos bekannt ist.

10 Um den alten Fähranleger stellen sich abends die typischen **Essensstände** auf – eine schöne Gelegenheit, lokale Köstlichkeiten zu testen und bei einem Getränk den Sonnenuntergang zu begießen.

8 **Lin's Café,** Ratsaphanith Rd., 8:30–20 Uhr, Mi geschlossen. Leckerer Kaffee, aber auch gute, deftige Gerichte, super Currys, im 1. Stock kleine Ausstellung mit gemütlichen Sitzmöglichkeiten.

3 **Lao Deum Savan Restaurant,** schwimmendes Restaurant für Touristen mit sehr guten laotischen Speisen (10–22 Uhr).

2 **Tonenam Restaurant,** Oudomsinh Rd., 10–22 Uhr. Viele schöne Sitzgelegenheiten im Außenbereich, leckere Thai-Küche.

9 **Dao Savan Restaurant,** am zentralen Platz, 11–22 Uhr. Gehobenes französisches Restaurant.

laos081 vl

> Katholische Kathedrale St. Teresia

laos086 vl

Spielkasino Savannakhet

An den Wochenenden kommt hier ein Bus nach dem anderen an. Vor allem Thailänder vergnügen sich in dem 5000 m² großen Spieltempel **Savan Vegas** ca. 10 Kilometer außerhalb der Stadt.

Die Umgebung von Savannakhet

That Ing Hang

12 Kilometer nordöstlich von Savannakhet führt von der Straße Savannakhet – Seno ein Abzweig ca. 3 Kilometer bis direkt zum Heiligtum. Die Anfahrt lässt sich mit dem Chum Boo, aber auch per Bus (dann aber mit 3 Kilometern Fußmarsch) bewerkstelligen.

That Ing Hang (geöffnet 7–17 Uhr, Eintritt 5000 Kip) ist eine **sehr harmonische historische Stupa.** Sie befindet sich in hervorragend gepflegtem Zustand. Einzig die blauen Fußbodenfliesen stehen in eigenartigem Kontrast zu der ansonsten altehrwürdigen Anlage. An diesem Platz wurde zuzeiten des Reiches Sikhottabong (in chinesischen Chroniken Funan genannt) etwa im 6. Jahrhundert auf Geheiß indischer Mönche erstmals eine **buddhistische Pilgerstätte** errichtet. Sie brachten aus Indien auch eine Buddha-Statue mit. Nach seiner ursprünglich buddhistischen Bestimmung wurde That Ing Hang von den Khmer später zu einem **Hindu-Tempel** umgebaut, ehe er im laotischen Reich Lane Xang zu seiner ursprünglichen Religion zurückfand.

That Ing Hang weist am Fuß eine Kantenlänge von neun mal neun Metern auf und ist insgesamt 25 Meter hoch. Auffallend sind die allen anderen laotischen Skulpturen wenig ähnelnden **Figuren** an den Außenwänden der Stupa.

Das Bauwerk ist in **Form einer Chedi** errichtet und enthält eine Schatzkammer. Diese birgt eine **Sammlung von Buddha-Statuen** von unschätzbarem Wert. Wem es gelingt, an einem gewöhnlichen Tag jemanden aufzutreiben, der einen Schlüssel zu der Kammer hat, kann einen Blick hineinwerfen. Frauen allerdings ist das Betreten der Schatzkammer aus religiösen Gründen untersagt. Auch die deftigen Schnitzereien sollen dem zarten Geschlecht nicht zugemutet werden.

laos087 vl

◁ ▷ Ansichten von That Ing Hang

Die Stupa ist von einer **Mauer** umgeben, die nach Westen niedriger ist. Die anderen drei Seiten haben die Form von **Wandelgängen,** in denen die zum **That-Ing-Hang-Fest** im November anreisenden Mönche meist nächtigen. Außerhalb der Wandelgänge leben die zum That gehörenden Mönche in Unterkünften, die zu Glanz und Bedeutung der Stupa in krassem Gegensatz stehen.

That Phon

Die Besichtigung (Eintritt 5000 Kip) des dritten der ursprünglich vier laotischen Stupas (der vierte, That Phanom, liegt heute in Thailand) erfordert einen längeren **Ausflug** weiter **nach Süden.** Am günstigsten hat es sich erwiesen, nach 37 Kilometern auf der Straße Nr. 13 dem Wegweiser „km 480 Ban Dongkhayon" zu folgen. Von hier an sind noch etwa acht Kilometer Piste zu bewältigen, ehe man am That Phon anlangt. Auch die Dörfer der Umgebung haben zumindest eine Besonderheit zu bieten: Sie sind in ganz Laos bekannt für ihren aus dem Saft der Zuckerpalme gekochten **Zucker.** Diese Art der Zuckergewinnung findet man sonst vor allem in Kambodscha.

That Phon nimmt sich aus wie der kleine Bruder von That Ing Hang. Lange nicht so schön gelegen und auch nicht in jenem guten Zustand, macht diese buddhistische Pilgerstätte eher den **Eindruck eines aufgegebenen Platzes** vergangener Tage. Doch weit gefehlt! Spätestens im Februar, wenn gleichzeitig mit That Sikhottabong bei Thakhek das jährliche Fest gefeiert wird, werden alle Zweifler eines Besseren belehrt: That Phon erfreut sich größter Beliebtheit und Verehrung bei Mönchen wie buddhistischen Laien.

Ursprünglich bestand dieses Heiligtum aus **mehreren Stelen.** Erst einige Zeit nach Bildung des Reiches Lane Xang ließ König *Phothisarath* im Jahre 1539 eine Stupa an diesem heiligen Ort errichten. Zumindest die mannshohe Phallus-Figur, die fast schon gelangweilt neben der Stupa an der Rückwand des wenig beeindruckenden Sim lehnt, weist auf eine ebenso intensive Nutzung der heiligen Stätte in der Hindu-Zeit hin.

Heuan Hin

Einmal bis zum That Phon gelangt, sollten an der Khmer- und Cham-Kultur Interessierte es nicht versäumen, noch weitere 10 Kilometer auf der Straße Nr. 13 (km 490, Ban Nongnokkhian) und 15 Kilometer in Richtung Westen auf wenig einladenden Pisten auf sich zu nehmen. Am Ende der Fahrt erwartet den Reisenden direkt am Ufer des Mekong eine Heuan Hin (Steinhaus) genannte **Ruinenstätte** aus dem 6. Jahrhundert, verwandt mit der von Wat Phou in Champasak (geöffnet 8–16 Uhr).

Wer die staubigen Pisten scheut, dem sei ein **Bootsausflug** ab Savannakhet empfohlen, vorausgesetzt, es ist genügend Wasser im Fluss, um die Stromschnellen passieren zu können.

Ho-Chi-Minh-Pfad

Wer sich für die jüngere Geschichte Indochinas interessiert, dem sei zu einem Ausflug ins **laotisch-vietnamesische Grenzgebiet** geraten. Reiseziel ist **Sepo-**

ne (oft auch Tschepone geschrieben), die letzte größere Stadt auf laotischer Seite. Die 230 Kilometer von Savannakhet können nur mit dem Bus nach **Lao Bao,** der Grenzstation zwischen Laos und Vietnam, zurückgelegt werden. Von hier lassen sich dann Abstecher in die nähere Umgebung machen. Ortskundige Führer sind gern bereit, Besucher ein Stück des Weges auf den steinigen und staubigen Pisten, Wegen und Pfaden zu begleiten. In der Regenzeit sollte man auf derartige Abenteuer allerdings lieber verzichten – aus dem üblichen Tagesausflug könnte leicht eine längere Odyssee werden.

Dinosaurier-Fundstätte

Ganz ähnlich verhält es sich mit der Fundstätte der Dinosaurier. Nach 150 Kilometern auf der Straße Nr. 9 in Richtung Sepone geht es noch 25 Kilometer **auf abenteuerlichem Weg durch den Urwald,** was schon bei ein wenig Regen selbst mit Allrad nicht mehr machbar ist. Die Reste der Urtiere lassen sich weit bequemer im Sauriermuseum in Savannakhet besichtigen (s.o.).

Provinz Saravane

Weiter im Norden, wo die laotische Sprache kein „r" kennt, hört man oft die Bezeichnung Salavan. Doch der Khmer-Einfluss ist hier im Süden so stark, dass selbst der beliebte laotische Eiskaffee „Oo Liang" zu „Oo Riang" wird. Saravane ist die südlichste der Provinzen, die noch die **gesamte Breite des Landes** einnehmen. Obwohl die Provinz auch vom Mekong begrenzt wird, liegt die Provinzhauptstadt ausnahmsweise einmal nicht an diesem Strom, sondern mitten in der Provinz. Somit ist die Stadt Saravane auch weit ab von der Straße Nr. 13, der Nord-Süd-Trasse des Landes.

Der **Tourismus** steckt hier noch in den Anfängen, obwohl die ethnisch sehr heterogene Bevölkerung allein schon Grund genug für einen längeren Aufenthalt wäre.

Die Provinz ist mit ihren **397.000 Einwohnern** nach Savannakhet und Champasak die am dichtesten besiedelte Provinz mit 37 Menschen pro km². Bewohnt wird Saravane von einem bunten Mix von vorrangig **Mon-Khmer-Völkern.** Diese sind die eigentlichen Ureinwohner des Landes. Erst nach Einwanderung der Lao kam es entweder zur Vermischung oder zur Abdrängung der Mon-Khmer aus den Tiefebenen in höher gelegene Gebiete. In Saravane findet man heute Ta Oy (vor allem im Kreis Lao Ngam), Pa Ko (im Kreis Sa Muoy an der Grenze zu Vietnam), Laven (auf dem gesamten Bolaven-Plateau), Nya Heun (ebenfalls auf dem Bolaven), Ka Tuu sowie Nge oder Kriang. Die ethnische Karte dieser Region gleicht einem Flickenteppich, und oft findet man Dörfer unterschiedlichster Völker ganz dicht beieinander. **Wirtschaftlich** bedeutend ist die Reisproduktion in der Provinz, ferner der Anbau von Süßkartoffeln, Sojabohnen, Erdnüssen, Tabak und Kaffee.

Saravane

ສາລະວັນ

Saravane liegt in der **fruchtbaren Ebene des Se Done,** der nach vielen Windungen und Schleifen schließlich beim 120 Kilometer entfernten Pakse in den Mekong mündet. Kommt man in der Trockenzeit hierher, hat man allerdings nur einen Eindruck: heiß, staubig und verschlafen. In wenigen Kilometern Entfernung erhebt sich der 1568 Meter hohe „Eichhörnchenberg", so genannt, weil es dort viele dieser Tierchen geben soll.

Geschichtlich passierte in Saravane wenig, folglich blieben auch keine bedeutsamen Bauten zurück. Ein Übriges taten die Kriegsereignisse. So ist Saravane nur schmuckloser Verwaltungssitz der Provinz. Eine landschaftlich reizvolle Fahrt führt von Pakse an der Abbruchkante des Bolaven-Plateaus entlang in die **unscheinbare Provinzhauptstadt.**

Seinen Reiz erhält der Ort, wie die gesamte Region, aus dem Zusammenleben der unterschiedlichen Völkerschaften. Der Markt des Ortes gleicht denn auch einem Spiegel dieser **ethnischen Vielfalt.** Hinzu kommt das unbeschreibliche Angebot unterschiedlichster Tierarten, die den Speisezettel in dieser Region bereichern, darunter oft auch einige Spezies, die zu den vom Aussterben bedrohten Tierarten zählen.

Praktische Informationen

An- und Weiterreise

- **Aus Pakse per Bus, Tuk-Tuk oder Auto.** Die **Straße Nr. 20** über Lao Ngam immer am Fuße des Bolaven-Plateaus entlang ist durchgehend erneuert, und die Entfernung von 120 Kilometern ist in 1½ Stunden zu schaffen. Von der Straße Nr. 20 geht am Kilometer 21 die **Straße Nr. 23** auf das Bolaven-Plateau (Paksong) ab. Von Paksong führt sie quer über das Plateau und stößt dann auf die **Straße Nr. 16** nach Sekong und Attopeu. Vom Kilometer 21 weiter auf der Straße Nr. 20 Richtung Saravane zweigt nach etwa zwei Dritteln des Weges eine Straße zu den Se-Set-Wasserfällen ab. Rund 10 Kilometer weiter, in der Ansiedlung Ban Beng, zweigt die Straße Nr. 16 nach Sekong und Attopeu ab.
- Bei der **Anreise aus Savannakhet** (nördlich gelegen) in Kong Sedone auf die **Straße Nr. 138** abbiegen. Hier herrschen harte Pistenbedingungen für die Songthaeo (und Passagiere), die 2 bis 3 Stunden nach Saravane benötigen.

Unterkunft

- Es gibt einige sehr einfache Unterkünfte, zum Beispiel das **Chindavone Guesthouse** im Zentrum, Tel. 034-211065, 50.000 Kip, mit AC und Warmwasser. Die Zimmer sind sauber und okay.

> Kaffeepflanzen auf dem Bolaven-Plateau

Provinz Champasak

Eigentliches **Zentrum des Südens** ist unbestreitbar die Provinz Champasak. Nicht nur ihrer **695.000 Einwohner** wegen (Platz 3 hinter Savannakhet und Vientiane), sondern in jeglicher Hinsicht. Hier befinden sich Zeugnisse der alten Cham-Kultur ebenso wie solche aus der Geschichte der Lao, hier finden Khmer- und Lao-Kultur am dichtesten zueinander. Besiedelt wird die Provinz neben Lao-Loum vor allem von **Mon-Khmer-Völkern** wie Ta Oy, Laven (auf dem Bolaven-Plateau), Nya Heun (Bolaven) und Suay. In der Hauptstadt Pakse fallen aber auch die eher wirtschaftlich als unbedingt zahlenmäßig bedeutsamen **chinesischen und vietnamesischen Einwohner** auf. In ökonomischer Hinsicht ist die **Mekong-Ebene** von Champasak nach der Vientianer Ebene und Savannakhet die dritte sogenannte „Reisschüssel" des Landes. Platz 1 belegt die Provinz bei der Produktion von **Kaffee.** Große Bedeutung hat auch die **Viehzucht,** insbesondere die Rinderhaltung auf den Weiden des Bolaven-Plateaus.

Geografisch teilt sich die Provinz in zwei Gegenpole: Auf der einen Seite dominiert die flache Tiefebene des Mekong, die sich vor allem auf dem rechten Ufer des Flusses ausdehnt, zum anderen bestimmt das Bolaven-Plateau mit rund 1000 Metern Höhe die Landschaft. Größter Fluss der Region ist der **Se Done,** an dessen Ufer auch die Provinzhauptstadt Pakse liegt.

laos087 vl

Champa – das Reich der Cham

Die Cham, ebenso wie die Khmer ein **austroasiatisches Volk** und vermutlich aus Indonesien auf das indochinesische Festland gelangt, beherrschten über tausend Jahre lang die zentralvietnamesische Küste. Als **Seefahrer und Piratenvolk** befuhren sie die Meere zwischen Indien, Java, China und Arabien, trieben Handel mit Seide und Gewürzen und standen in dem Ruf unglaublichen Reichtums.

Doch nicht nur entlang der Küste erstreckte sich ihr Einflussgebiet. Bis in die heutige Provinz Champasak reichte ihre Macht. Wahrscheinlich waren es die Cham, die im Gebiet des Khmer-Tempels Wat Phou unweit der Stadt Champasak einst eine Pilgerstätte errichteten. Schließlich waren die Cham, die zwischen dem 4. und 10. Jahrhundert die Blüte ihrer Herrschaft erlebten, **Anhänger des Hinduismus.** Übrigens ebenso wie die Khmer der Angkor-Zeit. Ihre Herrscher sahen sich als Gott-Könige, als Inkarnation des Hauptgottes Shiva. Die Gesellschaft war streng in Kasten geteilt, Sklaverei war weit verbreitet. Erst ab dem 9. Jahrhundert überwiegt der Einfluss des **Buddhismus** auf dieses Reich.

Der den Hintergrund von Wat Phou beherrschende Berg wird von einem gewaltigen Felsmassiv gekrönt, dessen Gestalt dem Berg den Namen **Lingaparvata** (Phallus auf dem Berg) eintrug. Nun waren die Hinduisten Champas glühende Verehrer des **Phallus-Kultes,** wie auch die von ihnen vor allem in Vietnam errichteten Türme nachdrücklich belegen. Die These einer Beziehung zwischen Cham und Champasak stützt sich weiter auf die Tatsache, dass der Schutzgott des Lingaparvata eben jener Bhadresvara war, der auch das Cham-Reich als Ganzes vor Ungemach bewahren sollte.

Doch dauerte die Herrschaft der Cham über die südlaotischen Landstriche offenbar nicht sehr lange. Das aufstrebende **Khmer-Reich Chenla** setzte ihrem Treiben in Laos schon um das 5./6. Jahrhundert ein Ende und ließ mehrere hundert Jahre Khmer-Herrschaft folgen. Auch in ihren angestammten Gebieten an der vietnamesischen Küste gerieten die Cham unter Druck. Von Norden her rückten zunächst **China** und nach der Erreichung der Unabhängigkeit im 10. Jahrhundert auch **Vietnam** dem Seefahrervolk auf den Leib, während von Süden her die Khmer nach den Gebieten der Cham trachteten. Trotz einiger militärischer Erfolge – Einnahme Angkors im Jahre 1177 und Eroberung Hanois im Jahre 1371 – unterlagen die Cham auf die Dauer, und ihr Reich und ihre Kultur verschwanden fast vollständig.

Heute leben noch einige **Nachfahren** des einst so stolzen Volkes in Vietnam (etwa 80.000) und Kambodscha (etwa 180.000). Interessanterweise traten die Cham Kambodschas nach dem Untergang ihres Reiches zum Islam über und leben heute als recht isoliertes islamisches Volk mitten unter Buddhisten.

In Champasak kann man sich das **Klima** gewissermaßen aussuchen. Neben dem feucht-schwülen Klima des Tieflandes, das auch die Hauptstadt Pakse die meiste Zeit des Jahres beherrscht und im April/Mai fast unerträglich ist, gibt es hier immer die Fluchtmöglichkeit auf die Hochebene. Die Straße nach Paksong überwindet auf ihren 42 Kilometern Länge einen Höhenunterschied von annähernd 1000 Metern.

Geschichte

Die Geschichte der menschlichen Besiedelung der heutigen Provinz Champasak reicht bis in die Zeit vor Christus zurück. Allerdings sind nur wenige Zeugnisse aus jener Zeit erhalten. Etwas fassbarer fällt dagegen das Erbe der **Cham-Kultur** aus. Schon der Name der Provinz und der Kreisstadt am rechten Mekong-Ufer lässt die innige Verbindung mit jenem Königreich vermuten, das einst weite Teile Zentralvietnams, Kambodschas und Südlaos' umfasste. Aber auch ohne die Verbindung zu den Cham atmet der Boden am Mekong-Ufer des laotischen Südens Geschichte. Dieses Gebiet gehörte vor Ankunft der Lao stets zu den großen **Khmer-Reichen.** Sei es Funan, das bei den Laoten Sikhotthabong heißt, bis ins heutige Nordlaos reichte und zur Zeit seiner größten Ausdehnung die Gebiete des heutigen Luang Prabang und selbst Bokeo einschloss, oder der Nachfolgestaat **Chenla,** auch unter dem Namen Kambujadesha bekannt, was schon auf die enge Verwandtschaft zum heutigen Kambodscha hinweist. Das Zentrum von Chenla aus der Vor-Angkor-Periode lag hier, im heutigen Südlaos!

Moderne Historiker halten **Wat Phou** für den religiösen Teil der alten Khmer-Hauptstadt, deren Reste etwa 5 Kilometer entfernt entdeckt wurden. Inschriften aus dem 5. und 6. Jahrhundert belegen dies ebenso wie den Umzug der Hauptstadt nach Angkor im 9. Jahrhundert. Bis ins 12. Jahrhundert finanzierten die Könige der Khmer die regelmäßigen Renovierungen von Wat Phou. Champasak gehörte auch nach Bildung des laotischen Königreiches **Lane Xang** offenbar noch einige Zeit zum Khmer-Reich, denn auf der Liste der Eroberungen des Reichsgründers *Fa Ngoum* ist der Landstrich nicht zu finden. Was allerdings auch nicht weiter verwundert, war *Fa Ngoum* doch am Hof von Angkor aufgewachsen und eigentlich mitsamt seiner von den Khmer gestellten Armee zur Mehrung des Ruhms und der Ländereien Angkors ausgezogen. Das Land schien **für niemanden so recht von Interesse** zu sein, was auch die folgende Episode belegt: Das örtliche Fürstengeschlecht, das bis dato dem Hof von Angkor Tribut gezollt hatte, blieb ohne Erben, und so war Champasak im ersten Drittel des 17. Jahrhunderts längere Zeit faktisch ohne Herrscher. Erst 1639 bestimmten die buddhistischen Würdenträger einen neuen Fürsten, nach dessen Tod die Macht in Ermangelung eines männlichen Erben in die Hände seiner Tochter *Nang Phao* überging.

Die Legende will nun, dass sich **Thao Phang Kham,** der Herrscher eines anderen laotischen Fürstentums, der zudem auch der Verfasser des laotischen Nationalepos' „Sin Say" gewesen sein soll, während der Elefantenjagd in den Gestaden von Champasak in die Fürstin verliebte. Aus dieser Verbindung ging wiederum eine Tochter, *Nang Pheng,* hervor. Schon allein die Tatsache, dass *Thao Phang Kham* nach seinem amourösen Jagdausflug in sein heimatliches Fürstentum zurückehrte, ohne sich um die Geschicke des faktisch herrenlosen Landes zu kümmern, zeigt die geringe Anziehungskraft dieses Gebietes. Auch die Fürstin schien sich ihrer Sache nicht sicher zu sein, denn dem ersten Manne von Welt, der sich in Champasak zeigte, ein buddhistischer Mönch aus Vientiane, brachte sie ihr Fürstentum dar.

Eine umfangreiche **Zuwanderung von Lao** hatte der laotische Süden auch erst kurze Zeit zuvor, nämlich Ende des 16. Jahrhunderts, erlebt, als Unruhen und Palastrevolten in der Hauptstadt Vientiane eine Reihe von Bewohnern der Vientianer Ebene zur Wanderung nach Süden veranlassten. Ebenfalls innere Unruhen waren der Grund dafür, dass das laotische Reich zu Beginn des 18. Jahrhunderts in drei Teilreiche zerfiel.

laos088 vl

Als drittes und kleinstes entstand 1713 das **Königreich Champasak,** das auch Saravane, Attopeu und die Gebiete rechts des Mekong bis nach Sisaket einschloss. Seiner Rolle als solches konnte sich das Königreich aber nicht lange erfreuen. 1778 setzte eine siamesische Armee unter *Phraya Chakri,* der als König *Rama Thibodi (Rama I.)* später die lange Zeit in Thailand herrschende Dynastie begründete, dem Unabhängigkeitsstreben ein Ende. Champasak wurde **siamesische Kolonie.** Das änderte sich auch nicht, als 1827 König *Anou* von Vientiane mit der Unterstützung seines Sohnes *Rajabud Yoh,* der von den Siamesen als König in Champasak eingesetzt worden war, gegen Siam zu Felde zog. Nach der Niederlage wurde Vientiane völlig zerstört. Erst die **französische Kolonialherrschaft** brachte einige Teile von Laos wieder zusammen, darunter auch Gebiete des einstigen Königreiches Champasak. Doch die Bergvölker der Region, die schon für asiatische Machthaber gewiss nicht leicht zu beherrschen waren, wollten sich französischen Steuern und Fronpflichten absolut nicht beugen. Von 1901 bis 1936 währte ihr mit unterschiedlicher Intensität geführter Kampf. 1904 hatten die Franzosen erfolglos versucht, durch eine administrative Neugliederung leichter mit den Aufständischen fertig zu werden. Aber auch die Angliederung der heutigen Provinz Stung Treng an Kambodscha und zweier weiterer Provinzen (Kontum und Darlac) an Vietnam konnte den Widerstand nicht brechen. Legendäre **Führer des**

◁ ▷ Pakse – Buddha-Statuen in Wat Luang

Aufstandes, von den laotischen Revolutionären später regelrecht zu Volkshelden aufgebaut, waren *Ong Keo* und *Ong Kommadam. Sithon Kommadam,* ein Sohn von *Ong Kommadam,* zählte später übrigens zu den militärischen Führern der Pathet Lao. Das Bolaven-Plateau gehörte schon recht früh zu den befreiten Gebieten, denn die Bergvölker standen zumeist auf der Seite der laotischen Revolutionäre. Als in Vientiane Putsch auf Putsch folgte und eine Regierung sich nur schwer bilden ließ, strebte Prinz *Boun Oum Na Champasak,* ein Nachfahre des alten Fürstengeschlechts, nach Bildung eines Separatstaates. Gewissermaßen zur Bekräftigung seines Anspruchs ließ er den Bau eines Palastes in Pakse, der neuen Hauptstadt der Provinz, beginnen. Die Geschichte überholte das Ansinnen des Prinzen, und auch der Palast wurde nicht fertiggestellt. Erst in den 1990er Jahren baute ein Thai-Investor ihn zum Champa Palace Hotel aus.

Pakse

ປາກເຊ

Im Vergleich zur Provinz ist die Stadt Pakse (gespr. Paaksee) **fast ohne geschichtlichen Hintergrund.** Vor 200 Jahren gegründet, erlebte der Ort ab 1905 als französisches administratives Zentrum für den Süden einen Aufschwung. Dies hinterließ Spuren in der Stadtstruktur und der Architektur. Dann wanderten auch Chinesen und Vietnamesen ein, die seitdem das wirtschaftliche Leben Pakses prägen.

Heute ist Pakse **Hauptstadt der Provinz Champasak** und gleichzeitig wirtschaftliches Zentrum des Südens. Rund 120.000 Menschen leben hier, zumeist in den ländlichen Siedlungen im Umkreis der Stadt. In touristischer Hinsicht ist Pakse selbst von geringem Interesse. Flugplatz, Buslinien, Hotels und der nahe Grenzübergang nach Thailand bei

laos088 vl

Pakse
0 100 m
Einkaufen/Sonstiges
2 Mekong Cruises
4 Champasak Shopping Center
5 Dok Champa Massage
7 Avis
8 Green Discovery
10 Pakse Travel
11 Fahrrad- und Motorradverleih
Flughafen, Busstation (7 km; Busse Richtung Norden), Savannakhet, THAILAND
Se Done
13
Französische Brücke
No. 21 Rd.
No. 13 S Rd.
No. 24 Rd.
Vietnamesisches Konsulat
Lao Development Bank
Thanon 12 Rd.
No. 11 Rd.
No. 10 Rd.
Wat Luang
Geldautomat
BCEL (mit Geldautomat)
Provincial Tourist Office
Geldautomat
Markthalle
No. 46 Rd.
No. 1 Rd.
International Hightech Polyclinic und Pakse Hospital (Provinzkrankenhaus)
No. 42 Rd.
Uferpromenade
Mekong
Essen und Trinken
1 Sinouk Coffee Shop
6 Le Panorama Restaurant
13 Dao Linh Restaurant
14 Hasan Indian Restaurant
16 Jinro Beer Bar

Chongmek machen die Stadt aber zu einem viel besuchten **Ausgangspunkt für Exkursionen** zum Bolaven-Plateau, zu den Ruinen von Wat Phou und Oup Moung, in die Region der 4000 Inseln und zu den Mekong-Wasserfällen an der kambodschanischen Grenze – die die Highlights des Südens ausmachen.

Orientierung

Pakse liegt am **Zusammenfluss von Mekong und Se Done,** das Zentrum der Stadt liegt südlich der Mündung. Nördlich des Se Done befinden sich der Flughafen und einige Wohnviertel der Stadt. Seit dem Bau der zweiten Brücke über den Fluss fließt der Verkehr besser.

Das **Stadtzentrum** mit den meisten Hotels und der Markthalle von Pakse erstreckt sich entlang des Se Done und ist bequem zu Fuß zu erkunden. Einige sehr gut erhaltene bzw. renovierte Häuser im französischen Kolonialstil prägen den Charakter der Stadtmitte. Wichtigster Orientierungspunkt ist **Wat Luang** am Se-Done-Ufer gleich neben der alten französischen Brücke. Von dort führt in direkter Verlängerung der Brücke die Hauptstraße (vor dem Bau der neuen Brücke auch Teil der Nationalstraße Nr. 13) in gerader Linie von West nach Ost durch die Stadt. Abgeschlossen wird der Innenstadtbereich der Straße in östlicher Richtung nach etwa 800 Metern vom **Palast des Prinzen Boun Oum,** in dem 1994 ein Hotel eröffnet wurde (s.u.).

Zweite Hauptstraße der Stadt ist die **Uferpromenade,** die dem Lauf des Mekong bis zur Brücke über den Fluss folgt. In der Gegend entstand der neue Verwaltungsbezirk der Provinz.

Sehenswert

In der Stadt stehen rund 20 Wat, deren größter und bedeutendster **Wat Luang** am Ufer des Se Done ist. Die aus Stein errichtete Pagode geht auf das Jahr 1935 zurück. Zur Tempelanlage gehört auch eine Schule. Ein That auf dem Gelände des Tempels enthält die Asche des 1959 verstorbenen *Katay Don Sasorith*, mehrfach Premierminister und Minister in vielen Regierungen des Landes.

Weiter erwähnenswert ist **Wat Phabat** in der Nähe des Hotels Champa Palace.

Blickt man über den Mekong, fällt er sofort ins Auge: Weit oben thront ein **riesiger Buddha (Golden Buddha/Phu Salao)**, von dem sich ein phänomenaler Ausblick auf die Stadt genießen lässt – hat man erst einmal den langen Aufstieg über sehr baufällige Stufen hinter sich gebracht. Mit Umweg ist die Buddha-Figur auch über eine Straße zu erreichen.

Einen Blick wert ist auf alle Fälle der **Palast des Prinzen Boun Oum** (www.champasakpalacehotel.com). Mit der Errichtung des zweiflügeligen Gebäudes wurde in den 1960er Jahren begonnen, es wurde allerdings bis zur Machtergreifung der Pathet Lao 1975 nicht vollendet. Seitdem war das halbfertige Prachtgebäude eher Objekt heftiger Diskussionen denn von Bautätigkeit. Nach Beginn der wirtschaftlichen Öffnung fanden sich thailändische Geschäftsleute, die den Bau zum Hotel umfunktionierten. Unmittelbar neben dem Palast befindet sich eine 1990 von der Sowjetunion errichtete Brücke.

Das **Historische Museum** (8–11:30 und 13:30–16 Uhr, Eintritt 10.000 Kip) zeigt neben den üblichen Ausstellungs-

laos093 vl

stücken auch einige Kunstgegenstände der Khmer. Das zweite Geschoss ist der politischen Geschichte vorbehalten.

Wie überall lohnt sich ein Gang auf den **Markt.** Pakse hat zwei davon: das brandneue 4 **Champasak Shopping Center** im alten Stadtkern, das nicht so sehenswert ist, und den „Neumarkt" **Talaat Dao Heuang** zwischen Stadion und Mekong-Brücke.

Praktische Informationen

An- und Weiterreise mit dem Bus

In Pakse gibt es **mehrere Busstationen.** Am günstigsten ist es, das Busticket mit Aufschlag im Hotel/Gästehaus zu kaufen. Dann ist der Transfer zur Busstation bereits enthalten. Für die selbst organisierte Fahrt zum Busbahnhof muss man mit 20.000 Kip pro Person rechnen.

Busse Richtung Norden fahren von der Busstation 7 km außerhalb ab Straße Nr. 13 (Nord-West) ab:
- **Vientiane** (670 km, 13 Std., 110.000 Kip): stündlich ab 7:30 Uhr über Thakhek (395 km, 7 Std., 60.000 Kip).
- **Savannakhet** (262 km, 4–5 Std., 40.000 Kip): stündlich 7:30–12:30 Uhr.

Busse Richtung Süden starten von der Busstation 8 km außerhalb der Straße Nr. 13 (Ost):
- **Attopeu** (174 km, 5 Std., 55.000 Kip): 6, 7, 8, 9 Uhr.
- **Don Det/Don Khon** (Nakasang ist der Ort auf dem Festland, von dem es per Boot weitergeht): (144 km, 3–4 Std., 40.000 Kip).
- **Don Khong** (140 km, 3 Std., 50.000 Kip): 8, 10, 12, 14 Uhr
- **Paksong** (52 km, 1 Std., 30.000 Kip): unregelmäßig, öfter am Tag
- **Saravane** (110 km, 3 Std., 30.000 Kip): 9, 11, 13, 16 Uhr über Tad Lo (2 Std.).
- Vom Markt Dao Heuang geht es nach **Champasak** (40 km, 1 Std., 20.000 Kip): 10, 11 Uhr, Minibusse (55.000 Kip) fahren um 8 Uhr.

An- und Weiterreise mit dem Flugzeug

- 2 km Richtung Norden befindet sich an der Straße Nr. 13 der internationale **Flughafen.**
- **Lao Airlines** (www.laoairlines.com, mit Ticketverkauf am Flughafen); Inlandsflüge: Luang Prabang, Savannakhet, Vientiane; internationale Verbindungen: Bangkok, Ho Chi Minh City, Siem Reap.
- **Bangkok Airways** fliegt nach Bangkok.

Grenzübergang nach Thailand

- Minibusse zur Grenze (**Vangtao,** 44 km, geöffnet 6–20 Uhr) starten am Stadion, Songthaeos vom Dao-Heuang-Markt und private VIP-Busse vom Markt Lak Song. Von letzterer Station kann man auch direkt nach Ubon oder Bangkok buchen. Es gibt Flug-Zug-Bus-Kombinationsangebote bei Touranbietern in der Stadt.

Tourist Info

- **Provincial Tourist Office,** an der Straße, die parallel zum Mekong verläuft, gegenüber Residence Sisouk Boutique Hotel, Tel. 031-212021, Mo bis Fr 8–12 und 13–16:30 Uhr. Kleines Infocenter mit Tourangeboten.

Ansicht von Pakse (die Brücke auf dem Bild wurde von der ehemaligen UdSSR errichtet)

Vietnamesisches Konsulat

■ An der **Straße Nr. 24** hinter dem Hasan Indian Restaurant, www.vietnamconsulate-pakse.org, Mo bis Fr 7:30–11:30 und 14–16:30 Uhr, ein Visum für 30 Tage kostet 50 US$.

Trekking und Touren

Die Touren über das **Bolaven-Plateau** ähneln sich alle ein wenig. Sollte man Dörfer von ethnischen Minderheiten besuchen, ist es angeraten nachzufragen, ob ein kundiger, englisch sprechender Führer dabei ist. Die Tour durch ein Dorf, ohne zu wissen, was man da eigentlich sieht, und ohne kommunizieren zu können, ähnelt doch leider eher einem Zoobesuch.

7 **Avis,** im Zentrum nördlich des Marktes an der Straße Nr. 10, Tel. 031-214946, www.avis.la, Mo bis Fr 8–18 Uhr, Sa 8:15–13 Uhr. Chaffeur-Service und Autoverleih – so lassen sich viele Touren ganz individuell gestalten.

8 **Green Discovery,** an der Hauptstraße, Tel. 031-252908, www.greendiscoverylaos.com. Gibbon Experience im Norden von Laos macht im Süden nun Tree Tip Explorer Konkurrenz, ein Zip-Line-Erlebnis zwischen den Baumkronen mit der Möglichkeit, im Dschungel in Baumhäusern zu übernachten.

10 **Pakse Travel,** an der Straße gegenüber von Green Discovery, von der Hauptstraße aus leicht rechts abbiegen, das Büro liegt auf der linken Seite, Tel. 020-22277277, www.paksetravel.com, auch Flugtickets.

■ Mit einem **luxuriösen Boot über den Mekong** zum Beispiel nach Wat Phou und zu den 4000 Inseln zu schippern, ist ein wunderbares Erlebnis. Anbieter sind 2 **Mekong Cruises** (www.vatphou.com) mit Büro im Zentrum und **Mekong Islands Tours** (www.cruisemekong.com) ohne Büro.

Geld

■ **Geldautomaten** gibt es u.a. an der BCEL im Zentrum nicht weit vom Se Done, am Markt Dao Heuang und im Pakse Hotel. Der Automat am Shopping Center funktioniert des Öfteren nicht. Auch die Lao Development Bank findet sich im Zentrum. Öffnungszeiten der **Banken** Mo bis Fr 8–15:30 Uhr.

Fahrrad- und Motorradverleih

11 Das **Nang Noi Guesthouse** verleiht Fahrräder (ab 15.000 Kip) und Roller (60.000 Kip). Hier gibt es außerdem gute Tipps für Routen, auch über das Bolavenplateau. Großer Andrang!

Gesundheit

■ **Provinzkrankenhaus** und **International Hightech Polyclinic** (Tel. 031-214712) entsprechen beide nicht westlichem Standard, wie überall in Laos. In Notfällen sollte man daher sofort nach Thailand reisen. Die nächste thailändische Klinik befindet sich in Ubon (Sappasit Prasong Hospital).

Massage

5 **Dok Champa Massage** ist schon ein wenig berühmt in Pakse, zu Recht, denn die Massagen sind sehr gut. Die findige Besitzerin ruft den Neugierigen mit Durchsetzungskraft in ihren Laden. Geöffnet 9–22 Uhr.

Unterkunft

12 **Alisa Guesthouse,** Tel. 031-251555, www.alisa-guesthouse.com, Rd. 13. Sehr gutes Preis-Leistungsverhältnis (DZ bis 15 US$), daher oft ausgebucht. Große Zimmer, AC, WLAN, auch Rollerverleih.

11 **Nang Noi Guesthouse,** Tel. 030-9562544, Rd. 5. Günstig (bis 15 US$) mit sauberen Zimmern, teilweise AC, auch Zimmer im Schalfsaal möglich (40.000 Kip), oft von Backpackern besucht.

6 **Pakse Hotel,** Tel. 031-212131, www.hotelpakse.com, Rd. 5. 63 Zimmer mit unterschiedlichem Niveau (ab 20 US$), aber selbst die Zimmer ohne Fenster sind gut und bieten ein gutes Preis-Leistungsverhältnis. Dachterrasse mit toller Aussicht.

9 **Sala Champa,** Tel. 031-212273, Rd. 10. Die beiden Zimmer im Haupthaus mit Gemeinschaftsbalkon sind sehr gut, die anderen Zimmer um einen kleinen Innenhof sollte man vorher auf Moskitos in-

spizieren, damit die Nacht nicht zu unruhig wird. Trotzdem empfehlenswert (ab 20 US$).

3 **Residence Sisouk Boutique Hotel,** Tel. 031-214716, www.residence-sisouk.com, Rd. 9. Hotelzimmer mit sehr viel Stil, typisch laotischen Kunstgegenständen, Fotos und traditionellen Stoffen. AC, WLAN. Ab 50 US$.

15 **Champasak Palace Hotel,** Tel. 031-212263, www.champasakpalacehotel.com, Rd. 13, etwas außerhalb des Zentrums, ehemals als Palast gebaut, und so fühlt man sich dort auch. Tolles Flair, die Zimmer sollte man nach Möglichkeit vorher begutachten; trotz des Preises ab 50 US$ kein sehr hoher Standard.

Essen und Trinken

14 **Hasan Indian Restaurant,** Rd. 24, sehr leckere Gerichte, wer Lust auf indisches Essen hat, sollte hier unbedingt vorbeischauen.

6 **Le Panorama Restaurant,** auf der Dachterrasse vom Pakse Hotel, schickes Ambiente, toller Ausblick, auch super Location für einen Cocktail zum Sonnenuntergang, westliche, thailändische und laotische Küche.

13 **Dao Linh Restaurant,** Rd. 13, günstige, typisch thailändische Gerichte, beliebt wegen der Auswahl und großen Portionen.

1 **Sinouk Coffee Shop,** Rd. 11, natürlich gibt es in Pakse auch leckeren Kaffee zu trinken; Sinouk betreibt außerdem (wie so viele) eine Plantage (mit idyllischem Resort) auf dem Bolaven-Plateau (s.u.).

16 **Jinro Beer Bar,** am Ende der Essenstände am Mekong, vom Zentrum Richtung Brücke, perfekt, um den Tag ausklingen zu lassen.

Bolaven-Plateau

Einen Ausflug in eine ganz besondere Landschaft bietet eine Tour in die luftigen Höhen des Bolaven-Plateaus. Rund 1000 Meter über dem Meeresspiegel ist es auf der Hochebene gerade dann **angenehm kühl,** wenn in der Mekong-Ebene um Pakse brütende Hitze herrscht. Hauptort bzw. Hauptumschlagspunkt auf der Hochebene, an der alle vier Südprovinzen ihren Anteil haben, ist die zur Provinz Champasak gehörende Stadt **Paksong.** Einst aufstrebende Kleinstadt, blieb durch die Bombardements der USA kein Stein auf dem anderen. Deutlich müht sich der Ort, an bessere Zeiten anzuknüpfen. Die hatte die Region trotz fast ununterbrochener Rebellion während der Herrschaft der Franzosen, als hier wirtschaftlich bedeutsame **Plantagen** von Kaffee, Tee, Kardamom und in Laos sonst nicht vorkommender Obst- und Gemüsearten angelegt wurden. Selbst Erdbeeren und Rotkohl gediehen

laos092 vl

Kaffeebauern unterwegs auf dem Bolaven-Plateau

hier. Heute bemüht sich Laos vor allem, durch Kaffee-Exporte zu Einnahmen zu kommen. Mit rund 50.000 Hektar Fläche und etwa 25.000 Tonnen Ernte ist das Bolaven-Plateau **wichtigster Kaffee-Erzeuger des Landes.** Doch die im Verhältnis zu den großen Kaffeeländern kleinen Mengen und die fehlende Be-

kanntheit laotischen Kaffees halten die internationale Nachfrage nach wie vor in Grenzen. Da verdienen die Anstrengungen zur Etablierung eigener Marken wie

Sinouk-Kaffee natürlich Anerkennung. Die Kaffeebäume machen übrigens durch eine Besonderheit auf sich aufmerksam: Am gleichen Zweig kann man die Kaffeekirschen in allen Entwicklungsstufen finden – von der Blüte bis zur vollreifen Kirsche. Auch wer jemanden dorthin schicken möchte, wo der **Pfeffer** wächst, ist auf dem Bolaven-Plateau genau richtig.

Interessant sind auf dem Bolaven-Plateau auch Besuche in den **Dörfern der** hier lebenden **Mon-Khmer-Völker,** vor allem Laven, Nya Heun, Oy, Ta Oy und Alak. Diese Völker hängen in der Mehrzahl dem **Animismus** an. Ihre großen Feste werden daher oft von Büffelopfern begleitet. In den Wäldern des Plateaus findet man nach wie vor in großer Zahl Arbeitselefanten.

Wasserfälle

Neben der Besichtigung von Kaffeeplantagen und Minderheiten-Dörfern hat das Plateau eine **stattliche Anzahl** von Wasserfällen zu bieten; Tad Fan, Tad Yeuang, Tad E-Tu, Tham Champee und Tad Lo sind einige von ihnen, die einfach zu erreichen sind.

Tad E-Tu

Tad E-Tu erreicht man über das **Gelände des gleichnamigen Resorts.** Ein schönes und gutes Restaurant bietet dort außerdem Gelegenheit zu einem netten Zwischenstopp. Der Wasserfall (Eintritt 5000 Kip plus Parken) ist von oben nicht einsehbar, einige Stufen führen hinunter, direkt an den Fall des Flusses, wo man auch schwimmen kann. Die seinerzeit gebauten Stege sind etwas verfallen, und

Kaffee-Workshop auf dem Bolaven-Plateau

Was brauchen Kaffeepflanzen auf dem ca. 1000 Meter hoch gelegenen Bolaven-Plateau zum Gedeihen? Worin unterscheiden sich Arabica- und Robusta-Kaffeepflanzen? Was macht gute Kaffeequalität aus? Und was hat es mit dem sogenannten Katzenkaffee Kopi Luwak auf sich (denn auch hier oben gibt es Schleichkatzen, die Kaffeebohnen fressen, wieder ausscheiden und so eine weltbekannte und teuer gehandelte Delikatesse produzieren)? Auf diese und andere Fragen geben Kaffeetouren und -Workshops eine Antwort.

Neben den empfehlenswerten üblichen Touren zu den größeren Röstanlagen ist der Besuch von **Mr. Koffie** eine entspannte und amüsante Angelegenheit. *Mr. Koffie* ist der Name eines kaffeebegeisterten Niederländers, der seit einigen Jahren auf dem Bolaven-Plateau lebt. Er röstet nicht nur seinen Kaffee selbst, er entscheidet auch, welche Kaffeebohnen seinen Qualitätsansprüchen genügen und von ihm verarbeitet werden. Für eine gute Kaffeekirsche zahlt er gerne etwas mehr als den handelsüblichen Preis, um die guten Kaffeebauern an sich zu binden.

laos098 vl

Neben der eigenen Kaffeeproduktion und dem Verkauf gibt er sein Wissen in Kaffeetouren oder Kaffee-Workshops weiter: Mr. Koffie bietet die Wahl zwischen einem **1-tägigen Workshop** und einer **2-stündigen Kaffeetour.** Bei der Kaffeetour besichtigt man eine kleine Kaffeeplantage und erfährt viel über Kaffeeanbau, Kaffeesorten und die Kaffeeernte. Wer die Zeit hat, dem sei der Workshop angeraten. Neben der Kaffeetour, die Bestandteil ist, bleibt Zeit, um etwas über die Kaffeeherstellung und Röstverfahren zu erfahren. Und man darf sich selbst im **Kaffeerösten** versuchen: In einem heißen gußeisernen Wok werden die Kaffeekirschen gleichmäßig gewendet und braun geröstet. Es ist gar nicht so einfach, den Holzlöffel richtig zu halten und immer wieder und wieder eine „8" in die dampfenden Kaffeebohnen zu malen. Aber wenn der frische Kaffeeduft in die Nase steigt und die dünne Haut der gerösteten Kirschen vom Wind davongetragen wird, wächst die Freude aufs Probieren des selbst gerösteten Kaffees. Hier steht der Spaß an der Sache im Vordergrund.

Hinweis: Der Workshop und die Kaffeetour finden nicht in Paksong, sondern im 2 **Tat Fan Resort** (Karte S. 210) statt; im dortigen Restaurant ist **Koffies Coffee** untergebracht (Road 16/km 50, Tel. 020-22760439, koffie@paksong.info, www.paksong.info). Die Kaffeetour kostet 50.000 Kip pro Person inkl. zwei Tassen Kaffee, der Kaffee-Workshop kommt auf 180.000 Kip pro Person inkl. Kaffeeprobe und einem Paket selbst gerösteten Kaffee.

Kaffeerösten mit Mr. Koffie

ein wenig Geschick ist gefragt. Wenn nicht gerade eine kleine Busladung eintrifft, ist man hier ganz allein. Der Weg zum Resort geht von der Straße Nr. 23 von Pakse kommend nach 35 Kilometern links ab. Neben dem großen gelben Schild gibt es außerdem einen leckeren Lao-Kaffee direkt an der Straße; hier kann man sich bei einer Pause das Treiben anschauen.

1 E-Tu Waterfall Resort, links am Kilometer 35 der Straße Nr. 23, von Pakse kommend, Tel. 030-9559144. Sehr idyllische Steinbungalows am Hang, eine Oase der Ruhe mit tollem Restaurant. Wer hier übernachtet, hat den Wasserfall in- und exklusive (25–40 US$).

Tham Champee

Weiter auf der Straße Nr. 23, **nur 3 Kilometer nach Tad E-Tu,** kann man entweder rechts zum Tad Fan oder links zu dem weniger besuchten Tham Champee abbiegen. Auch hier kann man baden (Eintritt 5000 Kip plus Parken).

Tad Fan

Biegt man nach 38 Kilometern von Pakse aus nicht links zum Tham Champee, sondern rechts ab, kommt man zum **Tad Fan Resort.** Auf dessen Gelände befindet sich die Aussichtsplattform für den Wasserfall Fan (Eintritt 5000 Kip plus Parken). Der Zwillingsfall ist mit 120 Metern einer der höchsten in Laos. Ein Großteil der Wassermassen wird heute durch Rohre geleitet und treibt die Turbinen des zu Beginn der 1990er Jahre erbauten **Wasserkraftwerks** an. Deshalb versiegt der Wasserfall in der Trockenzeit fast.

laos094 vl

☐ Am Tad Fan fallen die Zwillingsfälle 120 Meter in die Tiefe

laos096 vl

2 **Tad Fan Resort,** rechts am Kilometer 38 der Straße Nr. 23 von Pakse kommend, Tel. 020-5553 1400. Sehr schöne Lage in einem dschungelartigen Garten, aber die Zimmer (25–40 US$) sind recht rustikal. Vom Restaurant blickt man auf den Wasserfall.

Tad Yeuang

Tad Yeuang oder Gneuang oder Ngiang liegt noch einmal zwei Kilometer weiter die Straße Nr. 23 hinauf. Am Kilometer 40 **(Ban Sisip)** direkt an einem kleinen Café geht es links wiederum zwei Kilometer bis zum Wasserfall (Eintritt 5000 Kip plus Parken). Das Gebiet ist sehr groß, **gut erschlossen** und wird von vielen Touristenbussen angesteuert. Eine Besichtigung lohnt sich trotzdem.

Tad Lo

Auch wenn Tad Lo der unspektakulärste Wasserfall (Eintritt 5000 Kip) zu sein scheint – der höchste Fall bringt es gerade einmal auf 10 Meter –, hat sich das Dorf **Ban Saenvang** an den **dreistufigen Falls** (Tad Hang, Tad Lo, Tad Soung) in den letzten Jahren am meisten gemausert. Es gibt schöne Badegelegenheiten. Die Tad Lo Lodge befindet sich direkt am ersten Becken.

Der Tad Yeuang ist ein beliebtes Touristenziel

laos149 vl

laos095 vl

laos150 vl

4 Tad Lo Lodge, Tel. 034-211889, das Restaurant wird auch im Rahmen vieler Touren angesteuert, wer nicht selbst hierher fahren will, kann auch den Transport innerhalb einer Tour organisieren. Das Restaurant mit einer großen Empfangshalle ist im Stil einer echten Lodge gestaltet und recht eindrucksvoll. Von hier hat man freie Sicht auf die hauseigenen Elefanten, die morgens und abends gebadet werden. Dazwischen dienen sie als Reittiere (vorher anmelden). Die Bungalows, teilweise mit AC, haben große Terrassen und sind in einem schönen Garten angelegt (bis 50 US$).

4 Saise Guesthouse, über die Brücke im Zentrum, Tel. 020-211886. Von billig bis etwas hochwertiger ist hier alles dabei (10–50 US$). Das Guesthouse hat AC-Zimmer im Angebot, die durchaus empfehlenswert sind, zudem gibt es WLAN und ein nettes Restaurant.

Elefant am Tad Lo

3 Sinouk Garden Coffee Resort, www.sinoukcoffeeresort.com. Idyllisches Resort bei Thateng (ca. 30 km von Tad Lo entfernt) mit schöner Gartenanlage und Restaurant. Je nach Zimmer bzw. Chalet 50–130 US$.

■ Eine Handvoll weiterer **(einfacher) Unterkünfte** stellt sicher, dass jeder Anreisende einen Schlafplatz findet.

Weitere Attraktionen

Empfehlenswert auf dem Plateau ist der **Besuch von Dörfern kleiner Mon-Khmer-Völker** (meist im Rahmen einer Tour). Die in der Regel im Kreis aufgestellten Hütten umgeben den Dorfplatz, der bei einigen dieser Völker von einem Pfahl mit einem Korb geziert wird, der dem Basketball entlehnt zu sein scheint.

Beispielsweise in **Ban Kiang Tat,** einem Dorf der Nge an der Straße Saravane – Pakse, direkt am Fuße des Tat Phan. Mit dem Korb hat es seine besondere Bewandtnis. Viele dieser Völker sind bis auf den heutigen Tag Anhänger des **Animismus.** Zur Versöhnung der Geister veranstalten sie meist einmal im Jahr eine **Opferzeremonie,** in deren Verlauf Büffel geopfert werden. Ein recht blutiges Ritual, bei dem in Trance befindliche Tänzer nach durchtanzter Nacht in den frühen Morgenstunden einem oder mehreren Büffeln zuerst die Sehnen an den Fußgelenken durchtrennen und schließlich den Kopf abschlagen. Das Fleisch der Opfertiere wird unter den Familien des Dorfes aufgeteilt, die wiederum vor jedem Haus einen Teil davon für die Geister auslegen. Die Ohren und der Kopf des geopferten Tieres jedoch kommen in den Korb.

Ban Houay Hun, ein Dorf der Katu, ist dagegen bekannt für seine kunstvoll gefertigten hölzernen Särge. Davon werden einige gewissermaßen auf Vorrat angefertigt und unter den Reisspeichern des Dorfes aufbewahrt. Die **Bestattungsrituale** der Völker hier unterscheiden sich denn auch erheblich von denen der buddhistischen Lao, die ihre Toten verbrennen. Einige der Mon-Khmer-Völker legen dagegen in einiger Entfernung zu ihrem Dorf ein Geisterdorf an, in dessen oft recht kleinen Hütten die Verstorbenen zur letzten Ruhe gebettet werden. Der Besuch eines solchen Friedhofs sollte mit dem nötigen Respekt erfolgen. Erfahrungen aus anderen Ländern lassen es geraten erscheinen, darauf hinzuweisen, dass die Grabstellen einschließlich der Grabbeilagen für Besucher tabu sind!

Interessant ist auch die **Webtechnik** der Frauen von Ban Houay Hun: Ohne hölzernen Webstuhl, nur unter Zuhilfenahme der Füße, weben sie etwa einen Meter breite Stoffbahnen.

Champasak

ຈຳປາສັກ

Die Kreisstadt erstreckt sich fast fünf Kilometer lang am rechten Ufer des Mekong. Champasak war **vor Pakse Hauptstadt des laotischen Südens.** Vor allem in der kurzen Zeit der Unabhängigkeit dieses Königreichs trachteten die Herrscher, selbst Abkömmlinge des Vientianer Königshauses, danach, eine Art Klein-Vientiane zu errichten. Selbst einen Wat Pra Keo erhielt der Ort. Von diesem Glanz ist nichts mehr zu spüren. Und selbst vom aufgefrischten Leben als französischer Vorposten im Süden künden lediglich einige Gebäude in unterschiedlichen Stadien des Verfalls.

Champasak hat rund **25.000 Einwohner,** der gesamte Kreis ca. 50.000. Beidseitig der Hauptstraße erheben sich die Reste von Geschäftshäusern aus der Zeit der Franzosen. Einzig die französische Telegrafenstation macht einen gut erhaltenen Eindruck. Einige Villen liegen auch an der Straße, von denen die zwei größten die letzten Herrscher von Champasak beherbergten.

Der touristische Aufschwung kommt nicht so recht in Gang, obwohl der in acht Kilometern Entfernung gelegene **Wat Phou** – 2002 zum UNESCO-Weltkulturerbe erklärt – viele Besucher anzieht. Um die Stadt zu erkunden, ist ein fahrbarer Untersatz sehr von Vorteil.

Praktische Informationen

An- und Weiterreise

- Die **Fahrt von Pakse** auf der **Straße Nr. 14** (über die Brücke in Pakse, ohne Bootsfahrt) führt auf der rechten Seite des Mekong in ca. einer Stunde nach Champasak. Zurück geht es täglich von 6:30 bis 9 Uhr am Kreisverkehr am Fähranleger. Setzt man hier über nach Ban Muong auf der linken Seite des Mekong, kann man versuchen, in einen der Minibusse aus Pakse Richtung 4000 Inseln zuzusteigen (ca. 8:30 Uhr). Alle Unterkünfte beraten hierzu gerne.

Unterkunft

Erstaunlich mit Blick auf die überschaubare Größe des Ortes und die geringen Besucherzahlen, gibt es doch einige recht komfortable Unterkünfte.

- **Inthira Champanakhone,** Tel. 031-214059, www.inthira.com, 2 km vom Fähranleger entfernt. Im zweistöckigen Haupthaus (früher ein chinesisches Shophaus) stehen schöne Zimmer bereit, ferner gibt es Bungalows, ebenfalls mit gehobenem Standard (ab 50 US$).
- **The River Resort,** Tel. 030-9568306, www.theriverresortlaos.com, 3 km außerhalb an der Straße Nr. 14, am Mekong. Oberste Klasse mit 22 Zimmern in Bungalows mit Glasfront zum Mekong, in die niemals auch nur eine Ameise gelangen wird. Infinity Pool und Massagen sorgen für zusätzliches Wellness-Ambiente. Gruppenreisende der exklusiveren Art übernachten hier oft. Ab 100 US$.
- **Nakorn Guesthouse,** auch direkt am Fluss an der Hauptstraße, Tel. 030-9473107, kananga3@gmail.com. Wer es etwas persönlicher und günstiger (20 US$) möchte, dem sei dieses Gästehaus ans Herz gelegt. Neue, saubere Zimmer und sehr guter Service. Das angeschlossene Restaurant ist empfehlenswert. WLAN.
- **Siamephone Hotel,** Tel. 020-55635369. Sehr zentral in der Nähe des Kreisels gelegen, bietet dieses größere Hotel im Motelstil einfache, aber saubere und für den Preis von 20 US$ sehr gute Zimmer. WLAN.
- **Kamphouy Guesthouse,** hinter dem Kreisel südlich des Fähranlegers, Tel. 020-22279922. Einfache, saubere Zimmer mit Ventilator für den schmalen Geldbeutel (bis 10 US$). WLAN.

Essen und Trinken

Fast alle **Gästehäuser und Hotels** haben auch ein angeschlossenes Restaurant. Für den Weg zum Abendessen bzw. den Rückweg eine Taschenlampe mitnehmen. Sehr empfehlenswert sind diese beiden Locations:

- **Nakorn Café and Restaurant,** wie auch das Gästehaus recht neu und von vielen Reisenden sehr gepriesen. Richtig gute Nudelsuppe, wenn man zum Frühstück dem Toast mit Ei entkommen möchte. Die Currys sind auch besonders gut.
- **Champasak with Love,** sehr leckere Thai-Lao-Gerichte auf der wunderbaren Terrasse am Mekong, dazu guter Kaffee, selbst gemachte Waffeln, empfehlenswerte Shakes und das alles angenehm im Schatten. Auch guter Radverleih.

Wat Phou

ວັດພູ

Wat Phou (wörtlich Bergtempel) ist ohne Zweifel neben der Ebene der Tonkrüge die archäologische Hauptattraktion in Laos. Acht Kilometer südwestlich von Champasak liegt die **großflächige Tempelanlage am Fuße des 1497 Meter hohen Phou Kao.** Der Berg trägt auch den Namen Lingaparvata, weil auf seinem Gipfel ein Felsen phallusartig rund 60 Meter himmelwärts ragt. Dies ist für den Tempel deshalb von Bedeutung, weil es sich hier um ein **hinduistisches Monument** handelt. Und im Hinduismus sind

Phallussymbole (in Sanskrit Lingam) Gegenstand größter Verehrung.

Die ältesten Ruinen der Tempelanlage datieren aus dem 5./6. Jahrhundert und sind damit **200 Jahre älter als** die ältesten Teile von **Angkor Wat,** der zu den Weltwundern zählenden Tempelstadt in Kambodscha. Wiederentdeckt wurde die Anlage im Jahr 1866 von dem französischen Forscher *Francis Garnier.* Inzwischen gilt als sicher, dass sich eben hier, in der näheren Umgebung von Wat Phou, vor den Zeiten von Angkor die **Hauptstadt des Khmer-Reiches Chenla** befand. Darauf weisen auch Funde von Ruinen etwa auf halber Strecke zwischen Champasak und Wat Phou hin, die der Hauptstadt von Chenla, Chestapura, zugeschrieben werden. Die Einheimischen nennen den Ort Muong Kao (Altstadt).

Etwas vager, aber ebenso einleuchtend ist die These, dass noch vor den Khmer die vor allem an der zentralvietnamesischen Küste siedelnden **Cham** hier ein Heiligtum errichteten. Schon der Name Champasak deutet darauf hin, ferner die Tatsache, dass der Schutzheilige sowohl von Lingaparvata als auch des Cham-Reiches Bhadresvara war.

Die Anlage ist **streng symmetrisch angeordnet und exakt in Ost-West-Richtung ausgerichtet. Drei Ebenen** werden von einer schnurgeraden Promenade miteinander verbunden. Von der ersten Ebene, die früher den Königen als Ruheplatz bei der Betrachtung von Prozessionen oder Wasserspielen in dem davor liegenden Becken diente, führt eine 280 Meter lange Prozessionsstraße zum Heiligtum.

☐ Die Prozessionsstraße führt Richtung Tempel

laos099 vl

Die **Prozessionsstraße** war ursprünglich durchgehend von Löwenfiguren, Darstellungen mystischer Tiere und Phallusstelen gesäumt, von denen nur noch wenige erhalten sind. Die Prozessionsstraße wird der Herrschaft König *Jayavarmans VI.* (1080–1107) zugeschrieben. Nördlich und südlich der Prozessionsstraße sind **zwei große Wasserbecken** angelegt, die rituellen Waschungen gedient haben sollen. Am Ende dieser zentralen Achse folgt eine **Esplanade** von rund 80 x 150 Metern Ausdehnung. Bestimmt wird das Bild dieser Fläche von den **Ruinen zweier Pavillons,** die auch aus dem 12. Jahrhundert stammen. Vor allem die Portale dieser schon äußerlich stark an Angkor-Gebäude erinnernden Pavillons sind erstaunlich gut erhalten. Der Überlieferung nach soll der nördliche, aus porösem Lateritgestein errichtete Palast den Männern vorbehalten gewesen sein, während der südliche, aus weit festerem Sandstein erbaute Palast den Frauen als Unterkunft diente. Die Skulpturen und Reliefs sind allerdings in beiden Gebäuden aus Sandstein. Ein Seitenflügel besteht gar aus Ziegeln, seinerzeit ein sündhaft teurer Baustoff. Dieser Teil soll der Königin als vorübergehendes Heim gedient haben.

Der **Steinbruch,** aus dem die Steinquader gewonnen wurden, findet sich auf dem anderen Ufer des Mekong nur wenige Kilometer flussabwärts bei Oup Moung, einer weiteren Ruinenstätte.

Die reichen **Verzierungen und Reliefs der beiden Pavillons** sind sehr kunstvoll gearbeitet und gut erhalten. Einer der Giebel über dem Hauptportal zeigt Shiva und Parvati auf Nandi, dem Reittier Shivas, sitzend. Über allem thront Lakulisa, eine fast schon Buddha ähnelnde Darstellung einer Shiva-Göttin. Weitere Reliefs zeigen Shiva, Vishnu oder Kala, die Göttin des Todes und der Finsternis.

laos151 vl

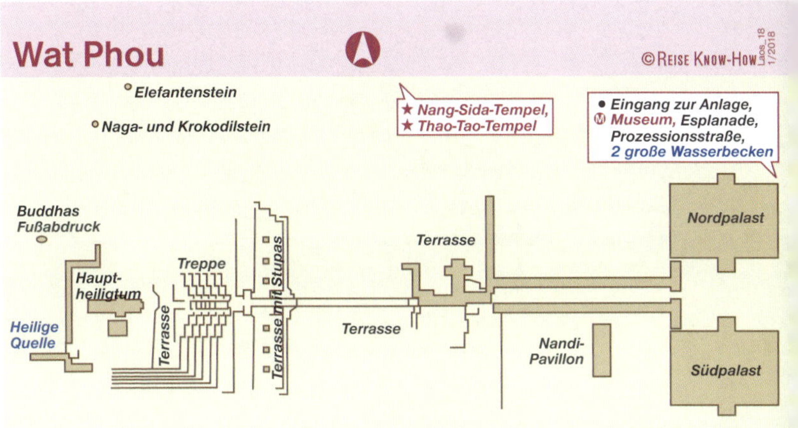

Folgt man der zentralen Achse weiter, so schließt sich der **Nandi-Pavillon** an. Nandi – ein Bulle – war das Reit- und Zugtier Shivas. Ein Nandi-Pavillon gehört fast unausweichlich zu Hindu-Heiligtümern.

Hinter dem Nandi-Pavillon beginnt das Gelände steil zur **zweiten Ebene** anzusteigen. Die **Treppe aus Lateritgestein** war einst von sechs kleinen Pavillons gesäumt, die leider völlig zerstört sind und deren Funktion unklar bleibt. Die Felsblöcke, aus denen die Treppe gefertigt wurde, weisen alle kreisrunde Löcher auf, die den Transport und die Ausrichtung der Quader erleichterten.

laos100 vl

☐ Die Natur erobert sich die Tempelanlage zurück

☐ Der Aufgang zum Tempel ist steil, doch die Mühe lohnt sich, denn die Stufen sollen Glück bringen

Über die Treppe kommt man auf die **dritte Ebene** der Anlage, 90 Meter hoch über dem Fluss. Durch ein Tor gelangt man zum eigentlichen **Hauptheiligtum.** Dieses war ursprünglich Shiva gewidmet. Der hintere, aus Ziegeln bestehende Teil, stammt aus dem 6. Jahrhundert. Durch die Rückwand wurde Wasser aus der heiligen Quelle, die direkt mit dem Lingam auf dem Gipfel des Berges verbunden sein soll, auf den im Innern der Kapelle befindlichen Lingam geleitet. Von dort floss das Wasser zu einem Becken, in dem es sich sammelte und Gläubigen zu heiligen Waschungen diente. Die vorderen Teile des Gebäudes sind jüngeren Datums, etwa aus dem 8./9. Jahrhundert. Dieser Teil des Komplexes weist **fantastische Reliefs** auf, Apsaras, einen tanzenden Vishnu, Indra auf einem dreiköpfigen Elefanten reitend. Über dem Giebel des Nord-Tores sieht man Vishnu auf Garuda, einem vogelähnlichen Fabelwesen. Der Südgiebel wird von Krishna beim Zerreißen der Schlange Kalyana geziert, ein häufiges Motiv der Khmer-Kunst. Weitere Darstellungen von Shiva, Vishnu, Kala und anderen Göttern bestechen durch ihre sehr detaillierte Ausführung.

Erst lange nach der Khmer-Zeit wurde dieses Heiligtum in ein buddhistisches verwandelt. Heute beherrschen deshalb **Buddha-Figuren** das Innere des Hauptheiligtums. Links hinter dem Hauptheiligtum befinden sich die Überreste einer **Bibliothek.**

Folgt man einem kleinen Pfad weiter nach links, so gelangt man zur **heiligen Quelle,** die vom Lingam auf dem Gipfel des Berges gespeist sein soll. Hinter dem Hauptheiligtum steht eine Felswand, an deren rechter Seite ein **hinduistischer Trimurti** zu finden ist. Der Trimurti vereinigt die drei wichtigsten hinduistischen Götter Vishnu (rechts), Shiva (Mitte) und Brahma (links).

Weiter nach rechts, ein wenig abseits von den alten Heiligtümern, finden sich drei bedeutsame Felsen: der **Elefanten-,** der **Krokodil- und** der **Naga-Stein.** In der Zeit als Khmer-Heiligtum erlebte Wat Phou jedes Jahr im Mai eine große Prozession. Diese, so sagt die Überlieferung, war mit Menschenopfern verbunden. Ein Freiwilliger ließ sein Leben in eben jenem Krokodilstein. Sein Blut

laos102 vl

[>] Die Ruinen stammen teilweise aus dem 6. Jahrhundert; auch eine Bibliothek gab es

[<] Buddha-Figuren im Inneren des Haupttempels

wurde anschließend dem Naga-Stein geopfert. Menschenopfer sind heute natürlich nicht mehr üblich. Schon in früheren Zeiten trat an die Stelle eines Menschen ein Büffel. Dabei ist es lange geblieben, denn jedes Jahr im Juni wurde ein Büffel dem Erdgeist von Champasak, Tiao Thangkham, geopfert.

Geblieben bis auf den heutigen Tag ist auch das **große Fest** in Wat Phou **im Februar,** das ohne Opfer auskommt, da es sich hierbei um eine rein buddhistische Festivität handelt.

Weitere Sehenswürdigkeiten sind der verfallene **Nang-Sida-Tempel** aus dem 12. Jahrhundert (etwa 1 km südlich des Nandi-Tempels) sowie – schwer zugänglich– der **Thao-Tao-Tempel** aus dem 13. Jahrhundert. Die Strecke markiert auch den Beginn der Straße, die direkt nach Angkor führte.

Praktische Informationen

- **Infos:** www.vatphou-champassak.com

Anreise

Entweder man übernachtet im 8 km entfernten Champasak und besucht Wat Phou mit gemietetem **Roller** oder **Fahrrad,** oder man macht diesen Ausflug im Rahmen einer **gebuchten Tour.** Mit den öffentlichen Verkehrsmitteln kann man am Nachmittag nicht zurück nach Pakse kommen.

Für die Tour sollte man auf jeden Fall zwei bis drei Stunden einplanen. Das Gelände scheint auf einen Besucheransturm vorbereitet zu sein, daher gibt es vom Museum direkt am Haupteingang der Anlage – es zeigt Fundstücke der örtlichen Ausgrabungen – einen **Shuttle-Service** parallel zur Prozessionsstraße. Tatsächlich kann es in der Hauptsaison auch voll werden, allerdings noch in sehr erträglichem Maße.

Öffnungszeiten/Eintrittspreise

- **Tempelanlage:** 8–18 Uhr, 50.000 Kip inkl. dem empfehlenswerten Museum (8–16:30 Uhr). Für 100.000 Kip pro Gruppe gibt es eine Führung. Für 40.000 Kip extra kann man das Gelände auch außerhalb der Öffnungszeiten ab 6 Uhr morgens besuchen.

Siphandone – 4000 Inseln

ສີພັນດອນ

Der tiefste Süden der Provinz Champasak, fast auch der südlichste Zipfel von ganz Laos, heißt Siphandone, zu deutsch 4000 Inseln. Der **Mekong** erreicht an diesem Abschnitt die **größte Breite seines gesamten Laufes** – rund 14 Kilometer liegen zwischen den entferntesten Armen. Und diese Arme bilden eben jene mehr als 4000 Inseln unterschiedlichster Größe, vom bierdeckelgroßen

laos103 vl

Eiland bis zur kilometerlangen Insel Khong. Laos hat keinen Zugang zum Meer, doch wer den Charme einer Inselwelt erleben möchte, baut Siphandone in seine Reise ein. Die Inseln sind auch ein Backpacker-Mekka und werden bereits in Bangkok auf der Khao San Road angepriesen. Insgesamt gibt es etwa **70.000 Insulaner,** die in **130 Dörfern** über die Inseln verstreut leben. Hauptort der Inselwelt ist die Kreisstadt Khong auf der gleichnamigen Insel.

Don Khong – ດອນໂຂງ

Khong, die **Hauptinsel,** bringt es auf stolze 16 x 8 Kilometer Größe, je nach Wasserstand, und bietet Platz für mehr als 25.000 Einwohner. Auf der Insel liegt das Städtchen **Muong Khong;** die Kreisstadt ist allein schon wegen ihrer günstigen Lage in der südlaotischen Inselwelt ein Reiseziel. Auch weitere Dörfer und eine zweite Stadt namens **Muong Saen** liegen auf der westlichen Inselseite. Dort ist es weit ruhiger als in Muong Khong. Die acht Kilometer bis Muong Saen lassen sich gut mit dem Rad bewältigen (sehr schöne Strecke), aber auch Chum Boos verkehren auf der Insel (um die 50.000 Kip). Muong Saen verfügt über einen kleinen Hafen, aber Boote nach Pakse verkehren nicht mehr.

Tempel sind **Wat Phouang Keo** im Zentrum und die älteste Pagode der Insel, **Wat Chom Thong (Wat Tjom Thong),** am Nordende von Khong. Einen Kilometer nördlich der Stadt führt ein Pfad zur heiligen Stätte **Tham Phou Khiao,** einer Felsgrotte mit Buddha-Sta-

☐ Fast wie auf einer Palmeninsel: Siphandone

tue. Muong Khong feiert sein Ruderfest im Dezember, eines der größten Feste auf der Insel. Das **Bezirksmuseum** informiert zur Geschichte der Region und zeigt mäßig Interessantes zum Thema Fischfang (Mo bis Fr 8–16 Uhr, Eintritt 10.000 Kip).

An- und Weiterreise

Schon während der Anreise **von Pakse** (ca. 3 Std., 60.000 Kip) nach Siphandone kann man einen tollen Blick auf die Inselwelt genießen. Am Kilometer 127 südlich von Pakse erreicht man den Ort **Hatsay Khoun.** Auf dem Hügel zwischen Straße und Mekong erhebt sich die neu errichtete Pagode **Wat Phou Nook,** deren Sala als Ausguck bestens geeignet ist. **Wat Phou Nai** zu Füßen der Anlage dagegen blickt auf mehr als 150 Jahre Geschichte zurück. Kurz hinter der schönen Doppelpagode zweigt die Zufahrt nach Khong von der Straße ab; die Insel wird über eine Brücke erreicht.

Fähren nach **Nakasang** auf dem Festland und auch Bootsfahrten nach **Don Det** oder **Don Khon** organisieren die Gästehäuser.

Tourist Info

- **Tourismusbüro,** Muong Khong, an der Uferstraße südlich des Fähranlegers, Mo bis Fr 8–12 und 14–16 Uhr. Vermittelt werden auch Touren zu den Wasserfällen Somphamit und Khon Phapheng.

Geld

- Es gibt **Geldautomaten** der Lao Development Bank und BCEL (beide in Muong Khong).
- Die **Agricultural Promotion Bank** in Muong Khong tauscht Geld.

Unterkunft, Essen und Trinken

Fast alle Unterkünfte in Muong Khong verleihen **Zweiräder** – Fahrräder kosten 10.000 Kip, Roller ab 60.000 Kip pro Tag. Ebenso bieten die meisten Gästehäuser **freies WLAN** an.

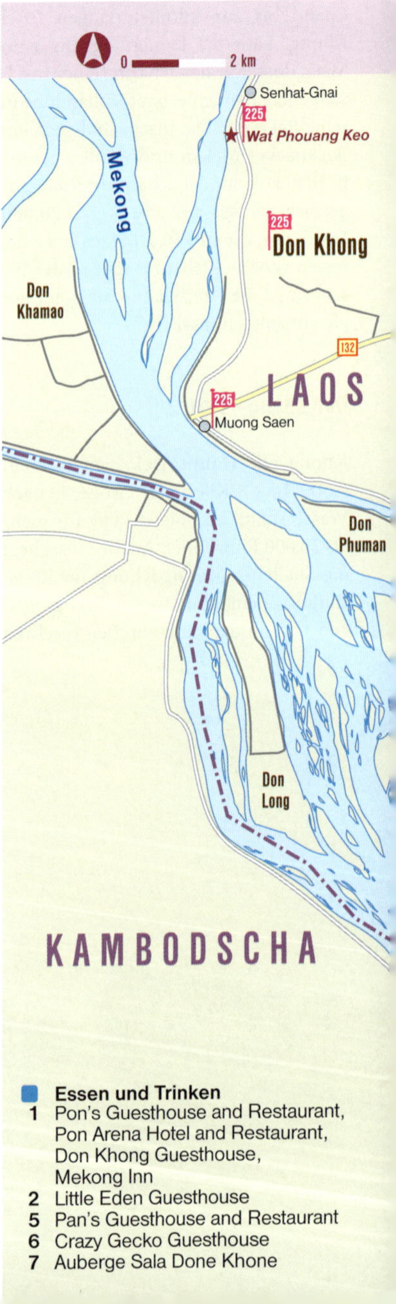

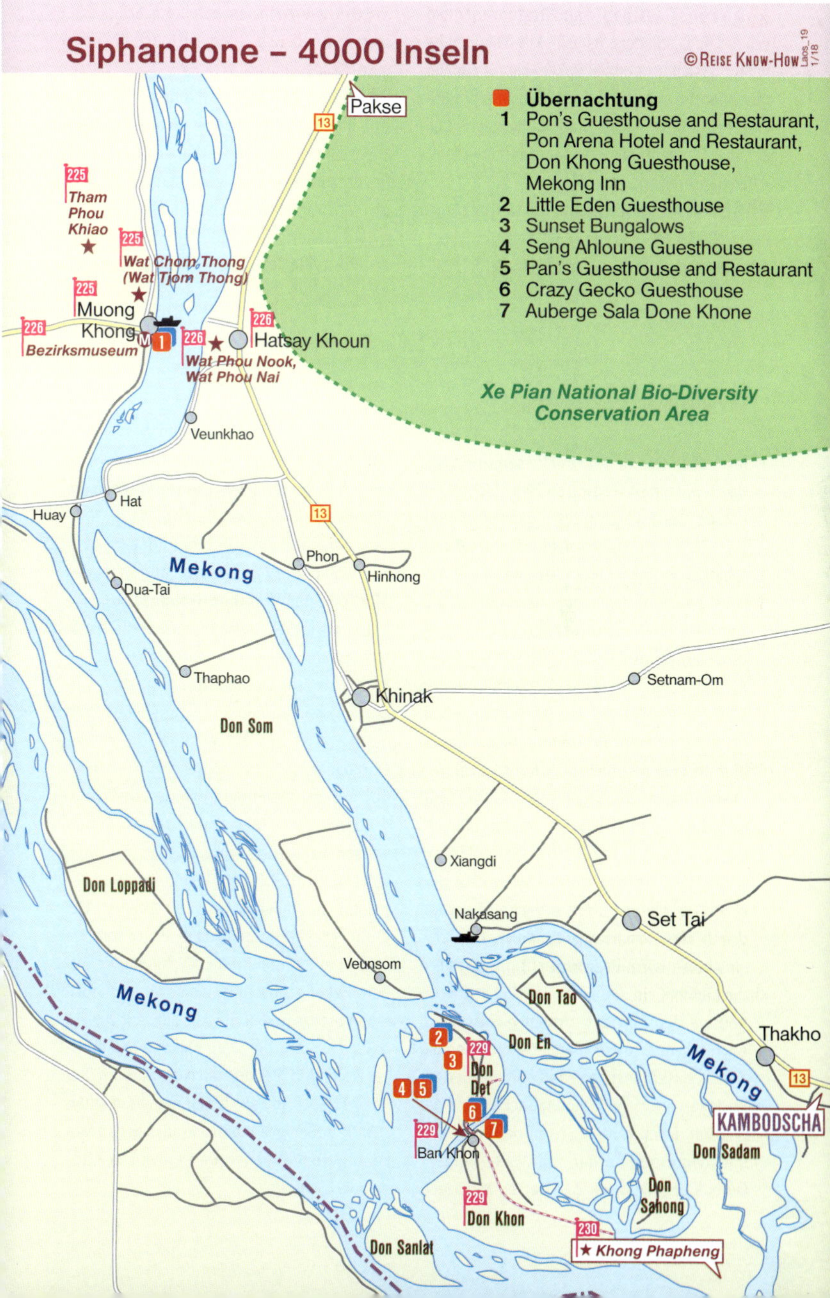
Siphandone – 4000 Inseln
© Reise Know-How
Laos_19 1/18
Übernachtung
1 Pon's Guesthouse and Restaurant, Pon Arena Hotel and Restaurant, Don Khong Guesthouse, Mekong Inn
2 Little Eden Guesthouse
3 Sunset Bungalows
4 Seng Ahloune Guesthouse
5 Pan's Guesthouse and Restaurant
6 Crazy Gecko Guesthouse
7 Auberge Sala Done Khone
Pakse
13
225 Tham Phou Khiao
225 Wat Chom Thong (Wat Tjom Thong)
225 Muong Khong
226 Bezirksmuseum
226 Wat Phou Nook, Wat Phou Nai
Hatsay Khoun
Xe Pian National Bio-Diversity Conservation Area
Veunkhao
Hat
Huay
Mekong
Phon
Hinhong
Dua-Tai
Thaphao
Khinak
Setnam-Om
Don Som
Xiangdi
Don Loppadi
Nakasang
Set Tai
Veunsom
Don Tao
Mekong
Don En
229 Don Det
Thakho
Mekong
KAMBODSCHA
229 Ban Khon
Don Sadam
Don Sahong
229 Don Khon
230 Khong Phapheng
Don Sanlat

1 1 **Pon's Guesthouse and Restaurant,** nördlich des Bootsanlegers, Tel. 031-214 037. Sehr beliebtes Gästehaus und bei 90.000 Kip für ein Zimmer (manche mit Balkon) mit AC auch sehr gutes Preis-Leistungsverhältnis. Auch das Restaurant gegenüber ist empfehlenswert, mit leckeren laotischen Gerichten und Cocktails.

1 1 **Pon Arena Hotel and Restaurant,** auch der „große Bruder" von Pon's Guesthouse liegt nördlich des Fähranlegers an der Uferstraße, Tel. 031-515 018, www.ponarenahotel.com. Schick und geräumig, DZ ab 50 US$, das Restaurant bietet sehr gute Fischgerichte an.

1 1 **Don Khong Guesthouse,** Tel. 031-214 010, gleich am Bootsanleger. Neuere Zimmer mit, ältere ohne AC (bis 100.000 Kip). Einfach, aber gut. Das dazugehörige Restaurant ist meist gut besucht und wird von vielen Reisenden empfohlen.

1 1 **Mekong Inn,** südlich des Fähranlegers an der Uferstraße, Tel. 031-213668. Mit kleinem Pool

Irrawaddy-Delfine

Irrawaddy-Delfine sind **in Flüssen und Seen der tropischen Regionen heimisch.** Doch hat die Wasserverschmutzung die empfindlichen Tiere schon gänzlich aus dem thailändischen Chao Praya River vertrieben. Ein ähnliches Schicksal droht den Tieren durch **zunehmende Verschmutzung, Abholzung und Dammbau** im chinesischen Yangtse, im Amazonas und im Ganges. Solche Gefahren scheinen im Mekong vorerst nicht gegeben, doch sicher sind die Delfine deshalb auch hier noch längst nicht. Zeitungsartikel und die nichtstaatliche Organisation Earth Island Institute (www.earthisland. org) machten auf das Schicksal der Tiere aufmerksam.

Die Tiere, die in ausgewachsenem Zustand etwa 1½ Meter Länge erreichen, werden **durch den Fischfang bedroht.** Und das gleich in mehrfacher Hinsicht. Zwar gelten die Delfine als Reinkarnation Verstorbener und werden von den Laoten nicht gejagt. Auch machen immer wieder Geschichten die Runde, dass Menschen von Delfinen vor dem Ertrinken oder vor Krokodilattacken gerettet wurden. Doch fordert schon der Fischfang mit Nylonnetzen unter den Wassersäugern Opfer. Tiere, die sich in den Netzen verfangen haben, kommen aus eigener Kraft oft nicht mehr frei und ertrinken. Das Überfischen der Lebensräume der Delfine engt deren Nahrungsangebot ein. Die Hauptgefahr geht aber von der in Kambodscha angewandten **Methode des „Bombenfischens"** aus, eine Praxis, die in Laos streng verboten ist. Granaten und andere kleine Sprengkörper werden im Wasser zur Detonation gebracht , wodurch Fische und andere Wasserlebewesen getötet oder betäubt werden. Die an der Oberfläche treibenden Fische müssen dann nur noch „eingesammelt" werden. Durch dieses explosive Fischen kommen auch immer wieder Delfine um, und so ist die **nur noch** auf **100 bis 200 Exemplare** geschätzte Population **in dieser Region** aufs Äußerste bedroht. Die Bombenfischerei ist besonders verbreitet auf dem etwa 200 Kilometer langen Mekong-Abschnitt zwischen der laotischen Grenze und dem Tonle Sap. Auf diesem Teilstück „produziert" der Mekong den meisten Fisch. Und hier sind auch die meisten Delfine zu Hause. In Laos findet man Irrawaddy-Delfine außer in Siphandone auch in den Mekong-Nebenflüssen in den Provinzen Attopeu und Sekong.

und schönem Haus im Stil einer Villa bietet die kanadische Besitzerin für 20 US$ etwas höheren Standard als andere Backpacker-Unterkünfte. In der Nebensaison geschlossen, im angeschlossenen Restaurant gibt es natürlich auch Pancake mit Sirup.

Don Khon – ດອນຄອນ – und Don Det – ດອນເດດ

In den letzten Jahren ist gerade Don Det ein Must-see für Backpacker geworden. Entsprechend laut kann es vor allem im Norden von Don Det werden, wo Bars und einfachste Gästehütten nebeneinander stehen. Die beiden **Nachbarinseln** sind durch eine Brücke verbunden. Khon hat Kokoshaine, Bauten aus der Kolonialzeit und Strom, Det nichts davon – Natur pur plus Touristen. Empfehlenswert sind Ausflüge von Khong aus. Mit dem Boot gelangt man in zwei Stunden auf die Inseln.

Khon weist eine Rarität allererster Güte auf: Hier verlief das einzige Stück **Eisenbahn,** das Laos bislang hatte. Die Franzosen verlegten die Schienen während ihrer Herrschaft, um so die Wasserfälle und Stromschnellen des Mekong zu umgehen. Heute lässt sich der Verlauf der 10 Kilometer langen Strecke noch immer gut verfolgen. Unweit der Bahnbrücke auf Khon rosten die Überreste einer Lokomotive und ihres Tenders vor sich hin. Folgt man der alten Bahnlinie nach Süden, gelangt man durch Wald und Reisfelder schließlich zur südlichen Pier, wo einst die den Mekong durch Vietnam und Kambodscha heraufgefahrenen Schiffe entladen wurden.

In **Ban Khon,** unweit der noch intakten Brücke zur Nachbarinsel Det, scheint die französische Zollstation noch immer auf neue Warenlieferungen zu warten. Für das Überqueren der Brücke wird ein Wegezoll (25.000 Kip) fällig; Ticket gut aufbewahren.

Von Ban Khon kann man einen Fußmarsch über Ban Khon Tai bis zum **Wasserfall** unternehmen. Dieser Fall ist eher eine Abfolge von Stromschnellen, durch die sich das Wasser des Mekong-Arms gurgelnd ergießt.

In der Umgebung der Insel Khon lassen sich sehr selten (aber es ist noch möglich) einige der wenigen noch verbliebenen **Irrawaddy-Delfine** beobachten. Vornehmlich in den Abendstunden während der Trockenzeit kommen Naturfreunde auf ihre Kosten.

Unterkunft, Essen und Trinken auf Don Det

Gegliedert werden kann die Liste der Unterkünfte nach **Ost- und Westufer** bzw. Sonnenauf- oder Sonnenuntergang. Man kommt zuerst in Houa Det im Norden der Insel an. Hier gibt es Bars und auch kleine Geschäfte. Gen Süden wird es dann ruhiger. Auf der Westseite sind abends die Sonnenuntergänge spektakulär zu genießen, allerdings kann es am Nachmittag auch sehr heiß werden.

2 **Little Eden Guesthouse,** auf der Westseite im Norden, Tel. 020-77739045. Die 17 sehr schön eingerichteten, sauberen Zimmer sind eine sehr gute Wahl, das angeschlossene Restaurant ebenso. Die Hitze ist dank AC in den Zimmern (ab 40 US$) kein Problem.

3 **Sunset Bungalows,** Tel. 030-97882978, auf der Westseite vom Little Eden weiter südwärts, einfach Ausschau halten nach einem großen blauen Gebäude direkt am Wasser. Hängematten und ein toller Ausblick von der Terrasse machen diese einfachen, sauberen Zimmer so attraktiv (10 US$).

6 **Crazy Gecko Guesthouse,** auf der Ostseite im Süden, Tel. 020-96701472, www.crazygecko.ch. Die Zimmer (20 US$) sind – anders als beworben – definitiv kein „Geheimtipp" mehr, sondern in der Hochsaison fast augenblicklich bei Ankunft der Boote ausgebucht. Es lohnt sich daher vorab telefonisch zu reservieren. Billardtisch und Restaurant am Wasser sorgen für ein gelungenes Rundumpaket. Es gibt auch Familienzimmer.

Unterkunft, Essen und Trinken auf Don Khon

Da Don Khon ruhiger ist und es früher hieß, die Backpacker führen nach Don Det, diejenigen mit **höherem Anspruch** nach Don Khon, hat sich auch das Angebot der Unterkünfte entsprechend entwickelt. Soll heißen, auf Don Khon finden sich nun auch viele Unterkünfte, aber mit etwas höherem Standard und entsprechend auch etwas teurer.

7 7 **Auberge Sala Done Khone,** Tel. 031-260 940, www.salalaoboutique.com. Die Inneneinrichtung ist ein Augenschmaus, viele laotische Kunstgegenstände sind Teil des Interieurs. Mit Preisen ab 50 US$ ein Schnäppchen für diesen Standard. Die teureren Räume sind naturgemäß die schönsten. Pool und Restaurant.

5 5 **Pan's Guesthouse and Restaurant,** Tel. 020-55525345. Solide Holzbungalows (die am Wasser sind die teureren) mit AC, Tischchen auf der Terrasse und Hängematte. 20–30 US$, netter Service.

4 **Seng Ahloune Guesthouse,** Tel. 020-5583 1399. Schöne Balkone schmücken die Holzbungalows direkt an der Brücke, AC und ein kleiner Sandstrand gehören auch dazu. Kaffee und Tee im Zimmer kostenfrei (ab 30 US$).

Khong Phapheng: 18 Meter stürzt der Mekong am Wasserfall hinab

laos104 vl

Khong Phapheng – ນ້ຳຕົກຕາດ

Khong Phapheng ist der **größte Wasserfall Asiens.** Hier stürzen die Wassermassen eines der Mekong-Arme etwa 18 Meter in die Tiefe. Der sonst so gemächlich, ja fast schon träge dahinfließende Mekong verliert hier völlig die Beherrschung und seine sonst so charakteristische gelblich-rote Farbe. In weißer brodelnder Gischt tost er durch die Felsspalten. Angesichts dieses gewaltigen Naturschauspiels ist es nur schwer vorstellbar, dass auf mehr als 10 Kilometern Breite noch Dutzende anderer Wasserläufe des Mekong weiter gen Süden fließen.

Khong Phapheng heißt wörtlich **„Getöse des Mekong"**. Ursprung für diese Bezeichnung war ein großer Felsen, über den das Wasser schoss und dabei ein meilenweit hörbares Tosen erschallen ließ. Noch die Franzosen *Dudart de Lagrée* und *Francis Garnier* konnten sich des Geräusches erfreuen. Inzwischen haben die Wassermassen den Felsen zerstört, und das Rauschen ist leiser geworden. Das Gelände inklusive Restaurant und Snackständen ist touristisch gut erschlossen (Eintritt 50.000 Kip).

An- und Weiterreise

- Auf den Inseln und in Pakse haben fast alle **Touranbieter** (= Unterkünfte) Khong Phapheng im Programm.
- **Tuk-Tuks von Nakasang** (15 km bis zum Wasserfall) sollten um die 60.000 pro Person kosten, wobei erst ab zwei Fahrgästen auch gefahren wird.

Provinz Sekong

In den letzten Jahren erlebte Sekong einen Boom als **Durchgangsstation auf dem Weg nach Attopeu.** Das allein zeigt, dass die Provinz weitab vom Mekong und mit einer Grenze zu Vietnam selbst wenig Schauwert hat. Ein mehrere Jahre hier ansässiger Entwicklungshelfer beschrieb den Landstrich wie folgt: „Wer nichts, aber auch gar **nichts außer Ruhe und Abgeschiedenheit** sucht, der ist hier richtig." In der Vergangenheit war es weniger ruhig, denn auch Sekong gehörte zu den im Indochinakrieg heftig bombardierten Gegenden.

Sekong wurde erst 1983 als Provinz gegründet und ist die am spärlichsten besiedelte in ganz Laos (**76.000 Einwohner,** d.h. 9,9 Menschen pro km²). Neben Houa Phan, Phongsaly, Oudomsay und Attopeu gehört Sekong zu den ärmsten Provinzen des Landes. **Wirtschaftlich** hat man Mühe, sich selbst mit Lebensmitteln zu versorgen. Lichtblick ist der Anbau von Kaffee. Ethnisch wird die Gegend von **Mon-Khmer-Völkern** dominiert, darunter Ta Oy, Katu, Nya Heun, Oy, Cheng, Nge und Alak. Die meisten Dörfer der Bergvölker abseits der Hauptstraße sind nur schwer zugänglich. Lao sind außerhalb der Provinzhauptstadt selten anzutreffen.

Geografisch klemmt die Provinz zwischen Bolaven-Plateau und dem zentralvietnamesischen Hochland, durchquert vom malerischen **Sekong-Fluss.**

Verkehrstechnisch wurde Sekong in den letzten Jahren besser erschlossen. Die kürzeste Verbindung zur Straße Nr. 13 über Saravane, die Straße Nr. 20, ist asphaltiert worden, und die Straße westwärts über Ta Taeng und Paksong nach Pakse (126 km) ist gut in Schuss.

Sekong (Muong Lamam)

ເຊກອງ (ເມືອງລະມາມ)

Die Verwirrung beginnt bei der Beschilderung: Vorzügliche Schilder mit Reflektorfolie verkünden am Ortseingang der **Provinzhauptstadt** den Einzug in die „Provinz Sekong", während ein unscheinbares Schild vor dem Ort auf „Ban Lamam" hinweist. Befragungen vor Ort ergaben, dass die Stadt auch den Namen Muong Lamam trägt. Früher war Sekong der Ausgangspunkt für Bootsreisen nach Attopeu. Nun ist die Straße fertig, und es ist schwer, noch ein Boot aufzutreiben.

In der Stadt gibt es **nicht viel zu erleben.** Die Stoffe der lokalen Ethnien gibt es auf und rund um den nagelneuen Markt zu kaufen. Es fällt auf, dass die Katu und Alak neben Tieren seit Jahren auch Hubschrauber und Bomben in ihre Stoffe weben. Besuche bei Bergvölkern in der Umgebung lassen sich vor Ort nur schwer organisieren. Doch es ist sehr interessant, die hiesigen Menschen in ihren Langhäusern zu besuchen und den Frauen beim Weben auf dem Hüftwebstuhl zuzusehen.

Etwa 12 Kilometer weiter in Richtung Attopeu, zwei Kilometer von der Hauptstraße entfernt, lockt der Wasserfall **Tad Faek.**

Praktische Informationen

An- und Weiterreise mit dem Bus

Die **Busstation** befindet sich 3 km außerhalb. 10.000 Kip kostet ein Tuk-Tuk dorthin.

- **Attopeu** (80 km, 2 Std., 25.000 Kip): 9, 9:30, 10:30, 15:30 Uhr.
- **Pakse** (144 km, 3–4 Std., 40.000 Kip): stündlich von 6 bis 16 Uhr.
- **Saravan** (90 km, 3 Std., 30.000 Kip): 9:30, 10:30, 15:30 Uhr.

Geld

- **Lao Development Bank,** im Umkreis des Marktes, Geldautomat und Geldwechsel, Mo bis Fr 8:30–15:30 Uhr.
- **BCEL,** mit Geldautomat, ebenfalls im Umkreis des Marktes, gleiche Öffnungszeiten.

Unterkunft

- **Tida Hotel,** Tel. 038-211063, Richtung Fähranleger etwas außerhalb am Fluss, mit gutem Restaurant, WLAN und AC. 250.000 Kip.
- **Hongkham Hotel,** Tel. 038-211777), rechts an der Hauptstraße von Norden/der Busstation kommend. AC, WLAN und Frühstück, die Zimmer sind groß und in Ordnung. 200.000 Kip.
- **Pisaxay Guesthouse,** Tel. 038-211271, an der Hauptstraße. AC und WLAN, einfache, saubere Zimmer für 75.000 Kip.

Provinz Attopeu

Attopeu ist der **südöstlichste Zipfel von Laos.** Die hier ziemlich verstreut (rund 14 Einwohner pro km²) lebenden ca. **140.000 Menschen** zählen meist zu den **Mon-Khmer-Völkern.** Die meisten von ihnen gehören den Laven, Nge und Talieng an. Lao finden sich fast nur in den urbanen Zentren, begleitet von ziemlich starker vietnamesischer Präsenz.

Geschichtlich machte Attopeu zweimal von sich reden: Im 17. Jahrhundert verscholl hier der große Laotenkönig *Setthathirath,* im 20. Jahrhundert durchzogen die Nachschubwege des legendären Ho-Chi-Minh-Pfads das Gebiet. Vom ersten Ereignis blieb eine Stupa, vom zweiten allerlei Schrott, oft in der hässlichen Form gefährlicher UXO *(Unexploded Ordnance),* also nicht explodierter Sprengkörper.

Noch gehört Attopeu wegen seiner Abgeschiedenheit zu den Provinzen mit der exotischsten **Tierwelt.** Von Tigern wird berichtet, sogar von Nashörnern, Irrawaddy-Delfine leben im Sekong und im Sekaman, die Vogelwelt ist kunterbunt. Der Bau von Wasserkraftanlagen bringt zwar Strom, gefährdet aber auch die einzigartige Natur. Der **Ausbau der Straßenverbindung** von Vietnam über Attopeu bis zu den Grenzen nach Kambodscha und Thailand wird die Gegend in den kommenden Jahren rasch erschließen – für Touristen, Händler und Holzeinschlag gleichermaßen.

Attopeu (Samakhi Xay)

ອັດຕະປື (ສາມະຄີໄຊ)

In trauter Wiederholung des zu Sekong Beschriebenen findet sich am Ortseingang von Attopeu das Schild „Attopeu Province", während mehrere Kilometer zuvor ein Zeichen auf „Samakhi Xay" hinweist. Die Einwohner der **Provinzhauptstadt** bestätigen: Die Stadt trägt den Namen Samakhi Xay, das Dorf gleichen Namens hat damit nichts zu tun.

Attopeu liegt am Fluss Sekong und hat **wenig zu bieten.** Am Markt und in einer der Straßenbiegungen verstecken sich einige Händler, die Produkte der Einheimischen anbieten. Vor allem die Baumwollstoffe und Korbwaren sind von hoher Qualität und schön anzusehen. Die Stadt kann als Ausgangspunkt für Touren nach Saysettha und weiter zum Ho-Chi-Minh-Pfad dienen.

Achtung, hier ist **Malaria-Gebiet** (zu Vorsichtsmaßnahmen siehe im Anhang).

Per Zweirad zu erreichen ist der 12 Kilometer entfernte Ort **Saysettha.** Hier soll 1571 König *Setthathirath,* einer der größten Könige des Lane-Xang-Reiches, bei einer militärischen Expedition verschollen sein. Die Pagode auf dem linken Flussufer des Sekaman hat noch ein altes Gebäude zu bieten; die kleinste der alten Stupas an seiner Seite soll die Knochen des Königs enthalten. Die Regierung stellte 2002 Geld zur Erhaltung der historischen Stätte zur Verfügung. Seitdem ist die Stupa goldfarben angepinselt und von blauen Fliesen umgeben.

Weitere 18 Kilometer Richtung Nordosten gelangt man nach **Pha Am,** wo eine sowjetische Boden-Luft-Rakete in den Wirren des Krieges „vergessen" wurde. Der Ort ist von Alak bewohnt, die vor allem Textilien weben und anbieten. Weiter bis **Sansai** durchfährt man auf der Straße Nr. 18, die fast die Ausmaße einer Autobahn erreicht, eine malerische Gegend.

Praktische Informationen

An- und Weiterreise

■ Ca. 5 km außerhalb liegt die Busstation, von der **Busse und Songthaeos nach Pakse** (206 km, 5 Std., 55.000 Kip) und **Sekong** (2 Std., 80 km, 20.000 Kip) fahren.

Tourist Info

■ **Provincial Tourism Office,** etwa 1 km außerhalb des Zentrums, Tel. 036-211056, Mo bis Fr 8–12 und 13–16:30 Uhr. Hier werden auch Touren angeboten.

Geld

■ **BCEL** (mit Geldautomat), **Lao Development Bank** und **Phongsavan Bank** (mit Geldautomat) befinden sich an der Hauptstraße.

Unterkunft, Essen und Trinken

■ **Dokchampa Hotel,** an der Hauptstraße, Tel. 036-211069. Ein altes und ein neueres Gebäude, die AC-Zimmer im „neuen" Haus sind ansprechend und in Ordnung (20 US$).

■ **Hoang Anh Attopeu Hotel,** von der Busstation kommend hinter dem Kaysone-Denkmal links abbiegen, dann auf der rechten Seite, Tel. 036-210 035. Vietnamesischer Klotz mit guten Zimmern, WLAN, AC und Restaurant (45 US$).

■ **Vhang Namyen Hung Heuang Guesthouse,** am Fluss, Tel. 030-901580. Saubere Zimmer mit AC und warmem Wasser (10 US$). Kleines Restaurant.

4 Praktische Reisetipps A–Z

Motorroller sind für geübte Fahrer eine empfehlenswerte Option zur Fortbewegung

Anreise

Mit dem Flugzeug

Derzeit gibt es **keine direkten Flugverbindungen von und nach Europa.** Die gängigsten Varianten setzen einen Flug nach Bangkok oder in eine andere asiatische Großstadt voraus. Auf diesem Weg ist die Weiterreise nach Vientiane sowohl per Flugzeug als auch auf dem Landweg möglich. Beliebt dank günstiger Angebote ist auch der Flug bis Udon Thani in Thailand mit anschließendem Shuttle-Transport nach Laos. In zunehmendem Maße fliegen auch Billigfluglinien (z.B. Air Asia ab/bis Kuala Lumpur oder Bangkok Don Muang) laotische Ziele an.

laos041 vl

Flugpreise

Die Flugpreise variieren je nach Fluggesellschaft, Jahreszeit und Aufenthaltsdauer. Aus Deutschland, Österreich oder der Schweiz bekommt man ein Economy-Ticket nach Vientiane für **850 bis 1050 €** hin und zurück (inkl. aller Steuern, Gebühren und Entgelte). Da Tickets zu einigen Großflughäfen sehr günstig sind, kann man u.U. durch den Kauf des Anschlusstickets nach Laos vor Ort besser fahren. Speziell in Bangkok ist dann darauf zu achten, dass zwischen den Flugplätzen eine erhebliche Entfernung besteht.

Preiswertere Flüge sind mit **Jugend- und Studententickets** (je nach Fluggesellschaft alle jungen Leute bis 29 Jahre und Studenten bis 34 Jahre) möglich. Außerhalb der Hauptsaison gibt es einen Hin- und Rückflug von Frankfurt nach Vientiane ab etwa 700 €.

Kinder unter zwei Jahren fliegen ohne Sitzplatzanspruch für 10% des Erwachsenenpreises, ansonsten werden für ältere Kinder die regulären Preise je nach Fluggesellschaft um 25 bis 50% ermäßigt. Ab dem zwölften Lebensjahr gilt der Erwachsenentarif oder ein besonderer Jugendtarif (s.o.).

< Anflug auf Vientiane

Mini „Flug-Know-how"

Check-in

Nicht vergessen: Ohne einen **gültigen Reisepass** kommt man nicht an Bord eines Flugzeuges. Auch Kinder, die mitreisen, benötigen ein eigenes Reisedokument.

Bei den meisten internationalen Flügen muss man zwei bis drei Stunden vor Abflug **am Schalter** der Fluggesellschaft eingecheckt haben. Je nach Fluggesellschaft kann man das in der Regel ab 23 Stunden vor dem Flug zu Hause **im Internet** erledigen und muss am Flughafen nur noch die ausgedruckte Boardkarte mit Barcode nach unten auf den Scanner legen und sein Gepäck am entsprechenden Schalter abgeben. Reist man nur mit Handgepäck, kann man je nach Fluggesellschaft nach einer kurzen Prüfung gleich durch die Schranke in den Boardingraum.

Das Gepäck

In der **Economy Class** darf man pro Person in der Regel ein Handgepäckstück bis zu 7 kg in die Kabine mitnehmen (nicht größer als 55 x 40 x 20 cm) und bei Bedarf zusätzlich ein Gepäckstück bis zu 23 kg einchecken. In der **Business Class** sind es pro Person meist zwei Handgepäckstücke (insgesamt nicht mehr als 12 kg) und ein Gepäckstück bis zu 30 kg. Man sollte sich beim Kauf des Tickets über die Bestimmungen der Airline informieren.

Beim Packen des **Handgepäcks** sollte man darauf achten, dass man Getränke oder vergleichbare Substanzen (Gel, Parfüm, Shampoo, Creme, Zahnpasta, Suppe, Käse, Lotion, Rasierschaum, Aerosole etc.) nur in geringen Mengen bis zu jeweils 100 ml mit ins Flugzeug nehmen darf. Diese Substanzen muss man separat in einem durchsichtigen Plastikbeutel (z.B. Gefrierbeutel) transportieren, den man beim Durchleuchten in eine der bereitstehenden Schalen auf das Fließband legen sollte. Auch das Notebook oder Smartphone muss in eine solche Schale gelegt werden. Hat man einen Gürtel mit einer Schnalle aus Metall, muss man diesen ausziehen und ebenfalls in die Schale legen, da sonst in der Regel der Metalldetektor anschlägt und man vom Flughafenpersonal abgetastet werden muss.

Aus **Sicherheitsgründen** dürfen Nagelfeilen sowie Messer und Scheren aller Art, also auch Taschenmesser, nicht im Handgepäck untergebracht werden. Diese Gegenstände sollte man unbedingt daheim lassen oder im aufzugebenden Gepäck verstauen, sonst werden sie bei der Sicherheitskontrolle einfach weggeworfen. Darüber hinaus gilt, dass leicht entzündliche Gase in Sprühdosen (Schuhspray, Campinggas, Feuerzeugfüllung), Benzinfeuerzeuge und Feuerwerkskörper etc. nicht im Koffer oder dem Handgepäck transportiert werden dürfen.

Von einem **Verschließen des Gepäcks** mittels eines Vorhängeschlosses wird abgeraten, da das Gepäck vom Flughafenpersonal bei Auffälligkeiten beim Durchleuchten durchsucht werden können muss.

laos106 vl

In Deutschland gibt es von Frankfurt aus die häufigsten Verbindungen nach Vientiane. Tickets für Flüge von und zu anderen deutschen Flughäfen sind oft teurer. Da kann es für Deutsche attraktiver sein, mit einem **Rail-and-Fly-Ticket** per Bahn nach Frankfurt zu reisen (entweder bereits im Flugpreis enthalten oder 35 bis 60 € extra). Man kann je nach Fluglinie auch einen preiswerten Zubringerflug der gleichen Fluggesellschaft von einem kleineren Flughafen in Deutschland buchen. Außerdem gibt es **Fly-&-Drive-Angebote,** bei denen eine Fahrt vom und zum Flughafen mit einem Mietwagen im Ticketpreis enthalten ist.

Indirekt sparen kann man **als Mitglied eines Vielflieger-Programms** wie www.staralliance.com (Mitglieder u.a. Singapore Airlines und Thai Airways) oder www.skyteam.com (Mitglied u.a. Vietnam Airlines); die Mitgliedschaft ist kostenlos. Mit den gesammelten Meilen bei Fluggesellschaften eines Verbundes reichen diese dann vielleicht schon für einen Freiflug bei einer der Partnergesellschaften beim nächsten Flugurlaub. Bei Einlösung eines Gratisfluges ist langfristige Vorausplanung nötig.

Buchung

Heute werden Flüge gern **online** gebucht, aber welche Plattform ist zu empfehlen? Bequemer ist die Buchung per **Reisebüro.** Für die Tickets der Linienfluggesellschaften kann man bei folgendem zuverlässigen Reisebüro meistens günstigere Preise als bei vielen anderen finden:

- **Jet-Travel,** In der Flent 7, 53773 Hennef, Tel. 02242-868606, www.jet-travel.de. Buchungsanfragen oder Online-Buchungen auf der Website unter der Auswahl „Flüge". Jet-Travel ist auch bei der Buchung von Billigfliegern behilflich.

Flughäfen

Der wichtigste Flughafen in Laos ist der **Vientianer Wattay International Airport;** Näheres dazu im Kapitel zu Vientiane unter „Praktische Informationen". Die **anderen internationalen Flughäfen** in Laos (u.a. Luang Prabang, Pakse, Savannakhet) werden ausschließlich von Fluglinien im regionalen Verkehr angeflogen, speziell innerhalb des Mekong-Tourismusverbunds von Kambodscha, Laos, Myanmar, Thailand und Vietnam.

Mit der Bahn

Von Bangkok fahren Züge nach Nongkhai täglich um 8:20, 18:35 und 20 Uhr und sind nach elf Stunden Fahrt in Nongkhai. Die Preise liegen zwischen 103 Baht (Sitzplatz in der 3. Klasse) und 1317 Baht (Schlafwagen in der 1. Klasse). Weiter geht es entweder per Zug ins laotische Thanaleng (4 km) oder per Bus über die Freundschaftsbrücke.

Mit dem Bus

Busse verkehren **direkt zwischen Bangkok und Vientiane** und auch zwischen Bangkok (Khao San Road) und Vang Vieng. Darüber hinaus werden von vielen thailändischen Städten Ziele in Laos direkt angesteuert, Vientiane etwa aus

Khon Kaen, Udon Thani und Nongkhai (aktuelle Abfahrtszeiten in Thailand ermitteln). Als Alternative bleibt stets die Busfahrt zu einem der thailändischen Grenzorte; nach dem Grenzübertritt kann man dann in Laos einen Bus zum Zielort nehmen.

Die Fahrt Bangkok – Vientiane dauert etwa neun Stunden; es empfiehlt sich die **Nachtfahrt.** Die meisten AC-Busse fahren zwischen 19 und 20 Uhr ab, die normalen Busse dagegen in den Morgenstunden. Vorbuchungen sind bei AC-Bussen möglich, aber außer zu Feiertagen, wenn alle Welt auf Reisen geht, kaum nötig.

Grenzübergänge

Die Einreise auf dem Landweg ist an folgenden Grenzübergängen möglich:

Thailand – Laos

- **Chiang Khong – Houai Xay**
(Chiang Rai – Provinz Bokeo)
- **Nakaxeng – Nam Heuang**
(Loei – Provinz Sayabouri)
- **Houai Kon – Nam Ngeun**
(Nan – Provinz Sayabouri)
- **Lao-Thai Friendship Bridge 1**
(Nongkhai –Vientiane Capital)
- **Train Station** (Nongkhay – Vientiane Capital)
- **Lao-Thai Friendship Bridge 2**
(Moukdahan –Provinz Savannakhet)
- **Lao-Thai Friendship Bridge 3**
(Nakorn Phanom – Provinz Khammouane)
- **Lao-Thai Friendship Bridge 4**
(Chiang Khong – Provinz Bokeo)
- **Bungkan – Pakxan** (Nongkhay – Provinz Bolikhamsay), kein *visa on arrival*
- **Chongmek – Vangtao**
(Ubol Ratchathani –Provinz Champasak)

Vietnam – Laos

- **Taichang – Pang Hok**
(Dien Bien – Provinz Phongsaly)
- **Nameo – Nam Soi**
(Thanh Hoa – Provinz Houaphan)
- **Namkan – Namkan**
(Nge An – Provinz Xieng Khouang)
- **Kao Jeo – Nam Pao**
(Ha Tinh – Provinz Bolikhamsay)
- **Napao – Chalo**
(Quangbinh – Provinz Khammouane)
- **Laobao – Dansavanh**
(Quang Tri – Provinz Savannakhet)
- **Bo-er – Phou Keua**
(Kom Toum – Provinz Attopeu)

Kambodscha – Laos

- **Pra Preng Krian – Nong Nok Khian**
(Kambodscha – Provinz Champasak)

China – Laos

- **Bohan – Boten**
(Yunnan – Provinz Luang Namtha)

Myanmar – Laos

- **Vang Poung – Ban Muang Mom**
(Yangon – Provinz Bokeo), kein *visa on arrival*

Außer den genannten gibt es **weitere Grenzübergänge** zwischen Laos und seinen Nachbarländern, die aber für Laos-Touristen meist von untergeordneter Bedeutung sind. Die Mehrzahl von ihnen ist dem kleinen Grenzverkehr zwischen den Nachbarländern vorbehalten.

Autofahren

Die **Verkehrsregeln** kommen den in den meisten europäischen Ländern gültigen recht nahe. Zu einigen abweichenden Verkehrsschildern siehe Abbildung. Bezüglich der Vorfahrt gilt rechts vor links, in der Praxis aber eher das Recht des Stärkeren. Generell herrscht **Rechtsverkehr,** doch vor allem in Vientiane ist man keineswegs davor gefeit, Radfahrern, Motorrädern oder Autos auf der linken Seite zu begegnen. Weit vor einer Kreuzung schlagen sich Linksabbieger schon mal auf die andere Seite oder biegen erst einmal ein in der Hoffnung, in einem günstigen Moment auf die rechte Straßenseite wechseln zu können. Größte Vorsicht ist also stets geboten, ob als Fußgänger oder sonstwie. Verlangsamen des Tempos, unsicheres Blicken nach hinten und schließlich das Ausscheren nach rechts deuten meist auf einen – Linksabbieger hin. Also Ruhe bewahren und nach Möglichkeit die für Vientiane festgelegte Höchstgeschwindigkeit von 40 Kilometern pro Stunde einhalten.

Einbahnstraßen werden oft höchstens von Autos als solche anerkannt, während Fahr- und Motorräder diese Verkehrsregel geflissentlich übersehen.

Grund für manch bedenkliches Verkehrsgebaren ist in erster Linie die **unzureichende Verkehrserziehung** und der oft recht zweifelhafte Weg zum Führerschein. Deshalb hat Vientiane in punkto Verkehrsunfälle, statistisch gesehen, die europäischen Spitzenreiter Spanien und Italien längst eingeholt. Die Versuche, die **Straßenverkehrsordnung** auch **in der Praxis** durchzusetzen, nehmen zu, zuweilen mit drastischen Folgen wie z.B. zeitweilige Strafen von knapp 100 € für Falschparker. Manchmal kommt es auch zu widersprüchlichen Kennzeichnungen (z.B. Halteverbotsschild an einer schwarz-weißen Bordsteinkante, die Parken erlaubt) und un-

Autokennzeichen

An der Farbe der Kennzeichen erkennt man auch die **Art der Zulassung des Fahrzeugs:**

Farbe des Schildes	Farbe der Schrift	Fahrzeugart
gelb	schwarz	Privatfahrzeug von Laoten
gelb	blau	Privatfahrzeug von in Laos lebenden Ausländern
weiß	schwarz	Firmen- und Geschäftsfahrzeuge
weiß	blau	Botschaften, internationale Organisationen, Hilfsorganisationen
weiß	blau	steuerbefreite oder zeitweilig zugelassene Fahrzeuge
blau	weiß	Ministerien und staatliche Einrichtungen
rot	weiß	Armee und Sicherheitsministerium

terschiedliche Auslegungen der Regeln. In jedem Falle gilt das gesprochene Wort des Polizisten.

Das **Nebeneinanderfahren** gehört in Laos zum guten Ton, auch wenn es laut Verkehrsordnung verboten ist. Motorrad- oder Fahrradfahrer halten gern einen Schwatz oder flirten miteinander. Hupen ist da völlig zwecklos und führt eher zu unvorhersehbaren Reaktionen.

Bei **Unfällen** auf jeden Fall auf einen Versicherungsvertreter und/oder die Polizei warten und ein ordentliches Protokoll aufsetzen. Der Vorgang ist erst abgeschlossen, wenn sich die Seiten über die Reparaturkosten, evtl. Schmerzens- und Behandlungsgelder geeinigt haben, was heute oft von der Versicherung erledigt wird (wenn vorhanden). Dann setzt die Polizei ein **Abschlussprotokoll** auf *(Bai Løp Lang)*. Kommt es zu keiner Einigung, geht der Vorfall vor Gericht. Allgemein gilt (wie in vielen Entwicklungsländern der Fall), dass unabhängig von der Schuldfrage der Führer des größeren der am Unfall beteiligten Fahrzeuge, respektive der Reichere, zur Kasse gebeten wird. Unseligerweise werden „Langnasen" meist a priori als die Reicheren betrachtet. In jüngerer Zeit kommt es öfter vor, dass **bei kleineren Unfällen** zuerst die Versicherung verständigt wird, die dann befindet, ob man nicht besser **ohne Polizei** auskommt. Bei Unfällen mit Personenschaden in Vientiane ist es ratsam, den Unfallnotdienst von Vientiane Rescue (Tel. 1623) hinzuzuziehen.

Laut Gesetz müssen Fahrzeughalter eine **Haftpflichtversicherung** abschließen. Versichern kann man sich bei der in Laos ansässigen Allianz-Tochter AGL, bei TOKO Laos oder Lao-Viet Insurance. In jüngster Zeit nimmt die Zahl der Versicherer rasant zu, sodass es zunehmend schwer fällt, die Spreu vom Weizen zu trennen.

Stück für Stück werden die wichtigsten **Fernstraßen** des Landes ausgebaut. Auf diesen ist bei jeder Ortsdurchfahrt äußerste Vorsicht geboten, dienen die Straßen doch auch Kühen und Wasserbüffeln als Weg zur Weide (vor allem morgens gegen 6 und abends gegen 18 Uhr). Auf den Straßen tummeln sich Kinder, Hunde, Hühner, Schweine, und in einigen Ortschaften ersetzt das Asphaltband auch noch den Marktplatz.

Den **Benzinverkauf** teilen sich Tankstellenketten mit privaten Kleinhändlern. Angeboten werden Normalbenzin *(Thammada)*, Super (*Phiseth* – nur in Vientiane, Savannakhet und Pakse) und Diesel *(Kasuan)*. Wem unterwegs der Treibstoff ausgeht, der findet Nachschub auch in Fässern mit Handpumpe oder großen Getränkeflaschen an unzähligen Verkaufsstellen am Straßenrand.

laos080 vl

Bekleidung

Ganz allgemein ist man mit **Baumwollhose und T-Shirt** gut angezogen. Im Winter (Dezember/Januar) ist selbst für Vientiane ein leichter **Pullover** oder eine **Windjacke** zu empfehlen, vor allem für die Abendstunden. Soll es zu dieser Zeit in den Norden oder in höher gelegene Gebiete gehen, sind Pullover und Jacke angebracht. **Feste Schuhe** sollten bei Touren über Land oder in die Berge auf alle Fälle dazugehören. Kurze Hosen sind im Straßenbild, auch wenn aus Höflichkeit kaum jemand etwas sagen wird, verpönt. Bei Pagodenbesuchen sind sie schlicht unangebracht. Die Damen sollten mit ihren Reizen nicht zu freizügig umgehen. Beim Besuch mancher Sehenswürdigkeit müssen Oberarme und Ausschnitte bedeckt sein sowie ein laotischer Wickelrock getragen werden (kann dann ausgeliehen werden).

Mit langer Hose (keine Jeans) und hellem Oberhemd ist **Mann** auch für offizielle Anlässe gut angezogen. **Frau** hat auch hier die Qual der Wahl, wobei Kleid/Rock gegenüber Hosen der Vorzug einzuräumen ist.

Gewöhnungsbedürftig ist der Anblick voll bekleideter Einheimischer beim Bad in Flüssen und Seen. Neben übertriebenem Schamgefühl zählt auch die Furcht vor sonnengebräunter Haut zu den Beweggründen, ist das Schönheitsideal hier doch die Blässe. In Swimmingpools dagegen wird in der Regel spezielle Badebekleidung verlangt.

Auf einer Flussfahrt auf dem Nam Ou im Norden kann es frisch werden

laos108 vl

Diplomatische Vertretungen

Laotische Vertretungen in den deutschsprachigen Ländern

Deutschland

■ **Botschaft der Demokratischen Volksrepublik Laos,** 14193 Berlin, Bismarckallee 2a, Tel. 030-89060647, www.laos-botschaft.de.

Österreich

■ **Botschaft der Demokratischen Volksrepublik Laos,** 1180 Wien, Sommerhaidenweg 43, Tel. 01-890231911, www.laoembassyvienna.gov.la.

Schweiz

■ **Honorarkonsulat der Demokratischen Volksrepublik Laos,** 6430 Schwyz, Bahnhofstraße 52, Tel. 041-8101659, www.laos-swiss.ch.

Vertretungen der deutschsprachigen Länder vor Ort

■ **Deutsche Botschaft,** Rue Sokpalouang 26, Vientiane, Tel. 021-312111 und in dringenden Fällen außerhalb der Dienstzeiten auch Tel. 020-5551 5540, www.vientiane.diplo.de.

■ **Österreichisches Honorarkonsulat,** 377 Lao-Thai Road, Ban Vatnak, Muang Sisattanak, Vientiane, Tel. 021-480906, kc@laoconsulting.com. Die zuständige Botschaft mit Reisepassbefugnis ist in Bangkok: Q House Lumpini Building, Unit 1801, 18. Stock, 1 South Sathorn Road, Thungmahamek, Sathorn, Tel. 02-1056700, bangkok-ob@bmeia.gv.at.

■ **Schweizerisches Konsulat,** A.C.E. Consultancy Co., 10/2 Manthaturath Road, Vientiane, Tel. 021-264160, vientiane@honrep.ch. Die nächste Botschaft mit Reisepassbefugnis ist in Bangkok: 35 North Wireless Road (Thanon Witthayu Nuea), Lumphini, Pathum Wan, Tel. 02-6746900, ban.vertretung@eda.admin.ch.

Vertretungen weiterer Länder in Laos

In Laos bzw. Vientiane gibt es Botschaften vieler Länder, in denen man **Anschlussvisa** zur Weiterreise beantragen kann: Vietnam, Kambodscha, VR China, Myanmar, Malaysia, Indonesien, Thailand etc. Die Bearbeitungszeiten dauern unterschiedlich lang und betragen bis zu einer Woche. Adressen findet man unter www.mofa.gov.la *(Foreign Policy, Diplomatic Relations).*

Drogen

Bekannt ist Laos in weiten Teilen der Welt nicht zuletzt durch seinen Anteil am **Goldenen Dreieck,** einem der wichtigsten Anbaugebiete von **Mohn zur Opium- und Heroingewinnung.** Außerdem wachsen in Laos **Cannabis** und **psychoaktive Pilze.** Produktion, Handel und Besitz von Rauschgiften sind in Laos gesetzlich strengstens untersagt. Ab bestimmten Mengen droht die Todesstrafe! In jüngerer Zeit verdrängen synthetische Drogen (hier oft unter **Ya Baa** – „verrückt machende Droge" – zusammengefasste **Amphetamine**) mehr und mehr die aus der Natur gewonnenen Stoffe, was Suchterscheinungen von einem ursprünglich überwiegenden Problem älterer Leute in ländlichen Regionen zu einem Problem der urbanen Jugend gemacht hat. Der Staat hat die Herausforderung angenommen, was ebenso zu Drogenkontrollen in Schulen führte wie zur Einrichtung von Entzugsanstalten. Auch **Touristen** können kontrolliert werden. Besondere Vorsicht ist hier in der Party- und Drogenhochburg Vang Vieng geboten, wo es schon passieren kann, dass Polizisten in Zivil wie aus dem Nichts auftauchen und dann auch der kleinste Joint eine sehr teure Angelegenheit werden kann. Das deutsche Auswärtige Amt schreibt dazu: „Das laotische Strafrecht sieht für den Besitz auch geringer Drogenmengen bereits mehrjährige Freiheitsstrafen vor. Die Strafverfahren entsprechen nicht unseren rechtsstaatlichen Vorstellungen (jahrelange Untersuchungshaft, teure und unzureichende anwaltliche Vertretung, harte Haftbedingungen). Die laotischen Behörden haben die Strafverfolgung im Bereich der Rauschgiftkriminalität weiter verschärft. Bereits das Rauchen eines Joints kann zur Festnahme und in der Regel zur Zahlung einer erheblichen Geldstrafe (ca. 500 €) führen. Zunehmend wird Drogenerwerb, -konsum und mittlerweile sogar der Aufenthalt in unmittelbarer Nähe eines Konsumenten wie eine Art Mittäterschaft von interessierten Kreisen zur Erpressung der Betroffenen genutzt. Bei schweren Drogenvergehen drohen lebenslängliche Haftstrafen oder sogar die Todesstrafe (...). Die ansteigende Zahl der Todesfälle ausländischer Drogenkonsumenten weist darauf hin, dass die Qualität der Drogen offenbar falsch eingeschätzt wird."

Vielen laotischen Bergbewohnern ist die (neue) Aufregung um Drogen nach wie vor kaum verständlich. **Mohn** wird hier seit Generationen angebaut, und das daraus gewonnene Rohopium fand als Naturheilmittel breite Anwendung. Ein Rauschgift- bzw. Suchtproblem entstand erst, als Franzosen und später Amerikaner den Anbau forcierten und den Handel mit Opium und Heroin zum einträglichen Geschäft machten. So errichteten die **Franzosen** während ihrer Kolonialherrschaft ein Opium-Monopol und verpflichteten jeden männlichen laotischen Bergbewohner, pro Jahr rund 450 Gramm Opium als Steuer zu entrichten. Mit den Einnahmen aus dem Opiumhandel deckten sie mehr als ein Drittel des Haushalts ihrer Kolonie Französisch-Indochina. Die **Amerikaner** lieferten im Austausch gegen das Rauschgift Reis, wodurch in vielen Bergdörfern die Eigenversorgung mit Grundnahrungsmitteln endgültig zerstört wurde. Mit den Einnahmen aus dem Opium-Geschäft finanzierte die CIA während des Indochinakrieges nicht zuletzt ihre laotischen Special Forces.

Auch im Falle von **Cannabis** verstehen die meisten Laoten die heutige Hysterie, besonders auf Seiten des offiziellen Amerika, nicht, waren doch vor 1975 die US-amerikanischen GIs die Hauptabnehmer. Bei den Laoten selbst war der Stoff weit weniger verbreitet als die Allerweltsdroge Alkohol. Schließlich diente das Gras auch lange Zeit als Gewürz in der Suppe.

Internationale Hilfe und Entwicklungsprogramme für die betreffenden Berggebiete sollen dazu beitragen, den Anbau von Drogen durch die **Förderung einträglicher Ersatzkulturen** einzudämmen (siehe dazu Exkurs „Opiumanbau in Laos").

Ein- und Ausreisebestimmungen

Zur Einreise benötigt man einen über den Reisezeitraum hinaus noch mindestens sechs Monate gültigen **Reisepass.**

Jedes **Kind** benötigt seinen eigenen Reisepass. Kindereinträge im Reisepass eines Elternteils sind nicht mehr gültig.

Reisen Minderjährige nicht in Begleitung beider Elternteile, kann man vor allem bei Flugrückkehr in die EU nach einer **Einverständniserklärung** des anderen Sorgeberechtigten gefragt werden, was als Schutzmaßnahme gegen eine mögliche Kindesentführung gedacht ist. Weitere Infos z.B. unter www.auswaertiges-amt.de, Stichwort „Einverständniserklärung für Minderjährige".

Reist man mit **Pflegekindern,** sollte man sich vor der Abreise informieren, ob zusätzliche Dokumente zur Einreise notwendig sind.

Visum

Laos-Besucher benötigen ein Visum, das man am besten **vor der Abreise** bei der diplomatischen Vertretung von Laos im Heimatland beantragt (s.o.). Es werden an den internationalen Flughäfen Vientiane, Luang Prabang, Pakse und Savannakhet sowie an den internationalen Grenzübergängen auch **Visa upon Arrival** ausgestellt, die zu einem Aufenthalt von 30 Tagen berechtigen. Dazu muss man einen mindestens noch sechs Monate gültigen Reisepass vorlegen, zwei

Da sich die **Einreisebestimmungen** kurzfristig ändern können, raten wir, sich kurz vor Abreise beim Auswärtigen Amt (www.auswaertiges-amt.de bzw. www.bmeia.gv.at oder www.eda.admin.ch) oder der jeweiligen Botschaft darüber zu informieren!

Wo gibt es Visa upon Arrival?

Internationale Flughäfen
- Wattay International Airport (Vientiane)
- Luang Prabang International Airport
- Pakse International Airport
- Savannakhet International Airport

Landgrenze China – Laos
- Mohan – Botene

Landgrenze Thailand – Laos
- Chiangkhong – Houaysai
- Nakaxeng – Kaenthao
- Houi Koln – Nam Ngeun
- Lao-Thai Friendship Bridge 1
- Lao-Thai Friendship Bridge 2
- Lao-Thai Friendship Bridge 3
- Chongmek – Vangtao

Landgrenze Vietnam – Laos
- Nameo – Banleui
- Namkan – Namkan
- Keoneua – Nampao (Lak Sao)
- Laobao – Dansavanh

Landgrenze Kambodscha – Laos
- Dong Calor – Veun Kham

Zu den Grenzübergängen siehe auch weiter oben unter „Anreise/Grenzübergänge".

aktuelle Passfotos, über ausreichend finanzielle Mittel und am besten auch über ein Rückflugticket verfügen. Entsteht der Eindruck, man sei knapp bei Kasse, kann das Visum auch abgelehnt werden. Das *Visa upon Arrival* für Besucher aus Deutschland kostete Anfang 2018 30 US$ und für Reisende aus Österreich 35 US$.

Bei einer **Einreise über Land** sollte man darauf achten, dass man einen für Ausländer geöffneten Grenzübergang benutzt und einen Einreisestempel in den Reisepass bekommt. Das Überziehen von Visa wird mit Geldstrafen und je nach Sachlage auch mit Verhaftung oder Abschiebung geahndet.

Einmal in Laos eingereist, kann man nach Lust und Laune auf eigene Faust weiterreisen oder eine Tour buchen.

Eine **Visaverlängerung** (15 Tage) beschaffen die **Reisebüros** (s.u.), oder man wendet sich in Vientiane an das Büro für Ausländerangelegenheiten des Innenmi-

nisteriums *(Immigration Office)* gegenüber vom Sao-Markt; pro Tag Verlängerung kostet das 2 US$.

Wer länger in Asien bleiben und zwischen Ländern hin und her pendeln will, der sollte berücksichtigen, dass **Thailand** seit Januar 2017 Bürgern aus Ländern, die von der Visapflicht befreit sind, nur noch zwei Einreisen pro Jahr auf dem Landweg erlaubt.

Laotisch-thailändische Freundschaftsbrücke bei Savannakhet (Friendship Bridge 2)

laos079 vl

Reisebüros in Laos

In Laos gibt es über 500 Reisebüros, deshalb hier nur einige Empfehlungen für Agenturen, in denen auch deutsch gesprochen wird:

- **Diethelm Travel** (auch in Nachbarländern)
Ban Phaxay, Sisatthanak District, Vientiane, Tel. 021-316393, www.diethelmtravel.com.
- **Asian Trails** (auch in Nachbarländern)
Unit 10, Ban Khounta Thong, Sikothabong District, Vientiane, Tel. 021-263936, www.asiantrails.com.
- **Tiger Trail**
Ban Phone Peang Road, Luang Prabang, Tel. 071-252655, www.laos-adventure.com.

Einfuhrbestimmungen für Laos

Die Höchstmengen für die **zollfreie Einfuhr** hat der laotische Zoll wie folgt festgelegt: 200 Zigaretten, 50 Zigarren, 250 g Tabak, 1 l Spirituosen, 2 l Wein. Generell sind Güter im Wert unter 200 US$ pro Person/Einreise/Monat zollfrei.

Der **laotische Kip** ist eine Binnenwährung, deren Ein- und Ausfuhr untersagt ist. Ausländische Währungen oder Wertpapiere im Wert von mehr als 100 Millionen Kip müssen bei der Einreise deklariert werden. Empfehlenswert ist es auch, bei der Einreise **Wertgegenstände** wie Schmuck, Foto- oder Videoausrüstung, Computer oder andere elektronische Geräte anzugeben. Dann gibt es bei der Ausreise keine Probleme, und sollte während des Aufenthaltes etwas verloren gehen oder gestohlen werden, hat man einen Nachweis, dass der Gegenstand auch wirklich existierte.

Ausfuhrbestimmungen für Laos

Streng verboten ist die Ausfuhr von **Antiquitäten** und kulturhistorisch wertvollen Gegenständen, die älter als 50 Jahre sind. Weitere Informationen bzw. eine evtl. Genehmigung für den Export von Antiquitäten und (alten) Buddha-Figuren sind im **Department of Heritage Vientiane** (*Antique Management Office*, Tel. 021-212415; s.a. www.laotradeportal.gov.la) einzuholen. Aus Thailand ist die Ausfuhr von Buddha-Statuen übrigens untersagt; es kann beim Transit also Probleme geben.

Einfuhrbestimmungen für Europa

Bei der Wiedereinreise in die EU und die Schweiz gelten verschiedene **Freigrenzen, Verbote und Beschränkungen.**

- Die wichtigsten **Freigrenzen** für die Einreise im Flug- und Seeverkehr sind: 200 St. Zigaretten oder 100 St. Zigarillos oder 50 St. Zigarren oder 250 g Rauchtabak (ab 17 Jahren); 1 Liter Spirituosen über 22 Vol.-% (ab 17 Jahren), 4 Liter nicht schäumende Weine, 16 Liter Bier und andere Waren zur persönlichen Verwendung oder als Geschenk im Wert von 430 € p.P. bzw. bei Reisenden bis 15 Jahre 175 €. Für Einreise in die Schweiz 300 SFr p.P.
- Bei Überschreitungen dieser Mengen- und Wertgrenzen müssen die Waren angemeldet und versteuert werden. Hierbei fallen **Abgaben** von 15% bzw. 17,5% des Kaufpreises (bis 700 € Warenwert) an. Bei Kaufpreisen über 700 € liegen die Abgaben zwischen 19% und 35%. Hohe Abgaben bei Zigaretten und Spirituosen!
- **Verbotene Waffen** sind u.a. Spring-, Butterfly- und Faustmesser, Schlagringe, Wurfsterne, Stockdegen, Stahlruten, ausländische Elektroschocker und Reizstoffsprays.
- Als **artengeschützte Produkte** gelten z.B. Korallen (auch am Strand gefundene), diverse Schnecken- und Muschelarten, Schlangen- und Krokodilleder, Elfenbein, Schildkrötenteile, Whisky mit eingelegter Kobra, verschiedene Tierfelle, Kakteen, Orchideen und bestimmte Kaviarsorten.
- Bei **Arzneimitteln** ist die Menge eines üblichen Drei-Monatseigenbedarfs erlaubt. Anabolika sind in jedem Fall verboten.
- **Markengefälschte Produkte** aller Art sind für den eigenen Gebrauch und als Geschenk in geringer Stückzahl erlaubt.
- Für **Drogen** gilt: Auch Kleinmengen sowie Hanfsamen, Kokatee und -blätter sind verboten, ggf. auch im Ausland gekaufte starke Schmerz- und Beruhigungsmittel.
- **Feuerwerkskörper** sind einfuhrverboten.
- Für **Fleisch, Wurst, Käse, Milchprodukte und Eier** aus Nicht-EU/EFTA-Ländern gilt ein generelles Einfuhrverbot.
- **Pflanzensanitäre Vorschriften:** Pflanzen mit Wurzeln oder Erde ohne Pflanzengesundheitszeugnis aus nicht-europäischen Ländern sind einfuhrverboten. Auch für bestimmte frische Früchte in größeren Mengen gelten Verbote.
- Für die Mitnahme von **Haustieren** gelten besondere Veterinärvorschriften.
- **Barmittel** über 10.000 Euro (10.000 SFr für die Schweiz) sind dem Zoll bei Aus- und Einreise schriftlich anzumelden.
- Für selbst aufgegebene **Postsendungen** gelten gesonderte Regelungen und eine Freigrenze von 45 Euro Warenwert. **Internetbestellungen** und Sendungen von Firmen über 22 Euro Warenwert sind abgabenpflichtig.
- Die Zollbestimmungen und die Steuersätze für die **Schweiz und Österreich** können von dem Gesagten etwas abweichen.

Nähere Informationen

- **Deutschland:** www.zoll.de
- **Österreich:** www.bmf.gv.at
- **Schweiz:** www.ezv.admin.ch

Einkaufen

Einkaufen ist **Lust und Last zugleich.** Zunächst fällt es schwer, aus der Fülle des Angebots an thailändischen, vietnamesischen und chinesischen Waren die echt laotischen herauszufinden. Dann muss man Spaß am **Handeln und Feilschen** haben – nur so kommt man auf seine Kosten. Gehandelt wird bis zum Einvernehmen über den Preis. Ist dies erzielt, sollte auch gekauft werden, oder der unseriöse Bieter braucht sich zumindest an diesem Stand nicht mehr blicken lassen. Liegt das Geld auf dem Tisch, gilt der letzte Preis; es geht also nicht, erst einmal die Börse zu zücken und dann gewissermaßen eine zweite Runde starten zu wollen.

Auch in Laos, speziell in Vientiane, aber auch in Pakse und Savannakhet, wächst die Zahl der **Supermärkte,** Shopping Malls und Convenience Stores mit festen Preisen.

Beliebt bei Touristen sind die **Nachtmärkte** in den großen Städten, die ein wirres Gemisch vom billigen Tand bis zu hochwertigem Kunsthandwerk anbieten. Speziell in Luang Prabang wird man auch auf der Suche nach laotischen Handwerksprodukten (Seide, Holz, Papier) fündig.

Mit den Supermärkten ziehen auch feste **Öffnungszeiten** in den Handel ein. Ein Ladenschlussgesetz ist unbekannt, wenn auch Suppenküchen ermahnt wur-

⊡ Fruchtshakes auf dem Abendmarkt in Luang Prabang

laos047 vl

den, die Sperrstunde der Nachtklubs einzuhalten. Verkauft wird von den meisten kleinen Läden so lange, wie mit Kunden zu rechnen ist. Wer es sich leisten kann, schließt sonntags – das können allerdings die wenigsten.

Typisch laotische Erzeugnisse, vor allem Textilien, Flechtwerk, Schnitzereien und Silberwaren, werden auf dem **Vientianer Talaat Sao,** dem größten Markt des Landes, in großer Auswahl angeboten. Auf den westlichen Geschmack zugeschnittene Textilien mit typisch laotischen Ornamenten bieten zudem die Läden von **Lao Cotton,** einem aus einer UN-Hilfsaktion speziell für die laotischen Frauen hervorgegangenen Unternehmen. Auch einige der Vientianer Handicraft-Boutiquen sind empfehlenswert (s.u. „Souvenirs“ bzw. die jeweiligen Ortsbeschreibungen). Besonders beim Kauf von Flechtwerk kommt man allerdings an einem Stand für Gebrauchsgegenstände wesentlich günstiger weg als in einer „Touristenfalle“.

Gehandelt wird in Laos mit so ziemlich allem. **Gewarnt sei** allerdings **vor Rauschgiftgeschäften und vor der Ausfuhr von Kunstgegenständen und Antiquitäten** (s.o.). Sehr zum Leidwesen der Laoten haben ausländische Besucher schon viel zu viele historisch wertvolle Gegenstände außer Landes gebracht.

Lebensmittel erhält man auf den meisten Märkten, an kleinen Ständen am Straßenrand, vom mobilen Verkaufswagen *(Løø)* sowie in einem der immer mehr werdenden Minimärkte und Convenience Stores. Frisches Brot gibt es nur morgens, Obst und Gemüse bis in die späten Abendstunden.

Souvenirs

Das Standardsouvenir aus Laos à la Holzschuh aus Holland gibt es nicht. Allerdings eine Reihe interessanter Dinge, die vielleicht eher die Aufmerksamkeit des Touristen als die des Einheimischen

laos090 vl

wecken. Zunehmend versucht die Souvenirindustrie, allen möglichen Kitsch als typisch laotisch auszugeben. Das **traditionelle Handwerk** steht zumindest in unseren Augen im Mittelpunkt bei der Suche nach einem Mitbringsel, das zu Hause nicht nur im Schrank vor sich hinstaubt.

Als erstes sind da **Stoffe** zu nennen, die man am besten, günstigsten und authentischsten bei den Webern selbst erwirbt. Gewebt werden Baumwoll- und Seidenstoffe, und zwar je nach ethnischer Zugehörigkeit in den unterschiedlichsten Mustern und Farben. **Textilien** sind ebenfalls zu empfehlen, sei es ein traditioneller laotischer Wickelrock *(Sin)* oder ein grob gewebtes Hemd mit dreiviertellangem Arm oder in der noblen Ausführung in Seide *(Seua Lao).*

Ein anderes Souvenir – so beliebt wie traditionell – sind **Holzschnitzarbeiten.** Bei Holz ist allerdings immer etwas Vorsicht geboten, da nicht selten feuchtes Material verarbeitet wird, das dann in Europa bei der niedrigeren Luftfeuchtigkeit zu Rissen neigt. Oft werden auch minderwertige Holzarten mittels Beize auf Edelholz getrimmt. Also Farbechtheit prüfen!

Traditionell hohes Niveau weisen **Gold- und Silberschmiedearbeiten** auf. Vor allem Silber ist in großer Variantenvielfalt verarbeitet, sei es zu Schmuck oder religiösen Kultgegenständen. Auffällig und ein wahrer Renner bei thailändischen Touristen sind die zur traditionellen Kleidung der Laotin gehörenden **Silbergürtel** *(Say Aeo).* Vorsicht ist geboten bei minderwertigen Legierungen, da es in Laos keine Kennzeichnungspflicht für den Gehalt von Edelmetallen gibt.

Elektrizität

Das Stromnetz in Laos hat **230 Volt bei** einer Frequenz von **50 Hertz,** alles ist also wie in Deutschland. Jedenfalls theoretisch. In der Praxis existiert höchst selten ein wirklich spannungsfreier Nullleiter. Schutzkontakt ist unbekannt. Die tatsächliche **Netzspannung kann** zwischen 150 und 250 Volt **schwanken.** Die meisten modernen Elektrogeräte halten das aus. Wer allerdings empfindliche Technik betreiben möchte, dem sei dringend ein Spannungsregler empfohlen.

Gewöhnlich findet man **Kombisteckdosen** vor, die sowohl für japanische Stecker als auch für europäische Flachstecker geeignet sind. Achtung, Schukostecker passen dort meist nicht! Gut beraten ist in jedem Fall, wer einen **Adapter** von europäischem auf japanischen Stecker dabeihat.

In Vientiane und den größeren Städten ist die Stromversorgung relativ sicher, was **gelegentliche Stromausfälle** nicht ausschließt. Häufiger treten sie bei schweren Gewittern im April/Mai auf. In einigen entlegenen Gegenden gibt es Strom manchmal nur stundenweise, also nach den Versorgungszeiten fragen.

☒ Schöne Korbwaren außerhalb von Pakse

Essen und Trinken

Wie in Asien nicht anders zu erwarten, dominiert **Reis** den laotischen Speisezettel. Schon das laotische Wort für Essen, *Kin Khao,* heißt wörtlich „Reis essen". Allerdings isst man das Grundnahrungsmittel mit einem feinen Unterschied zu allen anderen asiatischen Ländern (mit Ausnahme des weitgehend von Laoten bewohnten Nordostens von Thailand): Die Laoten bevorzugen **Klebereis** *(Khao Niyu),* eine spezielle Reissorte, die nach mehrstündigem Quellen gedämpft wird. Die Klebrigkeit dieser Reissorte wird durch einen hohen Gehalt des Stärkebestandteils Amylopektin bei gleichzeitig fast völligem Fehlen von Amylose erzielt. Entgegen dem, was der englische Begriff „glutinous rice" vermuten lässt, ist Klebereis glutenfrei. Neben Reis sind Fisch, Fleisch (Schwein, Rind, Büffel, Ziege), Geflügel, Wild und allerlei exotisches Getier auf dem laotischen Tisch ebenso zu Hause wie große Mengen von Gemüse und eine schier unvorstellbare Auswahl verschiedenster Kräuter. Traditionelle laotische Küche ist eine recht exotische Angelegenheit.

Zusätzlich bietet das Land eine ungeheure **Vielzahl an Möglichkeiten,** den Hunger zu stillen. Von der schon oft recht abgewandelten französischen Küche über chinesische Gerichte, vietnamesische Küche, Thai-Food bis hin zur indischen Kochkunst – in Laos ist alles zu haben. Darüber hinaus locken europäische Restaurants von respektabler Qualität Gäste aus den meist gehobeneren Einkommensschichten.

laos050 vl

Restaurants

Im Laotischen differenziert man zwischen **Haan Kin Deuum** (wörtlich Ess- und Trinkstube, besser aber Garküche) und **Haan A-haan** (Restaurant). Der gewaltige Unterschied zwischen Vientiane und den meisten anderen Landesteilen führt nun dazu, dass ein Haan A-haan irgendwo draußen auf dem Lande meist große Ähnlichkeit mit einer Vientianer Garküche aufweist. Was aber nichts über die **Qualität** aussagt: Wie in vielen Ländern trifft auch in Laos zu, dass nicht immer das teuerste Restaurant auch die schmackhaftesten Speisen anzubieten hat. In den **Straßenküchen** isst man meist besser, auf jeden Fall aber „echter" als in den Restaurants und zudem billiger. Wer einen schwachen Magen hat oder einfach vorsichtig sein möchte, sollte auf die vielen Arten von rohem „Grünzeug" verzichten, beraubt sich dabei aber wesentlicher Geschmackserlebnisse. **Gewürze und Gewürzsoßen** – im Normalfall Zucker, Essig/Zitrone, Chilipaste oder eingelegte Chilies, Soja- und Fischsoße – gehören auf jeden Tisch. **Trinkwasser** *(Nam Deum Bølisut)* oder vereinzelt noch nach alter Sitte **Tee** werden meist kostenlos gereicht. Ansonsten empfiehlt sich, alles was man nicht bestellt hat und auch nicht haben will, wie z.B. Erdnüsse oder Obst, konsequent zurückzuweisen. Sonst erscheint es mit auf der Rechnung, egal ob angerührt oder nicht. Gegenüber dem Standardangebot an Softdrinks seien **Fruchtshakes** und **Smoothies** aus dem Obst der jeweiligen Saison ausdrücklich empfohlen.

Die **Speisekarten** der Restaurants in größeren Städten sind auf Laotisch, Englisch oder Französisch zu haben. In Garküchen erübrigt sich das, da das Angebot meist überschaubar ist – in einigen Läden auch per Foto an der Wand.

In Garküchen liegen die **Preise** für ein Hauptgericht zwischen 10.000 und 30.000 Kip, wobei Letzteres schon einen Luxus wie Garnelen einschließt. Für ein Steak oder Filet Mignon zahlt man um die 55.000 Kip (rund 6 €). In Straßenküchen ist **Trinkgeld** nicht üblich, in den Restaurants wird es dagegen meistens erwartet.

Das **Esswerkzeug** richtet sich nach der gewählten Küche. Echt laotisch isst man mit den Fingern. Zur guten Sitte gehören heute aber meist Löffel und Gabel, wobei die Gabel nur dem Befüllen des Löffels und dem Anspießen von Happen von den auf der Tischmitte platzierten Vorlegeplatten dient.

Weit verbreitet sind **auf bestimmte Tierarten spezialisierte Restaurants,** wie zum Beispiel Ziegen-, Enten-, Fisch- oder Seafood-Restaurants.

Frühstück

In Hotels wird **American oder Continental Breakfast** zubereitet. Wem die ewigen Eier – Spiegeleier nennen sich *Khai Dao* – über sind, sollte es mal mit einheimischem Frühstück versuchen. Oft besteht dieses aus einer **Suppe** (*Foe Nam* oder *Mii Nam*). Üblich sind ebenso *Foe Heeng* oder – Reminiszenz an französische Kolonialzeiten – **gefüllte Baguettes;** laotisch heißt das *Khao Tjii Sai*

◁ Abendstimmung am Mekong

Speisekarte – ລາຍການອາຫານ

Reis (Khao) – ເຂົ້າ

ເຂົ້າຈ້າວ	*Khao Tjao*	gekochter Reis
ເຂົ້າໜຽວ	*Khao Niyao*	Klebereis
ເຂົ້າຂົ້ວ	*Khao Khua*	gebratener Reis *(fried rice)*
ເຂົ້າລາດໜ້າ	*Khao Laat Naa …*	„weißer" Reis mit …

Nudeln

ເຝີ	*Foe*	Reisnudeln
ໝີ່	*Mii*	Eiernudeln
ໝີ່ນ້ຳ	*Mii Nam*	Suppe
ໝີ່ຂົ້ວ	*Mii Khua*	gebraten
ໝີ່ແຫ້ງ	*Mii Heeng*	trocken mit Würzsoße
ໝີ່ກອບ	*Mii Køøp*	gebackene Eiernudeln

Fleisch (Siin) – ຊີ້ນ

ຊີ້ນໝູ	*Siin Muu*	Schweinefleisch
ຊີ້ນງົວ	*Siin Ngua*	Rind
ຊີ້ນຄວາຍ	*Siin Khuai*	Büffel
ຊີ້ນແບ້	*Siin Bää*	Ziege
ເຄື່ອງໃນ	*Kheuang Nai*	Innereien

Geflügel (Sat Piik) – ສັດປີກ

ໄກ່	*Kai*	Huhn
ເປັດ	*Pet*	Ente
ໄກ່ງວງ	*Kai Nguang*	Pute
ນົກ	*Nok*	Vogel
ໄຂ່	*Khai*	Ei
ໄຂ່ໄກ່	*Khai kai*	Hühnerei

⊡ Reichhaltiges Büfett auf dem Nachtmarkt in Luang Prabang

Fisch und Meeresfrüchte (Paa lä A-han Thalee) – ປາ ແລະ ອາຫານທະເລ

ປາ	*Paa*	Fisch, allgemein
ປາທະເລ	*Paa Thalee*	Meeresfisch
ກຸ້ງ	*Kung*	Shrimps
ກົບ	*Kop*	Frosch
ປາ	*Paa Faa*	Wasserschildkröte
ກະປຸ	*Kapuu*	Krabbe
ສົດ	*Sot*	frisch

Zubereitungsarten

ປີ້ງ	*Piing*	grillen
ຈືນ	*Tjüün*	braten in Fett
ຂົ້ວ	*Khua*	braten ohne Fett
ຕົ້ມ	*Tom*	kochen
ເຜົາ	*Phau*	rösten (im offenen Feuer)
ໜຶ້ງ	*Nüng*	dämpfen
ເອາະ	*Øh*	kochen (dick, mit ganz wenig Wasser)

laos049 vl

Patee, wobei die Füllung nur noch den Namen mit ihrem französischen Vorgänger gemein hat. Sie besteht aus Fleischpastete, einer Art Sülze, Gurken, geraspelter Papaya und Chilisoße. Das Brot ist herrlich leicht und locker. Außerdem kann man in einigen Cafés in Vientiane und anderen Städten des Landes zu diesen und weiteren Frühstücksgerichten den sehr aromatischen **laotischen Kaffee** genießen. In den meisten Hotels, Gästehäusern, Bäckereien und Cafés ist ein breites Angebot an **Sandwiches, Obstsalat und Müsli** erhältlich.

Tellergerichte

Am einfachsten sind **Reisgerichte mit Beilagen,** also z.B. *Khao Laat Kai,* Reis mit Huhn. Ein solches Gericht kostet um die 10.000 Kip (etwa 1 €). Der gebratene Reis *Khao Khua* lässt sich mit verschiedenen Zutaten zubereiten und kostet als *Khao Khua Sin Muu* (mit Schwein) ab 12.000 Kip, als Nobelausführung *Khao Khua Sai Kung* (mit Shrimps) ab 15.000 Kip. Empfehlenswert ist auch das aus Vietnam stammende Gericht *Nem Khao,* bei dem zu scharf gebratenem Reis jede Menge Kräuter gereicht werden.

Alltagsküche

Auf dem Lande geht es wesentlich einfacher zu als in der Stadt. Wenn Gäste kommen, wird meist ein Huhn geschlachtet. Eine solche Tafel bleibt aber auch nie ohne Suppe. Dazu gereicht wird **Klebereis.** Der erfüllt in Laos auch die Funktion des Frühstücksbrotes. Am Morgen gekocht und dann in speziellen geflochtenen Behältern *(Katip)* aufbewahrt, ist er Vorrat für den ganzen Tag oder wird mit zur Feldarbeit genommen. Zusammen mit einer scharfen Soße bis Paste aus vergorenem Fisch, Reishülsen und Chili *(Paa Daek),* ab und an auch mit etwas Trockenfleisch, stellt er das Alltagsessen der Laoten dar.

Spezielle Empfehlungen

Doch die laotische Küche ist viel mehr als Reis, sie bietet eine Vielzahl einmaliger und exotischer Gerichte, die dem europäischen Gaumen durchaus zusagen. In jüngster Zeit haben geschäftstüchtige Leute dies auch erkannt, und in Vientiane und Luang Prabang sind sehr gute Restaurants mit typisch laotischen Gerichten entstanden. Ein Leckerbissen ist **Khao Phun,** ein Gericht aus kalten Reisnudeln, klein geschnittenem frischen Gemüse und Kräutern sowie einer scharfen, fast schon zur Suppe ausgewachsenen Soße aus fein gehacktem Fisch, Fleisch und Kokosmilch. Dieses Festtagsessen zählt zu den größten Spezialitäten der laotischen Küche und hat im Handumdrehen auch den regen Zuspruch fast aller „Langnasen“ erfahren.

Hinzu kommen **lokale Spezialitäten** wie etwa **Khai Phaen** (getrocknete Flussalgen), **Øh Lam** in Luang Prabang, **Tjäeo Ba Bam** in Xieng Khouang und Houaphan oder **Khao Soi** (Nudelsuppe mit fermentiertem Soja) in Luang Namtha. In einigen Restaurants und einigen Regionen kann man auch mit dunklem Klebereis **(Khao Kam),** meist lilafarben bis fast schwarz, überrascht werden; der Reis ist nicht gefärbt, sondern von Natur aus dunkel.

Suppen

Neben den **Allerweltssuppen Mii Nam und Foe Nam,** kräftigen Brühen aus Schweinefleisch und -knochen oder Huhn mit einer entsprechenden Einlage aus Fleischstückchen und -klößchen, Weizen- oder Reisnudeln, und im Falle *Foe* Sojasprossen sowie verschiedenen Kräutern, verdienen andere laotische **Suppen (Keng)** und auch die **Feuertöpfe (Tøm Yam)** Aufmerksamkeit. Der Feuertopf bezieht seine Beliebtheit aus der Tatsache, dass für Preise ab 15.000 Kip ein meist holzkohlebeheizter Topf auf den Tisch kommt und die Suppe lange warm hält. Regelrechte Renner sind Fisch- *(Tøm Yam Paa),* Shrimps- *(Tøm Yam Kung)* und Wasserschildkrötentopf *(Tøm Yam Paa Faa).* Laotische Suppen sind durch die Zugabe von Zitronengras und Ingwer sehr aromatisch und leicht säuerlich, was sie an heißen Tagen noch angenehmer macht.

Fleisch und Geflügel

Fleisch kommt getrocknet, als Steak (sehr beliebt) oder Filet, klein gehackt im *Laap* und mit verschiedensten Zutaten gebraten vor. Am verbreitetsten sind **Schwein** und **Rind,** wogegen **Büffelfleisch** oft etwas zäh ist. Angeboten werden zuweilen auch **Reh, Ziege** oder **Wildschwein.** Sehr beliebt sind **Innereien,** deren Genuss jedoch wegen erhöhter Gefahr von Parasitenbefall und Schadstoffablagerungen nicht unbedingt empfehlenswert ist. Die noblen Restaurants bieten importiertes Fleisch aus Neuseeland an, selbst Krokodil- und Straußenfleisch sind zu finden.

Geflügel gehört zu fast jedem Essen. Gebratenes Huhn oder Ente stehen immer und überall zur Verfügung. Beliebt sind Wachteln und andere Kleinvögel, bei denen der Kopf als Delikatesse gilt. Auch die Hühnerfüße werden gegrillt und gegessen.

Fisch

Fisch stammt oft **aus dem Mekong und seinen Nebenflüssen,** in wachsendem Maße aber aus **Aquakulturen** in den Flüssen oder in speziell angelegten Fischteichen. Vorsicht geboten ist wegen möglichen Parasiten vor allem bei Fischen, die auf den Reisfeldern gezogen werden. Ansonsten gehört Fisch zu den verbreitetsten Zutaten der laotischen Küche und ist gebraten oder in der Suppe ein Genuss. Wo immer möglich, sollte man **Meeresfisch** den Vorzug geben. Eine echte laotische Rafinesse ist **Som Khai Paa,** gesalzener Fischrogen, auch laotischer Kaviar genannt. Besonders in seiner gedünsteten Form ein echter Leckerbissen, der in ur-laotischen Restaurants, in denen sich Touristen eher selten finden, gereicht wird.

Laotische Küche

Sie bezieht ihren besonderen Reiz aus der **Kombination von Fisch und Fleisch.** Laotisch essen für eine Person ist schlicht unmöglich und für zwei Personen noch schwierig. Bestellt wird von allem etwas, also einmal Fisch, einmal Huhn, einmal Schwein usw. Eine Suppe, die stets nebenbei gegessen wird, und die in Laos meist aus Schweinefleisch bereitet wird, gehört unbedingt dazu. Ebenso Klebereis, saures Gemüse *(Søm Phak)* und eine scharfe Soße namens *Tjaeo.*

Unbedingt dabei sein sollte das **Nationalgericht Laap,** das laotische „Steak Tartar", das aus Fisch *(Laap Paa),* Huhn *(Laap Kai),* Schwein, Rind oder Büffel bestehen kann, meist unter Zusatz von Innereien *(Laap Neua Nai).* Die verschärfte Form ist Laap aus Innereien, bei dem fast alles, einschließlich der Därme, Verwendung findet. Achtung, Laap kommt, wenn auch immer seltener, auch in seiner ursprünglichen Form, nämlich aus rohen Zutaten, vor, die besser zu meiden sind! Anders als beim Hackepeter (Mett) kommen jede Menge würziger Kräuter sowie Chili mit in den Topf.

Laotisch gegessen wird mit den Fingern, wobei man sich ein Klümpchen Klebereis aus dem Katip (Reisbehälter) nimmt, dieses zwischen den Fingern knetet und dann in die Zutaten taucht. Der Teller dient eher als Referenz an moderne Essgewohnheiten und bestenfalls als Zwischenstation für verschiedene Speisen. Reste, Knochen u.Ä. kommen auf oder – vor allem auf dem Lande – besser noch unter den Tisch, wo sich meist schon Hunde und Katzen erwartungsvoll drängen. Den Abschluss des Essens gibt man durch Schließen des Katip zu verstehen. Ein komplettes Menü für vier Personen sollte ohne Getränke um die 80.000 Kip kosten.

Ein echter „Reißer" ist **Tam Maak Hung,** ein vor allem in Straßenküchen verkaufter Salat aus grüner Papaya, *Paa Daek* und Chili. Unbedingt probieren! Vielerorts wird etwas zum Knuspern dazu gereicht; es erinnert an Garnelenchips, handelt sich aber um schmackhafte, in Fett ausgebackene Schweinehaut.

Lao Imbiss

Essen auf die Schnelle oder einfach nur mal so zwischendurch ist in Laos weit verbreitet. Besonders in Zusammenhang mit Festen aller Art sind kleine Snacks sehr beliebt, allen voran der schon erwähnte Papayasalat *Tam Maak Hung.* Weit verbreitet ist auch die Spezialität **Khao Laam.** Zunächst mögen die Holzknüppel, die da scheinbar zum Kauf angeboten werden, wenig anziehend wirken. In ihrem Innern jedoch bergen die Bambushülsen Reis, der mit Kokosmilch vermischt in den Bambus gefüllt und dann über offenem Feuer gegart wird. Das Ergebnis ist eine schmackhafte und sättigende Nascherei, die auch dem *Tam Maak Hung* etwas die Schärfe nimmt. Außerdem dürfen gebratene **Kai Laat,** laotische Hühner, nicht fehlen. Die einfachen Dorfhühner zieht jeder Laote wegen ihres besseren Geschmacks dem Rasse- und Leistungshuhn vor. Außerdem bieten Essensstände in Öl gebratene Fleischbällchen und – eine echte Delikatesse – Fettgebäck an.

Exotisches auf dem Speisezettel

Es lässt sich kaum alles aufzählen, was in den Kochtopf wandert: Gürteltiere, Feldmäuse, Stachelschweine, Eichhörnchen, Frösche, Insekten, Schlangen, das seltsamste Waldgetier – das Angebot auf den Märkten vor allem in ländlichen Gebieten weist **allerhand Außergewöhnliches** auf. Der Besucher sollte sich nicht daran stören. Andere Länder, andere Sitten eben. Und die Entscheidung, von

laos048 vl

dem einen oder anderen zumindest einmal zu probieren, bleibt letztlich jedem selbst überlassen. **Bei einigen Tierarten hört allerdings die Toleranz auf,** beispielsweise bei den äußerst raren und deshalb auch in Laos unter Naturschutz stehenden Gürteltieren, Nashörnern oder Tapiren. Auch die besonders gern verzehrte Python steht mittlerweile unter Schutz. Die meisten Laoten haben bislang allerdings wenig Verständnis für die Aufgeregtheit vieler Europäer angesichts dieser „Leckerbissen" auf den Märkten. Sie haben diese Tiere schon immer gegessen und können nur schwer verstehen, warum sie nun darauf verzichten sollen. Doch sollte diese Haltung kein Freibrief für Ausländer sein. Erschreckende Beispiele aus anderen Ländern lehren, dass einer Tierart höchste Gefahr droht, wenn Touristen sie erst einmal als „Modeessen" entdeckt haben.

Beliebt, schmackhaft und sehr eiweißreich sind Käfer und andere **Insekten.** Besonders die im Juni schwärmenden Termiten sind mit Salz gebraten beliebtes Knabberzeug.

In jüngster Zeit macht sich eine andere Spezialität breit, die nicht jedem Reisenden zusagt: Es geht um **Hund,** der auf dem traditionellen laotischen Speisezettel nicht vorkam.

Western Food

In vielen Restaurants haben sich seit der französischen Kolonialzeit **Steak mit Pommes Frites** und **Filet Mignon** auf der Speisekarte gehalten, übrigens zumeist in überaus guter Qualität, sieht man einmal von den Fritten ab. Die Preise dafür haben inzwischen allgemein 55.000 Kip erreicht. Darüber hinaus ge-

⌃ Gegrillter Fisch

hören die schon erwähnten **Baguettes** zum guten Standard. **Bäckereien** gibt es inzwischen in allen Touristenzentren; sie bieten neben Back- und Konditoreiwaren aus Thailand stammendes **Eis** an, das bedenkenlos gegessen werden kann. Um Straßenverkäufer mit selbst gefertigtem Speiseeis sollte man, wenn man Vorsicht walten lassen möchte, einen Bogen machen. **Fast-Food-Ketten** etablieren sich auch in Laos, doch kann – wer nicht darauf verzichten mag – Hamburger auch in den meisten Bäckereien haben. Die rasch expandierende Kette M-Point Mart bietet in Vientiane Hot Dogs und Fleischtaschen an.

Westliches Frühstücksbüfett in Muong Ngoi Kao

laos059 vl

Gemüse und Kräuter

Gemüse (Phak) kommt in vielen Arten vor und findet als Zutat für die verschiedensten Gerichte Verwendung. Reine Gemüsegerichte sind selten, aber in indischen Restaurants zu finden. Doch auch die Laoten schätzen *Phak Khua* (gebratenes Gemüse, meist mit Champignons) als ein Gericht unter vielen.

Phak Hom (Kräuter) gehören zur laotischen und vietnamesischen Küche einfach dazu. Dabei erstaunt vor allem bei den laotischen Kräutertellern, was so alles essbar ist. Oft haben die verschiedenen Blätter und Kräuter nicht mal eine deutsche Bezeichnung. Viele Ausländer meiden diese Delikatessen, da das nicht gegarte „Grünzeug" im Verdacht steht, Träger für den Stuhlgang beschleunigende Kleinstlebewesen zu sein.

Früchte

Der Früchtekorb ist in Laos nicht so überladen wie im benachbarten Thailand, doch die bekanntesten Obstsorten sind auch hier zu haben. Nachfolgend eine **Übersicht** (mit Erntesaison):

- **Ananas** – ຫມາກນັດ – *Maak Nat,* ganzjährige Erntesaison
- **Banane** – ໝາກກ້ວຍ – *Maak Kuay,* ganzjährig
- **Jackfrucht** – ໝາກມ – *Maak Mii,* April bis Juli
- **Kokosnuss** – ຫມາກພ້າວ – *Maak Phaao,* ganzjährig
- **Mandarine** – ຫມາກກ້ຽງນ້ອຍ – *Maak Kiang Noy,* ganzjährig
- **Mango** – ຫມາກມ່ວງ – *Maak Muang,* April bis Juni

- **Mangostan** – ຫມາກມັງຄຸດ – *Maak Mangkhut,* April bis Sept.
- **Melone** – ຫມາກໂມ – *Maak Moo,* Nov. bis Mai
- **Papaya** – ໝາກຫຸ່ງ – *Maak Hung,* ganzjährig
- **Pomelo** – ຫມາກກ້ຽງໃຫຍ – *Maak Kiang Njay,* Sept. bis Jan.
- **Rambutan** – ໝາກເງາະ – *Maak Ngo,* Mai bis Sept.
- **Tamarinde** – ໝາກຂາມ – *Maak Khaam,* Juni bis Sept.
- **Zitrone** – ໝາກນາວ – *Maak Nao,* ganzjährig

Getränke

Trinkwasser, Erfrischungsgetränke, Bier, Kaffee, Tee und Spirituosen sind fast überall im Land problemlos zu haben. Und trinken sollte jeder Reisende mehr als gewöhnlich: **Drei Liter am Tag** sollten vor allem in der warmen Jahreszeit mindestens zusammenkommen. Auch die Regel der britischen Kolonialherren hat ihr Gutes: **Hochprozentiges erst nach Sonnenuntergang.**

Wasser

Generell ist Wasser nach wie vor die Gefahrenquelle Nummer 1 für alle Arten von Durchfallerkrankungen. Deshalb ist grundsätzlich auf den Genuss nicht abgekochten Wassers nicht nachvollziehbarer Herkunft zu verzichten. Das fällt auch nicht weiter schwer, denn **aufbereitetes Trinkwasser (Nam Deum Bolisut)** ist fast überall erhältlich. Das Wasser wird in Flaschen oder in 20-Liter-Behältern angeboten. Dabei ist den Erzeugnis-

Heiße Getränke

- **Tee** – ນ້ຳຊາ – *Nam Saa*
- **Kaffee** – ກາເຟ – *Kaafee*
  (mit Milch: ກາເຟນົມ – *Kaafee Nøm*)
  (ohne Zucker: ບໍ່ໃສ່ນ້ຳຕານ – *Bøø Say Nam Taan*)
- **Ovaltine** – ໂອວັນຕິນ – *Oovantin*

Kalte Getränke

- **Eiskaffee (mit Milch)** – ກາເຟນົມເຢັນ – *Kaafee Nøm Yen*
- **Eiskaffee (ohne Milch)** – ໂອລ້ຽງ – *Oo-Liang*
- **Erfrischungsgetränk** – ນ້ຳຫວານ – *Nam Waan*
- **Faßbier** – ເບັຽສົດ – *Bia Søt*
- **Flaschenbier** – ເບັຽແກ້ວ – *Bia Keo*
- **Dosenbier** – ເບັຽປ໋ອງ – *Bia Pøøng*
- **Kokosmilch** – ນ້ຳໝາກພ້າວ – *Mam Maak Phao*
- **Milch** – ນ້ຳນົມ – *Nam Nøm*
- **Orangensaft** – ນ້ຳໝາກກ້ຽງ – *Nam Maak Kiang*
- **Schnaps** – ເຫລົ້າລາວ – *Lau Lao*
- **Soda** – ນ້ຳໂສດາ – *Soodaa*
- **Wasser** – ນ້ຳ (ດື່ມບໍລິສຸດ) – *Nam (Deeum) Bolisut*

Zutaten/Trinkgefäße

- **Zitrone** – ໝາກນາວ – *Maak Nao*
- **Zitronensaft** – ນ້ຳໝາກນາວ – *Nam Maak Nao*
- **Zucker** – ນ້ຳຕານ – *Nam Taan*
- **Eis** – ນ້ຳກ້ອນ – *Nam Køøn*
- **Dose** – ປ໋ອງ – *Pøøng*
- **Glas** – ຈອກ – *Tjøøk*
- **Flasche** – ແກ້ວ – *Keo*
- **Tasse** – ຈອກ; ຖ້ວຍ – *Tjøøk; Thuay*

sen renommierter Hersteller (Houa Seua von Beerlao oder Dao Water) der Vorzug zu geben. Interessant, dass der erste größere Produktfälschungsskandal in Laos das Trinkwasser von Beerlao betraf. In Restaurants darauf achten, dass das Wasser in verschlossenen Flaschen auf den Tisch kommt.

Erfrischungsgetränke

Erfrischungsgetränke werden entweder aus dem Kühlschrank serviert, oder es kommt **Eis** in die Gläser, oft aber beides. Zumindest in Vientiane kann man davon ausgehen, dass das Eis aus eben jenem Nam Deum Bolisut hergestellt ist. Wer dennoch kein Eis im Glas mag, bestelle *Bø Say Nam Køøn.*

Obwohl nach sehr langer Abwesenheit auch Coca-Cola im Land abgefüllt wird, hat **Pepsi** in Laos weiterhin die Oberhand. 280-ml-Pfandflaschen sind ebenso verbreitet wie Dosen oder PET-Flaschen von 250 ml bis 2 l. Das Wort Cola ist den Laoten kein Begriff, sondern einzig die Nennung der Namen „Pepsi“ oder „Coke“ verspricht bei einer Bestellung Erfolg.

Weit verbreitet sind **Fruchtsmoothies (Nam Pan)** und **Kokosmilch (Nam Maak Phao).**

Tee und Kaffee

Tee, vornehmlich grüner, in seiner kaum das Wasser färbenden Form war einst das Allerweltsgetränk, wurde aber durch das abgefüllte Trinkwasser in den chinesischen und vietnamesischen Restaurants vertrieben. Obwohl Tee in Laos angebaut wird, hat sich hier keine Teetrinkerkultur entwickelt.

Völlig anders beim **Kaffee,** der traditionell in seiner schwärzesten Farbe daherkommt, sehr stark ist und deshalb meist mit Zucker getrunken wird. Zucker kommt allerdings reichlich in das Getränk, was die Gewohnheit des „Nachspülens“ mit einem Glas Tee erklärt. Ein heißer **Milchkaffee** (etwa ein Drittel gezuckerte Milch und zwei Drittel Kaffee) zum Morgen ist eine echte Delikatesse, die ihren einzigartigen Geschmack auch der Tatsache verdankt, dass das Kaffeepulver auch mit weiteren Zutaten wie Tamarindenkernen und geröstetem Reis „gestreckt“ wird.

Eine laotische Spezialität ist auch **Oo-Liang,** stark gezuckerter Kaffee, der heiß in ein Glas voller Eiswürfel gegeben wird. Der laotische Spitzenkaffee wird übrigens in der Gegend von Paksong im Landessüden angebaut und hat denn auch den Namen „Paksong Kaafee“.

Cafés mit modernen Espressomaschinen sind inzwischen weit verbreitet, einige davon bieten gar ihre selbst geröstete Hausmarke an (z.B. *JoMa, Sinouk, Saffron, Trio*).

Bier

Bier, das geschmacklich eine positive Überraschung ist, gehört bei den Laoten fast schon zu den Erfrischungsgetränken. **Einheimisches Bier** *(Bia Lao)* gibt es als Fassbier *(Bia Søt)* in Gaststätten und als Flaschenbier *(Bia Keo).* Die dazugehörige Lao Brewery Company gehört zur Hälfte *Carlsberg.* Seit die Konkurrenz *Heineken* ebenfalls in Laos braut, hat sich das Angebot vervielfältigt und umfasst Marken wie *Tiger, Namkhong, Beerlao Gold* sowie einige **importierte Sorten.** Dennoch bleibt das traditionelle *Beerlao* mit weitem Abstand Marktführer.

Eine Besonderheit gilt es beim Bier zu beachten: Wo kein Kühlschrank zur Verfügung steht, wird Bier evtl. **mit Eiswürfeln** serviert. Wem das nicht behagt: *Bøø Sai Nam Køøn Daee* (Bitte kein Eis)!

Spirituosen

Reisschnäpse werden zum größten Teil selbst gebrannt, sind unterschiedlich stark und meist unbedenklich. Sie firmieren unter dem großen Sammelbegriff **Lau Lao.** Einige Marken wie *Kongsedone* aus dem Süden sind landesweit ein Begriff. Unzähligen „Geheimrezepten" folgend werden nach Hausmacherart Auszüge von Wurzeln und Kräutern erzeugt, die gegen alle möglichen Leiden helfen sollen. Zusammengefasst werden diese Gebräue unter dem Sammelbegriff **Lau Bong Jaa. Lao Whisky** verschiedener Marken ist ebenfalls weit verbreitet und geschmacklich vom thailändischen *Mekhong* kaum zu unterscheiden. Das fällt manchmal auch bei Import-Whiskys auf Märkten schwer, bei denen offenbar nur die Flasche importiert wurde … In besseren Geschäften und Restaurants ist die Gefahr, gepanschte Ware zu erhalten, viel geringer. Im Prinzip wird alles angeboten, was Rang und Namen hat.

Feste und Feiertage

In Bezug auf Feste haben die **Laoten** eine angenehme Tradition: Sie **feiern gern, oft und lange.** Kaum eine größere Festivität geht unter drei Tagen ab. Im Großen und Ganzen lassen sich drei Arten von Festtagen unterscheiden: staatliche Feiertage, religiöse Feste und Familienfeiern.

Staatliche Feiertage

Die staatlichen Feiertage sind Internationales Neujahr (1. Januar), Internationaler Frauentag (8. März), 1. Mai und der Nationalfeiertag am 2. Dezember. Sie haben allerdings **nur wenig Resonanz im Volk.** Da man keine Gelegenheit für einen freien Tag auslässt, können weitere Feiertage begangen werden, was oft zu einer gewissen Unsicherheit mit Blick auf ihren Status führt. Besonders Feiertage, an denen Schulen geschlossen sind, wie der Internationale Kindertag am 1. Juni oder der nationale Lehrertag am 7. Oktober, führen zur einer Ausweitung auf alle Bereiche. Keine Klarheit über die offizielle Einordnung gibt es beim Nationalen Frauentag (20.7.) und dem Tag der Verfassung (15.8.).

Religiöse Feste

In Laos begeht man eine große Zahl an Feiertagen, die auf die eine oder andere Weise mit dem **Buddhismus** verbunden sind. Im Prinzip ist jeder Vollmondtag ein solcher Feiertag. Doch einige heben sich aufgrund ihres Volksfestcharakters ab. Im Prinzip geht es bei den buddhistischen Feiertagen darum, Verdienste für das künftige Leben zu erwerben, sozusagen Gutes zu tun. Dies findet seinen Ausdruck schon im laotischen Wort für Feiertag: **Boun** (aus dem Sanskrit *punya*) heißt nichts anderes als Verdienst.

Pha Weet

Das Fest erinnert an das Leben Buddhas in seiner vorletzten Reinkarnation, niedergelegt in der Sage Jakata. Begangen wird dieser Feiertag in allen Pagoden des Landes **im März und April** zeitversetzt, um den Verwandten aus der Nachbarschaft das gegenseitige Besuchen zu ermöglichen.

Zentraler Bestandteil der Feierlichkeiten ist die **öffentliche Lektüre der Jakata,** die sich bis zu 17 Stunden hinziehen kann.

Das Fest ist ein beliebter Zeitpunkt für die männlichen Laoten, einige Zeit als Mönch in der Pagode zu leben.

Laotisches Neujahr

Das laotische Neujahr fällt auf **Mitte April** (meist 13.4.) des gregorianischen Kalenders, jedoch können die genauen Tage wegen des bei seiner Berechnung zugrunde gelegten abweichenden Kalenders variieren (siehe Kapitel „Zeit“). Das Fest dauert **drei oder vier Tage** lang und wird vielerorts gern auf eine Woche ausgedehnt. Am ersten Tag (*Sang Kaan Pai,* Abschied des Jahres), dem letzten Tag des alten Jahres, treffen sich die Leute auf dem Markt, um alles, was noch übrig ist vom alten Jahr, zu verkaufen. Dann folgen ein oder zwei „Zwischentage“ *(Wan Nao),* an denen jede Arbeit untersagt ist. An diesem Tag pilgern die Laoten von einer Pagode zur anderen; je mehr Pagoden geschafft werden, desto mehr Glück im neuen Jahr. Erst der dritte bzw. vierte Tag, *Sang Kaan Kühn* (Rückkehr des Jahres), ist der eigentliche Beginn des neuen Jahres.

Wichtigstes Kennzeichen dieses sehr fröhlichen Festes ist **Høt Nam,** das **gegenseitige Beschütten mit Wasser.** Die vor allem von Jugendlichen ausgiebig betriebene Sitte dient der symbolischen Reinigung beim Eintritt ins neue Jahr. In den Pagoden werden Buddha-Figuren ebenso mit Wasser bespritzt. Die älteren Laoten sind beim Umgang mit dem Wasser eher zurückhaltender, doch wenn die Stimmung steigt, wird auch schon mal zum Eimer gegriffen. Ausländer sind begehrtes Ziel vor allem von laotischen Freunden und Bekannten. Weglaufen hilft nichts, und böse werden schon gleich gar nicht. Schließlich wird der Wasserguss von guten Wünschen für das neue Jahr begleitet, und der so Geehrte hat sich auch zu bedanken. Also ganz laotisch drei Tage lang nass umherlaufen – *Bøø Pen Njang.* Weniger angenehm ist es, wenn außer Wasser auch Mehl oder bunter Blütenstaub verwendet wird. Letzterer hat schon manchem Kleidungsstück den Garaus gemacht.

[>] Die Naga findet sich als bedeutungsträchtiges Schutzsymbol an vielen Tempeln

Traditionell werden zum neuen Jahr auch **gefangene Vögel freigelassen.** Oft werden sie eigens zu diesem Zweck vor den Pagoden gekauft und sind von findigen Händlern so präpariert, dass sie nur ein paar Meter weit fliegen; dann werden sie von Kindern eingesammelt und dem nächsten Kunden verkauft.

Etwas ganz Besonderes ist das **Neujahrsfest in Luang Prabang,** wo es von Prozessionen durch die Stadt und der Wahl der Schönheitskönigin begleitet wird. Hier sind die Traditionen erhalten geblieben, aus dem Sand des Mekong-Ufers kleine Stupas zu errichten und in den Prozessionszügen Legenden aus der laotischen Überlieferung darzustellen, darunter die **Legende von Phu Jöö Ja Jöö,** einem alten Ehepaar, dass zu vorgeschichtlichen Zeiten die Erde von einer gewaltigen, bis in den Himmel reichenden Ranke befreite, die mit ihrem Schatten dem Planeten das Licht nahm. Als Dank für diese Tat wird dem Paar bei jeder Mahlzeit gedacht; die laotische Aufforderung zum Essen lautet *Ma Jöö Kin Jöö* (Komm, Jöö, iss, Jöö).

Begleitet wird das Neujahrsfest von einem **Baasii** (s.u.) in den Familien, bei dem die Kinder und Enkel die Vertreter der älteren Generationen um Verzeihung für den Ärger bitten, den sie im zurückliegenden Jahr bereitet haben.

Prozessionen mit Neujahrsköniginnen und das Errichten von Sandstupas an Flussstränden kommen auch in Vientiane und anderen Städten wieder verstärkt in Mode.

Raketenfest

Dieses Fest erstreckt sich auf mehrere Wochen im sechsten laotischen Monat (im europäischen **Mai, bis in den Juni hinein**). Den buddhistischen Hinter-

laos109 vl

grund bietet **Visaakha Buusaa,** der Tag der Geburt, der Erleuchtung und des Eintritts Buddhas ins Nirvana *(parinirvana).* In dieser Neumondnacht versammeln sich die Gläubigen in den Pagoden, beten und vollführen Prozessionen im Kerzenlicht.

Verbunden mit diesem Tag ist auch das wohl **wildeste Fest des ganzen Jahres.** Sein recht vager Zeitpunkt ergibt sich daraus, dass es in den einzelnen Dörfern an unterschiedlichen Tagen gefeiert wird, um den Bewohnern der Nachbardörfer auch die Möglichkeit der Teilnahme einzuräumen. Sein Inhalt ist alles andere als religiös. Entstanden aus vorbuddhistischen Fruchtbarkeitsriten, kommt es eher einem **laotischen Karneval** gleich. Hauptanliegen ist es, mittels selbst gebastelter Raketen, die Phalli darstellen, den Himmel zu befruchten und so die **Regenzeit heraufzubeschwören.**

Die Raketen sind oft **recht abenteuerliche Geschosse aus Bambus, Plastik oder Metall,** mit bis zu 10 Kilo Treibstoff gefüllt und einem langen Bambusstab versehen. In einer Art sportlichem Wettkampf geht es darum, das eigene Geschoss **möglichst hoch und weit** fliegen zu lassen. Vielen der heutigen Raketen sieht man an, dass sie das Werk erfahrener Spezialisten sind. Flughöhen von einigen hundert Metern und Flugweiten von einigen Kilometern sind keine Seltenheit. Spott trifft allerdings die Mannschaft, deren Rakete noch auf der Startrampe explodiert oder nach nur wenigen Metern ins Reisfeld klatscht.

Der **Raketenstart** stellt den Höhepunkt des Tages dar, erfolgt aber in der Regel erst am Nachmittag. Am Morgen schon ziehen die einzelnen Teams mit Musik von Haus zu Haus, fordern von den „Schwiegermüttern" mit keinesfalls frommen Gesängen Schnaps, Reis und *Paa Daek* und schließlich die Reize der Liebe. Bekommen sie nicht, was sie verlangen, geht die Treppe des Hauses zu Bruch, und Beschimpfungen ergießen sich über die ungnädige „Schwiegermutter". Am Nachmittag wird das Treiben noch bunter. Als Frauen verkleidete Männer, vielerorts präsentierte Geschlechtssymbole und schließlich an Deutlichkeit kaum zu überbietende Gesänge bestimmen die Szene. Tanz bis in den Abend beendet dieses für die sonst eher puritanischen Laoten so außergewöhnliche Fest.

Fastenzeit

Die Tradition der Fastenzeit geht ebenfalls auf das Leben Buddhas zurück. In der Zeit der schweren Monsunregen konnte er nicht missionierend von einem Ort zum anderen ziehen und verbrachte diese drei Monate **(Juli bis September)** in der Grotte Jetavana. Diesem Vorbild folgen auch heute noch die Mönche in Laos. Drei Monate lang bleiben sie in der Pagode, verzichten auf ihre sonst üblichen Rundgänge zum Einsammeln der Speisen. Diese drei Fastenmonate sind auch die beliebteste Zeit für die Männer, zeitweilig als Mönch in die Pagode zu gehen, sodass viele Ordinationen stattfinden.

Øøk Phansa ist das Ende der Fastenzeit; dann leisten die Mönche Abbitte für alle während der Fastenmonate begangenen Verstöße gegen die Mönchsregeln. Das Fest endet mit der Zeremonie **Kathin,** bei der die Mönche von den Gläubigen u.a. neue Roben erhalten.

Ruderfest

Faktisch zeitgleich mit Øøk Phansa wird in Vientiane (und in Pakse) **Boun Souang Heua,** das Ruderfest, gefeiert. Dieses Fest ist den Nagas, den mehrköpfigen Schlangen – Sinnbild für Gesundheit, Glück und Wohlstand – gewidmet. Die Pagoden erstrahlen am Abend im Kerzenlicht. Gläubige setzen unter dem Gebet der Mönche Kerzen auf nachgebildete Langboote. Kleine Bambus- oder Bananenblatt-Flöße, neuerdings in immer größerer Zahl von grellbunten Plastiknachbildungen ersetzt, tragen mit einer Kerze alle guten Wünsche desjenigen die Flüsse abwärts, der sie ins Wasser gesetzt hat. Am darauffolgenden Tag finden die großen **Ruderwettkämpfe** statt, bei denen **Langboote** mit bis zu 60 Mann Besatzung im K.-o.-System Boot gegen Boot den Sieger ermitteln.

Tag der Ahnen

Im Unterschied zu anderen religiösen Festen wird das „Fest der Reispäckchen, die die Erde schmücken" am 14. Tag des abnehmenden Mondes gefeiert, in der **dunkelsten Nacht des Jahres.** Ähnlich dem deutschen Totensonntag gedenken die Gläubigen an diesem Tag ihrer verstorbenen Familienmitglieder. Nach laotischer Vorstellung sind deren Geister zeitweilig freigelassen. Um sie zu versöhnen und nicht umherirren zu lassen, packen die gläubigen Angehörigen Päckchen mit Speisen, Zigaretten und Betelnüssen, die ab 4 Uhr morgens in den Pagoden an Bäumen und Knochenstupas niedergelegt werden. Gegen 7 Uhr morgens ist dann in den Pagoden **Thak Baat,** verbunden mit reichlichen Spenden für die Pagoden und Mönche, die ja noch in der Fastenzeit sind. In Luang Prabang findet an diesem Tag das traditionelle Ruderfest statt.

That Luang

Eines der bedeutendsten religiösen wie weltlichen Feste in der laotischen Hauptstadt geht zurück auf die Überlieferung, der zufolge der indische Herrscher *Ashoka* im 3. Jahrhundert v.u.Z. die **Verbreitung des Buddhismus in alle Welt** anordnete und Missionare aussandte, die Überreste des Körpers von Buddha in geweihten Stupas einzuschreinen. In diesem Zusammenhang soll auch der That Luang von Vientiane entstanden sein, und dies wird, seit König *Setthathirath* 1566 diese Tradition begründete, alljährlich mit dem That-Luang-Fest gefeiert. Mönche aus ganz Laos kommen zu diesem Fest **im Vientianer That Luang** zusammen, um gemeinsam zu beten und zu meditieren.

Höhepunkte der religiösen Zeremonien sind eine **Prozession** von Wat Si Muong (siehe Kapitel zu Vientiane) zum That Luang und **Wien Tien,** das dreimalige Umschreiten des That Luang mit Kerzen in den Händen, die anschließend auf den Fuß der Stupa gesetzt werden.

Umrahmt wird das religiöse Fest von **einem der größten Volksfeste des Landes.** Der große That-Luang-Platz vor der Stupa gehört dann ganz den Buden der Schausteller, den Glücksspielen, Essensständen und Wandertheatern. Inzwischen ist das Fest **weitgehend kommerzialisiert,** wird von vielen Firmen zu Werbe- und Promotionsaktionen genutzt. Statt der Aufführung traditioneller Stücke machen sich Rockbands in ohrenbetäubender Lautstärke auf mehreren Bühnen Konkurrenz. Zum Programm gehören Sportwettkämpfe, allen voran das traditionelle **Ti Khi,** ein laotisches Hockeyspiel. Am späten Abend erleuchtet ein gewaltiges Feuerwerk den That Luang.

Familiäre Feste

Die dritte Gruppe von Festen sind die Familienfeste, die allesamt einen wichtigen Raum im Leben der traditionellen Großfamilien einnehmen. Neben Hochzeit und Geburten sind es vor allem die **Bestattungszeremonien,** die uns Europäern sehr fremd vorkommen mögen. Nicht nur die Trauerfarbe Weiß (zunehmen macht das „importierte" Schwarz hier Konkurrenz) macht da einen Unterschied. Es gibt auch **keine Trauer** im eigentlichen Sinne, ist doch der Tod in der buddhistischen Lebensauffassung nicht Endpunkt, sondern nur Zwischenstation zu einer neuen **Wiedergeburt.** Den Verstorbenen erwartet, je nach seinem Dharma – den in diesem Dasein angehäuften Verdiensten – ein besseres Leben. Ziel des Buddhismus ist es schließlich, das irdische Leben, das ja nur aus Leiden besteht, endgültig hinter sich zu lassen, aus dem Kreis der Wiedergeburten auszuscheiden und ins Nirvana einzugehen (siehe Kapitel „Religionen"). Sicher geht den Verwandten der Tod eines lieben Angehörigen nahe, doch gezeigt wird der Schmerz eher nicht. Feiern mit Musik, Speis' und Trank zur Verabschiedung des Verblichenen ist angesagt. Der wird letztlich auf einem großen Scheiterhaufen verbrannt. Wer in der Asche einen Ring, ein anderes Schmuckstück oder ein ähnliches Relikt findet, dem soll noch dazu Glück beschieden sein.

Der **Hochzeit** geht eine recht lange Brautwerbung voraus. Damit befassen sich die älteren Frauen aus den Familien von Braut und Bräutigam. Kamen sie überein, kommt es zur offiziellen Bitte – *Kan Suu Khøø* –, der **Verlobung.** Dabei wechseln dann schon zum Teil recht üppige Geschenke zu den Eltern der Braut (*Khaa Khun Phi* und *Khaa Døng*). Obwohl das neue Familiengesetz ausdrücklich einzig die Zuneigung der Brautleute als Grund für eine Heirat festschreibt, wird vor allem in ländlichen Gebieten noch immer nach alter Sitte die Vermählung von den Eltern und Großeltern bestimmt. Geheiratet wird in Laos übrigens ausschließlich in den geraden Monaten des laotischen Kalenders, da nur diese Glück versprechen. Unter denen werden wiederum der zweite, vierte und zwölfte Monat bevorzugt. Allen voran aber geht der sechste Monat, feiert man in diesem doch auch das **Fruchtbarkeitsfest Boun Bang Fai** – wenn das kein guter Grund für eine Hochzeit ist! Hinzu kommt, dass die Feldarbeiten der Hauptsaison unmittelbar bevorstehen und die jungen Burschen dann bei der Arbeit gebraucht werden. Außerdem gilt es sich zu beeilen, denn während der Fastenzeit der Mönche (8. bis 11. laotischer Monat) wird überhaupt nicht geheiratet.

[>] Freunde treffen sich vor dem Eingang zum Khong-Phapheng-Wasserfall

Dies gilt übrigens für alle Arten von Feiern. Die Fastenzeit wird so zur drögesten Zeit des Jahres, denn selbst Feiern im Familienkreis bleiben auf das Unumgängliche beschränkt. Dabei spielt sich gerade hier die wohl charakteristischste aller Zeremonien ab – **Baasii.** Baasii werden zu den unterschiedlichsten Anlässen veranstaltet: Einzug in ein neues Haus, Versöhnung der Hausgeister, weite Reise eines Familienmitglieds, Namensgebung (ein Monat nach Geburt). Dabei gibt es oft Irritationen über diese Feste, ist doch in den Augen der meisten Ausländer alles Baasii. Dabei gilt es sehr genau zu unterscheiden. Baasii ist eine Familienfeier, bzw. der **Teil der Feier, an dem buddhistische Mönche oder höhergestellte Persönlichkeiten oder Ehrengäste teilnehmen.** Je nach Anlass und sozialer Stellung der Familie können das drei, fünf, sieben, neun, elf oder 13 Mönche *(Øng)* sein. Sie sprechen Gebete und geben ihren Segen. Dann folgt in der Regel die auch bei Ausländern sehr beliebte **Sitte des Mat Kaen.** Weiße Baumwollfäden werden dabei unter dem Aussprechen von guten Wünschen um die Handgelenke gebunden. So sollen beispielsweise bei einem Reisenden alle wohlgesonnenen Geister in ihm fest- und übelwollende ferngehalten werden. Um ihre volle Wirkung zu entfalten, sollen die Bänder eine Woche lang nicht entfernt werden. Aber auch eine Frist von drei Tagen erfüllt ihren Zweck.

Dritter Teil eines Familienfestes ist dann **Sou Kouan,** wobei sich Familienangehörige und Freunde gegenseitig beschenken, um Verzeihung bitten und sich alles Gute wünschen.

Je nach Anlass können Familienfeiern aus einer beliebigen **Kombination** der genannten drei Teile bestehen. Die Verbindung schafft auf jeden Fall ein großes **Festessen.**

laos110 vl

Fotografieren

Foto- und/oder Video-Ausrüstung sollten **solide verpackt** sein, sodass sie auch mal einen Stoß aushalten und vor allem auch vor Regen geschützt sind. In den Monaten April bis September macht ihnen noch dazu die hohe Luftfeuchtigkeit zu schaffen. Gut beraten ist, wer nach der Rückkehr nach Europa seine Kamera gründlich reinigt und vor allem Feuchtigkeitsreste entfernt.

Speichermedien und Druckdienste gibt es in allen größeren Orten. **Ersatzbatterien** der gebräuchlichen Typen wie auch Ersatz-Ladegeräte sind in Vientiane ebenfalls kein Problem. Schwierig wird es in der Provinz, wo man entsprechend gewappnet sein sollte.

Wenn nicht ausdrücklich verboten, gibt es **keine Beschränkungen für das Fotografieren.** Vorsicht geboten ist allerdings bei allen Einrichtungen mit strategischem Charakter, das heißt bei allem, was nach Militär aussieht, bei Flugplätzen, großen Brücken und Ähnlichem. Sollen Personen fotografiert werden, ist am besten zuvor die Zustimmung einzuholen. Einfachste Zeichensprache genügt, und die meisten Laoten werden mit großer Freude ihre Einwilligung geben. Das gilt insbesondere für Mönche und Novizen, die man noch glücklicher macht, wenn man das meist pro forma gemachte Versprechen, ein Bild zu schicken, auch einhält. Selbst Trauerfeiern können nach Zustimmung ohne Probleme abgelichtet werden.

Geld und Finanzen

Währung

Die laotische Währung heißt **Kip** und ist eine Binnenwährung; Kip dürfen also weder ein- noch ausgeführt werden. Der Kip hält sich seit 2010 recht stabil bei rund **8000 Kip für 1 US$** (Anfang 2018 1 US$ = 8236 Kip, 1 € = 9705 Kip, 1 Sfr = 8306 Kip. Die jährliche Teuerungsrate liegt in Laos unter 10%.

laos111 vl

Offiziell teilt sich ein Kip in 100 At, aber das ist eine praxisferne Betrachtung oder eine Sache für Numismatiker. Wegen des geringen Wertes des Kip kamen die Anfang der 1980er Jahre geprägten Münzen zu 10, 25 und 50 At nie in den Handel. In der Praxis sind **Scheine** im Wert von 500, 1000, 2000, 5000, 10.000, 20.000, 50.000 und 100.000 Kip im Umlauf. Von Zeit zu Zeit wird vor Blüten gewarnt.

Neben dem Kip sind **US-Dollar** und **thailändischer Baht** gewissermaßen Zweit- und Drittwährung, in einigen Landesteilen werden auch **chinesische Yuan** oder **vietnamesische Dong** akzeptiert. Laut Gesetz sind ausländische Währungen bei lizensierten Umtauschstellen gegen Kip zu tauschen, doch viele Händler und Restaurants akzeptieren die genannten Währungen anstandslos. Allerdings ist es schon ratsam, für kleinere Einkäufe immer einen ausreichenden Vorrat an Kip bei sich zu haben. Es gibt einen „Schwarzmarkt", doch die Kurse dort unterscheiden sich kaum von

Ausblick von Wat Phou auf die südlichen Ebenen von Laos

denen der Wechselstuben. Dafür ist die Gefahr, gelinkt zu werden, bei Straßengeschäften erheblich größer.

Geldkarten und Banken

Einige auf ausländische Besucher eingerichtete Hotels, Restaurants und Geschäfte akzeptieren die gängigen **Kreditkarten,** verlangen jedoch in der Regel einen Aufschlag von 2 bis 8%.

Das **Bankenwesen** in Laos hat sich in den letzten Jahren sprunghaft entwickelt. Neben der staatlichen Laotischen Außenhandelsbank (*Banque pour le Commerce Extérieur,* BCEL) haben sich laotische wie ausländische Banken ein weit verzweigtes Filialnetz zugelegt und unzählige **Geldautomaten** aufgestellt. An den meisten erhält man auch mit internationalen Bank- oder Kreditkarten Bares, bei unterschiedlichen Höchstbeträgen pro Tag.

Ob und in welcher Höhe **Kosten für die Barabhebung** anfallen, variiert sehr je nach kartenausstellender Bank und je nach Bank, bei der die Abhebung erfolgt. Man sollte sich vor der Reise bei seiner Hausbank informieren, mit welcher Bank sie vor Ort zusammenarbeitet und auch bei www.geld-abheben-im-ausland.de die Konditionen für die Kreditkarten vergleichen, mit denen man im Ausland gebührenfrei Bargeld abheben kann. Achtung: Hat man bei Barabhebungen am Geldautoamten die Wahl, sollte man den Betrag immer in der Landeswährung vom Konto abbuchen lassen und nicht in Euro. Bei einer Abbuchung in Euro wird die *Dynamic Currency Conversion* zugrunde gelegt, die erhebliche Kosten verursachen kann. Bei Abbuchung in der Landeswährung ist hingegen der offizielle Devisenkurs der eigenen Bank die Grundlage, was am sichersten ist.

Kosten und Preise

Das Leben in Laos ist **allgemein preiswert,** jedoch – für viele Besucher überraschend – teurer als z.B. in Thailand; verpackte Lebensmittel, viele Obstsorten und Getränke sind teurer als im Nachbarland. Übernachtungskosten bei akzeptablen Verhältnissen beginnen bei 12 €. Wer nur an Straßenküchen isst, kommt mit 5 € pro Tag fürs Essen aus, wer europäisch frühstücken will, zahlt den Betrag allerdings schon am Morgen.

Es kann passieren, dass man **als Ausländer** über den Tisch gezogen wird, etwa von übermäßig geschäftstüchtigen Chum-Boo-Fahrern – den Fahrpreis also grundsätzlich vor Fahrtantritt aushandeln! Innerhalb des Stadtzentrums von Vientiane, etwa zwischen Patou Say und dem Tiao-Fa-Ngoum-Park, zahlen Laoten etwa 25.000 Kip pro Fahrt; dafür steigen unterwegs auch stets weitere Fahrgäste zu.

Eintrittsgelder werden erst ganz allmählich eingeführt. Dabei folgt Laos dem Trend, Ausländern einen höheren Tribut abzuverlangen als einheimischen Besuchern. Speziell in Luang Prabang kann dies lästig werden, da man faktisch an jeder zweiten Pagode zur Kasse gebeten wird.

Gesundheit

Cholera, Malaria, Enzephalitis, Schlangenbisse, Skorpione und Vogelspinnen – das Schreckensregister ist umfangreich. Angesichts des tropischen Klimas und der Verbreitung einiger (tropischer) Krankheiten ist also Vorsicht geboten.

Laos verlangt **bei der Einreise keinen Nachweis irgendwelcher Schutzimpfungen.** Dennoch ist es am besten, vor Reiseantritt einen Tropenmediziner zu konsultieren und sich nach dem aktuellen Stand der Dinge zu erkundigen und Vorsorge zu treffen. Eine gültige Tetanus-Impfung ist in jedem Fall sehr empfehlenswert, nicht zu reden von aktuellem Schutz gegen Diphtherie, Keuchhusten, Polio, Hepatitis A und Hepatitis B.

Außer in Vientiane und einigen Gebirgsregionen kann man in Laos fast überall an **Malaria** (laotisch: *Khai Njung* = Mückenfieber) erkranken. Sicher feststellen kann man eine Malariaerkrankung nur durch eine Blutprobe; die Blutuntersuchung ist auch in Laos möglich.

Vor allem in der Regenzeit kommt es zu verstärktem Auftreten von **Dengue-Fieber** (laotisch: *Khai Leuat Øøk*), das wie Malaria von Mücken übertragen wird. Das Problem ist, dass es gegen Dengue weder eine Impfung noch eine spezielle Therapie gibt, dafür vier verschiedene Formen des Fiebers. Daher gilt, wie auch für Malaria: Die beste Vorbeugung ist Schutz gegen Mücken, sei es durch Repellents oder Moskitonetze.

Zum Thema „Gesundheit" siehe auch im **Buchanhang** und unter **www.crm.de.**

Sollten irgendwelche Beschwerden länger anhalten, ist es immer ratsam, einen **Arzt** aufzusuchen. In Vientiane ist das keine Schwierigkeit, denn es gibt eine internationale **Klinik** in unmittelbarer Nachbarschaft des Krankenhauses Mahosot (Fa Ngoum Road). Viele Ausländer bevorzugen allerdings die Dienste der Kliniken der französischen Botschaft (Khou Vieng Road) oder der Privatklinik Alliance (Souphanouvong Road, Richtung Flugplatz). Auch das ASEAN Hospital gleich neben dem staatlichen Setthathirath-Krankenhaus (Ban Don Koi) ist eine Option. Bei schwereren Erkrankungen oder gar der Notwendigkeit einer Operation ist die Ausreise nach Thailand (Udon Thani, Kong Kaen oder Bangkok) ratsam.

Muss eine Behandlung erfolgen, ist an eine Bescheinigung für die **Krankenversicherung,** die auch die Diagnose enthält, zu denken (siehe Kapitel „Versicherungen")!

Hygiene

Die Laoten sind sehr auf Sauberkeit bedacht. Selbst wenn das vorhandene Wasser nicht den besten Eindruck macht, ein Bad nebst gründlicher Körperreinigung gehört zu den grundlegenden Dingen des Lebens. Auch im laotischen Haushalt herrschen Ordnung und Sauberkeit. Die **Unterkünfte** sind, wenn auch zum Teil bescheiden bis spärlich möbliert, sauber und aufgeräumt. Rechnen muss man jedoch mit einer Reihe tierischer Mitbewohner. Selbst in besseren Hotels sind dies zunächst einmal Geckos, recht harmlose, eidechsenähnliche Tiere, die an Wänden und Decken entlanglaufen und Insekten vertilgen. Weniger angenehm als Zimmergefährten sind Schaben, die in Laos die Größe ausgewachsener Heuschrecken erreichen. Eine Dose Insektenspray wirkt hier Wunder. Vor allem in weniger noblen Herbergen ist es besser, nichts Essbares, vor allem nichts Süßes, einfach stehen zu lassen; im Nu hat sich eine Ameisenstraße gebildet. Am besten beugt man vor, indem man alle gefährdeten Produkte im Kühlschrank aufbewahrt. Steht ein solcher nicht zur Verfügung, hilft ein alter Trick: Einen Teller oder eine Untertasse mit Wasser füllen und alles Gefährdete gewissermaßen im Wasserbad aufbewahren.

Toiletten in für Ausländer gedachten Unterkünften haben meist das aus Europa gewohnte Erscheinungsbild und sind in der Regel auch mit Toilettenpapier bestückt. Ein wenig Papier für den Notfall in der Tasche zu haben, hat allerdings noch nie geschadet. Neben den Sitzklos gibt es auch noch Hockklos. In den **Bädern** von Hotels uund Gästehäusern hat sich bewährt, bei der ersten Benutzung der Dusche die Richtung des Wassers auszutesten; nicht selten hat die erste Dusche das Toilettenpapier oder die persönliche Waschtasche komplett durchtränkt.

Zum Thema Trinkwasser sei auf das Kapitel „Essen und Trinken“ verwiesen. Ansonsten ist **Leitungswasser** für den normalen Gebrauch bestens geeignet. Zum Zähneputzen sollte für erhöhte Sicherheit auf das erwähnte *Nam Deum Bolisut* oder abgekochtes Wasser zurückgegriffen werden. Auch wo es kein Leitungswasser gibt, ist das Wasser in chemischer Hinsicht meist unbedenklich. Problematisch werden kann unter Umständen die biologische Belastung des Wassers; Entkeimungstabletten sind in solchen Fällen empfehlenswert.

Große Unterschiede in hygienischer Hinsicht gibt es bei den **Essgewohnheiten.** Oft wird mit bloßen Fingern gegessen. Laute Kaugeräusche und zurückhaltende Rülpser sind eher Ausdruck des Wohlbefindens als Stein des Anstoßes. Traditionelle laotische Häuser sind Pfahlbauten, deren Holzfußboden Spalten aufweist. Deshalb werden Essensreste und Knöchelchen einfach auf den Fußboden geworfen; entweder fallen sie durch die Ritzen auf den Boden und werden zum Futter für die Hühner, oder sie werden gleich von den unter dem Tisch umherstreifenden Hunden und Katzen gefressen. In den Straßenküchen wird meist ebenso verfahren, oder Abfälle landen einfach auf dem Tisch. Auf dem Teller des Gastes hat der Abfall jedenfalls nichts zu suchen. An sich ein logischer Gedanke!

Alle Dinge, die der Europäer für seine **Körperpflege** als notwendig erachtet, sind in Laos problemlos erhältlich, noch dazu meist preiswerter als in Europa: Seife, Shampoo, Waschpulver, Zahncreme, Toilettenpapier, Damenbinden, Tampons, Insektenspray etc. Nicht mehr ganz so gut sieht es bei Rasierutensilien aus; wegen des geringen Bartwuchses bei den Einheimischen findet man derartige Dinge selten und dann meist sehr teuer.

> Die Sonne genießen:
Kinder hoch oben auf dem Phoufa in Phongsaly

Informationsstellen

Laos unterhält kein Fremdenverkehrsbüro in Deutschland. Dessen Aufgaben übernehmen teilweise die diplomatischen Einrichtungen, doch ist deren Informationsangebot oft sehr mager – zu weit sind sie von der Heimat entfernt.

Bei wissenschaftlichem oder fachlichem Interesse wende man sich an eine der folgenden Institutionen:

- **GIGA Institut für Asien-Studien,** www.giga-hamburg.de/de/giga-institut-für-asien-studien.
- **Humboldt-Universität zu Berlin, Seminar für Südostasienstudien,** www.iaaw.hu-berlin.de/de/region/suedostasien/suedostasien.
- **Ostasiatischer Verein,** www.oav.de. Förderverein für die Wirtschaft, ansässig in Hamburg.

Mit Kindern unterwegs

Da Laos selbst ein sehr kinderreiches Land ist, kommt man mit Kindern generell gut zurecht. Überall begegnen Laoten Kindern mit großer **Aufmerksamkeit und Freundlichkeit,** was manchmal speziell bei blond gelockten Kindern schon etwas übertrieben wirken kann – jeder möchte die blonden Locken einmal anfassen.

Die **Versorgung** für den Nachwuchs ist **gesichert.** Das Angebot an Trockenmilch, Babynahrung und Windeln meist thailändischer und zunehmend chinesischer Herkunft ist gut. Fertige Kindernahrung bekommt man nicht überall.

Oft sind für Kinder weder Eintrittsgelder noch irgendwelche Zuschläge bei

laos122 vl

Besuchsprogrammen zu zahlen. Sie gehören eben einfach dazu. Auch in vielen Hotels ist es möglich, sie **ohne zusätzliche Kosten** mit unterzubringen – allerdings auch ohne Anspruch auf ein eigenes Bett.

Attraktionen für Kinder gibt es in den größeren Städten, in Vientiane speziell ITECC Ocean Park und Minizoo, der öffentliche Spielplatz im Chao Anou Park am Mekong-Ufer oder das Inpeng Restaurant unweit der Freundschaftsbrücke. Mit der Eröffnung weiterer Shopping Malls wächst auch die Zahl einschlägiger Angebote an Spielecken, Game Areas usw.

Maße und Gewichte

Laos nutzt generell das **metrische System.** Dennoch sind ähnlich dem Pfund in Deutschland eine ganze **Reihe traditioneller Maß- und Gewichtseinheiten** in Gebrauch, allen voran für Gold und Silber der *Baat* (etwa 15 g). Sehr gebräuchlich sind als Gewicht für Reis der *Müün* (etwa 12 kg) und als Flächenmaß der *Rai* (40 x 40 Meter oder 1600 m²).

Die folgende **Übersicht** enthält die traditionellen laotischen Maßeinheiten, die auf dem Lande ihre Bedeutung behalten, in Vientiane aber oft nur noch älteren Laoten geläufig sind:

Buddha-Statue am Wat Tham Fai in Pakse

laos116 vl

Gewichte

- **Kaa** = ca. 93,75 mg
- **Feuang** = 2 *kaa* (ca. 1,875 g)
- **Salüng** oder **Bak** = 2 *feuang* (ca. 3,75 g)
- **Baat** = 4 *salüng* (ca. 15 g)
- **Hooi** = 10 *baat* (ca. 150 g)
- **Phan** oder **Sang** = 8 *hooi* (ca. 1200 g)
- **Müün** = 10 *phan* (ca. 12 kg)
- **Haap** = 5 *müün* (ca. 60 kg)

Längenmaße

- **Kabiat** = ca. 5,2 mm
- **Niio** (Fingerbreit) = 4 *kabiat* (ca. 2,08 cm)
- **Kam** (Faustbreit) = 6 *niio* (ca. 12,5 cm)
- **Khüüp** (Fingerspanne) = 2 *kam* (ca. 25 cm)
- **Søøk** (Elle) = 2 *khüüp* (ca. 50 cm)
- **Høøg euk** (Armlang) = 2 *søøk* (ca. 1 m)
- **Waa** (ausgebreitete Arme) = 2 *høøg euk* (ca. 2 m)

Volumen

- **Fai Müü** (Handvoll) = ca. 0,25 l
- **Køøp** (beide Hände zusammen) = 2 *fai müü* (ca. 0,5 l)
- **Khanaan** = 2 *køøp* (ca. 1 l)
- **Book** (Bambussektion) = 4 *khanaan* (ca. 4 l)
- **Thang** = 10 *book* (ca. 40 l)

Nachtleben

Ein Nachtleben im eigentlichen Sinne gibt es in Laos nicht. Dafür ist die Nacht auch viel zu kurz, endet sie doch offiziell mit der **Sperrstunde** um 23:30 Uhr. Doch die keine Feier auslassenden Laoten wären nicht sie selbst, würden sie sich davon beeindrucken lassen. Der Drang nach Unterhaltung ist groß, und die in großer Zahl vorhandenen Tanzdielen, Diskotheken und Karaoke-Bars wollen Umsatz machen. So ist kaum ein Thema über viele Jahre derart in den Medien und Diskussionen präsent, wie der **behördliche Umgang mit Unterhaltungsstätten.** Meist sind es das Überschreiten der Sperrstunde, Alkoholausschank an Minderjährige oder Lärmbelästigung, die zu Strafen oder zeitweiliger Schließung einiger Einrichtungen führen. In der Regel sind sie nach einiger Zeit wieder geöffnet, und das Spiel mit dem Feuer beginnt von vorn …

Manche **Tanzlokale** bieten Live-Musik, die oft als skurriler Mix aus laotischem Lam Vong (einem recht ruhigen Reigentanz), westlichen Hits der 1960- und 1970er Jahre und den neuesten Rennern aus Thailand daherkommt. Das **Getränkeangebot** ist okay und auch nicht überteuert. Viele der eher auf reifere Kundschaft ausgerichteten Einrichtungen bieten neben Getränken auch **Animiermädchen.** In vielen Diskotheken ist die Lautstärke schlicht ohrenbetäubend, und die überwiegend jugendlichen Gäste kommen gruppenweise.

☒ Der Besuch des Nachtmarkts in Luang Prabang steht am Anfang des dortigen Abendprogramms

laos126 vl

Notfall

Ausweisverlust, dringender Notfall

Wird der Reisepass oder Personalausweis im Ausland gestohlen, muss man das **bei der örtlichen Polizei melden.** Darüber hinaus sollte man sich **an die nächste diplomatische Auslandsvertretung seines Landes wenden,** damit man einen Ersatz-Reiseausweis zur Rückkehr ausgestellt bekommt (ohne kommt man nicht an Bord eines Flugzeuges!).

Auch in **dringenden Notfällen,** z.B. medizinischer oder rechtlicher Art, bei der Vermisstensuche, Hilfe bei Todesfällen o.Ä. sind die Auslandsvertretungen bemüht vermittelnd zu helfen.

laos115 vl

Verlust von Kreditkarten

Bei Verlust oder Diebstahl der Kreditkarte sollte man diese **umgehend sperren lassen.** Tipp: Die Notrufnummer mit Kreditkartennummer im Mobiltelefon speichern.

- **Deutscher Sperr-Notruf** für alle Kreditkarten, Tel. 0049-116116, aus dem Ausland Tel. 0049-30-40504050. Sperr-Notruf bietet auch eine kostenlose SperrApp für iOS und Android an.
- Für **österreichische und schweizerische** Kreditkarten (MasterCard, VISA, American Express und Diners Club) gilt, dass man sich vor der Reise die Rufnummer der kartenausstellenden Bank notiert haben sollte.

Geldnot

Wer dringend eine größere Summe Bargeld im Ausland benötigt, kann dies über **www.westernunion.de** regeln und sich das Geld bei der entsprechenden Vertretung von Western Union vor Ort auszahlen lassen. Je nach Höhe der Bargeldauszahlung in Laos wird eine happige Gebühr berechnet, lässt man das Geld per Sofort-Überweisung von seinem deutschen Konto anweisen (ca. 50 € für ca. 1000 €, 160 € für 4000 €). Solche Überweisungen kann man per App von Western Union tätigen, über Online-Banking von seiner eigenen Bank oder durch eine dritte Person von Deutschland aus.

< Das abendliche Elefantenbaden ist eine Attraktion in Tad Lo (Bolaven-Plateau)

Öffnungszeiten

Laotische **staatliche Stellen** haben in der Regel Montag bis Freitag von 8:30 bis 12 und 13 bis 16 Uhr geöffnet. Sonnabends und sonntags ist geschlossen. In der Praxis sollte man in den Büros von Ministerien die angeführten Zeiten stets um 30 Minuten zugunsten der Angestellten reduziert ansetzen; dann hat man gute Chancen, jemanden anzutreffen. Das Laotische Revolutionsmuseum hat die gleiche Öffnungszeit wie staatliche Stellen, ebenso der Triumphbogen (Anousavari), Wat Sisakhet und Wat Ho Pha Keo.

Post und **Banken** öffnen und schließen pünktlich. Auch die **Anlaufstellen für Ausländer** halten sich in der Regel an ihre Öffnungszeiten; da sie etwas von der allgemeinen Arbeitszeit abweichen, hier die wichtigsten:

- **Büro für Ausländerangelegenheiten** *(Immigration Office)*, Mo bis Fr 9–11:30 u. 14–16:30 Uhr.
- **Konsularabteilung im Außenministerium,** Mo bis Fr 9–11 und 14:30–16:30 Uhr.
- **Post,** Mo bis Fr 7:30–11 und 14–17 Uhr, Sa 7:30–11 und 14–16 Uhr.
- **Banken,** Mo bis Fr 8:30–15:30 Uhr. Vorsicht bei thailändischen Banken: Da es in Thailand andere und mehr Feiertage plus zusätzliche *Bank Holidays* gibt, vorher informieren; die Banken haben an diesen Tagen ohne Vorankündigung geschlossen.

Reisebüros haben während der Bürostunden von 8 bis 17 Uhr in der Regel durchgehend geöffnet. Allerdings muss man damit rechnen, in den Mittagsstunden (11.30–14.30 Uhr) nicht immer den richtigen Ansprechpartner zur Verfügung zu haben.

Geschäfte haben meist keine feststehenden Öffnungszeiten. In jüngerer Zeit entstandene Department Stores orientieren sich – wenn staatlich – an der staatlichen Arbeitszeit, wenn privat, am thailändischen Vorbild (9–21 Uhr). Demzufolge haben staatliche Geschäfte auch sonntags geschlossen, private in der Regel nicht. Die bislang nur in Vientiane, dafür dort an fast jeder Ecke zu findenden Läden von M-Point haben täglich von 6 bis 24 Uhr geöffnet.

Orientierung

Adressen sind genauso aufgebaut, wie in Deutschland üblich, d.h. Name, Straße/Postfachnummer und Ort. Postleitzahlen sind bislang nicht in Gebrauch. Da auch keine Postzustellung frei Haus erfolgt, ist die Angabe der Straße eine eher überflüssige Angelegenheit. **Straßennamen** existieren und kommen auch stärker in Mode, z.B. in Stadtplänen. Post kann eigentlich nur bekommen, wer über ein eigenes Postfach verfügt. Viele Laoten geben auch einfach die Adresse ihrer Arbeitsstelle an.

Im Gespräch kommt man zur genauen Fixierung eines Ortes mit dem **Namen des Wohngebietes** viel weiter. Und diese Namen richten sich nach denen der Pagoden. Vorgestellt ist diesen die Bezeichnung *Baan* (Dorf oder eben Wohngebiet). Kaum jemand weiß, wo in Vientiane die Bartolini Road ist, aber Thaat Dam kennt jeder.

Eine einheitliche **Straßenbeschilderung** kennt Laos noch nicht. In größeren Städten bemüht man sich aber verstärkt darum, wobei diese Schilder weiße Schrift auf blauem Grund haben und in laotischer und französischer, manchmal englischer Sprache beschriftet sind. **In Vientiane** hilft bei der Orientierung ein Stadtplan, zumal sich die wenigen großen Straßen und ihr Verlauf sehr schnell einprägen lassen. Außerdem ist das Stadtzentrum sehr klein, und fast alle interessanten Orte sind zu Fuß erreichbar. **Außerhalb von Vientiane** verlässt man sich meist auf seinen Orientierungssinn und die Tatsache, dass wegen der sehr schwach entwickelten Infrastruktur nur selten an Kreuzungen und Einmündungen eine Entscheidungssituation zu meistern ist.

Post

Die laotische Post arbeitet allgemein **zuverlässig.** Dennoch sind natürlich beim Postverkehr mit Europa schon aufgrund des geringen Flugbetriebs zwischen Vientiane und dem Ausland längere Beförderungszeiten einzuplanen.

Hier die **Tarife** für Sendungen nach Europa (Auszug; alles Luftpost):

- **Postkarte:** 25.000 Kip
- **Brief:** unter 20 g 28.000 Kip, 40 g 35.000 Kip, 60 g 40.000 Kip, 100 g 51.000 Kip, 200g 77.000 Kip
- **Päckchen:** 300 g 120.000 Kip, 500 g 172.000 Kip, 1000 g 313.000 Kip
- **Zuschläge:** Einschreiben 27.000 Kip, Eilsendung 34.000 Kip (Briefe) oder 30.000 Kip (Päckchen)

Päckchen und Pakete sind im Normalfall im Beisein eines Zöllners sowohl zu verpacken als auch zu öffnen. Für ein Entgelt kann man auch ordentliche Postpakete kaufen.

Postlagernde Sendungen nach Vientiane sind möglich, aber deutlich mit der Aufschrift „Poste restante“ versehen.

Prostitution

Prostitution ist in Laos **streng verboten.** Einen Straßenstrich oder Rotlichtviertel wie in Thailand gibt es nicht. Dennoch boomt das Gewerbe, das sich speziell an die einheimische Kundschaft richtet. Meist sind es die schon erwähnten Animiermädchen, von denen nach Ende der Tanzveranstaltung einige zu Prostituierten werden. Schnelles, „leicht“ verdientes Geld steht hier oft großen Schwierigkeiten bei der Suche nach einem einträglichen Job gegenüber, wobei neben dem generellen Mangel an Arbeitsplätzen oft auch Bildungsdefizite zu Buche schlagen. Der staatlich festgelegte Mindestlohn liegt bei rund 100 €.

Das Thema **AIDS** ist auch in Laos präsent, und zwar widersprüchlich: einerseits in Form übersteigerter Angst, oft aus Unkenntnis („Ich gehe nicht mal mehr zum Frisör, man kann ja so leicht verletzt werden und AIDS bekommen“), andererseits ist das Kondom als Schutz diskreditiert. Wer beim Mann so etwas erwartet, ist eine Prostituierte, heißt es dann schnell. Und alle wollen doch als anständig gelten.

Steht der Kampf gegen „soziale Übel“ schon generell auf der Liste staatlicher Aktivitäten weit oben, kann es bei **sexuellen Kontakten zu Ausländern** noch zu einer Steigerung kommen. Besonders empfindlich reagieren die Behörden auf „illegales Zusammenleben“, sprich eine längere Beziehung ohne Trauschein. Empfindliche Geldbußen und Ausweisung stehen nicht nur im Strafkatalog, sondern werden auch vollstreckt.

Unterschiedliche **sexuelle Orientierungen** werden in der Gesellschaft weitgehend toleriert, wobei es allerdings auch keine entsprechenden Bewegungen zur Gleichberechtigung oder Gleichstellung gibt.

Reisezeit

Laos ist ein Land mit **Monsunklima.** Das heißt, dass etwa fünf Monate lang, von Mai bis September, mit zum Teil sehr heftigen Regenfällen und außerordentlich hoher Luftfeuchtigkeit zu rechnen ist. Für Besucher aus gemäßigten Breiten ist die **Zeit von November bis Februar am angenehmsten.** Diese Monate sind am ehesten mit einem sonnigen Sommer in Mitteleuropa zu vergleichen, wobei allerdings im Dezember und Januar die Temperaturen am Morgen schon mal unter 10° C sinken können. Doch ist die Luft in dieser Zeit recht trocken, und die Temperaturen sind angenehm. Recht kühl wird es in dieser Zeit allerdings in nördlichen und höher gelegenen Landesteilen.

Die **unangenehmsten Bedingungen** herrschen in Vientiane und den südlichen Landesteilen etwa **von Ende April bis Ende Mai.** Dann können die Temperaturen auf über 40° C steigen, und die Luftfeuchtigkeit liegt über 90%. Wenn dann der Regen einsetzt, werden die Temperaturen, trotz hoher Luftfeuchtigkeit, wieder erträglich.

Noch etwas ist bei der Festlegung des Reisetermins zu berücksichtigen: In der Zeit von Juni bis Oktober verwandeln sich Straßen, die noch nicht asphaltiert sind, in schmierseifenglatte und knietiefe **Schlammtrassen.** Nur geübte Fahrer und geländegängige Fahrzeuge überstehen diese Schlammschlacht. Dann doch lieber den roten Staub der Trockenzeit bis in die letzten Poren und das letzte Ausrüstungsstück dringen lassen.

Was die traditionellen laotischen **Feste** anbelangt, sind die Monate April (laotisches Neujahr), Mai (Raketenfest), August/Septembert (Ruderfest in Luang Prabang), Oktober (Ruderfest in Vientiane) und November (That-Luang-Fest in Vientiane) empfehlenswert (Näheres zu den einzelnen Festen siehe Kapitel „Feste und Feiertage“).

Straßenverkäufer bieten Waren aller Art feil

laos127 vl

Sicherheit und Kriminalität

Insgesamt, so betonen die laotischen Stellen immer wieder, ist die **Sicherheit im Lande gewährleistet.** Besonders in den Bergen allerdings kann es immer wieder einmal zu Schießereien kommen. Was zur Folge hat, dass Touristen zumindest zeitweilig Probleme haben können, in die jeweilige Gegend zu gelangen. Ursache dieser Zwischenfälle ist sind der schon seit Jahrhunderten bekannte Widerwille einiger Bergvölker, sich der Zentralregierung unterzuordnen, und ganz simples Banditentum.

Mit der zunehmenden sozialen Differenzierung einher geht auch eine starke Zunahme der **Kriminalität.** Taschendiebstähle, vor allem „Bag Snatching" aus den Transportkörbchen von Fahr- und Motorrädern, Hauseinbrüche, Klau von Motorrädern (speziell der begehrten Maschinen aus thailändischer Produktion) kommen häufig vor, wobei Fahrzeuge auch an abgelegenen Stellen unter Androhung brutaler **Gewalt** abgepresst werden. Stehen die Täter unter Einfluss von Drogen, ist die Hemmschwelle zur Gewaltanwendung meist sehr niedrig. Auch über Gelegenheitsdiebstähle aus Unterkünften wird immer wieder berichtet.

Es gelten die wohl allgemein üblichen **Regeln:** Geld und Wertsachen nach Möglichkeit im Hotelsafe hinterlegen oder unauffällig am Körper tragen.

Grundsätzlich sind die Laoten sehr hilfsbereit und weisen einen immer wieder darauf hin, sein **Gepäck nicht aus den Augen** zu **lassen.** Selbst Gelegenheitsdiebe wurden von Passanten schon eingefangen und zur Herausgabe der Beute gezwungen. Sollte man Opfer von Diebstahl werden, dann unbedingt auf einem polizeilichen Protokoll bestehen; das hilft bei den Ausreiseformalitäten ebenso wie gegenüber der Versicherung.

Polizeistationen gibt es in allen Wohngebieten. Meist sind sie auch englisch beschriftet. Auf Fremdsprachenkenntnisse bei den Polizisten sollte man allerdings nicht unbedingt hoffen.

Informationen

Aktuelle Reisehinweise zu allen Transitländern neben Hinweisen zur allgemeinen Sicherheitslage erteilen:

- **Deutsches Auswärtiges Amt,** www.auswaertiges-amt.de, Tel. 030-18172000 (auch App „Sicher Reisen" für iOS und Android).
- **Außenministerium Österreich,** www.bmeia.gv.at, für generelle Anfragen Tel. 01-901153775, für dringende Fälle Tel. 01-901154411 (auch „Auslandsservice-App" für iOS, Android und BlackBerry)
- **Eidgenössisches Departement für Auswärtige Angelegenheiten (Schweiz),** www.eda.admin.ch, Tel. 0800-247365 oder 0584653333 (auch „itinerisApp" für iOS und Android).

Sport und Erholung

Betrachtet man nicht schon den Aufenthalt im ruhigen Laos per se als Erholung, so sind die Möglichkeiten der Freizeitgestaltung nicht eben üppig gesät. Meeresstrände fehlen, Infrastruktur und Tourismus-Industrie sind nur gering entwickelt. Wer allerdings Erholung in schöner Natur, in **Ruhe und Abgeschiedenheit** sucht, der kommt auf seine Kosten. Doch auch die **kommerziellen Freizeitangebote** nehmen an Umfang und Qualität ständig zu: Kreuzfahrten auf dem Mekong (von Luang Prabang nach Norden oder im südlichen Siphandone), Tubing (das gemächliche Treiben in Flüssen in oft malerischer Berglandschaft etwa in Vang Vieng oder Muong Ngoi), Kajakfahrten, Bergsteigen inkl. Abseiling, Mountainbiken, Endurotouren, Panoramafahrten im Heißluftballon (Vang Vieng) – die Angebote werden immer umfangreicher und schriller. Natürlich verfügen viele Hotels über eigene Swimmingpools und Fitness Center.

Wird von vielen Laoten das **Baden** in kleinen Bächen und Wasserläufen bevorzugt (mit Picknick), sind vor allem **in den Städten** öffentliche Schwimmbäder, Fitness Center, Fußballplätze (Kleinfeld mit Kunstrasen, Flutlicht und oft auch überdacht) und Badminton-Hallen zu finden. Ein Billardtisch steht noch im kleinsten Dorf. Vor allem Frauen treffen sich abends zum Aerobic, während die einheimische Jogger-Gemeinde lieber die kühlen und verkehrsarmen frühen Morgenstunden nutzt, statt sich nach Feierabend durch aufgeheizte und abgasgeschwängerte Straßen zu quälen.

Unter den Laoten erfreuen sich **Billard** und **Pétanque** (Boule) riesiger Beliebtheit. Die Zahl entsprechender Salons und Spielfelder ist unermesslich. Dabei geht es neben dem Spaß nicht selten auch um nicht unerhebliche Wettbeträge – neben dem Spiel um das nächste Bier eine Gelegenheit, das eigentlich geltende Glücksspielverbot zu umgehen.

Radfahren

Nach langen Jahren, in denen das Radfahren verpönt und Fahrräder durch Krafträder ersetzt wurden, erleben Fahrräder in noblerer Ausführung eine **Renaissance,** indem sie zum sportlichen Hobby der Reicheren avancieren. Damit einher geht eine bessere Kenntnis (im Vergleich zur ursprünglichen Fahrradkultur) der Verkehrsregeln. Ausgenommen hiervon sind allerdings die unzähligen Schulkinder in ländlichen Regionen, die noch vor der ersten Motorisierung stehen. Leider verhalten sich auch Touristen auf dem Tretross oft falsch. Verbreitetster Fehler ist die Fahrt in **Einbahnstraßen** in falscher Richtung. Dabei ist das durchaus erklärlich, denn nicht an jeder Kreuzung findet man Verkehrszeichen, die Einbahnstraßen als solche auch deutlich machen. Dennoch ist Geisterfahren auch in Vientiane nicht ungefährlich. Ein Ausweichen auf Fußwege ist da nicht möglich. Deshalb sollte man stutzig werden, wenn trotz Verkehr niemand in die eigene Richtung fährt.

Radwege sind in Laos gänzlich unbekannt. Dennoch spielt das Fahrrad eine wesentliche Rolle nicht nur als Fortbewegungs-, sondern auch als **Transportmittel.** Zum Teil mit recht abenteuerlichen Aufbauten versehen und mit schweren Anhängern belastet, radeln Händler und Lieferanten durch die Straßen. Solche Gefährte sind nicht nur schwer in Gang zu setzen, sie sind weit schwerer zu steuern und zu bremsen. Also immer Vorsicht walten lassen.

Fahrradausleihe ist in Orten, die viele Touristen frequentieren, kein Problem. Für 2–3 US$ am Tag bekommt man ein thailändisches oder chinesisches Gefährt, in vorbildlichen Ausleihstationen gar mit Gangschaltung.

laos117 vl

Luang Prabang und seine Umgebung ziehen Touristen aus aller Welt an (hier beim Wasserfall Tad Kuang Si)

Sprache

Amtssprache ist Lao, auch als Laotisch bezeichnet. Lao ist auch die Verkehrssprache zwischen den Lao und den vielen Nicht-Lao-Völkern des Landes, nicht zuletzt weil auch die Schulbildung in laotischer Sprache erfolgt. Es dominiert der **Vientianer Dialekt,** der sich gegenüber der Luang Prabanger und der südlaotischen Regionalsprache gewissermaßen als Hochsprache durchgesetzt hat. Auch im Nordosten Thailands wird überwiegend Lao gesprochen, hier als örtlicher Dialekt neben dem offiziellen Thai.

Fremdsprachige Einflüsse entwickelten sich weg von den traditionellen Ableitungen aus dem Französischen hin zu Thai- und englischsprachigen Einwirkungen. So wurde der Apfel bislang in Laos stets nach französischem Vorbild

als *Maak Pom* (von *Pomme*) bezeichnet. Junge Leute können damit nichts mehr anfangen, sie verwenden den dem Englischen entlehnten Thai-Import *Maak Aeppen* (von *Apple*). Manche halten *Maak Falae* (von *fraise,* frz. Erdbeere) und *Maak Satøøbely* (von *strawberry,* engl. Erdbeere) für unterschiedliche Früchte. Für Laoten auf dem Land hat sich die Zahl der Länder der Erde auf wundersame Weise vervielfacht, finden sich doch auch in Veröffentlichungen oft *Pathet Sou-et* (*suède,* frz. Schweden) und *Pathet Sviden (sweden)* einträchtig nebeneinander.

Allgemein sind sich **Thai und Lao** so nahe, dass sich Laoten und Thailänder ganz gut verstehen, wenn jeder in seiner Sprache spricht. Allerdings haben die Laoten mehr Übung im Umgang mit Thai als umgekehrt. Die Schriften dagegen differieren erheblich, wobei die laotische die weit einfachere ist.

Offiziell ist Laos Mitglied der **Frankofonie,** und Frankreich tut eine Menge, um die Verbreitung der französischen Sprache zu fördern. Die heutige Jugend aber lernt **Englisch.** Auch die paar Jahrgänge, die Russisch sprachen, holen Englisch in Abendkursen nach. **Deutsch** ist relativ weit verbreitet, immerhin erhielten über 2000 Laoten in der DDR eine Ausbildung. Auch an der Nationalen Universität wird Deutsch unterrichtet.

Bei dieser Vielfalt an Sprachkenntnissen fällt es zumindest in den Städten leicht, jemanden zu finden, der weiterhelfen kann. Problematischer wird es in Dörfern, wo man ohne zumindest elementare Kenntnisse des Lao nicht zurechtkommt. Einige wichtige **Redewendungen** finden sich im Anhang („Kleine laotische Sprachhilfe").

Darüber hinausgehend seien folgende Publikationen zur laotischen Sprache empfohlen: Als **Sprachführer** und praxisnahe Einführung ins Lao gut geeignet ist „Laotisch – Wort für Wort" von *Klaus Werner* aus der Kauderwelsch-Reihe von Reise Know-How, Bielefeld (auch als Audio-CD erhältlich). In Laos selbst sind einige Schulungsmaterialien und Sprachführer wie „Basic spoken lao", „Lao for Beginners" u.Ä. erhältlich, die allesamt eines nicht aufwiegen können: den direkten Kontakt mit den lebenden Trägern dieser Sprache.

Lao gehört zur **Familie der Thai-Sprachen,** der neben Thai auch Shan und eine Reihe von Sprachen und Dialekten kleinerer Völkerschaften zuzurechnen sind. Durch den Einfluss des Buddhismus gelangte auch eine große Zahl von Pali- und Sanskrit-Wörtern aus dem alten Indien nach Laos, die durch die gleichen Einflüsse auf das Khmer eine nicht vorhandene Verwandtschaft zu dieser Sprache vortäuschen.

Obwohl die Schrift (siehe Kapitel „Schrift und Literatur") dem lateinische Lettern gewohnten Auge sehr kompliziert erscheint, kann man Lao durchaus zu den **leichteren Sprachen der Welt** rechnen. Keine Konjugation oder Deklination machen das Leben schwer. Selbst die Zeitformen sind auf das Einfachste reduziert. Und nach einiger Beschäftigung mit der **Schrift** verliert auch sie ihren Schrecken, handelt es sich doch um eine Buchstabenschrift, die von links nach rechts gelesen wird.

Die große Schwierigkeit der Sprache ist ihre **Tonalität,** das heißt, Worte ergeben je nach der Melodie ihrer Aussprache einen völlig anderen Sinn. In der Regel werden sechs Töne unterschieden, weshalb eine Lautfolge bis zu sechs Bedeutungen haben kann. So bedeutet z.B. *Seeua* je nach Tonlage Hemd, Matratze, Tiger, glauben oder Hefe.

Wie viele asiatischen Sprachen ist Lao eine **Silbensprache:** Jede Silbe für sich hat einen Sinn, und die Kombination einzelner Sinnausdrücke ergibt einen neuen. Zum Beispiel: *lot* = Fahrzeug, *fai* = Feuer, *lot fai* = Eisenbahn (wörtlich Feuerwagen).

Die Worte bleiben immer unverändert. Das macht es selbst dem radebrechenden Ausländer leicht, sich schon mit einem Minimum an Vokabeln verständlich zu machen.

Vor einem sei allerdings gewarnt: In aller Welt verständliche Internationalismen stoßen in Laos auf taube Ohren, wenn sie nicht den **Grundregeln der laotischen Aussprache** angepasst werden, als da wären: keine direkte Aufeinanderfolge von Konsonanten in einer Silbe (meist wird hier ein kurzes „a" eingefügt), kein „s" (wird meist zum „t" und somit der beliebte thailändische Supermarkt Tesco-Lotus zu „Tetko-Lotat") oder „l" (mutiert zum „n", siehe *Maak Aeppen*) am Silbenende. Das „r" existiert zumindest im offiziellen Lao überhaupt nicht und findet sich deshalb als „l" wieder, so zum Beispiel in dem schönen Wort „Solly" *(sorry)*. Die Endung „er" dagegen gerät zum „ooe" (*kom-pu-tooe* = Computer). Einige dieser Grundregeln finden sich dann in einem einzigen Wort verewigt, das dann jede Ähnlichkeit zum Ursprung verliert. Wer kommt schon auf den Gedanken, hinter „Sapaleit" eine Flasche Sprite zu vermuten.

Telefonieren

In Laos streiten sich **vier Telekommunikationsfirmen** (drei mit unterschiedlich großen staatlichen Beteiligungen) um einen erstaunlich großen Markt, denn nach Erhebungen sind mehr SIM-Karten im Gebrauch als das Land Einwohner hat. Das hat vor allem damit zu tun, dass nicht alle Netze überall eine gleich gute Verbindung garantieren.

Das **eigene Mobiltelefon** lässt sich auch in Laos nutzen, doch das kann wegen der internationalen **Roaminggebühren** ganz schön ins Geld gehen, erst recht bei Nutzung von Smartphone-Datapacks. Kosten minimieren kann

laos121 vl

[>] Der Roller, ein Sinnbild laotischer Mobilität

man am besten, wenn man sich auf SMS beschränkt (der Empfang ist i.d.R. kostenfrei), über eine kostenlose WLAN-Verbindung E-Mails schreibt, Skype bzw. Facetime zum Telefonieren nutzt oder auch WhatsApp und andere kostenlose Bericht-Apps zur Kommunikation bevorzugt.

Falls das Mobiltelefon SIM-lock-frei ist, d.h. keine Sperrung anderer Provider vorhanden ist, und man in Laos viele Gespäche führen muss, kann man sich eine örtliche **Prepaid-SIM-Karte** besorgen. Trotz mehrerer Versuche einer Registrierungspflicht sind Prepaid-SIM-Karten weiter leicht erhältlich und auch billig.

Aus Deutschland lautet die **Landesvorwahl** im Selbstwählverkehr **00856.** Die wichtigsten Städte sind unter folgenden **Area Codes** zu erreichen: Vientiane 21, Luang Prabang 71, Savannakhet 41, Pakse 31, Paksan 54, Thakhek 51. Bei Ferngesprächen innerhalb von Laos kommt jeweils eine 0 vor die Vorwahl. Die für alle Netze gültige Einwahl ins Mobilfunknetz lautet 020, für als Ersatz von Festanschlüssen gedachte Tischapparate 030. Bei Gesprächen zwischen den verschiedenen Mobilfunknetzen ist die Vorwahl 020 nicht nötig.

Übrigens: Seit Smartphones die Internet-Cafés obsolet gemacht haben, erleben diese meist ein Umwidmung in Büros für Online-Wetten, speziell im Sportbereich, sowie Online-Spiele. Generell sind die **Internet-Verbindungen** der Standards 3G oder 4G schnell und zuverlässig. Viele Restaurants und Übernachtungsbetriebe bieten WLAN/WiFi kostenlos an, doch sind die oft zu schwachen Router das Nadelöhr für hohen Datendurchsatz.

Unterkunft

Akzeptable Unterkünfte findet man in allen Provinzhauptstädten, in Distriktzentren und natürlich den Tourismushochburgen. Dabei unterscheidet man in Laos zwischen Hotel, Gästehaus und Resort. Die Kategorisierung von **Hotels** und **Gästehäusern** *(Guest House)* ist eine mathematische Angelegenheit, die die Grenze bei 15 Zimmern zieht. So kann man luxuriös ausgestattete Gästehäuser ebenso finden wie spartanische Hotels. **Resorts** dagegen sind meist Bungalow-Anlagen in der Natur. In jüngerer Zeit werden in den großen Städten verstärkt Mietwohnungen gebaut, wobei das Angebot von „serviced apartments" in Ermangelung von Langzeitmietern manchmal von einen Hotel kaum zu unterscheiden ist. Die Mehrzahl der Gästehäuser sind kleine Familienunternehmen, große Hotelanlagen mit über hundert Zimmern gibt es bislang nicht.

Zur **Normalausstattung einfacher Unterkünfte** gehören Trinkwasser, Bettlaken, Decke, Handtuch, Seife und Toilettenpapier. Fehlt etwas davon, wird der Mangel meist gleich auf Nachfrage abgestellt. Vielerort gehört kostenloser Internetzugang (WLAN/WiFi) zum Standard, wobei die Verbindung oft nicht sehr schnell ist.

Die **Preise** schwanken saisonal erheblich, mit den Monaten Mai bis September als *low season.* Manche Einrichtungen vermieten Zimmer auch stundenweise, was für Unruhe sorgen kann. Hotels haben das Recht, ihre Preise in ausländischer Währung (meist US$ und/oder Thai-Baht) auszuzeichnen.

Einteilung der Unterkünfte

■ **Budget und Low Budget:** Hotels unter 20 € sind nicht leicht zu finden und weisen in der Regel deutliche Mängel bei Ausstattung und Service auf. Deshalb ist in dieser Preisklasse **Gästehäusern** deutlich der Vorrang einzuräumen. Diese sind definiert als Übernachtungseinrichtung mit bis zu 15 Zimmern und lassen sich generell ähnlich wie Hotels kategorisieren, wobei vor allem in den Touristenhochburgen oder in exklusiven Lagen die oberen Kategorien anzutreffen sind. Offiziell ist dieser Geschäftssektor Laoten vorbehalten, doch wird man speziell im Norden viele Häuser finden, in denen der laotische Besitzer allenfalls seinen Namen zur Verfügung stellt; ansonsten sollte man besser chinesisch sprechen.

■ **Tourist Class:** 20–50 €. Noch weiter verbreitet und meist mit akzeptabler Ausstattung, dabei oft mit Nachlässigkeiten im Service. Regional starke Unterschiede erklären sich oft durch fehlende Konkurrenz. Nicht selten ist man in gut geführten Gästehäusern besser untergebracht.

■ **First Class:** 50–150 €. Ebenfalls vor allem in größeren Städten anzutreffen, neben Vientiane und Luang Prabang auch in Pakse, Savannakhet, Phonsavan, Thakhek, zunehmend auch in Tourismusorten wie Vang Vieng und Champasak. Zum Standard gehören Bad mit Warmwasser, Klimaanlage/AC, Fernseher (meist lokales Kabel, das oft auch Deutsche Welle anbietet, weiter entfernt Satellitenempfänger mit überwiegend thailändischen, chinesischen und/ oder vietnamesischen Programmen), Kühlschrank. Einige Häuser haben eigene Swimming Pools.

■ **Luxus:** Ab etwa 150 € und nach oben offen. Dieses Segment ist bislang weitgehend den großen Städten vorbehalten mit deutlicher Konzentration auf Vientiane und Luang Prabang. Oft bietet die Hotels neben Restaurant(s) auch Swimmingpool, Gym, Business Center sowie Sauna/Massage.

Verkehrsmittel

Stadtverkehr

Nur in Vientiane verkehren Stadtbusse. Ansonsten besteht das öffentliche Verkehrswesen in den Städten aus **Taxis, Tuk-Tuks** und **Chum Boos** (jeweils Motorradrikschas; Chum Boo ist übrigens die laotische Abwandlung des allbekannten Wortes *Jumbo*) sowie den inzwischen vom Aussteerben bedrohten **Saam Løøs** (Fahrradrikscha). In jüngerer Zeit sind Kleinlaster mit zwei Sitzreichen längs zur Fahrtrichtung verstärkt anzutreffen; diese **Songthaeos** kommen überwiegend im Vorortverkehr zum Einsatz. Auf jeden Fall die Preise vor Fahrtantritt aushandeln. Eine Fahrt in der Vientianer Innenstadt sollte nicht mehr als 20.000 Kip kosten. Für ein Taxi vom Flugplatz zu einem Stadthotel werden 10 US$ fällig. Alle 30 Minuten fährt von der Grenzstation Tha Deua ein Bus (1500 Kip) zum Busbahnhof am Sao-Markt.

Fernbusse

Busverbindungen über Land bestehen von der Hauptstadt zu nahezu allen nennenswerten Provinzhauptstädten sowie in die meisten Tourismusorte. Die **Busbahnhöfe** liegen meist außerhalb der Städte, was die Anfahrt per Taxi oder Tuk-Tuk erfordert. Das wird oft auch vom Gästehaus geregelt. Zu beliebten Travellerzielen organisieren spezialisierte Reisebüros auch die Abfahrt direkt ab der Unterkunft.

Bei Überlandbussen gibt es verschiedene Kategorien, wobei der **Normalbus** nicht nur spärlich ausgestattet ist, sondern darüber hinaus an jedem Flecken hält. **Express- und VIP-Busse** sind deutlich schneller unterwegs und warten mit ordentlichen Sitzen und meist Fernseher im Bus auf, wobei Film und Musik auch leicht zur Belästigung werden können. Auf den langen Strecken sind auch **Schlafwagen** *(sleeping bus)* unterwegs, in denen sich zwei Personen eine Schlafkoje teilen. Nicht jeder wird allerdings auf den kurvenreichen Strecken vor allem in den Norden Schlaf finden. Andererseits zeigt dieses Angebot, dass auf langen Strecken oft die Nachtzeit bevorzugt wird; dann ist weniger Verkehr, und es ist auch nicht so heiß wie tagsüber.

Speed Boat auf dem Mekong

Schiffe/Boote

Die **Flussschifffahrt** ist insgesamt recht unzuverlässig und abhängig vom Wasserstand, auf jeden Fall aber eine exotische Angelegenheit. Neben einigen dezidiert touristischen Angeboten speziell zwischen Luang Prabang und Houaysai sowie zwischen Pakse und Siphandone bieten auf den am meisten frequentierten Strecken (z.B. Houaysai – Luang Prabang) auch **Slow Boats** und **Speed Boats** ihre Dienste an. Von Speed-Booten sei abgeraten, denn nicht nur die hohe Geschwindigkeit birgt Gefahren, sondern oft beeinträchtigt auch die Lautstärke des Motors den Reisespaß. Auf den weniger befahrenen Strecken (z.B. Luang Prabang – Vientiane) nehmen auch einige Frachtschiffe Passagiere mit. Dabei ist gut beraten, wer neben seinem Gepäck auch etwas Reiseproviant dabeihat.

laos112 vl

Inlandsflüge

Von Vientiane gelangt man direkt in die meisten Provinzstädte. Tägliche Verbindungen hat **Lao Airlines** (www.laoairlines.com) nach Luang Prabang, Pakse, Savannakhet, Xieng Khouang und Luang Namtha, zudem nach Attopeu und Oudomsay. Konkurrenz macht **Lao Skyway** (www.laoskyway.com), deren Flieger auch Houaysai sowie die kleinen Flugplätze in Phongsaly und Houaphan ansteuern (mit Cessna-Maschinen). Ansonsten kommen bei Lao Airlines ATR- und bei Lao Skyway auch chinesische MA-60-Maschinen zum Einsatz.

Mietwagen

Wer sich nicht auf Busse, Taxis, Tuk-Tuks und Chum Boos verlassen möchte, kann sich selbst hinters Steuer wagen. Mietwagen gibt es in wachsendem Maße für Preise **ab 50 US$ pro Tag.** Bei Vertragsabschluss unbedingt auf die Versicherungsmodalitäten achten! Auch Arrangements mit Fahrer sind möglich. Gefahren werden kann mit einem Internationalen Führerschein bis zu einem

Zeitraum von sechs Wochen. Für eine längere Dauer ist der Umtausch in einen laotischen nationalen Führerschein vorgeschrieben. In der Praxis tun dies aber nur die Mitarbeiter von Botschaften und (internationalen) Organisationen.

Bei **Motorrädern** (8–10 US$ pro Tag) kann es zu Überraschungen kommen, da in einigen Orten zu mancher Zeit der Verleih an Touristen untersagt wird, um die Verkehrssicherheit zu erhöhen.

Voraussetzung für die Miete eines Fahrzeugs ist die Vorlage eines Führerscheins. Manche Verleiher behalten den Reisepass als Sicherheit ein. Unbedingt nach dem **Versicherungsschutz** erkundigen, da er nicht bei allen Vermietern zum Standard gehört. Sicherer aufgehoben ist man bei den inzwischen auch in Laos anzutreffenden internationalen Autovermietungen wie Avis oder Europcar, die die gängigen Bedingungen stellen und auch Fahrzeuge mit Fahrer im Angebot haben.

laos123 vl

Verhaltenstipps

Die Laoten sind ein **geselliges, offenes, freundliches und hilfsbereites Volk.** Hier ist die Freundlichkeit noch nicht Teil touristischen Kalküls.

Tief in der buddhistischen Tradition verwurzelt ist das **Spenden für die Mönche.** Morgens begeben sich meist die Frauen an den Straßenrand und warten in schwatzender Runde auf die aus den Pagoden kommenden Mönche. Die Spenden werden von den Mönchen als Selbstverständlichkeit entgegengenommen. So ist auch das Verhalten zu allen Arten von Geschenken. Meist ist der Europäer verwundert über die nur wenig gezeigte Freude oder Dankbarkeit. Doch getreu dem Lebens- und Glaubensprinzip „Het Boun Dai Boun" muss eigentlich der Schenkende dankbar sein, dass sein Geschenk und damit seine gute Tat akzeptiert wurde.

Eingebettet in buddhistische Tradition haben sich einige **besondere Umgangsformen** entwickelt. Laoten grüßen mit „sabai dii" (wörtlich: Es geht gut) und legen dabei die Hände zum **Wai** gefaltet vor Brust oder Kopf. Je höher der Wai, desto höher die Ehrbezeugung. Hebt man die Hände allerdings zu hoch, schon fast über Stirnhöhe hinaus, erhält der Gruß schnell seine gegenteilige Bedeutung, etwa wie „Ich würde Dich lieber von hinten sehen". Allerdings haben

‹ Schuhe bleiben draußen beim Besuch einer Pagode

moderne Entwicklungen diese Tradition vor allem in Vientiane stark zurückgedrängt. Der **Handschlag** ist hier – besonders unter Männern – schon fast allgemein üblich, bei Frauen noch nicht so sehr. Grundsätzlich gilt: Nicht aufdrängen, sondern die Reaktion des Gegenübers abwarten.

Etwas ungewohnt ist, dass Personen, die vor einem Sitzenden vorbeigehen, **in der Hüfte abknicken.** Es handelt sich um eine einfache Höflichkeitsbezeugung, die einem besonders von Frauen und Mädchen entgegengebracht wird. Hintergrund dafür ist, dass der Kopf eines Untergebenen nicht höher sein darf als der des Höhergestellten. Zwar steht die Gleichberechtigung von Mann und Frau auch in Laos in der Verfassung, doch gilt der Mann weiter als Familienoberhaupt, dem Frau und Kinder Respekt zollen.

Sitzt man auf dem Fußboden, so sitzen Männer im **Schneidersitz,** Frauen mit untergeschlagenen Beinen. Auf keinen Fall sollten die Füße, der unterste und damit unedelste Körperteil, in Richtung eines Menschen zeigen. Berührungen mit den Füßen sind schon beleidigend und erfordern unbedingte Entschuldigung. Ganz besonders wichtig sind diese Regeln bei Zeremonien unter Anwesenheit von Mönchen. Nicht nur **Kopfhöhe und Fußrichtung** sind dann zu beachten. Man soll ihnen auch niemals den Rücken zuwenden.

Im Gegensatz zu den Füßen steht der **Kopf** in besonderer Gunst, denn hier ist das Karma, die Seele, zu Hause. Deshalb ist es schon fast frevelhaft, beispielsweise Kindern über den Kopf zu streichen, denn das könnte ihr Karma ungünstig beeinflussen.

„Ordentliche" Kleidung bedeckt die Beine. Kurze Hosen und Röcke mögen angesichts der Hitze vorteilhaft sein, sind aber bei Zeremonien und in Pagoden unangebracht.

Zum **Fotografieren** ist es stets besser, die Zustimmung des oder der Betroffenen einzuholen. Wem „Thaai huup dai bøø?" zu kompliziert ist, einfache Zeichensprache tut es auch. Sind Kinder das Motiv, kommt es vor, dass sie „Ka Nom" (Süßigkeiten) einfordern.

Hat man dennoch etwas falsch gemacht oder versehentlich jemanden angerempelt, für die Laoten ist alles „bøø pen nyang" – macht nichts. Eine **Entschuldigung** ist aber immer angebracht und heißt auf laotisch „khøø thoot" (wörtlich: Ich bitte um Bestrafung).

Wildes Herumgestikulieren mit Händen und Füßen ist den Laoten fremd. Ihre **Gesten** sind den unseren ähnlich, allerdings meist dezenter vorgebracht. Herangewinkt wird jemand jedoch mit nach unten gekehrter Handfläche.

Völlig das Gesicht verliert, wer seinen Unmut durch **laute Äußerungen** oder gar schreiend zum Ausdruck bringt. Über solche „Brüller" macht man sich in Laos hinter deren Rücken lustig, Respekt kann der „Brüllaffe" nicht erwarten.

Ebenfalls mit der Wahrung des Gesichts hängt zusammen, dass den Laoten ein **klares Nein ziemlich fremd** ist. Jede Bitte oder jeder Vorschlag wird angenommen. Was nicht geht, wird ausgesessen. Mit fortlaufender Zeit erledigen sich eben viele Dinge von selbst oder geraten in Vergessenheit.

Versicherungen

Egal welche Versicherungen man abschließt, für alle sollte man die **Notfallnummern notieren** und mit der Policenummer gut aufheben! Bei Eintreten eines Notfalles sollte die Versicherungsgesellschaft sofort verständigt werden! Dies gilt auch bei einem Schadensfall im Urlaub, der durch die reguläre Haftpflicht- sowie Unfallversicherung daheim abgedeckt wird, wenn man den Schaden direkt vom Urlaubsort meldet.

Der **Abschluss einer Jahresversicherung** ist in der Regel kostengünstiger als mehrere Einzelversicherungen für jede Reise. Günstiger ist auch die Versicherung als Familie statt als Einzelpersonen; hier sollte man nur die Definition von „Familie" genau prüfen.

Grundsätzlich gilt überdies, dass **Versicherungspakete oft teuer** sind und Versicherungen enthalten, die man nie benötigt. Man sollte aber in jedem Fall existenzielle Risiken absichern, und dazu gehört an erster Stelle die Auslandskrankenversicherung.

Auslandskrankenversicherung

Die Kosten für ärztliche Behandlungen in Laos werden von den gesetzlichen Krankenversicherungen in Deutschland und Österreich nicht übernommen, daher ist der **Abschluss** einer privaten Auslandskrankenversicherung **unverzichtbar.** Privatversicherte (u.a. Schweizer) sollten prüfen, ob ihre private Krankenversicherung die vollständige Auslandsdeckung auch in Laos garantiert.

Man sollte eine private Auslandskrankenversicherung abschließen, die folgende **Leistungen** enthält: Vergütung der Arzt-, Zahnarzt- und Krankenhauskosten ohne Summenbeschränkung; Deckung bei Krankheit und Unfall; Vergütung von Krankentransporten, Rettungungskosten und Krankenrücktransport ohne Einschränkungen; Abdeckung der gesamten Aufenthaltsdauer mit automatischer Verlängerung über die festgelegte Zeit hinaus, wenn die Rückreise nicht möglich ist (durch Krankheit oder Unfall); eventuell auch Abdeckung der Reise- und Unterkunftskosten von Familienangehörigen, wenn diese zur Betreuung anreisen.

Jahresverträge bieten sich insbesondere an, wenn man häufig spontan ins Ausland fährt. Hier sollte man jedoch darauf achten, dass der Versicherungsschutz meist nur für eine bestimmte Anzahl von Tagen pro Reise gilt.

Zur **Erstattung der Kosten** benötigt man ausführliche Quittungen (mit Datum, Namen, Bericht über Art und Umfang der Behandlung, Kosten der Behandlung und Medikamente). Im Ernstfall immer alles schriftlich geben lassen und wenn möglich nicht nur in laotischer Sprache. In Vientiane ist dies kein Problem, da viele Ärzte englisch und manche sogar deutsch sprechen. Problematischer wird es mit der Verständigung, wenn man in der Provinz auf medizinische Hilfe angewiesen ist.

> Im Stadtverkehr sind viele Tuk-Tuks anzutreffen

Andere Versicherungen

Ob es sich lohnt, eine Reiserücktritts-, Reiseabbruch-, Reisegepäck-, Reisehaftpflicht- oder Reiseunfallversicherung abzuschließen, ist **individuell abzuklären.** Gerade diese Versicherungen enthalten viele Ausschlussklauseln, sodass sie nicht immer Sinn machen.

Die **Reiserücktrittsversicherung** ist nur sinnvoll bei teuren Reisen und für den Fall, dass man vor der Abreise einen schweren Unfall hat, erkrankt oder schwanger wird, gekündigt wird oder nach Arbeitslosigkeit einen neuen Arbeitsplatz bekommt, die Wohnung abgebrannt ist u.Ä. Krieg, Unruhen, Streik etc. gelten hingegen nicht.

Die **Reisegepäckversicherung** lohnt sich selten, da z.B. bei Flugreisen verlorenes Gepäck oft nur nach Kilopreis und auch sonst nur der Zeitwert nach Vorlage der Rechnung ersetzt wird. Wurde eine Wertsache nicht im Safe aufbewahrt, gibt es bei Diebstahl auch keinen Ersatz. Kameraausrüstung und Laptop dürfen beim Flug nicht als Gepäck aufgegeben worden sein. Gepäck im unbeaufsichtigt abgestellten Fahrzeug ist ebenfalls nicht versichert. Die Liste ist endlos. Überdies deckt häufig die Hausratsversicherung Einbruch, Raub und Beschädigung von Eigentum auch im Ausland ab. Für den Fall, dass etwas passiert ist, muss der Versicherung als Schadensnachweis ein Polizeiprotokoll vorgelegt werden.

Eine **Privathaftpflichtversicherung** hat man in der Regel schon. Hat man eine **Unfallversicherung,** sollte man prüfen, ob diese im Falle plötzlicher Arbeitsunfähigkeit aufgrund eines Unfalls im Urlaub zahlt.

Durch manche **Kreditkarten** oder die Mitgliedschaft in einem **Automobilclub** ist man für bestimmte Fälle schon versichert. Die Versicherung über die Kreditkarte gilt jedoch meist nur für den Karteninhaber.

laos120 vl

Zeit

Uhrzeit

Laos liegt in einer Zeitzone mit Thailand, Vietnam und Kambodscha und ist der mitteleuropäischen Zeit **sechs Stunden voraus,** in der Sommerzeit nur fünf Stunden. Wenn es also im Winter in Berlin 6 Uhr morgens ist, schlägt es in Vientiane bereits 12.

Tage, Monate und Jahre – die laotische Zeitrechnung

An Kalendern ist die Auswahl in Laos wahrhaft reichhaltig. Offiziell richtet sich das Land seit es französische Kolonie wurde nach dem international üblichen **gregorianischen Kalender.** Doch ist gerade in Laos nichts so stark wie Traditionen, noch dazu, wo Kalender auf das Engste mit Astrologie und Aberglauben verknüpft sind.

Vor allem anderen sei gesagt, dass auch das traditionelle laotische Jahr sich nach der Sonne richtet und nicht dem Mond folgt. Dieser hat allenfalls Einfluss auf die Monate. Womit die Besonderheit des laotischen Kalenders benannt wäre: Das Jahr richtet sich nach der **Sonne** und hat 365, in Schaltjahren 366 Tage; der **Mond** aber bestimmt die Monate, von denen es zwölf und manchmal 13 im Jahr gibt. Der erste laotische Monat beginnt Mitte November. Dieses Datum wird aber nur bei den Hmong und Yao als Neujahrfest begangen. Das laotische neue Jahr beginnt an dem Tag, an dem die Sonne vom Tiersternbild Fisch zu Widder wechselt. Nach dem gregorianischen Kalender ist dies der 13. April, seltener der 14. April. Zu dieser Zeit zählt man schon den fünften oder gar sechsten laotischen Monat.

Damit nicht genug der Verwirrung, gibt es doch im buddhistischen Laos allein **vier gebräuchliche Arten, die Jahre zu zählen.** Zunächst wäre da die uns bekannte christliche Ära. Mit der sollen auch die anderen Zählweisen verglichen werden.

Die buddhistische Ära (**Buddhasakkarath**) beginnt mit Buddhas Geburt 543 vor Christus. 2017 zählten die Buddhisten also bereits das Jahr 2560. Seit 1913 ist diese Weise der Jahreszählung in Thailand offiziell in Gebrauch. In Laos dagegen sind es vor allem buddhistische Mönche, die die Jahreszahl auf Buddhas Geburt zurückführen.

In alten Schriften kommt oft die Zählweise nach **Mahasakkarath,** der Großen Ära, vor. Hier begann die Jahreszählung im Jahr 78 nach Christi Geburt. Für 2017 zählt Mahasakkarath also erst das Jahr 1939.

Am verbreitetsten in Laos war jedoch **Tjunlasakkarath,** die Kleine Ära. Sie begann im Jahr 638 nach Christus, zählte also 2017 erst das Jahr 1379. Diese Art der Jahreszählung ist auch heute noch ausschlaggebend für die genaue Bestimmung des laotischen neuen Jahres, wobei der Übergang vom alten ins neue Jahr drei oder vier Tage dauert. Aber mehr als das. Nach der Kleinen Ära setzen Astrologen alle möglichen Daten fest, vom günstigsten Termin für den Hausbau oder die Heirat bis hin zum Zeitpunkt der Eröffnung der Freundschaftsbrücke über den Mekong um genau 10.05 Uhr.

Die Jahre werden zu **Zyklen** zusammengefasst, in einen zehnjährigen und einen zwölfjährigen Zyklus, der denen der chinesischen Tierzeichen gleicht. Aus beiden gemeinsam ergibt sich ein voller Zyklus von 60 Jahren.

Am Tag gibt es zum Glück nichts zu rütteln. Er hat auch in Laos die vertrauten 24 Stunden, die allerdings peinlich genau in die verschiedenen **Tageszeiten** geteilt sind:

- **morgens** (6–11 Uhr) – *Tøøn Sao*
- **vormittags** (11–12 Uhr) – *Tøøn Thiang*
- **mittags** (12–16 Uhr) – *Tøøn Baai*
- **nachmittags** (16–19 Uhr) – *Tøøn Laaeng*
- **abends** (19–22 Uhr) – *Tøøn Kham*
- **nachts** (22–24 Uhr) – *Tøøn Deuk*
- **nachts** (24–6 Uhr) – *Tøøn Kheeun*

Dies soll ausreichen, denn die älteren Laoten kennen noch ein paar Tageszeiten mehr.

Auch die **Woche** hat glücklicherweise sieben Tage. Bei den Lao Theung allerdings sind auch die Tage noch nach Zyklen unterteilt. Dabei existieren zwei Zyklen: *Maae Meeu* (Mutter der Tage) hat zehn Tage, *Luuk Meeu* (Kind der Tage) zwölf. Der 12-Tage-Zyklus ist dabei mit dem der Tierzeichen der Jahreszyklen identisch. Die Kombination beider ergibt einen Tageszyklus von 60 Tagen, der dem Jahreszyklus gleicht.

Die **Monate** tanzen nun allerdings erheblich aus der Reihe. Da sie sich nach dem **Mond** richten, hat jeder der ursprünglich zwölf Monate 30 (gerader oder voller Monat, *Deeuan Tem*) oder 29 Tage (ungerader oder verkürzter Monat, *Deeuan Jut*). In Schaltjahren macht der siebte Monat eine Ausnahme und bringt es auf 30 Tage. Nun ergibt die Summe aus den zwölf Monaten nur 354 Tage, elf zu wenig, um mit dem Sonnenjahr im Einklang zu bleiben. Als Ausgleich wird nach astronomischen Berechnungen von Zeit zu Zeit ein **dreizehnter Monat** eingeführt, der zwischen den siebten und achten Monat fällt, wie alle geraden Monate 30 Tage hat und „Zweiter achter Monat“ heißt. Um die Verwirrung komplett zu machen, fällt der Beginn des ersten laotischen Monats in unseren November/Dezember, das neue Jahr beginnt allerdings im fünften oder sechsten laotischen Monat, unserem April. Hinzu kommt, dass die Monate auch noch nach **Mondphasen** eingeteilt sind, die für erfolgreiche Unternehmungen aller Art besondere Bedeutung haben. Diese *Wan Sin* genannten Tage fallen auf den Vollmond *(Deeuan Pheng)* und den Neumond *(Deeuan Dap)*. Dazwischen liegt in der Mitte des zunehmenden Mondes *(Deeuan Kheun)* und in der Mitte des abnehmenden Mondes *(Deeuane Haaem)* jeweils zu Halbmond ein kleiner *Wan Sin*.

Aus all diesen verschiedenen Zählweisen und Zyklen setzt sich nun der **Kalender** zusammen, dessen Berechnung ein kompliziertes System mathematischer und astronomischer Operationen ist. Alles in allem also eine Wissenschaft für sich, die dem Eingeweihten aber auch ermöglicht, aus alten Überlieferungen stammende Daten sehr genau zu fixieren.

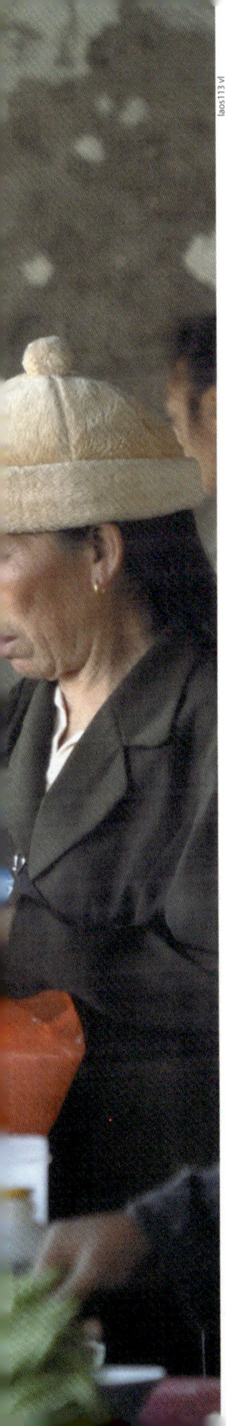

laos113 vl

5

Land und Leute

Phongsaly: Marktbesuch im hohen Norden

Geografie

Laos liegt **im Zentrum Indochinas ohne Zugang zum Meer** und wird umgeben von China im Norden, Vietnam im Osten, Kambodscha im Süden, Thailand im Westen und Myanmar (Burma) im Nordwesten. In Nord-Süd-Richtung erstreckt sich das Land über fast 1000 Kilometer und misst in Ost-West-Richtung zwischen 200 und 400 Kilometer. Seine lang gestreckte Form verläuft etwa von Nord-Nordwest nach Süd-Südost. Insgesamt nimmt Laos eine Fläche von **236.800 km²** ein, was in etwa der Ausdehnung der alten Bundesrepublik Deutschland entspricht.

laos114 vl

Das Land besteht **zu mehr als drei Vierteln** aus **Gebirgen und Hochebenen,** deren höchster Berg, der **Phou Bia,** 2820 Meter über den Meeresspiegel aufragt. Bekannteste Hochebenen sind die **Ebene der Tonkrüge** (Provinzen Xieng Khouang und Houaphan) und das **Bolaven-Plateau** in Südlaos. Nach Osten wird Laos durch die Annamitischen Kordilleren von Vietnam getrennt. Die Bergkette schützt das Land auch vor den in Vietnam häufig auftretenden Taifunen. Andererseits erschwert das Gebirge den Zugang zum Meer. Gebirge versperren ebenfalls den Zugang nach China und Myanmar. Nach Kambodscha verhindern Wasserfälle die Schifffahrt.

Mit Abstand längster Fluss ist der **Mekong,** an dessen Gesamtlänge von 4100 Kilometern der laotische Anteil 1865 Kilometer beträgt. Davon wiederum stellt der Fluss auf 1500 Kilometern Länge die Grenze zu Thailand dar. Von den vielen energiereichen Nebenflüssen des Mekong ist der **Nam Ou** mit 448 Kilometern der längste.

In den **Tiefebenen** des Landes entlang dem Mekong konzentriert sich der größte Teil der Bevölkerung wie auch der **Landwirtschaft.** Besondere Bedeutung als „Reisschalen" des Landes haben die Vientianer Ebene, die Ebene von Savannakhet und die Gebiete westlich des Mekong im Landessüden (Champasak).

Laos ist reich an **Bodenschätzen,** die in zunehmendem Maße erforscht und erschlossen werden.

Elefantenreiten um Tad Lo

Klima

Verglichen mit anderen südostasiatischen Ländern bietet Laos wohl das **für Europäer angenehmste Klima.** Schwülheiße Tage und Nächte wie in Phnom Penh oder Ho Chi Minh City sind ebenso selten wie die nasskalten Januartage Hanois oder verheerenden Taifune Zentralvietnams. Laos hat von allem ein wenig, und das stets in erträglichem Maße.

Da Laos in der **tropischen Monsun-Zone** liegt, bestimmen diese Winde weitgehend das Klima und lassen zwei Jahreszeiten entstehen: die vom feuchtwarmen Südwest-Monsun hervorgerufene **Regenzeit (Mai bis Oktober)** und die vom trockenen Nordost-Monsun bestimmte **Trockenzeit;** die Laoten selbst teilen die Trockenzeit noch einmal in eine kalte (November bis Januar) und heiße (Februar bis April). Hinzu kommen große regionale Klima-Unterschiede sowohl bei Temperaturen als auch bei Niederschlägen, hervorgerufen vor allem durch unterschiedliche Höhenlagen einzelner Landesteile.

Wie der Name schon sagt, fallen die meisten **Niederschläge** in der Regenzeit. Das bedeutet aber für die Hauptstadt Vientiane und die Mekong-Ebene keineswegs, dass nun Tag für Tag und pausenlos Regen herniederprasselt. Kennzeichnend ist beispielsweise für Vientiane eine durchgängig hohe Luftfeuchtigkeit, starke Gewitter zu Beginn und zum Ende der Regenzeit und ansonsten ein steter Wechsel von kräftigen Tropengüssen und Sonnenschein. Im April können sogar heftige Hagelschauer niedergehen. Allenfalls wenn Vietnam oder

Geografie in Daten

- **Nördlichster Punkt:** 22°30′ n.B. (Provinz Phongsaly)
- **Südlichster Punkt:** 14°12′ n.B. (Provinz Champasak)
- **Östlichster Punkt:** 107°38′ ö.L. (Provinz Attopeu)
- **Westlichster Punkt:** 100°06′ ö.L. (Provinz Bokeo)

- **Fläche:** 236.800 km², davon ca. 20% Ebenen, ca. 20% Hochebenen und ca. 60% Gebirge

- **Kulturfläche:** 700.000 ha, davon 600.000 ha für den Anbau von Reis

Grenzen

- mit Vietnam: 1957 km
- mit Thailand: 1730 km
- mit Kambodscha: 492 km
- mit China: 416 km
- mit Myanmar: 230 km

Längste Flüsse

- **Mekong** (in Laos): 1865 km
- Nam Ou: 448 km
- Nam Ngoum: 354 km
- Sebanghieng: 338 km
- Sekong: 320 km

Höchste Berge

- **Phou Bia:** 2820 m (Provinz Xieng Khouang)
- Phou Sao: 2690 m (Provinz Xieng Khouang)
- Phou Sam Soun: 2620 m (Provinz Xieng Khouang)
- Phou Houat: 2452 m (Provinz Houaphan)
- Phou Soy: 2257 m (Provinz Luang Prabang)

Klima

min. Temperatur in °C — max. Temperatur °C — Niederschlag in mm

Luang Prabang

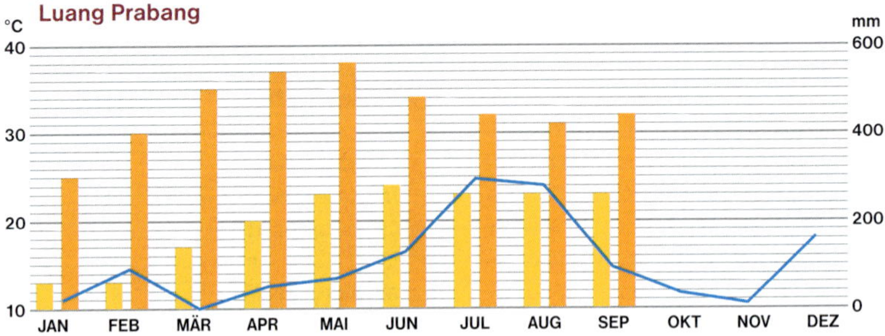

Vientane

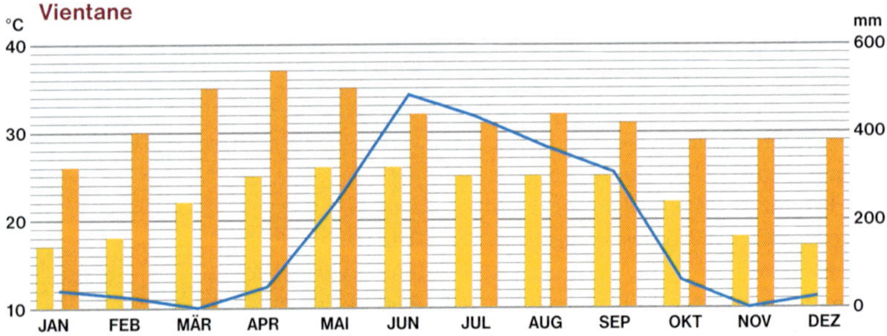

Savannakhet

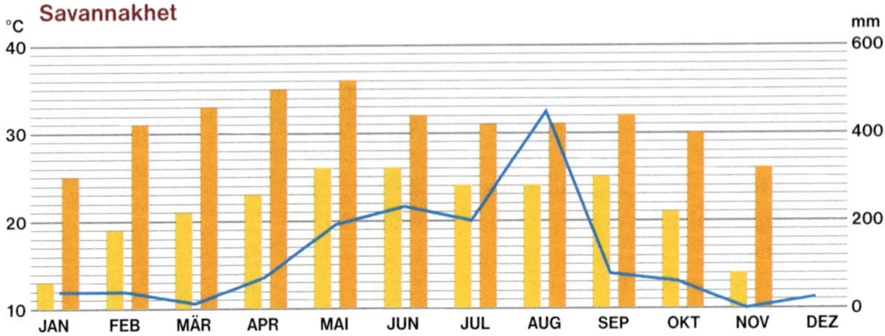

Pakse

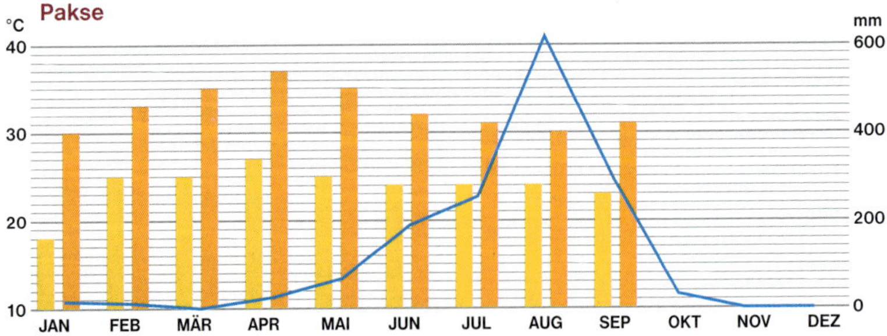

Südchina von einem Taifun heimgesucht werden, ist auch mal mit mehreren Tagen durchgehender Bewölkung und lang anhaltenden Niederschlägen zu rechnen. Insgesamt fallen 1500 bis 2000 mm Niederschlag (in Berlin sind es 700 mm).

Die **Trockenzeit** bringt zunächst vor allem kühlere Nächte, wobei bei Tagestemperaturen um 25° C im Dezember und Januar selbst in Vientiane morgens Temperaturen unter 10° C gemessen werden können. Ab Februar steigen die Werte wieder an und erreichen im April/Mai teilweise über 40° C. Im Ablauf ähnlich verhält sich das Klima in Luang Prabang (Nordlaos), wobei die Durchschnittstemperaturen um 3° C unter denen der Hauptstadt liegen. Umgekehrt liegen die Durchschnittswerte im südlichen Pakse 2 bis 3° C über denen in Vientiane.

Anders sieht es **in den Bergen** aus, wo Niederschläge über 3000 mm die Regel sind und in der Regenzeit unangenehm feuchtkalte Nächte auftreten können. Im laotischen **Winter** ist es hier empfindlich kühl, sogar Nachtfrost ist möglich. Auch in den Bergen besteht ein ähnliches Nord-Süd-Temperaturgefälle wie in der Mekong-Ebene, nur eben auf entsprechend niedrigerem Temperaturniveau.

Hervorgerufen durch den Klimawandel und die Vernichtung des Waldes entwickelt sich in den letzten Jahren das Klima hin zu **stärkeren Extremen.** Waren beispielsweise in Vientiane Temperaturen über 40° C vor einigen Jahren noch die absolute Ausnahme, so sind sie mittlerweile fester Bestandteil der heißen Trockenzeit. El Niño und Entwaldung werden auch für die Zunahme von Überschwemmungen und Dürren verantwortlich gemacht.

Flora

Wer mit dem Flugzeug in Laos unterwegs ist, kann aus dem Fenster blicken, wann immer er will: Stets schaut er auf grüne Landschaften, in die nur hin und wieder einzelne Dörfer eingesprenkelt sind. Noch immer zählt Laos zu den **waldreichsten Ländern der Region.** Mehr als ein Drittel des Landes ist von Wäldern bedeckt, die zum Teil noch nie ein Mensch betreten hat. Vor allem die dünne Besiedelung von Laos und die schwach entwickelte Infrastruktur erhielten dem Land einige seiner ursprünglichen Wälder. Vom immergrünen Tropenwald über tropischen immergrünen Bergwald, Misch- und Laubwälder bis zu subtropischen und subalpinen Waldtypen reicht das Spektrum. Selbst Kiefernwälder sind in Laos verbreitet.

Doch offenbart der Blick aus der Vogelperspektive auch die Probleme, denn überall sind deutlich die Spuren menschlicher Aktivität, meist in Form großer Brandrodungsflächen, sichtbar. **Brandrodung, Waldbrände, Feuerholzgewinnung** und nicht zuletzt rasch wachsender **Holzeinschlag** haben auch dem laotischen Wald kräftig zugesetzt. Als kläglicher Ersatz entstehen vielerorts Plantagen, etwa Kautschuk, Eukalyptus oder Akazien. Dabei war es gerade der Artenreichtum, der die Wälder des Landes auszeichnete.

Neben, auf und unter bis zu 60 Meter hohen Baumriesen wachsen **Lianen, Klettergewächse, Kleingehölze** und eine Unzahl von **Gräsern und Kräutern.** Mehr als hundert verschiedene Orchideenarten besiedeln die Baumstämme.

Insgesamt 8300 Pflanzenarten finden sich in Laos, von denen mittlerweile 1500 vom Aussterben bedroht sind.

Laos verfügt über ein ausgedehntes Netz an **Naturschutzgebieten** und Nationalparks, die in 33 Einzelgebieten eine Fläche von insgesamt knapp vier Millionen Hektar umfassen. Und dennoch geht der Raubbau weiter.

Ein rigoroses **Einschlagverbot** sowie ein striktes **Ausfuhrverbot** für nicht verarbeitetes Holz sollen dem Schwund der Urwälder entgegenwirken und das Ziel der Regierung, wieder 70% der Landesfläche mit Wäldern zu bedecken, verwirklichen helfen.

Zu der natürlichen Flora kommt die von Menschen geschaffene. Die Laoten lieben **Blumen und Ziergewächse** über alles, auch wenn sie keinen unmittelbaren Nutzen in Form von Früchten bringen. Kein Haus, das nicht von Blumentöpfen, Palmen oder Bambusgehölzen umgeben wäre. Aber auch **Obst und Gemüse** wird in großer Vielfalt angebaut, wobei je nach geografischen Bedingungen die Pflanzenwelt zum Teil erheblich differiert. Im Hausgarten finden sich meist Bananenstauden (die Laoten kennen mehr als 100 Bananenarten), Mangobäume, Kokospalmen und Papaya.

Die verbreitetste Kulturpflanze ist natürlich der **Reis,** der insbesondere in den Flusstälern angebaut wird (ausführliche Infos im Kapitel zur Landwirtschaft, dort auch Exkurs). Plantagen sogenannter **Industriekulturen** sind traditionell die Kaffeepflanzungen auf dem Bolaven-Plateau in Südlaos sowie in jüngerer Zeit Kautschuk, Eukalyptus, Akazien und Bananen, mit allen Folgen, die Monokultur (Kautschuk) und Chemieeinsatz (Bananen) mit sich bringen.

Zitrone in besonderer Form

laos052 vl

Fauna

Auch die laotische Tierwelt ist **äußerst vielfältig und reich an gefährdeten und vom Aussterben bedrohten Tieren.** Javanashorn und das einzigartige Saola, eine erst 1993 wissenschaftlich beschriebene Waldrindart (im benachbarten Vietnam auch als Vu-Quang-Antilope bekannt), führen die Liste der in Laos unter Naturschutz stehenden Tierarten an. Aber auch Elefanten, wilde Büffel, Bären, Panther, Leoparden, Antilopen und Gibbons sind in Laos geschützt. Das Papier des Gesetzes nützt den Tieren allerdings wenig, da der Staat die Einhaltung der Jagdverbote nicht ausreichend sichern kann.

So finden sich **viele Tierarten sowohl auf der Tierschutzliste als auch auf dem Speisezettel.** Nicht nur Säugetiere, sondern auch Vögel, Reptilien und Amphibien sind den Nachstellungen des Menschen ausgesetzt. Von den 609 in Laos vorkommenden Vogelarten sind drei akut vom Aussterben bedroht. Aber auch die als sehr schmackhaft geltenden Pythons und Kobras stehen auf der Schutzliste. Besonders prachtvoll anzusehen sind die 39 im Lande vorkommenden Schwalbenschwanz-Schmetterlingsarten.

In Laos, einst Land der Millionen **Elefanten** genannt, gibt es auch heute noch wild lebende Dickhäuter. Besonders im Süden und in der Nordwestprovinz Sayabouri leben einige Herden. Immer wieder kommt es auch zu Zusammenstößen mit Menschen, wenn die Dickhäuter sich beispielsweise über Felder hermachen.

Umwelt- und Naturschutz

Waren Umwelt- und Naturschutz bis vor wenigen Jahren noch Themen, die in den Augen der meisten Laoten den entwickelten Ländern vorbehalten schienen, so hat sich dies inzwischen geändert. Vor allem die Vernichtung der Wälder, aber auch das in Vientiane immer deutlicher werdende **Müllproblem** hat zu einem Wandel der Einstellung geführt; die Regierung bemüht sich, gesetzliche Grundlagen auch auf diesem Sektor zu schaffen und durchzusetzen. Dabei bleibt allerdings bislang vieles Stückwerk, allerdings sehr notwendiges und zu begrüßendes Stückwerk. Kläranlagen, Müllvermeidung und Mülldeponien sind nötig. Durch das Verbrennen von Abfällen aller Art sind die Städte abends oft in dichte Qualmwolken gehüllt. Und auch die sich entwickelnde Wirtschaft entsorgt ihren Müll meist auf die bequemste Art und Weise. Recycling funktioniert oft nur dort, wo man Geld damit verdienen kann, beginnend bei den kleinen Wertstoffsammlern, die mit ihren Mopeds durch die Wohnsiedlungen fahren und PET-Flaschen oder Pappe kaufen.

Beim Thema **Waldvernichtung** liegt ebenfalls vieles im Argen. Trotz großen Rummels um den „Nationalen Baumpflanztag" am 1. Juni jeden Jahres, bleibt die Fläche der Aufforstungen regelmäßig kleiner als die der Waldverluste, ist illegaler Holzeinschlag selbst in den Naturschutzgebieten an der Tagesordnung, wenn auch seit 2016 das Einschlagverbot

Laos und seine Elefanten

Laos hieß einst **Lane Xang Hom Khao, Land der Millionen Elefanten und des Weißen Schirms.** Der Elefant genießt in jeder Hinsicht die Achtung der Laoten. In keiner Schlachtbeschreibung der laotischen Geschichte fehlt die Zahl der eingesetzten Elefanten und eine Würdigung der Größe und Vorzüge der Reittiere der Heerführer. Zudem wurde der **dreiköpfige Elefant Sinnbild und Wappen des laotischen Königshauses.** Der weiße Schirm stand für die königliche Würde, denn ein solcher Schirm krönte den königlichen Thron und schütze das königliche Haupt vor Sonne und Regen.

Heute drehen Spaßvögel den Titel um und nennen Laos **Land der Millionen Regenschirme und des einen weißen Elefanten.** Auch das hat seine Richtigkeit, denn ob bei Regen oder Sonne, zu Fuß, per Fahrrad, Motorrad oder auf der Pritsche des Pick-up, viele Laoten sind schirmbewehrt. Und ein paar weiße Elefanten hat das Land auch; am bekanntesten ist der Elefantenbulle *Phraya Chayamongkul,* der im Zoo Ban Keun lebt.

Weiße Elefanten gelten in den Ländern der Region als **heilige Tiere.** Wurde ein weißer oder nur weiß gefleckter Dickhäuter aufgefunden, so war er des Königs Eigentum. Und je mehr Albino-Elefanten dieser besaß, desto größer Macht, Ansehen und Glück des Landes. Das ist bis auf den heutigen Tag in Thailand so geblieben und ist in Kambodscha wieder so. Laos hat keinen König mehr, aber heilig und verehrungswürdig ist ein weißer Elefant *(Sang Pheuak)* allemal. Grund genug, ein so seltenes Tier auf dem Marsch in den Tierpark, so wird glaubhaft versichert, nicht nur von Bewaffneten und zwei weiteren Elefanten begleiten zu lassen, sondern es auch stets mit Schlamm zu beschmieren und so vor eventuellen Entführern zu „tarnen".

Zu früheren Zeiten gab es gar **Kriege um weiße Elefanten.** So als 1477 der vietnamesische König von Laos die Übersendung eines großen weißen Rüsseltiers als Zeichen der Unterwerfung verlangte. Der Laotenkönig *Saya Chakkaphat* war so erbost über die Ungeheuerlichkeit des vietnamesischen Ansinnens, dass er statt des Elefanten eine Kiste seiner Exkremente übermitteln ließ. Daraufhin zog der Vietnamese gegen Laos, nahm Xieng Khouang und schließlich auch Luang Prabang ein.

Zum Glück ist die Situation der Dickhäuter im heutigen Laos nicht ganz so dramatisch, wie der Spruch von dem einen weißen Elefanten glauben machen könnte. Vor allem der Süden und Sayabouri im Norden verfügen über **stabile Populationen wilder Elefanten.** Aber auch **Arbeitselefanten** sind in der laotischen Forstwirtschaft nach wie vor anzutreffen. Ban Pha Phao in der Südprovinz Champasak ist beispielsweise im ganzen Land bekannt für seine ausgezeichnet ausgebildeten Arbeitselefanten. Die Tiere sind im wegelosen Dschungel unentbehrliche Helfer bei der Bergung oft tonnenschwerer Baumstämme, die sie bis zur nächste Straße schleppen. Ein laotischer Filmemacher brachte die Vorzüge der grauen Riesen mit einem Filmtitel auf den Punkt: „Elefanten rosten nicht". Inzwischen sind die Tiere, nicht selten Arbeitselefanten auf dem „Altenteil", auch Bestandteil der Tourismuswirtschaft geworden, etwa die Elefantencamps bei Luang Prabang. Großer Bahnhof ist einmal im Jahr beim Elefantenfestival in Sayabouri.

■ Viele interessante Informationen zu Elefanten und Projekten rund um die Dickhäuter in ganz Südostasien finden sich unter **www.elefantasia.org.**

mit nie zuvor gekannter Härte und Hartnäckigkeit durchgesetzt werden soll. Der Handel mit Wildtieren und aus Tieren gewonnenen Substanzen, die auf einigen Märkten horrende Preise erzielen, ist noch immer an der Tagesordnung; als Beispiele seien Bärengalle und Tigerknochen genannt.

Andere Themen sind politisch heikel, wenn sie zum Beispiel nicht den Entwicklungsplänen der Regierung entsprechen. So möchte die Regierung die umfangreichen **Wasserkraftressourcen** des Landes erschließen und die Einnahmen daraus für die Überwindung der Rückständigkeit in vielen Bereichen einsetzen – der Werbeslogan von der „Batterie Asiens" suggeriert hier eine goldene Zukunft. Warnungen internationaler Experten wie Befürchtungen aus den Nachbarländern, dass die Errichtung von Wasserkraftanlagen am Mekong nicht nur die kaum erforschte Biodiversität im und am Fluss beeinträchtigen könnte, sondern auch verheerende Auswirkungen auf die fragilen Ökosysteme am Unterlauf (Tonle Sap in Kambodscha und Mekong-Delta in Vietnam) haben könnte, werden weitgehend ignoriert.

Auch zunehmender **Bergbau** kann die Umwelt negativ beeinträchtigen, da bislang entsprechende Regelungen fehlen und nur wenige Firmen mit internationalen Verflechtungen ein adäquates Umweltmanagement umsetzen.

Geschichte

Zuwanderung der Lao

Die indochinesische Halbinsel und auch Teile des heutigen laotischen Staatsgebietes waren schon vor mehreren Jahrtausenden von Menschen besiedelt, allerdings nicht von Laoten. Es waren vielmehr **austroasiatische Völker,** verwandt mit den Indonesiern, die Steinzeit und Bronzezeit in Laos erlebten. Sie waren es, die den Anbau von Nassreis und die Haltung von Wasserbüffeln einführten. In ihre Zeit fällt auch die Entstehung erster Staatsgebilde in der Region. Diese hatten ihr Zentrum allerdings außerhalb des heutigen Laos. Lange Zeit gehörte dieser Landstrich zu den Reichen der Khmer-Völker.

Die Laoten, die nach Auffassung einiger Historiker aus dem Westpamir stammen sollen, wanderten im Laufe vieler Jahrhunderte **unter dem Druck der Mongolen und Chinesen** immer weiter nach Süden. Dabei waren die Lao ein Teil der sehr umfangreichen **Gruppe der Thai-Lao.** Einige der Völkerschaften wandten sich bei ihrer Wanderung entlang der Flussläufe nach Westen und landeten in der indischen Provinz Assam (die **Ahom**). Die **Thai,** auch Siamesen genannt, zogen den Menam abwärts und besiedelten das heutige Thailand. Die **Shan** blieben als relativ große Minderheit in Burma. Und eine große Zahl kleiner und kleinster Völkerschaften (Thai Dam, Thai Deng, Thai Khao, Phou Thai) siedelt, einem Flickenteppich gleich, in Südchina, Nordvietnam, Nordthailand, Myanmar und Laos.

Am engsten und längsten miteinander verbunden bleiben die Thai und die **Lao.** Sie gründeten in Sezhuan erste eigene Staaten und schufen schließlich in der heutigen Provinz Yunnan das einheitliche **Reich Nan Chao.** Dieses Reich widerstand selbst chinesischen und vietnamesischen Gegnern, ehe es zwischen den Söhnen des legendären **Urkönigs der Thai-Lao, Khun Bolom** *(Khun Borom),* aufgeteilt wurde. *Khun Bolom,* so will es die Legende, ist der Sohn des Gottes Indra und wurde von diesem direkt vom Himmel auf die Erde nach Muong Thaeng (heute Dien Bien Phu) entsandt, um die Thai-Lao zu regieren (siehe Ex-

Legende von der Herkunft der Lao

Nicht nur Wissenschaftler wollen herausfinden, woher die Lao letztlich kamen. Eine von Generation zu Generation überlieferte Legende weiß dazu Folgendes zu sagen:

Die Sintflut

Es geschah am Anfang der Welt. Himmel und Erde waren noch miteinander verbunden. Im Himmel herrschte der **allmächtige Phya Thaeng,** während sich auf der Erde drei Herren die Macht über eine bösartige und widerspenstige Menschheit teilten: *Khun Khaet, Khun Khan* und *Khun Pu Lan Song.* Die Zivilisation hatte noch nicht begonnen, die Menschen lebten von Jagd und Fischfang. *Phya Thaeng* wünschte seinen Anteil an dieser Beute und forderte ihn auch mehrfach ein. Doch ohne Erfolg. Er zürnte den Erdenbewohnern und ließ eine große Flut über sie kommen.

Die **drei Erdherrscher** hatten das Übel vorausgesehen und sich ein schwimmendes Haus errichtet. Mit der steigenden Flut erreichten sie den Himmel und baten *Phya Thaeng* um Vergebung. Großmütig verzieh ihnen der Herrscher des Himmels und ließ die drei *Khun* bei sich wohnen.

Nach einiger Zeit fiel das Wasser und die Erde kam erneut zum Vorschein. Die drei *Khun* erbaten die Erlaubnis, auf „das Land da unten" (laot. **Muong Loum**) zurückkehren zu dürfen. Zum Abschied schenkte *Phya Thaeng* ihnen einen Wasserbüffel.

Die Legende von den Kürbissen

Die drei *Khun* ließen sich in Na Noi (Muong Thaeng, heute Dien Bien Phu) nieder und begannen mit Hilfe des Büffels Reisfelder anzulegen. Doch zum Ende des dritten Jahres starb der **Büffel.** Aus seinen Nüstern spross eine Ranke, an der sich alsbald drei Kürbisse zeigten. Die Früchte wuchsen zu enormer Größe. Als sie zu reifen begannen, vernahm man aus ihrem Innern **laute Geräusche.** *Khun Pu Lan Song* ergriff eine glühend heiße Ahle und bohrte Löcher in die Kürbisse. Unverzüglich drängte eine **Menge von Menschen** hervor. Ihrer waren so viele, dass sie unmöglich alle durch die kleinen Löcher passten. Der *Khun* sah dies, ergriff einen Meißel und schuf mit ihm neue Öffnungen in den Früchten. Und so entstanden die zwei Rassen, die Laos besiedeln: Die **Kha** (abwertende Bezeichnung für die Lao Theung) waren jene, die durch die mit

kurs unten). Nach seinem Tode wurde das große Reich unter seinen sieben Söhnen aufgeteilt, und **Khun Lo,** der älteste, kam auf den Thron in Muong Soua. Während in Thailand die direkte Linie mehrfach unterbrochen wurde, führten alle laotischen Könige ihre Ahnenreihe auf *Khun Bolom* zurück.

Aus Yunnan wanderten die Lao schließlich etwa seit dem 8. Jahrhundert in immer stärkerem Maße ins heutige Laos ein. Sie ließen sich vornehmlich in den **Flussniederungen** nieder, vermischten sich mit der örtlichen Bevölkerung oder drängten diese, nun verächtlich *Kha* (Sklave) genannt, in höher gele-

der heißen Ahle gestochenen Löcher hervorgekommen waren, die **Thai** hingegen kamen durch die mit dem Meißel geschlagenen Öffnungen ans Licht. So sind denn die Kha von dunkler Haut und tragen ihr Haar in einem Knoten. Die Thais haben eine hellere Haut und tragen ihr Haar kurz geschnitten.

Khun Pu Lan Song schickte sich nun an, die Kinder der Kürbisse in Zivilisation zu unterweisen. Er lehrte sie den Häuserbau, die Hochzeits- und Bestattungsbräuche, die Achtung gegenüber Älteren und den Ahnenkult. Doch die Menschen vermehrten sich derart rasch, dass die drei *Khun* nicht mehr genügten, sie zu regieren. Sie baten *Phya Thaeng* um Hilfe, der *Khun Kue* und *Khun Kon* als *Tao Phya* (Könige) sandte. Diesen aber war in ihrer Mission kein Erfolg beschieden. So rief er sie zurück, und es kam an ihrer Stelle *Khun Bolom,* sein eigener Sohn.

Die Ankunft von Khun Bolom

Zunächst entsandte der Himmelherrscher *Thaeng Ten* und *Phissanukan (Visvakarman),* die die Menschen in der Landwirtschaft und in den Handwerkskünsten unterrichteten. Dann begab sich der **himmlische Geleitzug** auf den Weg. *Khun Bolom,* angetan mit den königlichen Insignien, ritt auf einem Elefanten mit gekreuzten Stoßzähnen mit Namen *Nga Kieu Nga Kot,* Sohn des Airavana. Zu den Seiten des Tieres fanden sich die beiden Frauen des *Khun, Yommapala (Yomakara),* Tochter des *Thaeng Kom,* und *Ek Kaeng,* Tochter des *Thaeng Sang.* Mit sich führte der Zug das Zauberpferd *Sat Seua Pon Ro Hok.* Mit ihm waren *Khun Thammarath, Khun Seng Manosat, Khun Un* und *Khun Khli.* Ihm voran schritten *Phu Thao Yeu* und sein Weib *Mae Ya Ngam,* eine Axt mit sich tragend. Hinter ihm folgten *Thao Lai* und dessen Weib *Mae Mot,* die Haumesser und Spaten mit sich führten. Dies alles begab sich an einem Sonntag, einem Tag Kap Yi. Der Zug stieg nach Na Noi Oi Neu herab. *Thaeng Ten* und *Phissanukan* stiegen erneut zum Himmel auf, um dem Himmelsherrscher von ihrer Mission zu berichten. Dabei wurden sie gewahr, dass bei allen wichtigen Fertigkeiten, die man den Menschen gelehrt hatte, die **Musik** vergessen worden war. Sofort entsandte der Himmelsherrscher den *Devra Si Khanthap,* um diesen Mangel zu beheben. Um weitere Belästigungen durch die Menschen abzuwenden, ließ der Himmelsherrscher alsdann die Brücke zwischen Himmel und Erden abbrechen.

gene Gebiete. Dort leben die meist den **Mon-Khmer** zuzurechnenden Völker noch heute und wurden lange Zeit unter dem Begriff Lao Theung (Hochlandlao) zusammengefasst. Erste laotische **Fürstentümer (Muong)** entstanden. Kulturell übernahmen die neu ankommenden Lao aber oft vorgefundene Traditionen meist indischen Ursprungs, die bei den Mon-Khmer-Völkern vorherrschten.

Die Gründung von Lane Xang

Mitte des 13. Jahrhunderts schufen die **Thais (Siamesen)** nach einer Rebellion gegen die seinerzeit herrschenden Khmer ihr erstes großes **Reich namens Sukhothai.** Zur gleichen Zeit bewirkte die Machtergreifung der **Mongolen** unter *Kublai Khan* in China eine neue große Migrationswelle nach Süden, sodass etwa zu Beginn des 14. Jahrhunderts die Lao zur bestimmenden Volksgruppe im heutigen Laos geworden waren. Doch blieb das Gebiet weiter nur dünn besiedelt. Lose Verbindungen der **Muong,** wie etwa Muong Soua (heute Luang Prabang) und Muong Puen (Xieng Khouang), entstanden.

Eine neue Stufe erreichte die Entwicklung der Lao, als ein am Hofe von **Angkor** aufgewachsener Spross des Herrscherhauses von Muong Soua nicht nur eine Khmer-Prinzessin zur Frau, sondern auch eine Armee zur Eroberung von Laos erhielt. Ziel der **Khmer** war es, Glanz und Größe ihres noch immer mächtigen Reiches wieder ein wenig aufzupolieren. **Fa Ngoum,** so hieß der Lao-Fürst, war von seinem Vater verstoßen worden, da er bereits mit 33 Zähnen im Mund auf die Welt gekommen sein soll, was als schlechtes Omen gedeutet wurde. Eine delikatere Geschichte (allerdings jüngeren Datums als die des zahnbewehrten Säuglings) will wissen, dass *Fa Ngoums* Vater *Phi Fa* einer der Frauen wiederum seines Vaters zu nahe getreten sein soll, wofür er mitsamt Weib und Kind aus dem Lande gejagt wurde. Neben allem höfischen Klatsch kann mit hoher Sicherheit davon ausgegangen werden, dass es tatsächlich um Einfluss auf das Herrscherhaus in Muong Soua ging, wo sich verschiedene Fraktionen befehdeten.

Der Spross aus dieser Mesalliance, *Fa Ngoum,* erwies sich als überaus geschickter Kriegsherr und unterwarf bereits in seinem ersten Feldzug weite Teile des heutigen Laos. **1353** – Muong Soua und auch Vieng Chan waren bereits erobert – rief er sich in Vieng Chan selbst zum **König des Reiches Lane Xang Hom Khao** (Reich der Millionen Elefanten und des Weißen Schirms) aus. Erst später erfolgte die offizielle Krönung in der nun Xieng Dong-Xieng Thong genannten Landeshauptstadt (das heutige Luang Prabang). Schon kurze Zeit später gehörten neben dem heutigen Laos auch weite Teile von Nordostthailand zu Lane Xang. Das Reich wurde zu einem der größten der Region. Allerdings mit **wenig ausgeprägtem Zentralismus,** das heißt ein mehr oder weniger loser Verband einiger zentral regierter und anderer dem König tributpflichtiger Fürstentümer mit ziemlich dünner Besiedelung.

Fa Ngoum ließ nun rund 10.000 buddhistische Mönche, Handwerker und Künstler aus Kambodscha nach Laos kommen, die dem Land einen spürbaren

laos128 vl

Impuls in seiner Entwicklung gaben. Der **Buddhismus** in seiner Theravada-Form wurde zur Staatsreligion. Neuerdings neigen Historiker eher dazu, diesen konstruktiven Part jener Zeit der Frau *Fa Ngoums,* einer Khmer-Prinzessin, zuzuschreiben und in *Fa Ngoum* selbst eher den unerbittlichen Kriegsherrn zu sehen.

Wie dem auch sei, die buddhistischen Mönche um den **Obermönch Pasaman,** einst in Angkor schon Lehrer von *Fa Ngoum,* brachten auch den **Pha Bang** ins Land, eine vergoldete Buddha-Statue, die aus Sri Lanka stammen soll. Seit ihrer Ankunft in Laos ist die Statue Symbol der Souveränität des Landes und wurde zum wahrhaften Nationalheiligtum. Der Pha Bang erhielt nach einigen Wirrungen seinen Platz in der Hauptstadt Xieng Dong-Xieng Thong, deren Namenspatron er schließlich 1560 wurde (Umbenennung in **Luang Prabang**).

Die Nachfolger *Fa Ngoums* verstanden es, das neu geschaffene Reich zu festigen. Die **Grenze zu Vietnam** wurde beispielsweise nach ethnischen Gesichtspunkten fixiert. Wo das Volk in **Pfahlhäusern** wohnt, der traditionellen Hausform der Laoten, handelt es sich um Untertanen der laotischen Herrscher, so die Vereinbarung der beiden Reiche. Der Sohn *Fa Ngoums* ging unter dem Namen **Samsenthai** (300.000 Thai) in die Geschichte ein, denn er unternahm 1376 erstmals eine **Volkszählung,** die das Ergebnis von eben 300.000 allerdings männlichen und ausschließlich laotischen Bewohnern erbrachte. Weder Frauen noch Kinder oder gar Kha wurden als „freie Menschen" *(Thai)* gezählt, sodass von einer tatsächlichen Bevölke-

⌃ Tempelschmuck in Wat Phou

Pha Keo – Odyssee einer Buddha-Figur

Pha Keo, der **Jade-Buddha,** ist aus einem einzigen Stück jenes grünlichen Materials geschnitten, weshalb er wegen seiner Farbe auch **Smaragd-Buddha** genannt wird. Einschließlich Sockel ist das Bildnis des Erleuchteten 66 Zentimeter hoch und stellt **Buddha in meditierender Haltung** dar. Eben deshalb sind sich Historiker bis heute nicht einig über seine Herkunft. Zum einen könnte er etwa im 15. Jahrhundert, das heißt kurz vor seiner Entdeckung, in Lan Na selbst entstanden sein. Zum anderen gibt es nur ganz wenige Darstellungen aus Südostasien, die Buddha in meditierender Haltung zeigen. Der Vergleich mit anderen Werken lässt eher auf eine Herkunft aus Südindien oder Sri Lanka schließen. Wie dem auch sei, er ist heute gleichermaßen Thai und Lao heilig.

Im Jahr **1434** schlug ein Blitz in einen Stupa der Stadt **Chieng Rai** (Lan Na, heute Nordthailand) ein und brachte einen stuckverzierten Buddha zum Vorschein. Der Oberbonze von Chieng Rai, zu dem der seltene Fund gebracht worden war, stellte einen Riss im Stuck fest, durch den grüner Stein zu sehen war. Eilends ließ er allen Stuck entfernen, und zum Vorschein kam der Jade-Buddha. Der König in Chieng Mai erfuhr davon und sandte einen Elefanten, um den kostbaren Buddha in seine Hauptstadt bringen zu lassen. Der Elefant jedoch ließ sich nicht nach Chieng Mai führen, sondern schlug seinen Weg geradewegs nach Lampang ein. Nachdem dreimal dasselbe passiert war, beließ der König den Buddha 32 Jahre lang in Lampang (bis 1468). Erst dann – inzwischen hatte der mächtige *Tiloka* den Thron bestiegen – kam das Bildnis nach Chieng Mai, wo es in dem Stupa Chedi Luang seinen Platz fand.

1551 starb König *Tiloka* ohne einen Sohn zu hinterlassen. Eine Tochter war jedoch an den Hof von Luang Prabang verheiratet worden, wo sie dem König einen Sohn namens **Saysettha** gebar. Diesen baten die Gesandten von Lan Na, ihr neuer König zu werden. Der damals 15-Jährige nahm an und bestieg den Thron seines Großvaters.

Als jedoch sein Vater, der König *Phothisarath,* starb, zog es den jungen Monarchen zurück auf den mächtigeren Thron von Laos, den er als König **Saya Setthathirath** bestieg. Zu seinen Mitbringseln aus Lan Na gehörte auch der Pha Keo. Bis **1560** blieb er nun gemeinsam mit dem Pha Bang in **Luang Prabang.** Dann verlegte König *Setthathirath* seine Hauptstadt nach Vientiane, wohin er den Jade-Buddha natürlich mitnahm. In Wat Høø Pha Keo fand er für die nächsten 214 Jahre sein neues Zuhause.

1778 schließlich eroberte General *Phraya Chakri,* der als **König Rama Thibodi oder Rama I.** die noch heute in Thailand herrschende Chakri-Dynastie begründete, Vientiane und brachte den Pha Keo nach Siam. Dort fand er zunächst in Thonburi eine neue Heimstatt, ehe er am 22. März **1784** in Wat Pra Keo im königlichen Palastbezirk der thailändischen Hauptstadt aufgestellt wurde. Seither ist der Pha Keo **Schutzheiligtum Thailands.**

Die Laoten trauern dem guten Stück noch heute nach. Andererseits fügen sie halb entschuldigend für die erlittene Schmach des Verlustes des Heiligtums hinzu, dass es so vielleicht ganz gut sei, da sich **Pha Keo und Pha Bang** einander nicht nahekommen dürfen. Geschehe dies, wie eben 1778 passiert, bringe es nur Unglück.

rung von weit mehr als einer Million ausgegangen werden kann. *Samsenthai* ließ Pagoden und Tempelschulen errichten und sorgte so für die weitere Ausbreitung des Buddhismus.

Doch **Geisterglaube und Ahnenkult** wurden damit nicht überwunden, sie sind in Laos bis auf den heutigen Tag anzutreffen. Vor allem die Bergbewohner hängen nach wie vor Animismus und Ahnenkult an, was auch durch die für buddhistische Verhältnisse äußerst ungewöhnliche Anordnung König *Pothisaraths* nicht verändert wurde. *Photisarath,* Sohn von *Samsenthai* und seit 1520 König von Laos, hatte den Geisterglauben schlichtweg verboten.

Inzwischen lebte das Reich in einem veränderten Umfeld und war vor allem durch **burmesische** und **siamesische,** aber auch **vietnamesische Eroberungsgelüste** bedroht. Diesen setzte *Pothisarath* eine Politik wechselnder Bündnisse entgegen. 1551 folgte er dem Ruf des Nachbarreiches Lan Na, dessen Thron verwaist war, und installierte seinen Sohn, den späteren König *Setthathirath,* als Herrscher in Chiang Mai. Doch mit dem Tode seines Vaters zog *Setthathirath* die Herrschaft über das Gesamtreich vor und begab sich zurück nach Luang Prabang. Mit sich brachte er den **Pha Keo,** den berühmten Jade-Buddha, der heute in Bangkok zu besichtigen ist.

Doch Luang Prabang lag dem neuen Herrscher zu nahe an der burmesischen Grenze, weshalb er 1560 die **Hauptstadt** nach **Vientiane** verlegte. Dort ordnete *Setthathirath* die Errichtung des Stupa That Luang in seiner heutigen Form an und ließ zur Einschreinung des Pha Keo die Pagode Wat Høø Pha Keo errichten. Doch die Vorsichtsmaßnahme erfüllte ihr Ziel kaum. 1571 verscholl König *Setthathirath,* und schon 1574 wurde Vientiane von den Burmesen belagert.

Für Laos begann eine **wirre Zeit,** in der äußere Feinde, aber vor allem innere Zwistigkeiten das Land in eine **tiefe Krise** stürzten. Es war eine Frau, *Nang Keo Phimpone,* die mit Intrigen eigene Machtambitionen zu befriedigen trachtete und so innerhalb weniger Jahre (1628–1642) sieben Könige auf den Thron und dann ums Leben brachte. Schließlich ergriff sie selbst die Macht und schied wie ihre Vorgänger vorzeitig und unfreiwillig aus dem Leben.

Glanz und Zerfall von Lane Xang

Eine erneute Blüte erlebte Laos unter **König Souligna Vongsa** (1637–1694). In seine ungewöhnlich lange Regentschaft fällt sowohl die erneute territoriale Ausdehnung als auch die kulturelle Blütezeit des Landes. Erste **europäische Missionare und Händler** besuchten Laos, allen voran der Holländer *Gerrit van Wuysthoff,* und beschrieben ein reiches Land, dessen Hauptstadt ein in der gesamten Region bekanntes und geschätztes Zentrum des Buddhismus war.

Doch schon zu Lebzeiten von *Souligna Vongsa* trug das Reich den **Keim des Zerfalls** in sich. Zum einen hatte der König auf der Heirat mit der Tochter des Fürsten von Xieng Khouang bestanden, um so diesen Landesteil stärker an Laos zu binden. Er zog sich damit den Unmut des dortigen Herrscherhauses und Vietnams zu, das bislang die Oberhoheit über Xieng Khouang innehatte. Zum an-

Laos im frühen
18. Jahrhundert
0
100 km
©Reise Know-How
Laos_21
1/2018
TONKIN
Hanoi
LUANG PRABANG
Luang
Prabang
TRANNINH
SÜDCHINESISCHES
MEER
VIENTIANE
Vientiane
Mekong
AYUTHAYA
ANNAM
CHAMPASAK
Champasak
Ayuthaya
KAMBODSCHA
Angkor
Phnom Penh
Mekong
GOLF VON SIAM
Grenze
heutige Grenze
Hauptstadt

deren wollte der wegen seines Gerechtigkeitssinns gerühmte Herrscher auch in der eigenen Familie keine Ausnahme machen und ließ den einzigen Sohn wegen Ehebruchs mit einer der Frauen des Königs hinrichten. Nicht von der Hand zu weisen ist die Vermutung, dass der Sohn eher einer Intrige als einem echten Vergehen zum Opfer gefallen ist.

Souligna Vongsa starb 1694, ohne einen Thronfolger zu hinterlassen. Die Folge waren **Machtkämpfe** zwischen verschiedenen Gruppen der weit verzweigten laotischen Königsfamilie. Die im Widerstreit liegenden Fraktionen suchten Unterstützung bei ausländischen Kräften. Und so wurde das Land zu Beginn des 18. Jahrhunderts schließlich **in drei Königreiche geteilt,** von denen keines wirklich unabhängig war. Die starken, zentralisierten Reiche **Siam und Vietnam,** die noch dazu dank ihrer Kontakte mit Europa über die neuesten Errungenschaften der Militärtechnik verfügten, demonstrierten ihre Überlegenheit gegenüber dem zerstrittenen und geschwächten Binnenland Laos. Vientiane geriet anfangs unter vietnamesische Fuchtel, Champasak unter die der Siamesen. Lediglich Luang Prabang behielt seine Unabhängigkeit. Doch die währte nicht lange, denn 1753 und 1771 eroberten und brandschatzten die **Burmesen** die Hauptstadt des laotischen Nordreiches. Beim zweiten Mal übrigens mit tatkräftiger Hilfe Vientianes, was die Beziehungen zwischen beiden Teilreichen nur noch schlechter werden ließ. Dennoch gelang es den Siamesen, und nicht den Burmesen, den Fuß fest in die Tür nach **Luang Prabang** zu stellen. So sah Luang Prabang dann wohlwollend zu, als die Siamesen 1778 **Vientiane** einnahmen, die Stadt brandschatzten und plünderten und auch die heiligen Statuen **Pha Bang** und **Pha Keo** entführten. Der Pha Bang wurde später zurückgegeben, allerdings nicht an das aufsässige Vientiane, sondern in seine ursprüngliche Heimat Luang Prabang. Schließlich war ein erneuter Konflikt zwischen Luang Prabang und Vientiane im Jahr 1791 den Siamesen willkommener Anlass, nun auch diese beiden Staaten fest unter ihre Kontrolle zu bringen. Vientiane zahlte allerdings auch weiterhin dem vietnamesischen Kaiser *Gia Long* Tribut, und das Fürstentum Xieng Khouang (vietnamesisch Tranh Ninh) fand sich ganz in der Hand der Vietnamesen.

Noch einmal wehrte sich das Land dagegen, in der Bedeutungslosigkeit zu versinken. 1805 setzte Siam mit **Tiao Anou** einen König auf den Vientianer Thron, der zwar am siamesischen Hof aufgewachsen war, doch im Innersten ein unabhängiges Laos wünschte. Er ließ in Vientiane eine Reihe neuer Gebäude errichten und gab der Stadt ein wenig vom Glanz vergangener Zeiten zurück. Dann aber versuchte er, alle drei laotischen Reiche gegen die siamesische Herrschaft zu vereinigen und sandte 1827 eine **Armee gegen Bangkok.** Dieses Vorhaben misslang gründlich. Lediglich Champasak, von einem Sohn *Anous* regiert, schloss sich seinem Feldzug an. Auch Luang Prabang stellte eine 3000 Mann starke Armee auf, allerdings kämpfte diese an der Seite der Siamesen. Die Laoten wurden unweit von Udon Thani vernichtend geschlagen.

Die **Siamesen eroberten Vientiane** und machten die Stadt dem Erdboden gleich. Lediglich die Pagode Wat Sisakhet überstand das Wüten der Angreifer.

6000 laotische Familien wurden nach Siam verschleppt, eine bewährte Methode gerade in der laotisch-siamesischen Geschichte, wenig besiedelte Landstriche zu bevölkern oder Arbeitskräfte für wichtige Bauarbeiten zu bekommen. *Tiao Anou* konnte mit Hilfe eines kleinen vietnamesischen Kontingents Vientiane zurückerobern, wurde jedoch erneut geschlagen, floh nach Xieng Khouang, von dessen Fürsten er den Siamesen ausgeliefert wurde. Er starb in siamesischer Gefangenschaft. Das Königreich Vientiane wurde, ähnlich wie Champasak, ein Teil Siams.

Im laotischen Volk wird **Tiao Anou** bis auf den heutigen Tag als **Nationalheld,** als Kämpfer für die nationale Unabhängigkeit des Landes verehrt. Die Thais dagegen sehen in ihm den undankbaren Rebellen, der der Schaffung eines Großthailand im Wege stand.

So behielt Mitte des 19. Jahrhunderts lediglich **Luang Prabang** eine – wenn auch nur **formale** – **Unabhängigkeit,** die es noch dazu durch Tribute an Siam und Vietnam teuer bezahlte.

Französische Kolonie

Frankreich liebäugelte schon seit Mitte des 19. Jahrhunderts damit, sich in Indochina einzurichten. Erstes Ziel war **Vietnam,** das **1883** nach mehrjährigem Kampf französisches Protektorat wurde. **Kambodscha** folgte **1884.** Laos blieb vorerst eher unbeachtet. Aber der britische Vormarsch aus Richtung Burma im Wettlauf der beide Kolonialmächte auf dem Weg nach Südchina und der Glaube, diesen Weg im Mekong gefunden zu haben, sowie das große kolonisatorische Engagement eines Mannes namens *Auguste Pavie* ließen **1893** auch **Laos** den Weg in die **Kolonie Französisch-Indochina** finden. Laos diente dabei allenfalls als Puffer gegen die Briten, was sich auch darin zeigt, dass der Status des Landes bis 1941 ungeklärt blieb. *Pavie* hatte es verstanden, in Zeiten äußerer Bedrohung durch marodierende chinesische Banden den greisen Luang Prabanger König *Oun Kham* von der Wirkungslosigkeit siamesischen Beistands zu überzeugen.

Letztlich wird das **Handeln der Franzosen** überaus **unterschiedlich bewertet.** Die Franzosen selbst stellen sich gern als Retter der laotischen Nation vor der Assimilierung durch Siam dar. Die Siamesen betrachteten sie als Aggressoren, die einen Teil Siams annektierten, und die Laoten sind bis heute unglücklich darüber, dass sie nur die Landesteile östlich des Mekong erhielten und der bevölkerungsreichsten Gebiete in Nordostthailand (Isaan) für immer verlustig gingen.

Die heutigen **Grenzen von Laos** kamen auf Druck der Franzosen gegenüber Siam zustande, der schließlich in der Seeblockade der siamesischen Hauptstadt Bangkok im Jahr 1893 kulminierte. Die französisch-siamesischen Verträge von 1902, 1904 und 1907 schreiben den heutigen Grenzverlauf fest.

Den Franzosen war an der Förderung des abgelegenen und **extrem schwach entwickelten Landes** wenig gelegen. Zum Zeitpunkt der Beendigung der französischen Herrschaft im Jahr 1954 verfügte das Land zum Beispiel über ganze sechs Hochschulabsolventen. Lediglich einige Teakwälder kamen unter die Axt, und ein wenig Zinn wurde abgebaut. Die Laoten galten der Kolonialmacht in jeder Hinsicht als wenig geeignet. Die Verwaltung wurde mit einer Handvoll französischer Beamter besetzt. Auf unterer Ebene bediente man sich der Vietnamesen, was die ohnehin schon bestehenden Vorbehalte der Laoten gegenüber dem östlichen Nachbarn nur verstärkte. Selbst die Arbeiter in den Zinngruben waren meist vietnamesischer Nationalität.

In der Zeit ihrer Herrschaft kamen die Franzosen nie richtig zur Ruhe, immer wieder flammte Widerstand auf. Wiederholte **Verwaltungsreformen** sollten das **zweigeteilte Laos** regierbarer machen. Die französische Kolonie umfasste die ehemaligen Teilreiche Vientiane und Champasak sowie das erst 1941 vom französischen Parlament bestätigte Protektorat über das formal weiterbestehende Königreich Luang Prabang. Der laotische König war in diesem Protektorat alles andere als ein souveräner Herrscher. Jede noch so kleine Entscheidung bedurfte der vorherigen Zustimmung des französischen Obersten Residenten.

Direkter **Widerstand** kam jedoch nicht von den Lao, sondern **von verschiedenen Bergvölkern,** was schließlich dazu führte, dass die Kolonialmacht einige der Unruheherde aufspaltete und anderen Teilen Indochinas zuschlug. Auf diese Weise verlor Laos die Provinz Stung Treng (laot. Xieng Teng) an Kambodscha und Dien Bien Phu, das sagenhafte Muong Thaeng, in dem einst *Khun Bolom* vom Himmel auf die Erde gekommen war, an Vietnam.

Junge Frau in der Tracht der Akha

laos129 vl

Laos als französische Kolonie

Wiederholter Grund für solche Unruhen war die **Steuer- und Fronpolitik** der Kolonialherren, die männliche Laoten bis zu 100 Tage im Jahr zu gemeinnützigen Arbeiten, etwa im Straßenbau, heranziehen konnte. Da Laos mehr Geld verbrauchte als es einbrachte, erarbeiteten eifrige Beamte ständig neue Steuern. Als beispielsweise die in Laos an den Realitäten vorbeigehende Kraftfahrzeugsteuer nichts brachte, wurden selbst Ochsenkarren besteuert. Die Franzosen fanden einzig an der wachsenden **Opiumproduktion** des Landes Freude. Das Volk der Hmong, hauptsächlicher Produzent der Droge, begehrte wiederholt auf gegen die immer drückender werdende Last der Opiumabgaben, die zur Finanzierung des Ersten wie des Zweiten Weltkrieges jeweils drastisch erhöht wurden. Blutig wurden diese Aufstände niedergeschlagen. Allerdings blieben antifranzösische Aktivitäten auf die Bergvölker im Süden und Norden des Landes beschränkt. Die Lao selbst, vor allem die laotische Aristokratie, hatte sich mit den Kolonialherren arrangiert.

Laos während und nach dem Zweiten Weltkrieg

Selbst das weit entfernte Laos blieb vom Zweiten Weltkrieg nicht verschont. **Nach der deutschen Besetzung Frankreichs** und der Installierung des Vichy-Regimes war Französisch-Indochina fast automatisch an die Seite des die Region beherrschenden Achsen-Verbündeten **Japan** gekommen. Als Folge blieb Indochina unter französischer Verwaltung. Doch hatte Japan den Siamesen für deren Wohlverhalten Gebiete unter französischer und britischer Herrschaft in Aussicht gestellt.

Schon 1939 hatte in Thailand die Armeeführung um *Phibul Songkram* ihr Interesse an der **Vereinigung aller Thai-Völker unter siamesischer Führung** deutlich gemacht, als sie das Land in Thailand umbenannte. Mit Japans Billigung ging Thailand 1941 den ersten praktischen Schritt. Die laotischen Provinzen westlich des Mekong kamen ebenso zu Thailand wie die kambodschanischen Westprovinzen (Battambang) und Teile Malaysias. Die Franzosen wollten das nicht hinnehmen, was schließlich zu Zusammenstößen der nominell Verbündeten führte. Schließlich griff Japan schlichtend ein.

Nur diesem Pan-Thai-Streben Thailands ist es zu verdanken, dass Frankreich nun, um seine Kolonie fürchtend, den **Laoten mehr Freiheiten** gewährte. Eine von Frankreich initiierte und unterstützte laotische nationale Bewegung entstand, eine erste laotischsprachige Zeitung konnte erscheinen, Grundschulen mit Unterricht in laotischer Sprache wurden ebenso errichtet wie einige Krankenhäuser.

Die Freude währte allerdings nicht lange, denn am 9. März 1945 übernahm **Japan** direkt die Kontrolle über das Land. Alle Franzosen wurden interniert, Laos musste eine „Unabhängigkeitserklärung“ abgeben, die keine war.

Doch der japanische Spuk war so schnell vorüber, wie er gekommen war. Zurück blieb nach der japanischen Kapitulation im September 1945 ein **Machtvakuum,** das die Alliierten durch Übertragung der Kontrolle im Süden an Großbritannien und im Norden an die

Kuomintang Chinas füllen wollte. Sehr zum Unwillen Frankreichs setzten die USA auf eine Beendigung der Kolonialherrschaft. Auch war der Boden für eine nationale Unabhängigkeitsbewegung bereitet.

Diese nutzte die Gunst der Stunde und rief am 12. Oktober **1945** die **Unabhängigkeit** des Königreichs Laos unter Einbindung aller einst unter französischer Herrschaft stehender Gebiete aus. Vertreten in dieser als **„Lao Itsala"** (Freies Laos) bekannten Bewegung waren viele Kräfte, die in den Folgejahren das oft wirre Schicksal des Landes maßgeblich mitbestimmen sollten. So auch die drei Halbbrüder und Prinzen *Phetsarath*, der spätere langjährige Ministerpräsident *Souvanna Phouma* und der „Rote Prinz" *Souphanouvong.*

Doch der Wille Frankreichs, auf keinen Fall seine Kolonie aufzugeben, war unterschätzt worden. **Ab Anfang 1946** begann Frankreich mit der **militärischen Rückeroberung Indochinas.** Ironischerweise brachten Truppentransporter, mit denen britische Soldaten von den asiatischen Schauplätzen des Zweiten Weltkrieges in die Heimat zurückkehrten, auf dem Rückweg neue französische Truppen nach Indochina. Schon zuvor hatte Frankreich mit britischer Unterstützung de-Gaulle-treue Kommandos im laotischen Bergland abgesetzt, die nun an die **Rückgewinnung der Kolonie** gingen. Viele ihrer Kämpfer hatten sie unter den Bergvölkern rekrutiert, unter anderem einen gewissen *Vang Pao,* seinerzeit im Range eines Sergeanten. Auch große Teile der laotischen Aristokratie standen zu den Kolonialherren. Hinzu kam die Schwäche der eben erst aufgestellten laotischen Armee, die nur durch vietnamesische „Freiwillige" ein wenig an Kampfkraft gewann.

Diese vietnamesisch-laotischen Verbände unter dem Kommando von Prinz *Souphanouvong* waren es auch, die den Franzosen um Thakhek im **April 1946** die **entscheidende Schlacht** lieferten. Die Franzosen zerschlugen die gegnerischen Verbände und richteten in Thakhek selbst ein Blutbad an. Der Weg zur **Wiedererrichtung der französischen Macht** war frei. 1947 erreichte Frankreich zudem die Rückgabe der im Krieg von Thailand annektierten Gebiete auf dem westlichen Mekong-Ufer.

30 Jahre revolutionärer Kampf – drei Koalitionen

Von diesen Auseinandersetzungen mit der Kolonialmacht, d.h. **von 1945 an,** zählen die heute in Vientiane herrschenden Revolutionäre die langen dreißig Jahre ihres Kampfes. Schon in den 1930er Jahren wurden auch in Laos die Grundlagen für eine **kommunistische Bewegung** gelegt. Doch blieb diese zunächst fast ausschließlich auf die hier lebenden Vietnamesen beschränkt. Zudem gelang es dem französischen Geheimdienst mehrmals, die kommunistischen Zellen nahezu vollständig zu vernichten. Mit dem bewaffneten Kampf gegen die zurückkehrenden Franzosen erreichten die Revolutionäre eine neue Qualität ihrer Organisation. Nach dem Sieg der Franzosen zerfiel die national-patriotische Bewegung Lao Itsala sehr schnell in einen großen Teil, der sich gegen einträgliche Posten erneut mit Frankreich arrangierte, und einen **Kern**

„harter Kämpfer" um Prinz Souphanouvong, der gemeinsam mit den vietnamesischen Kommunisten den Kampf für die vollständige Unabhängigkeit von der Kolonialmacht fortsetzte.

Die Franzosen begannen zu lavieren, gaben ihrer Herrschaft Schritt für Schritt den Anstrich eines freiwilligen und gleichberechtigten Zusammenschlusses der Völker. Inzwischen wussten sie auch die Vereinigten Staaten hinter sich, die spätestens seit dem **Sieg der chinesischen Kommunisten** um *Mao Ze Dong* im Jahr **1949** eine französische Kolonie einem kommunistischen Indochina vorzogen. Doch die Vietnamesen erzwangen in der **Schlacht um Dien Bien Phu 1954** eine militärische Entscheidung. Beigetragen zur Niederlage der Franzosen in der Dschungelfestung hatten nicht wenige der Bergvölker im Grenzgebiet und auch laotisch-vietnamesische Einheiten im Innern von Laos, die den Entsatz der eingeschlossenen Stellung aus Richtung Luang Prabang verhinderten.

Bei den **Genfer Verhandlungen 1954** waren die nun schon unter dem Namen **Pathet Lao** (Land Laos) bekannten Revolutionäre noch nicht vertreten. Doch im Gefolge der Konferenz erhielt nicht nur Laos die volle staatliche **Unabhängigkeit,** sondern es wurde auch der Weg geebnet für ein innerlaotisches Übereinkommen. Die Pathet Lao erhielt zwei Provinzen als Sammlungsräume ihrer bewaffneten Kräfte zugewiesen.

Ein weiteres Ergebnis von Genf war die **Bildung der ersten Koalitionsregierung (1957).** An der war die 1950 gebildete **Neo Lao Itsala** (Front Freies Laos), das in der Öffentlichkeit agierende Aushängeschild der erst 1955 gegründeten laotischen Nachfolgeorgansation der Kommunistischen Partei Indochinas mit Namen Laotische Volkspartei (ab 1972 Laotische Revolutionäre Volkspartei), mit zwei Ministern beteiligt. Bei Nachwahlen zum Parlament im Jahr 1958 trugen die Linkskräfte einen Sieg davon.

Ein von den USA zumindest begünstigter **Machtwechsel Anfang 1959** beendete die erste Koalition und ließ den Bürgerkrieg neu aufflammen. Die amerikanische Hilfe und Präsenz im kleinen und scheinbar unbedeutenden Laos wuchsen gewaltig an. Der **antikommunistische Kurs** fand Unterstützung bei jungen, rechtsgerichteten Militärs um *Phoumi Nosavan,* denen die Politik der alteingesessenen Familien gegenüber den Pathet Lao noch immer zu lax war. Nun strebten sie nach der Macht.

Diesen Ambitionen setzten am 8. August **1960** ein bis dahin unbekannter Oberst mit Namen **Kong Le** und sein Fallschirmjägerbataillion ein Ende. Sie vollzogen einen **Staatsstreich,** forderten die Wiedereinsetzung des gemäßigten Premiers *Souvanna Phouma* und bildeten selbst eine neue politische Gruppierung: die **Neutralisten.** Die USA stellten die Hilfe für die Aufsässigen ein und schlugen sich offen auf die Seite der Rechten. *Souvanna Phouma,* gewiss außerhalb jedes Verdachtes kommunistischer Umtriebe, wandte sich an die Sowjetunion um militärische Hilfe. Eine **Luftbrücke der Sowjets** nach Laos wurde eingerichtet.

Dann änderte sich die Lage: Günstige Konstellationen zwischen den Supermächten ließen in Laos ein einzigartiges Experiment zu, die echte Neutralität eines Landes und damit sein Herauslösen aus dem weltumspannenden Ost-West-Konflikt. Ergebnis dieser Situation wa-

Gebietsaufteilung 1970

von der Neo Lao Haksat (Pathet Lao) kontrolliert

ren die **Genfer Laos-Konferenz 1962** und die folgende **zweite Koalitionsregierung.** Gegenüber 1957 war die Position der Pathet Lao deutlich gestärkt, kontrollierte sie inzwischen doch die Hälfte des Landes. Doch der Traum währte nicht lange. Vor allem innerhalb der amerikanischen Führung waren die Differenzen zwischen den experimentierfreudigen Experten des State Department der Kennedy-Zeit und den Hardlinern des Pentagon nicht zu überwinden. Die Koalition zerbrach, ehe sie richtig zu funktionieren begann.

Auch die „dritte Kraft", die **Neutralisten,** zerbrach an den Tatsachen der bipolaren Welt. Sie spalteten sich in die der Pathet Lao zuneigenden „patriotischen Neutralisten" und die mit der Vientianer Seite gehenden Kräfte.

Die Kämpfe verschärften sich und erhielten eine völlig neue Dimension durch das **direkte Eingreifen der US-Luftwaffe seit dem Jahr 1964,** später bekannt als „Secret War" der USA in Laos. Es dauerte Jahre, bis Präsident *Nixon* am 6. März 1970 (!) erstmals öffentlich die amerikanischen militärischen Aktivitäten in Laos bestätigte. Bis dahin hatten zur CIA gehörende „Privat Airlines" mit zivilen Piloten der US Air Force bis hin zu B-52-Bombern Zehntausende Einsätze über Laos geflogen und Millionen Tonnen Bomben abgeworfen. Insgesamt warfen die USA über einem Land, mit dem sie offiziell keinen Krieg führten, **von 1964 bis 1973 mehr als zwei Millionen Tonnen Bomben** ab, mehr als im gesamten Zweiten Weltkrieg auf Nazi-Deutschland und Japan zusammen abgeworfen wurden.

Den Vormarsch der laotisch-vietnamesischen Verbände konnte dies ebenso wenig verhindern wie der massive Einsatz bewaffneter **„Special Forces",** von der CIA meist aus dem Bergvolk der Hmong rekrutiert. Bezahlt wurden die bis zu 60.000 Mann starken Special Forces oft auch aus „Special Funds", dem von der CIA geduldeten Opiumhandel.

Anfang der 1970er Jahre setzte sich auch in der US-amerikanischen Führung die Einsicht durch, dass der Indochinakrieg militärisch nicht zu gewinnen war. Im Januar **1973** wurden die **Pariser Abkommen** über Vietnam und im Februar des gleichen Jahres die **Vientianer Abkommen** über die Wiederherstellung des Friedens in Laos unterzeichnet. Die **dritte Koalitionsregierung** kam auf dieser Grundlage **1974** zustande, diesmal mit zwei Dritteln des Territoriums unter Herrschaft der Pathet Lao und mit paritätischer Besetzung der Ministerposten.

Die Gründung der Volksrepublik und ihre ersten Jahre

Die Zeit für Experimente mit einem „dritten Weg", also einer Politik jenseits des Ost-West-Konflikts, war vorbei. Die Koalition diente nur noch der Sicherung der **Machtergreifung durch die Pathet Lao. Bis August 1975** hatten die Pathet Lao ganz Laos einschließlich der Hauptstädte Vientiane und Luang Prabang fest unter Kontrolle. Geheim gehaltene Wahlen zu einem **Nationalkongress der Volksvertreter** fanden statt. Der Kongress tagte schließlich Anfang Dezember und nahm mit Beifall die Abdankungserklärung des Königs an. **Am 2. Dezem-**

Die Pathet Lao

Aus der Feder der Kriegsberichterstatter der Indochinakriege sind die laotischen Revolutionäre gemeinhin nur als Pathet Lao bekannt. Pathet Lao bedeutet nichts weiter als **„Land Laos“,** eine Bezeichnung, die Laos sich erstmals mit der Unabhängigkeitserklärung im Oktober 1945 zulegte, damals weitab von jedem Gedanken an Kommunismus. In Erinnerung an diesen couragierten Akt behielten die später im Untergrund agierenden revolutionären Kräfte die Bezeichnung Pathet Lao bei, die fortan gewissermaßen zum Markenzeichen der laotischen Linken wurde, ähnlich wie Viet Minh in Nord- und später Viet Cong in Südvietnam.

Dabei verbarg sich hinter dem Einheitsbegriff eine durchaus **vielschichte Organisation.** Getreu der kommunistischen Losung von der **Volks- oder Einheitsfront** aus den Jahren des Kampfes gegen den Faschismus agierte auch hier eine Front im Vordergrund. In Laos war dies 1951 bis 1956 die **Neo Lao Itsala** (Front Freies Laos) und dann bis 1975 die **Neo Lao Haksak** (Patriotische Front von Laos). Die Front war ein breites Sammelbecken für alle nationalistischen und patriotischen Kräfte einschließlich des buddhistischen Klerus sowie von Frauen- und Jugendorganisationen.

Hinter dem breiten Rücken der Patriotischen Front verbarg sich das eigentliche Machtzentrum, die „Partei“. Die Partei war 1930 bis zur offiziellen Aufteilung in nationale Parteien der indochinesischen Länder die **Kommunistische Partei Indochinas,** ein echtes Kind der Kommunistischen Internationale, auf deren Order hin die KP Indochinas gebildet wurde. Von 1951 bis 1955 entstand ein organisatorisches Loch, in dem erst einmal die Reihen der Kommunisten mit Laoten aufgefüllt werden mussten. Bis dahin waren nämlich selbst in Laos vor allem Vietnamesen Mitglieder der KP. 1955 war es so weit, und die **Laotische Volkspartei,** ab 1972 Laotische Revolutionäre Volkspartei, entstand.

Aber Pathet Lao meint nicht zuletzt auch die dritte Säule des revolutionären Kampfes – die **bewaffneten Kräfte.** Bereits 1949 gingen die Laoten den Schritt von bloßen Hilfstruppen der Vietnamesen zu eigenen Einheiten. Aus diesen ersten Hundertschaften entstand im Laufe der Jahre eine Armee, die stets eng mit den vietnamesischen Waffenbrüdern zusammenarbeitete.

Diese „Dreieinigkeit“ in der Organisation der Pathet Lao setzte sich auch in der örtlichen Verwaltung fort. Immer bildeten **Parteisekretär, Frontvorsitzender und militärischer Befehlshaber** das bestimmende Triumvirat. Auch ganz an der Spitze war das so, allerdings getreu dem sozialistischen Prinzip mit „kollektiver Führung“. Das reichlich eine Handvoll Personen umfassende **Politbüro,** in dem Parteichef *Kaysone Phomvihane* die Zügel fest in der Hand hielt und das im Frontvorsitzenden Prinz *Souphanouvong* eine schillernde Gallionsfigur hatte, war das eigentliche Machtzentrum.

ber 1975 wurde die Demokratische Volksrepublik ausgerufen. Der Kongress wählte *Souphanouvong* – alle (seine) königlichen Titel und Würden hatten die Volksvertreter eben abgeschafft – zum Präsidenten. Das Amt des Premierministers erhielt Parteichef *Kaysone Phomvihane,* der lange Jahre eher im Verborgenen gewirkt hatte . Doch in Laos sind grobe Brüche selten, steht die Wahrung des Gesichts hoch im Kurs. Ex-Monarch *Sri Savang Vatthana* erhielt so die Ehre des Beraters des Präsidenten und Ex-Premier *Souvanna Phouma* die des Beraters seines Nachfolgers.

Oft wird gerade am Beispiel Laos das **Klischee einer „friedlichen Revolution"** genährt. Doch sie verlief keinesfalls friedlich, sondern beruhte auf 30 Jahren Krieg und Bürgerkrieg. Allenfalls die Schlussphase der Machtergreifung verlief weniger blutig als in anderen Ländern, wenn auch hier angesichts entlang des Mekong in die Städte einrückender Panzer und Militärs das Wort friedlich kaum angebracht ist.

Wie dem auch sei, Laos verschwand für einige Zeit hinter dem „Bambusvorhang". Die **ersten Jahre der kommunistischen Herrschaft** waren nicht nur für die Repräsentanten des „alten Regimes" hart; die allerdings traf es besonders. Zur Herausbildung des „neuen Menschen" traten sie zu Tausenden den Marsch in **Umerziehungslager** an. Für manche eine Zeit voller Entbehrungen und Qualen, denn einige mussten 13 Jahre lang mit Feldarbeit und Politschulungen zubringen. Viele kehrten überhaupt nicht zurück, darunter auch **Ex-König Sri Savang Vatthana.** Zunächst Berater des Präsidenten, war auch er nebst Frau und Kronprinzen nach einem gescheiterten Putschversuch, bei dem die Aufrührer angaben, im Namen des Königs zu handeln, 1977 nach Sam Neua zur Umerziehung entsandt worden. Dort verlor sich seine Spur, bis Premier *Kaysone Phomvihane* im Jahr 1989 bohrende Fragen französischer Journalisten schließlich mit dem Satz beschied: „Wir alle sind sterblich".

Wer es schaffte, setzte sich in Ausland ab. Ein **Massenexodus** der laotischen Intelligenz begann. Mehr als 300.000 Menschen, rund 10% der Bevölkerung, suchten ihr Heil in der Flucht. Unter dem daraus entstandenen Mangel an Fachleuten auf allen Gebieten hatte das Land lange zu leiden. Doch unter den Flüchtlingen waren auch rund 100.000 **Hmong,** die aufgrund des Engagements eines Teils ihres Volkes an der Seite der USA per Volkszugehörigkeit in den Vereinigten Staaten aufgenommen wurden – einmalig in der amerikanischen Einwanderungspolitik.

Auch sonst hielten sich die laotischen Revolutionäre und vietnamesischen Berater in den Anfangsjahren strikt an die **„reine Lehre".** Die wenigen bestehenden Betriebe kamen unter staatliche Aufsicht und in das starre Korsett planwirtschaftlicher Vorgaben. Die Bauern wurden gedrängt, sich in Genossenschaften zusammenzuschließen. Eine neue, fast schon apathisch zu nennende Bürokratie trat an die Stelle der königlichen.

Außenpolitisch machte Laos 1979 von sich reden, als es im Zusammenhang mit dem chinesisch-vietnamesischen Krieg China der militärischen Bedrohung bezichtigte und über Nacht Tausende chinesischer Straßenbauarbeiter, die seit 1962 im Lande werkelten, hinauswarf.

Wirtschaftliche Wende und Öffnung

Wirtschaftlicher Misserfolg ließ die laotische Parteiführung bereits **Ende der 1970er Jahre** nach neuen Wegen suchen. Ein Zurückschrauben der oft unsinnigen Genossenschaftsbildungen auf dem Lande war die erste Folge. **Neue Forderungen an die Wirtschaftlichkeit** bzw. Rentabilität der Unternehmen folgten. Laos nahm Abschied von der vollständigen Finanzierung aller Betriebe aus dem Staatshaushalt, was letztlich vor allem Verantwortungslosigkeit und Misswirtschaft hatte gedeihen lassen.

Erste, noch vorsichtige **Privatisierungen** im Lande kamen als nächstes. Dann begann eine ganz behutsame Öffnung der Wirtschaft für **ausländisches Kapital.** Behutsam in mehrerlei Hinsicht: Zum einen wollte die Parteiführung nichts aus der Hand gleiten lassen und zum anderen auch nicht die sozialistischen „Bruderländer", bislang Hauptsponsor des stark defizitären Etats des Landes, verschrecken. Der **Zusammenbruch des Ostblocks** veränderte dann die Bedingungen für Laos dramatisch. Statt der angestrebten zusätzlichen Zuwendungen aus dem Westen war das Land nun komplett auf westliche Hilfe angewiesen. Eine ökonomische Öffnung und liberalere Wirtschaftspolitik wurden so zur Überlebensfrage für das unterentwickelte Laos.

⊡ „Weltfriedens-Gong" in Vientiane in der Parkanlage des Patou Say

Politik

Mit dem **Ende des Kalten Krieges** ist das sozialistische Lager, dem Laos angehörte, Geschichte. Im Gegensatz zu seinen Nachbarn Vietnam und Kambodscha hatte Laos die Verbindungen zu westlichen Ländern nie ganz abreißen lassen. So unterhielten die Vereinigten Staaten auch nach 1975, ebenso wie Australien, Schweden, Frankreich und eine Reihe südostasiatischer Staaten, stets eine Botschaft in Vientiane.

Offenkundiges Bestreben der Regierung ist es, der (markt-)wirtschaftlichen Wende nach Westen **politische und vor allem ideologische Festigkeit** im Innern entgegenzusetzen, dem chinesischen Modell nicht ganz unähnlich.

Außenpolitik

Laos bekennt sich zu einer **Politik des Friedens und der Zusammenarbeit** mit allen Ländern auf Grundlage der gegenseitigen Achtung und Nichteinmischung in innere Angelegenheiten. Seit 1997 ist Laos Mitglied des südostasiatischen Staatenbundes **ASEAN.** 2012 erlangte das Land die Vollmitgliedschaft in der Welthandelsorganisation **WTO.** Damit sind auch rein organisatorisch die Zeichen auf regionale und internationale Integration gesetzt. Politisch werden darüber hinaus immer wieder die „Sonderbeziehungen" zum Nachbarn und engen Kampfgefährten **Vietnam** und die „allseitigen Beziehungen" zur Volksrepublik **China** betont, wobei vor allem die wirtschaftliche Übermacht des nördlichen

Nachbarn (China nimmt inzwischen Platz 1 unter den ausländischen Investoren in Laos ein) auch Grund zur Sorge gibt. Dem versucht die laotische Führung durch eine **Verbesserung der Beziehungen zu westlichen Ländern,** vor allem zum einstigen Gegner USA (2016 erster offizieller Besuch eines US-Präsidenten in Laos), zu begegnen.

Einen besonderen Platz unter den Partnern der Laoten nimmt seit jeher **Thailand** ein. Wegen der ethnischen und kulturellen Nähe der beiden Völker werden die Beziehungen in guten Zeiten gern als „verwandtschaftlich" gepriesen. Dennoch versteht die laotische Führung stets, ihre Eigenständigkeit zu betonen.

Die Beziehungen zur einstigen Kolonialmacht **Frankreich** sind normal, was die Laoten trotz rasanten Wachstums der englischen Sprachen durch die Betonung der Zugehörigkeit zur Francophonie honorieren.

Im Umgang mit den **USA,** zu denen Laos im Gegensatz zu Vietnam und Kambodscha auch nach dem Indochinakrieg stets diplomatische Beziehungen unterhielen, dauerte es sehr lange bis zur völligen Normalisierung der Beziehungen, was nicht zuletzt durch die starke Lobbyarbeit der Indochinakriegsveteranen und der Organisationen der Exillaoten in den USA beeinflusst wurde. Erst 2005 gewährten die USA dem Land „normale Handelsbeziehungen".

Was die **einstigen osteuropäischen „Bruderländer"** anbelangt: Immer wieder gibt es hochrangige Gespräche mit Absichtserklärungen für eine bessere Zusammenarbeit und den Ausbau des Handels, doch in den tatsächlichen Beziehungen tut sich relativ wenig.

laos131 ml

Deutschland und Laos

Für **Westdeutschland** war Laos lange Zeit nichts weiter als ein (weißer) Fleck auf der Landkarte. Selbst der Indochinakrieg blieb in der veröffentlichten Meinung weitgehend auf Vietnam beschränkt. Spuren deutschen Wirkens finden sich allerdings schon auf Grabsteinen gefallener Legionäre, die im Dienste Frankreichs im Ersten Indochinakrieg kämpften. Während des zweiten, amerikanischen, Indochinakrieges stand die alte Bundesrepublik den USA zur Seite und brachte einige **Entwicklungsprojekte** auf den Weg. So wurde Nam Ngoum, das erste laotische Wasserkraftwerk, auch mit deutschen Krediten finanziert, und in Vientiane entstand die Laotisch-Deutsche Technische Schule.

Demgegenüber unterstützte die **DDR** schon seit den 1960er Jahren die laotischen Revolutionäre. Die dritte laotische Koalitionsregierung nahm 1974 diplomatische Beziehungen zum östlichen deutschen Staat auf (BRD 1958); die DDR jedoch eröffnete ihre Botschaft in Laos früher. Von 1976 bis zur Wiedervereinigung lief im laotisch-westdeutschen Verhältnis so gut wie nichts, da Laos an der östlichen Auffassung über Westberlin festhielt. Demgegenüber leistete die DDR umfangreiche Entwicklungshilfe, deren größter Aktivposten die **Ausbildung laotischer Fachkräfte** vom Facharbeiter bis zum Doktor der Wissenschaften war. Etwa 2000 Laoten erhielten in der DDR eine Qualifikation, mehr als 15.000 wurden mit ostdeutscher Hilfe in Laos selbst ausgebildet.

Seit 1991 amtiert der nun gesamtdeutsche Botschafter in den Räumen seines DDR-Vorgängers, und auch die deutsche **Entwicklungszusammenarbeit** mit Laos erlebt einen nie gekannten Umfang und ließ Deutschland zum zweitwichtigsten Geberland in Laos (nach Japan) aufsteigen. Hilfsprojekte gibt es in der ländlichen Entwicklung (einschließlich Klimaschutz) sowie in der nachhaltigen Wirtschaftsentwicklung, wozu u.a. die traditionelle Zusammenarbeit in der Berufsbildung gehört.

Wirtschaftlich ist Laos nach wie vor **von geringem Interesse** für Deutschland. 2015 belegte das Land Platz 135 in der deutschen Außenhandelsstatistik (dt. Export Platz 151, dt. Import Platz 109). Importiert wurden vor allem Textilien (mehr als drei Viertel der deutschen Importe). Deutsche Direktinvestitionen in Laos bewegen sich auf niedrigem Niveau, wenn auch auf Umwegen namhafte deutsche Firmen durch Übernahmen in Laos vertreten sind (Allianz, Deutsche Post/DHL). Da es auch in Laos inzwischen reiche Menschen gibt, finden sind auch Mercedes und BMW vor Ort, wobei die Regierung 2017 in betonter Bescheidenheit ihre deutschen Luxuskarossen gegen japanische Standardprodukte eingetauscht hat.

Innenpolitik

Wie die anderen sozialistischen Länder der Region versucht sich auch Laos an der Quadratur des Kreises. Einer liberalen, auf den „offenen Markt" orientierten Wirtschaftspolitik steht der unbedingte **Machterhalt der Partei** gegenüber. Die wirtschaftliche Öffnung kann den traditionellen Strukturen, die auch die gegenwärtigen Machtverhältnisse erhalten helfen, gefährlich werden. Dabei kommt es zu oft zu der Frage, wie man **„negativen Einflüssen" auf die laotische Kultur** begegnen könne. Überhaupt werden immer wieder Formen ausländischer Lebensweise unter Hinweis auf einen „Verstoß gegen die schönen Traditionen des laotischen Volkes" abgelehnt.

Hinzu kommt, dass die oft halbherzigen wirtschaftlichen Reformen und das traditionelle Geflecht familiärer und Clan-Beziehungen Erscheinungen wie **Korruption, Schmuggel und Betrug** eher fördern als behindern. Ihr Vorhandensein hat jedoch wiederum den Versuch zur Folge, sie auf administrativem Wege einzudämmen, was zu einer Flut von oft einander widersprechenden Anordnungen und zu **ausufernder Bürokratie** führt. Dennoch lässt sich der Geist der Marktwirtschaft nicht wieder zurück in die Flasche pfropfen.

Eine organisierte **Opposition** zur gegenwärtigen Regierung ist nicht in Sicht. Die sich auch in Laos auf vielen Gebieten entwickelnde Zivilgesellschaft wird argwöhnisch beobachtet, wobei das Verschwinden eines engagierten Vorreiters in diesem Bereich Ende 2012 die gesamte Gesellschaft verunsicherte. Die Staatsnähe allen gesellschaftlichen Engagements wird so quasi zur Pflicht.

Staat und Verwaltung

Verfassung

In der **1991** angenommenen Verfassung definiert sich das Land als **Demokratische Volksrepublik.** Das Wort Sozialismus kommt in der Verfassung nicht vor, Artikel 3 allerdings bezeichnet die Laotische Revolutionäre Volkspartei als „führenden Kern des politischen Systems". Im ökonomischen Abschnitt bekennt sich das laotische Grundgesetz zu der durch viele Sektoren und Eigentumsformen charakterisierten **„Marktwirtschaft sozialistischer Richtung"**, die der internationalen Zusammenarbeit und dem Umweltschutz verpflichtet ist.

An der Spitze des Staates steht der **Präsident.** Seit 2016 bekleidet **Bounnang Vorachit,** der zugleich Generalsekretär der Laotischen Revolutionären Volkspartei ist, das höchste Amt.

Volksvertretungen

Die Abgeordneten der laotischen **Nationalversammlung** werden alle fünf Jahre neu gewählt (ein Abgeordneter pro 50.000 Einwohner), wobei bei den Wahlen mehr Kandidaten aufgestellt werden als Mandate zur Verfügung stehen. Die Kandidaten werden von der Partei, den Massenorganisationen oder staatlichen Verwaltungen aufgestellt. Aber auch Selbstvorschläge zur Kandidatur sind möglich. Immer wieder betonen laotische Offizielle, bei dieser Wahl handele es sich um eine Personen- und keine Parteienwahl, bei der die würdigsten Vertreter des gesamten Volkes gewählt würden. Die Nationalversammlung der **achten Legislaturperiode (2016–2021)** besteht aus 149 Abgeordneten, von denen vier nicht der Laotischen Revolutionären Volkspartei angehören.

Das Parlament tagt zweimal jährlich, wobei die **Herbsttagung** der Planung der sozio-ökonomischen Entwicklung und dem Staatshaushalt vorbehalten ist.

Seit 2016 existieren auch **Provinzparlamente,** deren Abgeordnete auf einem getrennten Stimmzettel bei der Wahl zur Nationalversammlung gewählt werden.

Staatssymbole

Die laotische **Flagge** zeigt einen weißen Kreis, der den Vollmond darstellt, auf blauem Grund, gesäumt von zwei roten Feldern. Schon in der Schule lernen die Laoten über die **Bedeutung** dieser Farben Folgendes: Der blaue Grund verkörpert „die an Naturschätzen reiche Heimat". Die roten Felder stellen die „heldenhafte Tradition bei der Verteidigung und beim Schutz der Heimat" dar. Diese Traditionslinie reicht nun schon vom Gründerkönig *Fa Ngoum* über nationale Heroen wie *Setthathirath, Tiao Anou, Ong Keo* und *Ong Kommadam* bis zu den revolutionären Kämpfern der Pathet Lao. Der weiße Mond schließlich, der schon dank der buddhistischen Religion große Bedeutung im Ablauf des täglichen Lebens hat, verkörpert „das strahlende Licht der führenden Partei".

Im **Staatswappen** sind die Bauern des Landes in der das Emblem umkränzenden Reisgarbe symbolisiert. Das Zahnrad deutet auf die aufstrebende Industrie. Das Innere des Wappens zieren in detaillierter Wiedergabe die Symbole des Fortschritts: das Wasserkraftwerk Nam Ngoum, bewässerte Felder, eine Asphaltstraße, ein Waldstück und schließlich das nationale Heiligtum der Laoten, der That Luang. Letzterer trat übrigens im Jahr 1991 an die Stelle eines fünfzackigen Sterns und der allbekannten Symbolik von Hammer und Sichel, die sich heute nur auf dem roten Banner der Partei wiederfinden.

Die **Staatslosung,** auf der Banderole um die Reisgarben wiedergegeben, lautet: Frieden, Unabhängigkeit, Demokratie, Einheit, Prosperität (bis zur Annahme der Verfassung 1991 stand an Stelle der Prosperität „Sozialismus", und die Demokratie fehlte gänzlich).

laos132 vl

Boot mit laotischer Flagge auf dem Mekong

Regierung

Dem **Premierminister Thongloun Sisoulith** stehen ein Vollzeit-Stellvertreter sowie zwei weitere Stellvertreter mit eigenen Geschäftsbereichen zur Seite. Insgesamt zählt die Regierung **27 Minister,** davon drei Frauen (Stand 2017). Die Regierungsstruktur wiederholt sich faktisch **auf Provinzebene,** wo es inzwischen auch Abteilungen für Internationale Beziehungen gibt. Die Fachabteilungen sind doppelt unterstellt, einmal dem jeweiligen Provinzgouverneur und zum anderen dem jeweiligen Ministerium in der Hauptstadt. Die tatsächliche Macht im Lande liegt allerdings in den Händen der Laotischen Revolutionären Volkspartei, sprich deren Politbüro und Zentralkomitee.

Partei

Die **Laotische Revolutionäre Volkspartei** (LRVP) wurde 1955 – damals als Laotische Volkspartei – als laotischer Nachfolger der Kommunistischen Partei Indochinas gegründet. Damit trat die Partei stärker aus dem Schatten der 1930 von *Ho Chi Minh* geschaffenen vietnamesischen Bruderpartei und konnte sich auch stärker einer laotischen Mitgliedschaft öffnen. In der Zeit davor war die Masse der Parteimitglieder in Laos vietnamesischer Herkunft gewesen. Vom Gründungstag bis zu seinem Tod im November 1992 stand *Kaysone Phomvihane* an der Spitze der Organisation.

Uhrzeitentafel am Vientianer Flughafen

laos133 ml

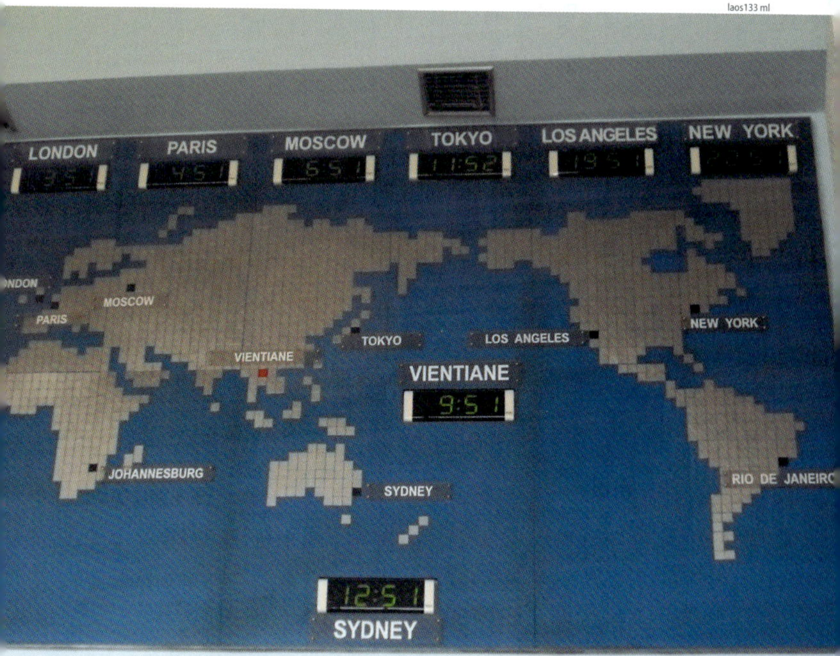

laos130 ml

Die Partei war es, die in engstem Zusammenwirken mit der vietnamesischen KP den jahrzehntelangen **Kampf für die nationale Unabhängigkeit** leitete. Dabei blieb sie selbst quasi bis zur Machtergreifung in der Illegalität und wirkte nach außen über die Volksfronten (1950 bis 1956 Neo Lao Itsala/Front Freies Laos, 1956 bis 1975 Neo Lao Haksat/Patriotische Front von Laos).

Zwar führte die LRVP in ihren Parteibeschlüssen stets das Endziel der Errichtung einer sozialistischen Gesellschaft an, verband dies aber geschickt mit **Zielen** der nationalen Befreiung, der Gleichstellung der ethnischen Gruppen des Landes, der Gleichberechtigung der Frauen oder allgemeindemokratischen Zielen wie dem Frauenwahlrecht oder auch dem Zugang zu Bildung und medizinischer Versorgung für alle. Dadurch gelang es ihr, breiten Zuspruch in der Bevölkerung, besonders unter den ethnischen Gruppen in den Berggebieten, zu finden.

Heute verfügt die LRVP über rund **253.000 Mitglieder** und ist die **einzige politische Partei des Landes.** Sie nimmt für sich in Anspruch, die Interessen des gesamten laotischen Volkes zu vertreten und begründet mit diesem Argument auch das bestehende Einparteiensystem (bei Vorhandensein mehrerer Parteien könnten diese immer nur die Interessen einer Schicht oder Gruppe der Bevölkerung vertreten).

Geführt wird die LRVP von einem **Generalsekretär** (derzeit Staatspräsident *Boungnang Vorachith*), dem allmächtigen elfköpfigen **Politbüro,** dem eine Frau angehört, dem aus neun Mitgliedern bestehenden **Sekretariat des**

⌃ Imposante Ministerialbauten verteilen sich über die Hauptstadt

Zentralkomitees und dem 69 Mitglieder und acht Kandidaten umfassenden **Zentralkomitee.** Damit ist die Struktur der Führung nach einige Reformen zum Muster der einst in Osteuropa herrschenden marxistisch-leninistischen Parteien zurückgekehrt und entspricht auch dem Aufbau der KP Chinas und Vietnams.

Die Partei bestimmt den strategischen Kurs des Landes, wobei deutlich wird, dass eine pragmatische, auf rasche wirtschaftliche Erfolge bei unantastbaren politischen Verhältnissen gerichtete Linie verfolgt wird.

Massenorganisationen

Artikel 7 der Verfassung definiert die Rolle der Massenorganisationen als **„Orte der politischen Bildung, des solidarischen Zusammenschlusses und der Mobilisierung** der verschiedenen sozialen Schichten aller ethnischen Gruppen zur Teilnahme an der Verteidigung und am Aufbau der Heimat, zur Ausgestaltung des Rechtes des Volkes auf Herrschaft über das Land, zur Verteidigung der Rechte und der legitimen Interessen der Mitglieder der jeweiligen Organisation." Im einzelnen handelt es sich hierbei um die Laotische Front des Nationalen Aufbaus, den Bund der Veteranen, den Laotischen Gewerkschaftsbund, die Laotische Revolutionäre Volksjugend und die Laotische Frauenunion. All diesen Organisationen ist eigen, dass sie als **Hilfsorganisationen der Partei** zur Erweiterung ihres Einflusses unter den Volksmassen geschaffen wurden und als solche funktionieren. So war die Patriotische Front einst als Aushängeschild der im Untergrund wirkenden Partei gegründet worden mit dem programmatischen Ziel der Erringung der nationalen und sozialen Unabhängigkeit. Mit der Machtergreifung der Pathet Lao und nach dem Hervortreten der Partei an die Öffentlichkeit befand sich die Organisation in einer Identitätskrise. Erst 1978 kam die Parteiführung zu dem Schluss, die Front als breite Organisation des gesamten Volkes noch brauchen zu können. So wurde sie als **Laotische Front des Nationalen Aufbaus (Neo Lao Sang Sat)** neu gegründet. Die anderen Massenorganisationen sind kollektive Mitglieder der Front, die über Organisationsstrukturen von der Zentrale bis in die Dörfer verfügt.

Während die **Jugendorganisation** dem Muster sozialistischer Jugendverbände als „Kaderschmiede" der Partei weitgehend folgt, bemüht sich die **Frauenorganisation** mit einigem Erfolg um die Verbesserung der sozialen Lage der laotischen Frauen. Die Frauenunion betreibt beispielsweise eine Reihe von Entwicklungsprojekten speziell für Frauen in ländlichen Gebieten. Mit etwa einer halben Million Mitgliedern ist die Frauenunion auch die größte Organisation des Landes.

Die **Gewerkschaft,** sozialistisch verstanden als „Transmissionsriemen der Partei zu den Werktätigen" und nicht als Interessenvertreter der Arbeitnehmer gegenüber dem Arbeitgeber, sieht sich angesichts der Entwicklung der privaten Wirtschaft vor neuen Aufgaben, denen sie nicht gewachsen ist. So bleibt es eher dem Staat überlassen, allzu üppigen Auswüchsen des Neo-Kapitalismus eine wachsende Zahl von Verordnungen entgegenzusetzen.

Provinzen und Hauptstädte

Provinzhauptstädte

Attopeu	ອັດຕະປື
Houay Say	Say ຫ້ວຍຊາຍ
Luang Namtha	ຫລວງນ້ຳທາ
Luang Prabang	ຫລວງພະບາງ
Muong Say	ເມືອງໄຊ
Paksane	ປາກຊັນ
Pakse	ປາກເຊ
Phone Hong	ໂພນໂຮງ
Phone Savan	ໂພນສະວັນ
Phongsaly	ຜົ້ງສາລີ
Sam Neua	ຊຳເໜືອ
Saravane	ສາລະວັນ
Savannakhet	ສະວັນນະເຂດ
Sayabouri	ໄຊຍະບູລີ
Sekong	ເຊກອງ
Thakhek	ທ່າແຂກ
Vientiane	ວຽງຈັນ

PROVINZEN

ATTOPEU	ອັດຕະປື
BOKEO	ບໍ່ແກ້ວ
BOLIKHAMSAY	ບໍລິຄຳໄຊ
CHAMPASAK	ຈຳປາສັກ
HOUA PHAN	ຫົວພັນ
KHAMMOUANE	ຄຳມ່ວນ
LUANG NAMTHA	ຫລວງນ້ຳທາ
LUANG PRABANG	ຫລວງພະບາງ
OUDOMSAY	ອຸດົມໄຊ
PHONGSALY	ຜົ້ງສາລີ
SARAVANE	ສາລະວັນ
SAVANNAKHET	ສະວັນນະເຂດ
SAYABOURI	ໄຊຍະບູລີ
SAYSOMBOUNE	ໄຊສົມບູນ
SEKONG	ເຊກອງ
VIENTIANE	ນະຄອນຫລວງ
VIENTIANE CAPITAL	ນະຄອນຫລວງ ວຽງຈັນ
XIENG KHOUANG	ຊຽງຂວາງ

0 100 km

Verwaltung

Administrativ teilt sich Laos in **17 Provinzen** (laot. Khoueng, gespr. Khwääng) **und** die einer Provinz gleichgestellte **Hauptstadt Vientiane.** Die Einrichtung weiterer Großstädte als eigenständige Verwaltungseinheiten wird vorbereitet.

Die Provinzen unterteilen sich in **148 Kreise** (laot. Muong, gespr. Müüang) und diese wiederum in **Dörfer** (laot. Ban, gespr. Baan). Ihnen stehen auf Provinz- und Kreisebene Tiao Khoueng bzw. Tiao Muong (Provinz- bzw. Kreisgouverneur) und in den Dörfer die Dorfältesten (Nai Baan) vor. In der Regel sind die Leiter der Verwaltungseinheiten zugleich Vorsitzende der jeweiligen Parteiorganisation.

Die Provinzen genießen relativ große Freiheiten vor allem in ihren wirtschaftlichen Entscheidungen. Da sich dies nicht unbedingt mit den Zielen der Politik der Zentralregierung vereinbaren lässt, kommt es zu **wellenartigen Zentralisierungs- und Dezentralisierungsphasen.** Doch insgesamt gilt wohl in Laos angesichts der schwach entwickelten Infrastruktur das alte russische Sprichwort „Rußland ist groß und der Zar ist weit".

Insgesamt arbeiten mehr als 150.000 Menschen in der staatlichen Verwaltung, mehr als 2,5% der Gesamtbevölkerung.

Wirtschaft

Wirtschaftspolitik

Seit 1985 bewegt sich Laos auf dem Weg wirtschaftlicher Reformen **weg von der zentralen Plan- hin zur Marktwirtschaft.** In der Landessprache heißt diese Wirtschaftsreform **Chintanakaan May** (Neues Denken), und ihre Schöpfer waren seinerzeit stolz darauf, mit diesem Kurs noch vor der sowjetischen Perestroika begonnen zu haben.

Seit 1988 hat Laos seine Wirtschaft ausländischen Investoren geöffnet. Dabei findet fremdes Kapital durchaus günstige Bedingungen vor (billige Arbeitskräfte, Gewinntransfer, niedrige Abgaben und Steuern), doch bremsen eine nur schwach entwickelte Infrastruktur, mangelnde Qualifizierung der Arbeitskräfte und das Fehlen eines entwickelten Rechtssystem das ausländische Interesse.

Zu dieser „neoliberalen" Politik, eifrig unterstützt von Weltbank und Währungsfonds, gehört auch die weitgehende **Privatisierung der staatlichen Unternehmen.** Die laotische Regierung favorisiert bei größeren Investitionsvorhaben in allen Bereichen das Prinzip BOT (Build-Operate-Transfer), wobei der Investor auf eigene Kosten baut, für eine festgelegte Zeit das Projekt betreibt (und Steuern zahlt) und es nach Ablauf der Frist kostenlos an den laotischen Staat abgibt. Auf diese Weise entstehen u.a. Wasserkraftwerke, das Telekommunikationsnetz, aber auch Brücken.

Gelenkt wird die sozio-ökonomische Entwicklung nach wie vor durch **Fünf-**

Jahrespläne, doch handelt es sich hier um eine Rahmenplanung, die Hauptrichtungen der makroökonomischen Entwicklung nicht zuletzt als Richtlinie für die Geberländer aufzeichnet. Der aktuelle achte Plan der Sozio-Ökonomischen Entwicklung für den Zeitraum **2016 bis 2020** steht unter dem **Motto „Industrialisierung und Modernisierung".**

Gegenwärtig ist die Regierung verstärkt bestrebt, Steuern und Abgaben auch tatsächlich einzutreiben, Schmuggel und Korruption einzudämmen und so die Wirtschaft weiter zu stabilisieren. **Oberstes Ziel** ist ein jährliches reales Wachstum von mindestens 7,5% bei einer Inflation von weniger als 10%. Ein **Wachstum,** das nun schon seit fast 15 Jahren anhält und das **Pro-Kopf-Einkommen** von 135 US$ (1989) auf etwa 1970 US$ (2015) anhob. So erreichte Laos den Status eines Landes mit niedrigem mittleren Einkommen, doch es gehört nach wie vor zu den am wenigsten entwickelten Ländern der Erde *(least developed countries).* Diese Kategorie zu verlassen, ist das erklärte Ziel der Entwicklungsstrategie bis 2020.

Offiziell hat sich die Zahl der unter der Armutsgrenze lebenden Einwohner auf 23% verringert, doch wächst andererseits die **soziale Differenzierung** rasant, anders formuliert: Der Abstand zwischen Arm und Reich wird auch in Laos immer größer. Einer Studie der Asiatischen Entwicklungsbank zufolge wuchs im Zeitraum 1992 bis 2013 der Anteil der reichsten 20% der Bevölkerung an der Gesamtheit der Ausgaben von 40 auf 45%, während die ärmsten 20% nur noch auf 7,6% der Ausgaben kommen (1992: 8,7%).

Wirtschaftsregionen

Das wirtschaftliche Zentrum des Landes ist ohne Zweifel die **Hauptstadt Vientiane,** wo auch rund ein Drittel aller Unternehmen angesiedelt ist. Das Wirtschaftsgebiet weitet sich derzeit rasch aus und erfasst zunehmend die gesamte Vientianer Ebene mit dem zweiten Zentrum in der **Provinz Vientiane.**

Insgesamt konzentriert sich das wirtschaftliche Leben auf das **Mekong-Tal** mit den weiteren bedeutenden Orten Thakhek, Savannakhet und Pakse. Hier leben nicht nur 30% der Bevölkerung, sondern auch die **Nähe zu Thailand** bietet günstige Voraussetzungen für eine rasche wirtschaftliche Entwicklung. Die Mehrzahl der bestehenden wie der neu entstehenden Unternehmen findet sich in diesem Gebiet.

Ein weiterer Schwerpunkt entwickelt sich **im Norden** (besonders Oudomsay und Luang Namtha) im **Grenzgebiet zu China.** Ausschlaggebend hierfür ist weniger eine eigene Industrie als vielmehr der Handel mit dem großen Nachbarn. Laos profitiert von seiner Lage als Transitland zwischen Thailand und China. Auch die Nutzung der Flächen in Laos für die landwirtschaftliche Produktion mit dem Zielmarkt China ist von großer Bedeutung.

[>] Viehhaltung ist wichtig zur Befriedigung der Nahrungsnachfrage

Gewissermaßen eine Wirtschaftsinsel stellt die von Bergen umgebene alte Königsstadt **Luang Prabang** dar. Die Stadt, die seit 1995 als Ganzes auf der Liste des kulturellen UNESCO-Welterbes steht, entwickelte sich zum konkurrenzlosen Tourismuszentrum des Landes.

Auslandsinvestitionen

Seit Herbst 1988 verfügt Laos über ein **Auslandsinvestitionsgesetz,** mit dessen Hilfe ausländisches Kapital ins Land geholt werden soll. Inzwischen wurde das Gesetz schon zweimal verändert und letztlich entsprechend den **Regeln der WTO** mit dem Inlandsinvestitionsgesetz vereint. Die Verfassung verbrieft in Artikel 15 das Recht auf ausländische Investitionen und garantiert Investoren den **Schutz vor Enteignung und Verstaatlichung.**

Bis 2015 waren insgesamt **4500 Investitionsprojekte** mit einem Gesamtumfang von 24,5 Milliarden US$ bewilligt worden. Wie viele davon tatsächlich realisiert wurden, weisen die offiziellen Statistiken nicht aus.

Laos kennt **drei Formen ausländischer Beteiligungen:** die vertragliche Zusammenarbeit, gemeinsame Unternehmen (Joint Venture), in die der ausländische Partner mindestens 10% einbringen soll, und vollständig in ausländischem Besitz befindliche Unternehmen.

Hauptsächliche **Wirtschaftssektoren** für ausländische Investitionen sind die Elektroenergieerzeugung (49 Projekte mit 7,3 Mrd. US$ Investitionsumfang), Bergbau (304 Projekte, 5,7 Mrd. US$) und Landwirtschaft (990 Projekte mit 2,9 Mrd. US$). Die meisten ausländischen Investitionen kommen aus **China** (834 Projekte, 5,5 Mrd. US$), **Thailand** (748/4,5 Mrd.) und **Vietnam** (417/3,6

laos119 vl

Mrd.). Deutschland erscheint in dieser Liste mit 31 Projekten mit insgesamt weniger als 8 Millionen US$. Investoren aus 53 Ländern erhielten bisher Investitionslizenzen.

Der achte **Fünf-Jahresplan** sieht Gesamtinvestitionen in Höhe von 27 Milliarden US$ vor, von denen 54 bis 58% von privaten einheimischen und ausländischen Investoren kommen sollen.

Internationale Hilfe

Seit mindestens 60 Jahren baut Laos auf nichts mehr als auf ausländische Hilfe. Die geografische Lage und die politischen Ereignisse seit dem Zweiten Weltkrieg erlaubten dem Land, stets **über seine Verhältnisse** zu **leben** und sich dies von den jeweiligen politischen Interessenten bezahlen zu lassen. Zunächst waren es die **Franzosen,** die nach jahrzehntelanger Zurückhaltung meinten, sich des drängenden japanischen Einflusses durch Geschenke an Laos erwehren zu können. So entstanden in den 1940er Jahren Schulen, Krankenhäuser, Sportklubs und selbst eine Radiostation. Nach dem unrühmlichen Abgang der Kolonialmacht versuchten die **USA,** den *American Way of Life* auch nach Laos zu exportieren. Schon 1955/56 ließen sich die Amerikaner dies 48 Millionen Dollar kosten, wovon immerhin 13 Millionen für wirtschaftliche Zwecke vorgesehen waren. Die Krux des US-amerikanischen Engagements: Der Löwenanteil floss in **militärische Bereiche.** Anfang der 1970er Jahre erreichten die jährlichen Laos-Ausgaben der USA geschätzte 650 Millionen Dollar, 215 Dollar pro Kopf der Bevölkerung – etwa so viel betrug 1995 das Pro-Kopf-Einkommen. Für nicht-militärische Zwecke blieben davon nur 30 Millionen Dollar übrig. Eine Schicht mit den USA kollaborierender Beamter und Militärs lebte dank ausufernder Korruption in Saus und Braus, während die Bevölkerung in den von der Pathet Lao kontrollierten „befreiten Gebieten" 24 Stunden am Tag mit ganz anderen Segnungen der größten Industrienation bedacht wurde – mit Millionen Tonnen Bomben.

Der amerikanischen folgten **chinesische und vietnamesische Hilfe,** die zwar auch in den Jahren des Krieges floss, aber eben nur in die befreiten Gebiete. Ergänzt und später weitgehend ersetzt wurden diese Quellen durch einen Rubelsegen. Runde 150 Millionen Rubel schoss die **Sowjetunion** pro Jahr zum Ausgleich des laotischen Staatshaushaltes zu. Allerdings als Kredit, um dessen Rückzahlung lange Jahre nach Ende der Sowjetunion noch gestritten wurde. 500 Laoten reisten in jedem Jahr in das große Bruderland zur Ausbildung.

Platz 2 unter den Hilfegebern jener Zeit nahm die **DDR** mit knapp 20 Millionen Mark unentgeltlicher Hilfe im Jahr ein. Von westlicher Seite flossen nur schwedische Kronen und japanische Yen regelmäßig.

Seit der Öffnung des Landes und dem Ende des Ostblocks hat die westliche Hilfe sprunghaft zugenommen. Die Weltbank stopfte nach Wegfall der Rubel-Spenden das Loch im Haushalt. Japan, Deutschland, Frankreich und Australien listen Laos in ihren Entwicklungsfonds. Auch verschiedene UN-Programme pumpen Geld ins Land, ist Laos doch ein dankbares Vorzeigeobjekt für Entwicklungsprojekte. **Auf fast allen**

Listen der Hilfsbedürftigen wird das Land geführt: auf der Liste der am wenigsten entwickelten Länder, auf der der am meisten benachteiligten Länder, auf der Liste der Länder ohne Zugang zum Meer usw. Im Jahr 2015 erhielt Laos insgesamt 795 Millionen US-Dollar, davon 553 Millionen als unentgeltliche Hilfe und 212 Millionen Dollar in Form von Krediten.

Kein Wunder, dass die 60-jährige Tradition internationaler Hilfe auch auf laotischer Seite zur Gewohnheit geworden ist. Die Geste des Handaufhaltens im Großen ist gewissermaßen seit einem halben Jahrhundert **institutionalisiert.** Zumindest im laufenden Fünf-Jahresplan soll es auch so bleiben, denn das anvisierte Wachstum baut unter anderem auf **weiter wachsende Entwicklungsgelder.** Insgesamt 4,36 Milliarden Dollar sollen fließen, 2,29 Milliarden als unentgeltliche Hilfe und weitere 2,07 Milliarden als Kredite. Diese von der laotischen Seite verbreiteten Zahlen unterscheiden sich offenbar von den Angaben der OECD, doch kann man davon ausgehen, dass im laotischen Haushalt auch die Zuwendungen aus China und Vietnam erfasst werden.

Landwirtschaft

Die laotische Wirtschaftsstruktur verändert sich dramatisch. Inzwischen sind weniger als 70% der laotischen Arbeitskräfte in der Landwirtschaft tätig und erzeugen dabei nur noch **23,7% des Bruttoinlandproduktes** (1995 waren es noch 58%!). Rund 760.000 Hektar waren in der Hauptanbauzeit 2014 mit **Reis** bestellt, was einen Ertrag von 3,2 Millionen Tonnen brachte. Die Haupternte zum Ende der Regenzeit ist nach wie vor weitgehend von der Witterung abhängig. In der Trockenzeit wurde auf 102.000 Hektar bewässerten Flächen Reis angebaut, auf denen eine halbe Million Tonnen geerntet wurde. Weitere 105.000 Hektar wurden mit **Trockenreis** bestellt, der nur die Hälfte der Erträge von Nassreis erzielt und auch mit dem Problem der **Brandrodung** und der damit verbundenen Vernichtung von Wäldern

Grundeigentum in Laos

Formal gesehen gibt es in Laos keinen Privatbesitz an Grund und Boden, gehört das Land doch – neben Bodenschätzen, Gewässern, Luft, Wald, Forstprodukten, Fischen, Wildtieren und anderen Naturreichtümern – der nationalen Gemeinschaft, die durch den Staat repräsentiert wird, der die Naturschätze auch verwaltet. Dennoch wird man allenthalben Schilder sehen, auf denen „Land for Sale" steht. Verkauft wird jedoch das **Nutzungsrecht,** das **übertragbar** und auch vererblich ist. Dieses Nutzungsrecht ist allein laotischen natürlichen und juristischen Personen vorbehalten. Residenten, Staatenlosen und Ausländern sowie von ihnen betriebenen Institutionen ist lediglich die Pacht oder Konzession von Land erlaubt. Das führt auch dazu, dass Ausländer, die **keine Grundstücksurkunden** vorlegen können, der **Zugang zu Bankkrediten erschwert** wird, da die Banken in der Regel Grund und Boden als Sicherheit verlangen.

Ungeachtet dessen heißt es in der Umgangssprache ganz selbstverständlich: Ich habe ein Grundstück gekauft.

Reis – das anspruchsvolle Korn

Reis ist die wohl **aufwendigste Getreideart der Welt.** Reisbauern hegen und pflegen ihn wie ihre eigenen Kinder. Schon vor der Aussaat müssen die Körner einiges über sich ergehen lassen. Ein bis drei Tage lang kommen sie zum Quellen ins Wasser. Die gequollenen Reiskörner lassen sich dann, in vorgewärmter Erde gut abgedeckt, drei bis fünf Tage lang die ersten Keime aus dem Innern treiben.

Das vorgekeimte Saatgut erlebt dann die **Aussaat** in speziell angelegte und bewässerte Saatbeete. Je nach Sorte und Witterung brauchen die Pflänzchen zwei bis fünf Wochen, um kräftig genug zu sein, sich am Schopfe aus dem Boden ziehen zu lassen. Inzwischen sind die **Reisfelder gepflügt und** stehen **wadentief unter Wasser.** Halm für Halm wird nun in den Boden gesteckt. In den folgenden drei bis sechs Monaten (wiederum abhängig von der Sorte) hat der Reis nur zu **wachsen und** zu **reifen.** Der Reisbauer wacht derweil argwöhnisch über einen immer gleich bleibenden Wasserstand und den steten Fluss des Wassers – die Pflanzen sollen weder verfaulen noch vertrocknen –, über die Farbe der Halme, um ihnen mit Dünger wieder zu einem satten Grün zu verhelfen, und über möglichen Schädlingsbefall. Schließlich wird das Wasser abgelassen, und noch ehe die Reiskörner beginnen auszufallen, ist **Ernte.** Dem anschließenden **Dreschen** schließt sich ein weiterer Arbeitsgang an, denn Reis muss **geschält** werden, ehe er als weißes Korn erneut zum Quellen ins Wasser kommt, gekocht und endlich gegessen wird. Wohlgemerkt, bislang erfolgen alle Arbeitsgänge in Laos weitgehend von Hand. Lediglich in einigen der Hauptanbaugebiete entlang des Mekong werden Pflügen, Dreschen und Schälen von Maschinen erledigt.

laos118 vl

Gemeinhin sind dem Europäer bestenfalls die Unterschiede von Rundkorn und Langkorn bekannt. Dabei gibt es in Asien **Dutzende Reissorten,** die sich in Aussehen und Geschmack unterscheiden. Traditionell dominiert **Klebereis** den laotischen Speisezettel. Klebereis wird nicht gekocht, sondern gedünstet. Im Anbau ist er nicht weniger anspruchsvoll als seine körnigen Verwandten. Allerdings braucht er die längste Zeit zum Reifen und bringt geringere Erträge als andere Reissorten.

Eine **Besonderheit** bietet der Anbau **in Laos** allerdings doch: Die Laoten unterscheiden nach **Na Pii** (Hauptsaison Juni bis Dezember), **Na Saeeng** (bewässerter Anbau Januar bis Mai) und **Hai** (Trockenreis). Hai erfreut sich sinkender Beliebtheit, handelt es sich hierbei doch um den **Anbau** von Reis **auf Brandrodungsfeldern.** Der Reis, daher auch der Name Trockenreis, steht nicht die gesamte Wachstumsperiode über im Wasser. Durch Brandrodung werden in Laos noch immer große Waldflächen vernichtet. Der dann auf den so gewonnenen Feldern angebaute Reis bringt auch nur etwas mehr als die Hälfte des Ertrages von Nassreis.

eng verbunden ist. Die Regierung versucht deshalb, den Anbau von Trockenreis zu reduzieren oder zumindest in „rotierendem“ Brandrodungsfeldbau die Vernichtung weiterer Waldflächen zu verhindern. Weitere wichtige Kulturen sind **Mais** (2014: 212.000 Hektar mit 1,4 Millionen Tonnen Ertrag), **Süßkartoffeln** (66.000 ha, 1,9 Mill. t) und **Gemüse** (145.000 ha, 1,6 Mill. t). Vom Statistikbüro noch nicht einmal erfasst ist ein jüngeres Phänomen in den Nordprovinzen, nämlich der Anbau von **Bananen** vornehmlich für den chinesischen Markt. Verschiedenen Veröffentlichungen zufolge sind schon weit mehr als 100.000 Hektar mit Bananenstauden bepflanzt, wobei vor allem der extensive **Einsatz von Dünge- und Pflanzenschutzmitteln** für Diskussionen sorgte und neue Pflanzungen erschwert oder sogar verhindert. Neu auf der Liste ist auch **Kautschuk,** dessen Anbauflächen in einem großen Gummirausch rasch über die 100.000-Hektar-Marke sprangen, nun aber wegen niedriger Latexpreise wieder nach unten tendieren. Dabei schien der Kautschuk so eine Art Ideallösung für Wiederaufforstung, Opium-Ersatz und wirtschaftlichen Aufschwung zu sein. Das verspricht eher **Kaffee,** der inzwischen auf 92.000 Hektar wächst und 2014 fast 100.000 Tonnen Ernte brachte.

Bei der **Tierhaltung** ist die Zahl der Wasserbüffel weiter rückläufig, nicht zuletzt weil das für Südostasien so typische Tier kaum noch als Zugtier bei der Feldarbeit benötigt wird. Demgegenüber nehmen die Bestände von Rindern, Schweinen, Ziegen, Schafen und Geflügel weiter zu.

Forstwirtschaft

Seit Anfang 2016 ist ein striktes **Ausfuhrverbot für Holz und viele Holzprodukte** in Kraft. Wieder einmal, könnte man sagen, dann ähnliche Versuche, dem illegalen Einschlag von und dem Handel mit Holz entgegenzuwirken, gab es in wechselnden Abständen seit 1991. Einher geht der Kampf gegen den Holzschmuggel diesmal mit der Schließung von über 1000 halb- oder illegalen Sägewerken, der Konfiszierung von Kettensägen usw. Das Ziel ist klar: Die laotische Regierung möchte dem chronischen **Problem des illegalen Holzhandels** Herr werden und dem **fortschreitenden Verlust seiner Naturwälder** Einhalt gebieten. Doch der Handel mit den oft sehr wertvollen Edelhölzern ist sehr lukrativ, und auch die Verantwortlichen der Überwachungskette haben manchmal den Hang, an den Segnungen der Moderne über das Maß ihres Gehalts hinaus teilhaben zu wollen. Dem erklärten Ziel der Regierung, bis 2020 wieder 72% der Landesfläche von Wald bedeckt zu sehen, ist Laos noch nicht deutlich näher gerückt; aktuelle Angaben schwanken je nach Lesart zwischen 38 und 48%. Darunter fallen auch **Plantagen** von Teak, Kautschuk, Eukalyptus oder Akazien. Die Eukalyptusanbauer sind es auch, die verständlicherweise eine erste Bresche in den totalen Holzexportstopp geschlagen haben, denn schließlich produzieren sie Holz für die Papierindustrie. Bisher gibt es in Laos keine Papiermühlen.

Ausgesetzt sind dagegen noch alle anderen Sonderregelungen, etwa solche in Zusammenhang mit Abholzung, die aus

Opiumanbau in Laos

Opium wird **in den Bergen von Laos** schon seit Menschengedenken gewonnen. Bereits alte Überlieferungen sprechen von der Anwendung der Droge als **Naturheilmittel.** Meist war es die einzige Medizin, die Schamanen und Wunderheilern zur Verfügung stand.

Erst mit dem **Opiummonopol der französischen Kolonialherren** verdrängte der Mohnanbau in einigen Dörfern andere Kulturen und wurde zur wirtschaftlichen Grundlage einiger Bergvölker. Finanzielle Engpässe in der indochinesischen Kolonialkasse sowie Erster und Zweiter Weltkrieg ließen die Franzosen nach immer neuen Möglichkeiten suchen, mehr Geld aus dem Opiumhandel zu schöpfen.

Dann waren es die **Vereinigten Staaten von Amerika,** deren „geheimer Krieg" in Laos zum Teil auch mit geheimen Mitteln geführt wurde. Die CIA begleitete nun die Veredelung des Saftes der Mohnkapsel zu Dollars, mit denen wiederum Teile der 60.000 in ihrem Sold stehenden Hmong-Krieger bezahlt wurden. Gleichzeitig erließ die laotische Regierung auf Druck der amerikanischen Regierung 1971 ein **Anti-Drogen-Gesetz,** in dessen Folge der Anbau erst richtig lukrativ wurde, da wegen der Illegalität auch die Preise sprunghaft zu steigen begannen.

Heute sind es vor allem die USA, die Laos den fortgesetzten Anbau des Rauschgiftes vorwerfen. US-Antidrogenamt, UN-Anti-Drogen-Programme und nicht-staatliche Organisationen befassen sich mit dem Thema. Die Schätzungen der gegenwärtigen aus Laos stammenden Menge an **Rohopium** schwanken **zwischen 84 und 176 Tonnen,** die vor allem in den Provinzen Phongsaly, Houaphan, Luang Prabang, Xieng Khouang und Oudomsay erzeugt werden sollen. In jedem Fall zählt Laos nach wie vor zu den größten Erzeugern der Welt.

Die Bemühungen, den traditionellen Anbau von Mohn einzudämmen, treffen auf eine Reihe von Problemen. Zum einen kommen in den betreffenden Hochlandgebieten meist Obst und Gemüse als **Ersatzkulturen** in Frage. Da dabei viel größere Mengen anfallen als beim Rohopium, stellt sich sofort die Frage nach **Transportmöglichkeiten** in die potenziellen Verbrauchergebiete in der Ebene sowie nach der **Verarbeitung.** Zum anderen stellt auch die **Umsiedlung** der Hochlandbewohner in niedriger gelegene Gebiete, in denen der Anbau anderer Kulturen möglich wäre, keine Ideallösung dar. Das einst von der laotischen Regierung in Angriff genommene Umsiedlungsprogramm erhielt gar den Stempel „Völkermord". Gewaltsame Umsiedlungen oder auch das Locken mit großen Versprechungen, das haben inzwischen auch die offiziellen Stellen des Landes eingesehen, bringen nichts, sondern schaffen nur neue Probleme.

Auf jeden Fall ist eine **funktionierende Mischung der bestehenden Möglichkeiten zum Ersatz des Mohnanbaus noch nicht gefunden.** Wiederholte administrative Verbote gepaart mit Versuchen, sie notfalls auch mit (militärischer) Gewalt umzusetzen, hatten allenfalls zeitweilig Erfolg. Da hilft auch die Androhung drakonischer Strafen bis hin zur Todesstrafe wenig. Benötigt wird eine Lösung, die die wirtschaftliche Situation der Menschen in den Bergen von Nordlaos dauerhaft verbessert. Der Anbau von Kautschuk, einst euphorisch als ideale Lösung des Problems betrachtet, ist es wohl doch nicht. Neuester Versuch ist der großflächige Anbau von Kaffee in Phongsaly.

Infrastrukturprojekten oder aus den künftigen Staubecken geplanter und im Bau befindlicher Wasserkraftwerke resultiert. Diese **Schlupflöcher** waren nach Erkenntnissen mehrerer Studien massiv genutzt worden, die Herkunft illegal geschlagenen Holzes zu verschleiern und es so quasi zu legalisieren. Nicht nur die Interessen der **Holzmafia** sind durch die rigide Politik beeinträchtigt, auch viele örtliche **Infrastrukturvorhaben** sind bislang von Gemeinden und Distrikten mit Holz bezahlt worden. Sicher scheint nur: Solange noch wertvolle Bäume in laotischen Wäldern stehen, wird es auch Begehrlichkeiten geben, sie in Geld zu verwandeln.

Fischerei

Obwohl Laos keinen Zugang zum Meer hat, spielt Fisch eine wesentliche Rolle in der Ernährung und damit in der Wirtschaft des Landes. Fisch ist auch in Laos **Haupteiweißquelle.** Deshalb wird so ziemlich jede Wasserlache zur Fischzucht genutzt. **Hauptsächliche Fischgründe sind der Mekong und seine Nebenflüsse.** Selbst kleine und kleinste Fischchen werden verwendet und finden sich meist in der gemeinsam mit Chili vergorenen Form der Fischpaste *(Paa Daeek)* wieder. Die Menge der in den Gewässern gefangenen Fische kommt mit 60.000 Tonnen etwa auf zwei Drittel der gezüchteten Fische mit rund 90.000 Tonnen. Befürchtungen internationaler Experten über den Einfluss von Wasserkraftanlagen auf den Fischreichtum der natürlichen Gewässer kontert die Regierung mit den besseren Möglichkeiten zur **Fischzucht** in den neu entstehenden Stauseen. Nicht berücksichtigt bleibt dabei allerdings die Frage des Artenreichtums.

Industrie und Energie

Seit rund 20 Jahren verzeichnet die Industrie in Laos eine rasante Entwicklung, allerdings basierend auf einem denkbar niedrigen Ausgangsniveau. Im Jahr 2015 trug die Industrie 29,1% zum BIP bei (1999: 17,9%). Doch gibt die Industriestruktur Experten Grund zu Warnungen, denn die laotische Wirtschaft hängt in großem Maße von **Rohstoffexporten** ab. Der Bergbau trägt dabei die Hauptlast, vor allem Kupfer und Eisen,

laos134 vl

[>] Bootsmann auf dem Mekong, dem fischreichsten Fluss des Landes

aber auch Kohle, Gold, Silber, Baryt, Kali, Gips und Kalkstein werden in größeren Mengen abgebaut. Die Verarbeitung im Land lässt allerdings zu wünschen übrig. Da stechen die fünf Millionen Hektoliter des schmackhaften **Beerlao** heraus. Damit käme Beerlao in Deutschland auf Platz 3 zwischen Krombacher und Warsteiner. Zwei Millionen Tonnen **Zement** reichen dagegen nicht aus, den Eigenbedarf zu decken.

In ihrer Industrialisierungsstrategie setzt die laotische Regierung vor allem auf **Wirtschaftssonderzonen,** in denen sich zum Teil auch modernste Betriebe (etwa Kameramontage von Nikon, Essilor Brillenglasproduktion oder Boeing-Zulieferer) angesiedelt haben. Andere Sonderzonen setzen eher auf das schnelle Geld und betreiben Kasinos, die spielfreudige Besucher aus den Nachbarländern anlocken sollen.

Nach Vorstellungen der Regierung soll vor allem die Nutzung der immensen **Wasserkraftressourcen** des Landes den wirtschaftlichen Aufschwung antreiben. 2015 waren 40 Wasserkraftanlagen mit einer Leistung von 6304 MW in Betrieb. Bis 2020 will Laos eine Leistung von 10.000 MW erreichen, 2030 sollen es 20.000 MW sein. Vor allem Umweltschutzorganisationen beobachten den rapiden Ausbau der Wasserkraft kritisch, hatte doch auch eine von der Mekong River Commission in Auftrag gegebene Studie im Jahr 2010 ein Moratorium von zehn Jahren vorgeschlagen, um das **Mekong-Einzugsgebiet** erst einmal gründlich erforschen und dann die beste Nutzungsstrategie festlegen zu können. Derzeit sind in Laos zwei Projekte am Mekong-Hauptstrom im Bau: Sayabouri im Norden und Don Sahong im äußersten Süden des Landes. Ein weiteres Kraft-

Industrieproduktion in Zahlen

Produkt	Maßeinheit	1991	2014
Elektroenergie	Mill. kWh	827,7	14.911
Ziegel	Mill. Stück	25,5	563
Zement	1000 t	0	2201
Dachplatten	1000 Platten	1,3	2600
Nägel	Tonnen	55,0	2693
Stoffe	1000 m	145,3	2856
Bekleidung	1000 Stück	1500,0	56.155
Sperrholz	1000 Platten	346,6	1480
Parkett	1000 m^2	125,5	1977
Bier	1000 hl	68,9	4772
Soft Drinks	1000 hl	59,8	351
Zigaretten	Mill. Schachteln	29,6	161
Waschpulver	Tonnen	566,0	2160

(Angaben nach: *Basic Statistics about socio-economic development in the Lao P.D.R.*, Vientiane, 2016)

werk bei Pak Beng nördlich von Luang Prabang steht vor dem Baubeginn. Dutzende weitere Anlagen werden kaskadenartig an vielen Nebenflüssen des Mekong errichtet, wobei allein am Nam Ou chinesische Investoren sieben Staustufen anlegen wollen. Schon 2015 wurden fast 90% der Energie von privat betriebenen Anlagen erzeugt, lediglich 12% entfielen auf die staatliche Gesellschaft EdL. Der Anspruch, „grüne Energie“ zu erzeugen, wird konterkariert von der Tatsache, dass das kurz vor der Fertigstellung stehende größte Kraftwerk des Landes (1878 MW) ein **Braunkohlekraftwerk** sein wird. Selbst über den Bau von Atomkraftwerken wird verhandelt.

Infrastruktur

Wiederholt schon war von den Mängeln in der laotischen Infrastruktur die Rede. Zwar geht der **Ausbau des Straßennetzes** rasant voran und erreichte 2014 47.318 Kilometer (1995: 14.130 km), doch nur 1000 Kilometer davon sind betoniert oder asphaltiert. Weitere 7233 Kilometer haben eine Teerdecke. So stimmt es noch immer, dass weite Landesteile während der Regenzeit als von der Außenwelt abgeschnitten bezeichnet werden können. Umfangreiche Investitionen in die Infrastruktur sollen das Straßennetz weiter verbessern. Langfristig geht es um den Ausbau der strategischen Nord-Süd-Achse Straße Nr. 13 entlang dem Mekong, der parallel dazu weiter im Osten verlaufenden Straße Nr. 1 sowie der wichtigen Ost-West-Verbindungen, die im Norden Thailand mit China und weiter im Süden Thailand mit Vietnam verbinden.

Der mit China vereinbarte **Bau einer Eisenbahnlinie** von der chinesischen Grenze über Luang Prabang, Vang Vieng bis nach Vientiane ist für die laotische Regierung von größter Bedeutung. Für China stellt die Bahntrasse nur einen Abschnitt der geplanten Verbindung von Yunnan (Südchina) bis nach Singapur dar. Die bisher existierenden drei Kilometer Eisenbahn von Nongkhai (Thailand) über die Freundschaftsbrücke nach Thanaleng sind eher ein Gimmick für Touristen als eine ernsthafte Transportverbindung. Eine weitere Eisenbahnstrecke soll von malaysischen Investoren zwischen Savannakhet und der vietnamesischen Grenze gebaut werden.

Die **Wasserwege** werden für den Warentransport kaum genutzt, weil saisonal stark schwankender Wasserstand sowie Sandbänke und Stromschnellen eine durchgängige Navigation verhindern. Auch Anzahl und Zustand der Hafenanlagen sind einem Ausbau der Flussschifffahrt eher hinderlich.

Die **Flugplätze** des Landes werden schrittweise ausgebaut. Mit Vientiane, Luang Prabang, Pakse, Savannakhet und Attopeu verfügt Laos nun schon über fünf internationale Flughäfen, die allerdings weitgehend für den regionalen Verkehr genutzt werden. Die meisten Verbindungen gibt es erwartungsgemäß in Vientiane. Für den regionalen Tourismus sind auch Luang Prabang (Verbindungen nach Bangkok, Chiang Mai, Hanoi und Siem Reap) und in schwächerem Maße Pakse von Bedeutung.

Die **Telekommunikation** ist gut ausgebaut mit mehreren internationalen Glasfaserkabeln als Rückgrat. Mobiles Telefonieren funktioniert fast überall im Land.

Tourismus

Der Tourismus zählt auch in Laos zu den aufstrebenden Wirtschaftszweigen. Seit der **Öffnung** für internationale Touristen im Jahr **1989** haben sich die Besucherzahlen kontinuierlich nach oben entwickelt, wenn auch internationale Ereignisse (SARS-Krankheit, Unruhen in Thailand) hin und wieder für Einbrüche auch bei den Besucherzahlen in Laos sorgen können. Die vielleicht größte Herausforderung für Laos besteht darin, dass das Land kaum als eigenständiges Reiseziel wahrgenommen wird. Immerhin empfing Laos im Jahr 2014 mehr als **vier Millionen Besucher,** von denen allerdings die Mehrzahl aus den Nachbarländern Thailand (2 Millionen) und Vietnam (1 Million) kam. Unter den europäischen Ländern nahm Deutschland mit knapp 30.000 Besuchern nach Frankreich und Großbritannien den dritten Platz ein.

Natur und exotische Völker ziehen vor allem Besucher aus Übersee an, aber auch die **Weltkulturerbestätten Luang Prabang und Wat Phou** (Champasak) stehen bei Touristen hoch im Kurs. Laos hat der UNESCO mit der Ebene der Tonkrüge (Provinz Xieng Khouang), dem That Luang (Vientiane) und dem Naturpark Hin Nam No noch drei weitere Orte zur Aufnahme in die Erbeliste vorgeschlagen.

Die Zahl der Unterkünfte und deren **Qualität steigt rasch,** auch das Angebot an und in Restaurants kann sich sehen lassen. Besucher, die Thailand kennen, bemerken allerdings immer wieder, dass die Preise in Laos bei vergleichsweise schwächeren Serviceleistungen deutlich höher liegen.

Eine touristische Attraktion in der Nähe von Thakhek ist die Höhle Kong Lo

laos135 vl

Massenmedien

Nach wie vor gehören die Massenmedien zu den am eifrigsten gehüteten **Domänen der laotischen Partei.** Alle Medien inklusive Nachrichtenagentur unterstehen offiziell dem Kulturministerium und reell der Abteilung Propaganda des Zentralkomitees der Partei. Daran ändert auch die Tatsache nichts, dass viele Medien von Hochglanzmagazinen bis zu Fernsehstationen heute in privater Hand sind. Die kaum zu kontrollierende Entwicklung der sozialen Medien lässt da mehr Sorge aufkommen. Geregelt wird der Sektor durch das **Mediengesetz** und das **Dekret über die Nutzung des Internets.** Letzteres untersagt auch die Verbreitung von gegen die laotische Partei oder Regierung gerichteten Informationen sowie die Verbreitung elektronisch manipulierter Fotos (Photoshop). Dass dies durchaus ernst gemeint ist, zeigt die Verurteilung von drei Laoten zu langen Gefängnisstrafen – sie hatten bei einem Aufenthalt in Thailand regierungskritische Informationen gepostet.

Fernsehen

Das **staatliche Fernsehen** sendet inzwischen auf drei Kanälen, von denen einer vom Ministerium für öffentliche Sicherheit betrieben wird. Drei **private Sender,** davon ein Musiksender, komplettieren das Angebot, das in technischer wie inhaltlicher Qualität der Konkurrenz aus Thailand, Vietnam oder China wenig entgegenzusetzen hat. Allen gemeinsam ist ein **Überangebot an Werbung.** Lao Star, ein privates Programm, ist auch online zu sehen und wird in den Kabelnetzen einiger Länder mit zahlenmäßig großen laotischen Gemeinschaften angeboten. **Nachrichtensendungen** haben den typischen Stil des Verkündungsjournalismus sozialistischer Länder, wobei die Unzahl von Werbestickern und Aufstellern eher den Eindruck eines Marktstandes erwecken. Eine nationale Filmproduktion versucht sich inzwischen auch an laotischen Seifenopern.

laos043 ms

Dennoch herrscht relative Offenheit, denn **Satellitenempfänger** sind an jeder Ecke zu haben, und auch die **Kabelnetze** speisen jede Menge internationaler Sender ein, darunter auch BBC, CNN und in einigen Netzen auch Deutsche Welle. Für manch einen nicht unwichtig: In den wichtigsten Kabelnetzen sind auch die Sportsender enthalten, die Bundesliga und andere europäische Fußballligen direkt übertragen. So kommt man in den ungeahnten Genuss, weit weg von der Heimat Bundesligaspiele live sehen zu können.

Hörfunk

Auf den UKW-Frequenzen in Vientiane reihen sich laotische und Thai-Sender aneinander, wobei die Programme der laotischen Sender durch eine **Vielzahl von Werbespots** kaum attraktiver werden. Da die Sprecher entweder wenig zu sagen haben oder unsicher sind, was sie sagen können, wiederholen sie die Werbeinhalte anstelle von redaktionellen Beiträgen. Die meisten Sender führen auch Programmteile mit **internationalem Pop,** sodass man neben den neuesten westlichen Hits auch die Renner aus China, Vietnam, Japan und Korea geboten bekommt. In Vientiane sind auch China Radio International (93 MHz, lao) und Radio France International (100,5 MHz, französisch) auf UKW zu empfangen.

Lernen für die Zukunft

Printmedien

Fast gewinnt man den Eindruck, dass sich die laotischen Printmedien dem internationalen Druck des Internet entziehen könnten, denn die Zahl der **Hochglanzmagazine** nimmt stetig zu, ob sie nun *Target, Lifestyle, Khuanchai* oder *Shadow* heißen. Doch neben der Abbildung modisch gekleideter Damen und Horoskopen aller Art haben diese Druckerzeugnisse nur einen Zweck: als Werbeträger zu dienen. Immerhin gibt es auch Versuche, mit **Fachzeitschriften** ein spezielles Publikum zu erreichen, seien es Eltern, Jugendliche oder Arbeitssuchende. Neben diesen bunten Bereicherungen der Medienlandschaft stehen die Urgesteine laotischer Zeitungskultur: die **Parteizeitung Pasason** und **Vientiane May,** die Zeitung der Vientianer Stadtverwaltung. Die Nachrichtenagentur KPL steuert mit *Pathet Lao* eine weitere Tageszeitung bei. Hinzu kommen einige **Wochenzeitungen,** herausgegeben von verschiedenen Ministerien oder Institutionen. Auch sie sind stark werbelastig.

Bevölkerung

Auf einer Fläche von den Ausmaßen der alten Bundesrepublik Deutschland leben derzeit etwa **6,5 Millionen Menschen.** Mit nur 27 Einwohnern pro km² gehört Laos zu den am dünnsten besiedelten Ländern des asiatischen und bevölkerungsreichsten Kontinents. Übersiedlungsprobleme, wie sie Bangladesh, Vietnam und selbst die Küstenregionen Chinas bedrücken, sind den Laoten fremd. Entgegen den Erwartungen hat sich das **Bevölkerungswachstum** in den letzten zehn Jahren deutlich verringert und liegt jetzt bei 1,4% (2015). 53% der Bevölkerung sind jünger als 25 Jahre. Die durchschnittliche **Lebenserwartung** stieg kontinuierlich an und erreichte 2014 68 Jahre (Männer 66, Frauen 70).

laos042 vl

Auf dem Markt in Muong Sing

Etwa zwei Drittel der Einwohner leben auf dem Land. Die größte Stadt Vientiane kommt auf 640.000 Einwohner, gefolgt in respektablem Abstand von Savannakhet (100.000), Luang Prabang und Pakse.

Dabei ist es schwer, von einem laotischen Volk zu sprechen. Selbst die gängigen Begriffe von Mehrheit und Minderheiten erfüllen in Laos nicht ihren Zweck, gibt es in dem Land doch im Gegensatz zu vielen anderen Ländern der Region **keine eindeutig dominierende Volksgruppe.** So hat sich in Laos selbst die Bezeichnung „multiethnisches Volk" durchgesetzt, während die einzelnen Völkerschaften gemeinhin als ethnische Gruppen bezeichnet werden.

Die **ethnische Karte** des Landes gleicht einem **Flickenteppich.** Dies erklärt sich nicht zuletzt aus den verschiedenen Migrationswellen, die das Land im Laufe seiner Geschichte erreichten. Die Herausbildung einer Nation ist hier noch im Gange. Gerade diese Vielfalt verschiedenster Völker, die zum Teil noch sehr archaisch leben, macht eine Reise durch das Land interessant.

Ethnische Zusammensetzung

Die das heutige Laos bewohnenden 49 (offizielle Ziffer) Völkerschaften werden nach ihrer ethnischen Zugehörigkeit grob in vier große Gruppen eingeteilt. Dies sind die in den Ebenen entlang des Mekong wie auch in anderen Flusstälern lebenden **Lao-Thai** (62,4%) , die überwiegend in mittleren Höhenlagen anzutreffenden **Mon-Khmer-Völker** (23,7%) sowie die in größeren Höhenlagen siedelnden **Hmong-Mien** (9,7%) und **sinotibetischen Völker** (2,9%).

Lao-Thai

Die **Lao** sind ein Volk der Lao-Thai-Gruppe und wanderten seit dem 7. Jahrhundert unserer Zeitrechnung in mehreren Wellen **aus dem südlichen China** ins heutige Laos ein. Sie bildeten die ersten Staaten und auch das erste Zentralreich im heutigen Laos. Die Lao sind **den Thai sehr nah verwandt,** so nah, dass sich Thai und Lao in der Regel ohne Dolmetscher verständigen können. Auch die kulturellen und religiösen Traditionen sind sich sehr ähnlich.

Andererseits sind die Lao selbst auch nicht aus einem Guss. Sie **unterteilen sich** in Lao, Phouan (Xieng Khouang), Kaleung und Nyø (Khammouane), Bøø (Luang Prabang), Isaan (Nordostthailand) und weitere, die aber in den offiziellen Statistiken nicht mehr einzeln ausgewiesen werden.

Die Geschichte brachte es mit sich, dass im heutigen Thailand weit mehr ethnische Lao leben als in Laos selbst. Fast 20 Millionen Lao im Nordwesten Thailands (Isaan, Lan Na) stehen nur etwa **3,4 Millionen** in Laos (53% der Bevölkerung) gegenüber. Sie bewohnen traditionell die Ebenen des Mekong und einiger seiner Nebenflüsse.

Charakteristisch für die Lao sind der Anbau von **Nassreis** (oft Klebereis) und die Haltung von **Wasserbüffeln.** Sie leben traditionell in Pfahlhäusern aus Holz und Bambus. Das **Wohnhaus** besteht in der Regel aus nur einem oder zwei Zimmern. Das Haus verfügt über eine Veranda, über die auch die in einem kleinen Extra-Häuschen untergebrachte **Küche** zu erreichen ist. Die separate Küche ist schon wegen des warmen Klimas von Vorteil. Zudem kennen die Lao auch keinen Schornstein oder sonstigen Rauchabzug. Gesessen und geschlafen wurde auf Strohmatten, heute gibt es meist Matratzen.

Die Lao sind seit seiner landesweiten Einführung im 14. Jahrhundert überwiegend Anhänger des **Buddhismus.**

Thai-Völker

Kulturell und ethnisch handelt es sich um Völker, die **gemeinsam mit den Lao nach Indochina einwanderten.** Vertreter dieser Völker gibt es ebenso in Nordvietnam, Nordthailand, Myanmar und China.

Größte Untergruppe der Thai-Völker sind die **Phou Thai** (218.000 Menschen), hinzu kommen die Thai, die sich nach den meist in der Kleidung verwendeten Farben unterscheiden, Thai Dam (Schwarze Thai), Thai Dääng (Rote Thai) und Thai Khao (Weiße Thai), sowie mindestens acht weitere Völkerschaften, zu denen etwa noch einmal so viele Menschen zählen. Weitere Völkerschaften sind die Leu (126.000), Nyouan, Nyang, Thai Nüa und Sääk.

Die Angehörigen der Thai-Völker sind entweder **Buddhisten** oder Anhänger des **Animismus.** Siedlungen dieser Völker gibt es in fast allen laotischen Provinzen mit Ausnahme des äußersten Südostens (Sekong, Attopeu). Schwerpunkt ihrer **Siedlungsgebiete** sind die nördlichen Provinzen des Landes.

Mon-Khmer

Die eigentlichen **Urbewohner von Laos** sind die Mon-Khmer. Sie besiedelten das Land bereits lange vor der Zuwanderung der Thai-Lao und wurden von diesen sukzessive in höher gelegene Berggebiete vor allem im Süden des Landes verdrängt. Heute machen diese Völker und Stämme etwa **ein Viertel der Bevölkerung** von Laos aus. Wegen ihrer dunklen Hautfarbe und fremden ethnischen Zugehörigkeit wurden die Vertreter dieser Gruppe über Jahrhunderte von den herrschenden Lao verächtlich als „Kha" (Sklave) bezeichnet.

Die zahlenmäßig **größten Völkerschaften und Stämme** dieser Gruppe sind Khmu (708.000 Menschen), Makong (163.000), Katang (144.000), Souei (46.000) und Taoi (46.000).

Die insgesamt mehrere Dutzend zählenden Völker der Mon-Khmer-Gruppe siedeln **in allen laotischen Provinzen.** In den Nordprovinzen sind dies vornehmlich Khmu, Bit, Lamet, Sam Tao, Sing Moun, Htin und Phøøng. In den laotischen Zentralprovinzen finden sich vor allem Makong und Taoi, besonders in den Provinzen von Bolikhamsay bis Savannakhet, vereinzelt auch in Saravane und Champasak. Ein Teil dieser Stämme lebt inzwischen gemeinsam mit Lao und Thai-Völkern im Tal entlang des Mekong.

Weiter im Landessüden trifft man auf die größte Vielfalt von Mon-Khmer-Völkern. **Zentrum ihres Siedlungsraumes** sind das **Boloven-Plateau** (Provinzen Champasak, Sekong, Saravane und Attopeu) und die umliegenden Ebenen. Einige dieser Völker werden nur durch wenige hundert Menschen (Moi, Sadang,

Aheu, Kotu) repräsentiert, andere zählen bis zu 50.000 Menschen (Souei).

Die Mon-Khmer sind meist **Animisten** und vollziehen mehrere Tage dauernde Rituale zur Beschwörung verschiedener Geister. Oft sind diese Riten mit Tieropfern, zum Beispiel von Wasserbüffeln, verbunden.

Mon-Khmer leben von **Jagd** und **einfachem Ackerbau.** Bei einigen Völkern ist der Webstuhl unbekannt, sodass die Frauen beim **Weben** den Stoff mit den Füßen straff halten. Einige der Völker sind in ihrer Kultur vietnamesisch beeinflusst.

Die Mon-Khmer der südlichen Provinzen errichten traditionell meist **Pfahlhäuser** aus Bambus und Holz, deren Dach mit Palmblättern gedeckt ist (welche nach und nach von Wellblech verdrängt werden). Die Häuser sind nicht so groß und strukturiert wie die der Lao. So gibt es zum Beispiel keine Veranda. Die Kochstelle befindet sich zu ebener Erde. Die **Dörfer** sind kompakter angelegt als die recht zerstreuten Siedlungen der Lao. Um den Dorfplatz gruppieren sich die Häuser nach Möglichkeit weitgehend kreisförmig. Im Norden (Khmu) ist auch der Bau von **Langhäusern** für etwa 50 Bewohner üblich.

Hmong-Mien

Die **in größeren Höhenlagen und vor allem im Norden von Laos** lebenden Völker lassen sich entweder den sino-tibetischen Völkern zuordnen oder gehören zu den Hmong-Mien. Hmong und Mien (oft auch Yao) kamen so ziemlich als Letzte **vor 150 bis 200 Jahren nach Laos** und siedelten in den noch unbewohnten Teilen des Landes, in den Hö-

laos054 vl

laos046 vl

henlagen über 1200 Meter. Heute weisen die Statistiker etwa **595.000 Hmong** in Laos aus. Etwa 100.000 Angehörige dieses Volkes verließen das Land nach 1975 meist in Richtung USA, nachdem in den Zeiten des amerikanischen Indochinakrieges eine große Zahl von Hmong-Kriegern auf Seiten der USA gekämpft hatte (siehe auch Kapitel „Geschichte"). Hmong siedeln in allen laotischen Nordprovinzen wie auch in Südchina, Nordthailand und Nordvietnam. In Laos finden sie sich in größter Zahl in der Provinz Xieng Khouang.

Die knapp **32.400 Mien** kamen ebenfalls aus Südchina. In weit größerer Zahl leben Angehörige dieses Volkes in China (1,7 Millionen) und im Norden Vietnams (350.000).

Hmong und Mien bauen **Mais im Brandrodungsfeldbau** an. Sie sind der hauptsächliche Produzent von **Rohopium,** das diesen Völkern zu (trauriger) Berühmtheit verhalf. Entsprechend den klimatischen und geografischen Bedingungen spielt auch die **Viehzucht** (Schweine, Rinder, Pferde) eine wichtige Rolle.

Die Hmong sind auch als gute **Silberschmiede** bekannt, was sich in dem bis zu 20 Kilogramm schweren Silberhalsschmuck ihrer Frauen dokumentiert. Diese Geschmeide erfüllen die Funktion von Schmuck, Bank und Versicherung gleichermaßen.

Die **Kleidung** der Frauen ist sehr farbenprächtig, wogegen die Männer in dunkelblaue oder schwarze Hemden und Hosen gehüllt sind.

Hmong und Mien hängen dem **Ahnenkult** an. Sie gelten als sehr geschäftstüchtig und zuverlässig. Hmong und Mien gliedern sich in große Clans.

Sino-tibetische Völker

Zu den sino-tibetischen Völkern zählen die **Akha** (113.000 Menschen), die **Phou Noi** (40.000) und die **Lahu** (19.000), die allesamt wie die Hmong-Mien **vor rund 150 bis 200 Jahren aus Südchina/Nordostburma** einwanderten und seitdem über das gesamte Gebiet zwischen Nordthailand, Myanmar, Südchina, Laos und Nordvietnam verstreut leben.

Sowohl die Hmong-Mien als auch die Angehörigen der sino-tibetischen Völker wohnen in der Regel in **ebenerdigen Häusern aus Holz.** Einigen Völkerschaften ist der Bau von Langhäusern eigen, in denen Großfamilien bis zu 50 Personen, zum Teil auch alle Einwohner eines Dorfes wohnen. Bei einigen ethnischen Gruppen beeindrucken die hoch aufragenden Spitzdächer der Häuser.

Weitere Asiaten

Wie in der gesamten südostasiatischen Region finden sich auch in Laos **Chinesen (Han),** die auch hier bedeutende Funktionen im Handel einnehmen. In den Nordprovinzen gibt es auch einige von Han besiedelte Dörfer. In jüngerer Zeit hat der kaum kontrollierte Zuzug von Chinesen nach Laos eine beachtliche Größenordnung angenommen, und es gibt nur noch wenige größere Ortschaften, die nicht über einen in jüngster Vergangenheit entstandenen China-Markt verfügen.

◁ Die ethnische Vielfalt in Laos ist sehr groß und zeigt sich besonders anschaulich auf Märkten

laos045 vl

Interessant auch, dass eine nicht allzu große, aber nicht zu übersehende Anzahl von **Indern** und **Pakistani** zum Teil schon seit Generationen in Laos lebt, dem Islam treu geblieben und vor allem im Handel mit Stoffen und Edelsteinen tätig.

Spätestens seit der französischen Herrschaft über Indochina hat sich auch die Zahl der **Vietnamesen** in Laos beträchtlich erhöht. Einst waren sie von den Franzosen als Verwaltungsangestellte der unteren Ebenen und als Arbeitskräfte geholt worden. Zum Teil haben sie sich mit der laotischen Bevölkerung vermischt, ein anderer Teil führt weiter sein ursprüngliches Leben. Ethnische Vietnamesen stellen denn auch den größten Teil der laotischen Katholiken. In der Wirtschaft des Landes sind sie als Betreiber von Schneider- und anderen Werkstätten, von kleinen Restaurants und Straßenküchen bekannt.

Europäer

Die meisten der im Lande anzutreffenden Weißen leben **nicht ständig** hier. Lediglich eine Handvoll von ihnen hat sich dauerhaft in Laos niedergelassen und ist meist mit laotischen Partnern verheiratet. Der große Rest sind Mitarbeiter von Botschaften, internationalen und Hilfsorganisationen oder Geschäftsleute, die auf der Grundlage zeitlich beschränkter Visa im Lande leben. Ihre Zahl beläuft sich auf mehrere Tausend.

Laoten in aller Welt

Wie schon erwähnt, leben 17 Millionen ethnische Lao in Thailand und weitere laotische Minderheiten in Südchina, Vietnam, Myanmar und Kambodscha. **Nach der Revolution von 1975** erlebte das Land einen Exodus von rund 10% seiner Bevölkerung, damals **300.000 Flüchtlinge.** Die Menschen reisten mit der Zeit aus den Flüchtlingslagern an der laotisch-thailändischen Grenze weiter in andere Länder. Knapp 200.000 von ihnen fanden in den **USA,** und hier vor allem in Kalifornien, Aufnahme. Weitere große Gruppen von Laoten finden sich in **Frankreich** (etwa 60.000), **Kanada** und **Australien.** So gibt es heute kaum eine Familie aus der Vientianer Region, die keine Verwandten in Übersee hätte. Nicht nur das laotische Volk an sich, auch viele Familien sind buchstäblich über die ganze Welt verstreut. Die Bundesrepublik Deutschland nahm seinerzeit nur wenige Laos-Flüchtlinge auf.

Alltagsleben

Das Alltagsleben des größten Teils der Bevölkerung, also der Landbevölkerung, wird **von der landwirtschaftlichen Arbeit bestimmt,** und zwar in den jahreszeitlichen wie täglichen Abläufen. Der **Reis** für die Haupternte Na Pii wird zu Beginn der Regenzeit gepflanzt und nach deren Ende geerntet. Auf bewässerten Flächen kommt eine zweite Anbausaison in der Trockenzeit hinzu, oder es werden, je nach Verfügbarkeit von Wasser, andere Kulturen angebaut, etwa Mais, Tabak, Erdnüsse oder Gemüse.

Der Tag beginnt sehr früh morgens mit dem Reiskochen. Die Frau bereitet das Frühstück zu, der Mann nutzt diese Zeit meist für Flechtarbeiten (Körbe, Matten, Wände, Dachbedeckung). Während sich der Mann am **Vormittag** auf dem Reisfeld aufhält, am Haus etwas auszubessern hat oder die Gegend mit Flinte oder Angel nach etwas Essbarem durchstreift, befassen sich Frau und Kinder mit dem Sammeln von Brennholz, mit dem Hausgetier oder dem Webstuhl. Eine wichtige Aufgabe des Mannes: Er bringt die Büffel und Rinder auf die Weide und holt sie abends wieder heim.

Mittags wird wegen der Hitze eine ausgiebige **Siesta** gehalten. Die Menschen liegen im Haus, oder wenn es auch dort zu warm ist, im Freien irgendwo im Schatten und schlafen oder dösen vor sich hin.

Am **Nachmittag** werden die Tätigkeiten des Vormittags fortgesetzt, bis gegen 17 Uhr alle im Haus versammelt sind und essen, schwatzen und trinken. Dass auch Alkohol zu den Getränken gehört, ist eine recht neue Erscheinung. In früheren Zeiten war der Gebrauch geistiger Getränke weitgehend auf die Zeit des Raketenfests im Mai/Juni beschränkt. Die buddhistische Fastenzeit von Juli bis Oktober gebietet eigentlich völlige Abstinenz, aber das ist wohl Geschichte.

Erheblich von diesem recht ruhigen Tagesablauf weicht der **Alltag während der Zeit der Hauptarbeiten auf dem Reisfeld** ab. Dann diktiert der Reis den Tag. Schon vor Sonnenaufgang beginnt für die gesamte Familie der Arbeitstag

< Freundliche Begegnung auf der Reise

und ist bei Sonnenuntergang noch lange nicht zu Ende. Diese Arbeiten konzentrieren sich auf den Mai (Auspflanzen) und Oktober/November (Ernte).

Da die Laoten ein sehr lebenslustiges Volk sind und keine Chance zu einer Vergnügung auslassen, ist **jeder Anlass für eine Feierlichkeit willkommen.** Neben der Vielzahl buddhistischer Feiern kommen die Pagoden- und Dorffeste hinzu. Aber schon der Besuch eines Verwandten ist eine gute Gelegenheit, den Alltagstrott zu verlassen und eine Feier zu beginnen. Zeit steht in schier unendlichem Maße zur Verfügung, und was heute nicht wird – *Bøø Pen Nyang* –, versucht man morgen wieder.

In den Städten hat sich inzwischen ein **anderer Lebensstil** herausgebildet. Feste Arbeitszeiten, ganzjährige Beschäftigung und natürlich die Segnungen der Konsumgesellschaft prägen die Hauptstadt und die größeren Städte entlang des Mekong. Dabei sind die Traditionen des ländlichen Lebens bei den meisten Menschen noch sehr stark verankert. Noch ist zum Beispiel die Bebauung nicht überall so weit verdichtet, dass die Haltung von Haustieren nicht möglich wäre. So trifft man selbst in den Straßen der Städte manchmal auf Wasserbüffel, Rinder, Ziegen und allerlei Geflügel. Elektrische Beleuchtung macht auch die Nacht zum Tag – unzählige Restaurants und Vergnügungslokale im ganzen Land sind der schlagende Beweis dafür.

> Marktverkäuferin

Die Frau in der Gesellschaft

Gemäß Verfassung sind Mann und Frau in Laos gleichberechtigt. Wer durch die Straßen der Städte geht, wird sicher die große Zahl von Frauen und Mädchen am Steuer von Autos und Motorrädern registrieren. **Aber Vorsicht vor falschen Schlüssen!** Die Tradition bürdet auch den laotischen Frauen doppelte und dreifache Last auf. Vor allem die Arbeitsteilung auf dem Land lädt der Frau den ganzen „Kleinkram" auf. Der Mann ist für die schweren Arbeiten verantwortlich: Er pflügt das Reisfeld, er sät den Reis, er hütet Wasserbüffel und Rinder. Außerdem unterstehen dem Mann der Hausbau sowie Jagd und Fischfang. Im Handwerk kommt dem Mann das Flechten von Korb- und Bambussachen zu. Pflanzen und Ernten ist Sache der gesamten Familie. So ziemlich alles andere ist alleinige Sache der Frau. Wo noch mit dem Stampfer der Reis geschält wird – gefordert ist die Frau. Die Frau kocht und beschafft – oft über weite Strecken – auch das Brennmaterial. Die Frau schleppt das Wasser heran, versorgt die Haustiere, spinnt, webt und näht für die ganze Familie. Oft wird als fortschrittlich erachtet, dass in der Regel die Frau auch über die Finanzen der Familie wacht. Aber auch das hat seine Kehrseite: Entstanden aus dem Umstand, dass es meist Aufgabe der Frau ist, die Produkte der Familie auf dem Markt zu verkaufen, hat auch sie Sorge dafür zu tragen, dass genug Geld im Haus ist – und das ist eine riesige und bisweilen kaum zu meisternde Verantwortung.

Nicht zu vergessen ist natürlich die **Erziehung der Kinder.** Und da Kindersegen in Laos auch die einzige Form der Alterssicherung ist, wird mit häufigen Geburten nicht nur die Gesundheit der Frau untergraben, sondern sind die Frauen oft schlicht überfordert und die Kinder sich selbst überlassen. Die älteren Mädchen kümmern sich um die jüngeren Geschwister und wachsen so von frühesten Kindesbeinen an erneut in die traditionelle Geschlechterrolle hinein.

Nicht überraschen kann deshalb, dass **Frauen in Führungspositionen** noch immer **unterrepräsentiert** sind, wenngleich Laos im asiatischen Umfeld in dieser Hinsicht eher gut abschneidet. Unter den elf Mitgliedern des Politbüros der Partei findet sich eine Frau, unter den 28 Ministern sind drei weiblich und von 149 Abgeordneten der Nationalversammlung (2016) immerhin 41.

Vom traditionellen **Bildungssystem** der Pagodenschulen waren Mädchen gänzlich ausgeschlossen. Auch wenn ihnen inzwischen der Weg zu Bildung offen steht, haben sie es dennoch schwer, sich in der Männergesellschaft durchzusetzen. Sie müssen auch in Laos mehr leisten als ihre männlichen Kollegen, um akzeptiert zu werden.

Das laotische Gesetz kennt seit 1976 einzig die **Monogamie.** Doch die altehrwürdige Tradition der Vielweiberei lebt bei vielen ethnischen Gruppen fort und feiert mit wachsendem Wohlstand geradezu ein Comeback. **Mia Noi** („Kleine Frau" oder besser Nebenfrau) nennt man die (Langzeit-)Geliebte in Laos. Zwar wächst auch in Laos die Scheidungsrate, doch sieht die Männergesellschaft die Schuld bei einer Trennung meist im Verhalten der Frau. **Geschiedene Frauen** werden als leichte Beute be-

laos124 vl

trachtet, denen gegenüber anzügliche Bemerkungen und sexuelle Belästigungen nicht selten sind.

Aus all diesen Gründen ist das Wirken der **Laotischen Frauenunion** mehr als anerkennenswert. Vor allem über Bildung und konkrete Entwicklungsprojekte versucht die Organisation, die Rolle der Frau allmählich zu verändern und traditionelle Strukturen zu überwinden. Kleine technische Hilfsprojekte, wie die Einrichtung von Reismühlen und Nähstuben auf dem Lande, und die damit verbundene berufliche Ausbildung der Frauen soll ihnen Einkommen sichern und so ihre wirtschaftliche Unabhängigkeit in der Familie stärken.

Bildungswesen

Laos verfügt über ein landesweites **staatliches Bildungssystem** vom Kindergarten bis zur Universität. **Bis zum Abitur** durchlaufen die Schüler **zwölf Schuljahre,** und zwar in der Grundschule (Hong Hian Pathom) die Klassen 1 bis 5, in der unteren Oberstufe (Hong Hian Mattanyom Toon Ton) die Klassen 6 bis 9 und schließlich in der oberen Oberstufe (Hong Hian Mattanyom Toon Pai) die Klassen 10 bis 12. Vorgeschaltet ist dem der **Kindergarten,** in dem aber auch schon eifrig Lesen und Schreiben unterrichtet werden kann.

Ausstattung und Qualität der Schulen, speziell auf dem Land und in Bergregionen, sind dürftig. Schulbücher und selbst Schreibhefte sind ständige Mangelware. Als Ersatz für Schulbücher diktieren die Lehrer meist den Lehrstoff. Wenn auch die Hefte fehlen, wird vorgelesen, und die Kinder wiederholen im Chor Satz für Satz. **Dabei fehlt es oft auch an qualifizierten Lehrern,** besonders in Regionen mit hohem Anteil ethnischer Gruppen. Dabei verlangt die konkrete Situation vielerorts von den Lehrern eigentlich unmögliches: Mehrklassenunterricht, Mehrsprachenunterricht und inzwischen auch noch Inklusion von Schülern mit besonderen Lernanforderungen.

Ein **weiteres Manko:** Während in Vientiane und anderen Städten, in denen keine Oma auf die Kleinen aufpassen kann, die Kinder schon mit drei Jahren in die Schule gehen, kommen auf dem Land allenfalls in der Trockenzeit Schüler zusammen. Während der Reisbestellung und der Ernte wird auf dem Hof jede Hand gebraucht. 2015 erreichte die Einschulungsrate 98%, doch nur 78% der Schulanfänger schlossen auch die 5. Klasse ab. Der Schulbesuch von Mädchen liegt bei einigen ethnischen Gruppen deutlich unter dem der Jungen. In der oberen Sekundarstufe finden sich dann nur noch 45% der Kinder.

Vor allem in den Städten bieten **Privatschulen,** die auch nach den staatlichen Lehrplänen unterrichten müssen, deutlich bessere Lehr- und Lernbedingungen als die staatlichen Schulen. In großen Städten erfreuen sich auch zweisprachige Schulen, meist englisch/laotisch, aber in wachsendem Maße chinesisch/laotisch, großen Zuspruchs bei wohlhabenderen Familien, verbessert dies doch die Chancen für ein späteres Studium im Ausland.

Abiturienten zog es in Laos immer **ins Ausland,** zur Zeit der Franzosen, weil es im Land keine einzige höhere Bildungseinrichtung gab. Die nächste Hochschule befand sich in Hanoi. Später sorgten die Amerikaner für die Ausbildung der geistigen Elite des Landes, sei es in den USA, Kanada, Thailand oder auf den Philippinen. Nach 1975 nahm der Ostblock laotische Studenten auf.

Nach dessen Zerfall wandte sich die Jugend erneut dem Westen zu, vor allem Ländern wie Australien, Frankreich, Japan oder Südkorea. Die Bundesrepublik Deutschland hat jährlich nur wenige Vollzeitstipendien zu vergeben. Inzwischen bieten aber auch China, Vietnam und Russland Studienplätze an. Bildung, besonders **höhere Bildung ist** damit wieder **einer kleinen Elite vorbehalten.** Denn nur, wer in den Aufnahmeprüfungen gut aussieht, hat eine Chance auf ein Stipendium. Da sind natürlich die Abgänger der Privatschulen im Vorteil. Und wenn die Eltern es sich leisten können, schicken sie Sohn oder Tochter auch gern auf eigene Kosten vorzugsweise in die USA, nach Kanada, Australien oder Frankreich.

Im Land besteht ein **staatliches Berufsbildungssystem,** dessen Unterstützung seit Längerem eine Domäne der Deutschen ist. Die Bundesrepublik richtete schon 1964 eine Laotisch-Deutsche Technische Schule ein. Auch die DDR unterstützte berufliche Bildung in großem Umfang, was nach der Einheit Deutschlands fortgeführt wurde. Dass heute alle laotischen Provinzen (mit Ausnahme der neu gegründeten Provinz Saysomboun) über Berufsschulen verfügen, ist nicht zuletzt der Unterstützung durch die Bundesrepublik zu verdanken. Dass der Bedarf der Wirtschaft an qualifizierten Fachkräften dennoch nicht annähernd gedeckt werden kann, liegt nicht zuletzt daran, dass sowohl die Jugendlichen als auch deren Eltern lieber an ein Studium und die damit verbundene Aussicht auf einen Job im Büro bzw. Dienstleistungsbereich denken.

An fünf **Universitäten** und einer Vielzahl privater Colleges lernten im Jahr 2015 mehr als 100.000 Studenten, viele davon in Betriebswirtschaft. Der Staat versucht, dem Facharbeitermangel auf der einen und dem Überangebot in einigen Hochschulberufen auf der anderen Seite auf administrative Weise zu begegnen. Bis 2020 sollen 60% der Abiturienten eine Berufsausbildung aufnehmen.

Gesundheitswesen

Auch das Gesundheitswesen von Laos steht vor großen Herausforderungen. Schon längst hat es sich vom Anspruch der kostenlosen medizinischen Grundversorgung verabschiedet. Doch bis die 2013 eingeführte **Sozialversicherungspflicht** für alle abhängig Beschäftigten auch in der Praxis greift, ist es noch ein gutes Stück des Weges. Besonders kompliziert dabei ist die Einbeziehung der 65% der Bevölkerung, die als selbstständige Landwirte tätig sind. Also hängt für viele Menschen die Gesundheitsfürsorge vom Geldbeutel ab. Auch die Sozialversicherung deckt nicht alle Kosten ab, sondern hat Obergrenzen bei teuren Behandlungen oder chronischen Erkrankungen. Auf der anderen Seite sind Ehepartner und Kinder des Versicherten mit versichert.

In 160 **Krankenhäusern** stehen rund 5000 Betten zur Verfügung. Doch ist für viele der Gang ins Krankenhaus nicht die erste Option bei gesundheitlichen Problemen. Mehr als 1000 **private Kliniken** bieten meist in urbanen Gebieten ihre Dienste an. In der Regel werden sie von Ärzten betrieben, die tagsüber in den staatlichen Gesundheitseinrichtungen tätig sind, weshalb die Öffnungszeiten der Kliniken außerhalb der normalen Arbeitszeit in den Krankenhäusern liegen.

Auf einen **Arzt** kommen statistisch gesehen etwa 2000 Einwohner, wobei hier das Stadt-Land-Gefälle nicht berücksichtigt ist. Die Größe der Probleme wird auch deutlich, wenn man bedenkt, dass Laos von den Millennium-Entwicklungszielen vor allem jene im Bereich Gesundheit deutlich verfehlt, und zwar speziell bei der **Mütter- und Kindersterblichkeit.** Noch immer sterben 47 von 1000 Neugeborenen vor Erreichen des ersten Lebensjahres (in Deutschland 3,3) und 59 von 1000 Kindern bevor sie ihren fünften Geburtstag feiern. Aber auch der **Service** lässt in vielen öffentlichen Gesundheitseinrichtungen sehr zu wünschen über. Nicht selten raten Ärzte ihren Patienten, sie doch besser am Abend in ihrer Klinik zu besuchen.

Viele wohlhabende Laoten ziehen einen Arztbesuch im benachbarten **Thailand** vor, nicht wenige davon sind auch in Thailand versichert.

[>] Gebete in der Tempelanlage von Wat Phou

Religionen

Laut laotischer Verfassung (Artikel 9) respektiert und **schützt der Staat „die den Gesetzen entsprechenden Aktivitäten der buddhistischen Gläubigen und der Gläubigen anderer Religionen.** Er mobilisiert die buddhistischen Mönche und die Priester anderer Religionen zur Teilnahme an Aktivitäten zum Nutzen der Heimat und des Volkes. Alle Handlungen, die auf eine Spaltung der Religion und des Volkes zielen, sind untersagt." In Artikel 43 heißt es zudem: „Die laotischen Bürger haben das Recht auf Ausübung oder Nichtausübung einer Religion, die nicht den Gesetzen widerspricht." In der Praxis bedeutet dies die Vorherrschaft des Buddhismus. Gläubige können ihrer Religion nachgehen, „missionarischer" Eifer allerdings fällt unangenehm auf und wird meist als Versuch der oben angesprochenen und verbotenen „Spaltung" eingeordnet. Eine landesweite Ausbreitung nicht-buddhistischer Glaubensrichtungen findet staatlicherseits zumindest keine Unterstützung. Nach der Volkszählung 2015 bekennen sich 64,7% der Bevölkerung zum Buddhismus, 1,7% zum christlichen Glauben und 33,6% zu anderen Religionen.

Buddhismus

Seit der Gründung des Reiches Lane Xang im Jahre **1353** ist Laos buddhistisch. Der Buddhismus durchdrang im Laufe der Zeit alle Lebensbereiche und verschmolz dank seiner großen Toleranz mit einer Reihe animistischer Bräuche zu einem typisch laotischen Erscheinungsbild. Doch buddhistisch beeinflusst waren die Thai-Lao bereits vor der Gründung von Lane Xang. Aus Indien stammende Händler und Eremiten hatten eher unauffällig für seine Verbreitung gesorgt, und zwar in der Variante des **Mahayana-Buddhismus,** der gewissermaßen eine nördliche Ausbreitungsrichtung (Tibet, Mongolei, Korea, Japan, China) beschritt und über China zu den nach Süden wandernden Thai-Lao gelangte. Den Auftakt zu einer gezielten Ausbreitung des Buddhismus in ganz Südostasien hatte das **Konzil von Pataliputra** gegeben, das der indische Kaiser *Ashoka* im Jahre 242 vor Christus berief. Der Verbreitung dieses indischen Einflusses war eigen, dass er nirgends bestehende kulturelle und religiöse Traditionen zerstörte, sondern diese zumeist seinen Bedürfnissen entsprechend in sich aufnahm; nur so lässt sich die große kulturelle Vielfalt der Region erklären.

König Fa Ngoum blieb es vorbehalten, den Buddhismus in Laos als **Staatsreligion** einzuführen, nun in seiner zweiten großen Ausprägung, nämlich als **Hinayana- bzw. Theravada-Buddhismus.** Dieser meint den ursprünglichen Buddhismus, der sich auf einem südlichen Weg über Sri Lanka, Angkor und die Thai-Reiche ausbreitete. Nach Laos gelangte er über Kambodscha, was damit zusammenhängt, dass König *Fa Ngoum* seinen Schwiegervater, den König von Angkor, um die Entsendung von Mönchen gebeten hatte. Dieser kam der Bitte gern nach und entsandte 10.000 Mönche, unter ihnen viele Kunsthandwerker und Gelehrte. An der Spitze die-

laos138 vl

Die buddhistische Lehre

Begründer der Lehre war **Siddharta Gautama,** Spross einer nordindischen Fürstenfamilie. Den Namen *Buddha* (Der Erleuchtete) erhielt er erst später. *Siddharta* lebte im 6. Jahrhundert vor unserer Zeit wohlbehütet und abgeschirmt von der Welt im fürstlichen Palast. Früh wurde er verheiratet, und er hätte sein Glashausdasein in aller Ruhe bis an sein Lebensende führen können. Doch seine Neugier war stärker, und so entschloss er sich, die Welt außerhalb seines goldenen Käfigs zu erkunden. Was er zu Gesicht bekam, erschütterte ihn zutiefst: Krankheit, Alter und Tod schienen die Welt zu beherrschen. *Siddharta* machte sich daran, einen **Ausweg aus diesem ewigen Leiden der Menschheit** zu suchen. Heimlich stahl er sich aus der Geborgenheit des Palastes und verließ Frau und den gerade erst geborenen Sohn. Lange Jahre verbrachte er als **wandernder Asket,** bis ihm eines Tages bei der **Meditation unter einem Bodhi-Baum** die Erleuchtung zuteil wurde. Buddha hatte die **„edlen vier Wahrheiten"** entdeckt:

1. Dukkha – alles Leben ist Leiden.

2. Samudaya – alles Leiden wird durch Begierden *(Tanha)* hervorgerufen.

3. Nirodha – das Leiden kann durch die Zerstörung der Begierden beendet werden.

4. Magga – die Begierden können durch das Beschreiten des „edlen achtteiligen Pfades" zerstört werden und somit auch das Leiden.

Der **achtteilige Pfad** wiederum setzt sich aus folgenden „Etappen" zusammen:

1. Rechte Erkenntnis, d.h. das Erkennen der Grundprobleme des Seins;

2. rechtes Denken, d.h. Denken, ohne zu verletzen oder herabzusetzen, also nur edle Gedanken zu hegen;

3. rechte Rede, d.h. ohne zu verletzen, zu lügen oder aus Eigennutz zu sprechen;

4. rechtes Tun, d.h. nicht zu töten oder zu verletzen, nicht zu stehlen usw.;

5. rechte Lebensführung, d.h. eine Lebensführung, die nicht auf Kosten anderer geht;

6. rechtes Streben, d.h. mit eigener Kraft unheilvolle Gedanken zu überwinden.

7. rechtes Sich-Versenken, d.h. durch Meditation zur Selbsterkenntnis zu gelangen;

8. rechte Konzentration; d.h. durch starken Willen einen Gedanken beharrlich zu verfolgen, ohne davon abzuschweifen.

Letztendlich das Ziel des Buddhisten ist es, das **Nirvana** (Pali: *Nibbana*) zu erreichen, das heißt alles körperliche Sein und damit alles Leiden hinter sich zu lassen. Der Buddhismus geht vom **Kreislauf der Wiedergeburten** aus. Das bedeutet, dass jedes Wesen so lange in verschiedenen Körpern inkarniert ist, bis es das Nirvana erreicht hat. Das Schicksal in der nächsten Existenz wird durch Taten in diesem Leben beeinflusst. **Gute Taten** (Pali: *Puña*, laot.: *Boun*) bringen gewissermaßen einen „Aufstieg" auf dem Weg zum Nirvana, schlechte bewirken ungünstigere Bedingungen. Seinen Ausdruck findet dies auch im Grundprinzip des Zusammenlebens der Laoten: **Het Boun Dai Boun – wer Gutes tut, dem wird Gutes widerfahren.**

Der Buddhismus in seiner ursprünglichen Form breitete sich rasch über ganz Indien, Sri Lanka und Teile Südostasiens aus. Es war dies der **Hinayana-Buddhismus,** der bis heute in Laos und Thailand unter dem Namen **Theravada** vorherrscht. Charakteristisch ist für diese Ausprägung, dass jedes Wesen durch die verschiedenen Stufen der Wiedergeburt schließlich selbst zur Erleuchtung und ins Nirvana gelangt. Die Übersetzung „Kleines Fahrzeug" deutet schon an, dass in ihm nur wenige Leute Platz haben und der Weg aus dem ewigen Kreis der Wiedergeburten lang, beschwerlich und nur für wenige zu erreichen ist.

Später entstand, ebenfalls in Indien, die Form des **Mahayana** („Großes Fahrzeug"). Im Zentrum dieser Lehre stand weniger das egozentrische Streben des Einzelnen nach dem Nirvana als vielmehr das liebende Mitgefühl mit allen Kreaturen. Bereits Erleuchtete verzichteten auf den Eintritt ins Nirvana, um als *Boddhisattva* anderen den Weg zur Erleuchtung zu weisen. Diese Lehre lässt das Ausscheiden aus dem Kreis der Wiedergeburten einfacher erscheinen und ist eher als der Hinayana-Buddhismus auf die Bedürfnisse der Laiengläubigen ausgelegt.

In seiner ursprünglichen Fassung ist der Buddhismus dann auch **eher Lebensphilosophie denn Religion.** Die Lehre kannte keinen Gott und verkündete keine allgemeinen Wahrheiten, sondern führte den Einzelnen auf den Weg der Erkenntnis. Nur so, durch Selbsterlösung des Einzelnen dank Beschreiten des von Buddha vorgezeichneten achtteiligen Pfades, können die Begierde besiegt und das Leiden beendet werden. Erst später wurden, dem Bedürfnis der Gläubigen nach einem Objekt der Anbetung folgend, Schreine und Buddha-Statuen errichtet.

Die Kennzeichen Buddhas

Dass nicht jeder Buddha sein kann, ist klar. Nun besagt aber die Lehre, dass Buddha selbst dem Nirvana entsagte, um als Boddhisattva anderen Buddhisten den Weg dorthin zu erleichtern, um über das Werden und Wachsen seiner Gemeinde zu wachen. Um nun Buddha von gewöhnlichen Sterblichen zu unterschieden, hat die Darstellung des Erleuchteten im Laufe der Jahrhunderte **einige Spezifika** hervorgebracht:

- Alle Finger an den Händen sind gleich lang.
- Alle Zehen an den Füßen sind gleich lang.
- Die Ohrläppchen reichen bis auf die Schultern.
- Das Kopfhaar ist sehr eng gekraust.
- Beim stehenden Buddha reichen die Hände bis zu den Knien.
- Die Körperform ist weich und elegant, sodass nicht recht deutlich ist, ob es sich um ein männliches oder weibliches Wesen handelt.

laos137 vl

▷ Illustration von Buddha – man beachte die charakteristischen langen Ohrläppchen

Einmal im Leben Mönch sein

Immer und überall fallen sie sofort auf durch ihre leuchtend **orangefarbenen Gewänder** – die buddhistischen Mönche und Novizen. Der Tradition zufolge sollte jeder männliche Lao einige Zeit in einem Wat verbringen, und seien es nur Tage. Nach oben ist die Zeit des Mönchseins nicht begrenzt. Einige bleiben es ihr Leben lang und bringen es dabei oft zu **hoher Kunstfertigkeit in einem der traditionellen Gewerke** der Mönche: Schriftgelehrtheit meist in Pali und Sanskrit, verbunden mit der Anfertigung der traditionellen Palmblattschriften *Bai Laan,* traditionelle Medizin oder Kunst und Literatur sowie die altlaotische Schrift *Tham.* Diese Mönche erhalten die ehrwürdige Bezeichnung *A-Tjaan* (Lehrer), während „gewöhnliche" Mönche *Khuu Baa* und Novizen *Aai Tjua* genannt werden.

Aber nicht nur gesellschaftliche Konvention oder innere Berufung lassen laotische Männer die Robe anziehen. Krankheit eines Familienmitglieds, Tod eines nahen Verwandten oder sonstiges Missgeschick können ebenso Grund sein, für ein paar Tage in die Pagode zu gehen und Besserung oder Segen zu erwirken. Letztlich ist die Pagode auch **Teil des traditionellen sozialen Netzes:** Wer völlig verarmt oder in Not gerät, dem bleibt immer noch der Weg, als Mönch sein einfaches, aber sicheres Dasein zu fristen.

Neben den orangenen Roben fallen die Mönche durch ihre **kahl geschorenen Schädel** auf. Geschoren wird beim Eintritt ins Mönchsleben und sonst nach Bedarf, jedoch keinesfalls mittwochs oder donnerstags.

Mönch zu sein, bedeutet **auf jeglichen Besitz** zu **verzichten.** Jeder Mönch hat seine Robe *(Pha Sabong),* seine Opferschale *(Baat)* und seine Strohmatte. Aber auch diese Dinge hat er nicht erworben, sondern Gläubige haben sie ihm geschenkt. Der Drang der Gläubigen, den Mönchen Gutes zu tun, ist mittlerweile so groß, dass die *Kuti,* die Wohngebäude der Mönche, recht komfortabel ausgestattet sind.

Dennoch ist das Dasein eines buddhistischen Mönchs kein Zuckerschlecken. **227 buddhistische Vorschriften** sind einzuhalten, dazu gehört sexuelle Enthaltsamkeit ebenso wie Zurückhaltung bei geistigen Getränken (Rauchen ist erlaubt!). Mönche dürfen Frauen nur bei religiösen Zeremonien berühren. So kann man gelegentlich erleben, dass auf dem Flugplatz erst ein männlicher Angestellter geholt wird, um den Abschnitt von der Bordkarte eines Mönchs abzutrennen. Ist kein Mann zur Stelle, wird der Mönch die Bordkarte auf den Tresen legen.

Ihr Leben haben die Mönche ausschließlich von dem zu fristen, was ihnen die Gläubigen spenden. Noch vor dem Sonnenaufgang ruft die Trommel zur ersten **Meditation.** Kurz nach Sonnenaufgang geht es auf die **Sammeltour** durch die Gemeinde. Meist ist es Klebereis, der den Baat füllt. Aber auch Gebäck, Süßigkeiten oder Zigaretten wandern in die Opferschale. Gegessen werden darf nur bis 11 Uhr. Den Rest des Tages verbringen die Mönche mit dem Erlernen buddhistischer Texte, mit Meditation oder dem Pauken von Fremdsprachen. Die meisten Pagoden unterrichten Englisch, und Mönche sind immer darauf erpicht, an Ausländern ihre Sprachkenntnisse zu erproben.

Weit schwieriger ist es für **Frauen,** als *Mee Sii* oder *Mee Khao* (Weiße Frau) buddhistische Nonne zu sein. Frauen wurden erst in einer späteren Entwicklungsperiode des Buddhismus als Nonnen akzeptiert. Sie bleiben bis auf den heutigen Tag die Ausnahme. In weiße Roben gehüllt, sind sie gewissermaßen „Mönche zweiter Klasse", obwohl die Ordensregeln für Nonnen weit strenger sind als die für Mönche.

ses Kontingents stand der Mönch *Pasaman,* einst Lehrer des jungen *Fa Ngoum* am Hof von Angkor.

Der Nachfolger *Fa Ngoums,* **König Samsenthai,** ließ erstmals in größerem Maße sakrale Bauten im Lande errichten, darunter auch Wat Monorom in Luang Prabang. Der Buddhismus nahm einen ersten Aufschwung.

Dass im nur wenig zentralisierten Lane Xang dennoch der **Animismus** fröhliche Urständ feierte, zeigt eine in der buddhistischen Welt wohl einzigartige und mit der sonst sprichwörtlichen Toleranz der Lehre nicht in Übereinstimmung zu bringende Maßnahme des **Königs Phothisarath** aus dem Jahre 1527. Er, selbst ein Eiferer des Buddhismus, erließ ein Verbot des Geisterglaubens und ordnete die Zerstörung aller nichtbuddhistischen Kultplätze an. An ihrer Stelle sollten überall buddhistische Pagoden entstehen. Der Erfolg der Aktion blieb bescheiden. Bis auf den heutigen Tag versöhnen selbst strenggläubige Buddhisten den Hausgeist (Phii Heuan) oder den Geist der Reisfelder (Phii Na) mit einem Basi-Blumengesteck und Opfergaben. Natürlich unter reger Beteiligung buddhistischer Mönche.

Eine Reihe **animistischer Kulthandlungen** übernahm der Buddhismus und versah sie mit seinen Inhalten. So sind die Traditionen des Wasserschüttens zum laotischen Neujahr sowie besonders die Fruchtbarkeitsriten zum Raketenfest keinesfalls buddhistischen Ursprungs.

Dennoch ist Laos ein durch und durch buddhistisches Land. Daran hat auch die **Revolution 1975** nichts geändert, obwohl die Revolutionäre im Überschwang des Sieges der Religion zunächst an den Kragen wollten. Mönche galten kurze Zeit als Parasiten, die auf Kosten des werktätigen Volkes lebten. Diese Phase dauerte allerdings nur wenige Monate und ist wohl eher dem Wirken vietnamesischer Berater zuzuschreiben. Führer der laotischen Revolution, wie *Kaysone Phomvihane* und *Phoumi Vongvichit,* waren ausgezeichnete Kenner des Buddhismus und sahen ihr Ziel darin, den Buddhismus als Verbündeten und nicht als Feind zu haben. So kam alles recht schnell wieder in seine Bahn.

Einzig die in Laos bis 1975 aktive **Strömung des Thammayut** blieb auf der Strecke. Thammayut ist eine Schule des Buddhismus, die auf den einstigen Thai-König *Mongkut* zurückgeht und auch heute in Thailand weit verbreitet ist. Aufgrund dieser Tatsache wurden Thammayut-Anhänger als „Agenten“ der mit den USA liierten „ultrarechten Thai-Clique“ betrachtet, und man verbot die Sekte.

Heute erlebt die buddhistische Religion eine **neue Blüte.** Die obligatorische Novizenzeit der Jungen gehört zum guten Ruf jeder laotischen Familie. Und angesichts wirtschaftlich besserer Zeiten können die Pagoden über Mangel an Spenden zur Renovierung ihrer Gebäude nicht klagen. Offenbar haben nicht wenige erfolgreiche Geschäftsleute – und nicht nur die – Grund genug, für ihr nächstes Leben Gutes zu tun.

Animismus

Viele der kleineren Völkerschaften, besonders der Mon-Khmer wie auch der sino-tibetischen Völker, sind Anhänger des Animismus. Animisten sehen die **Welt von Geistern bewohnt,** von guten wie bösen. **Sie versöhnlich** zu **stimmen,** ist Ziel der verschiedenen Riten und Gebräuche. Der Einfluss der Geister ist so stark, dass selbst die buddhistischen Lao Loum keine lange Reise antreten, keinen Hausbau beginnen, nicht in ein neues Haus einziehen und überhaupt kein größeres Vorhaben in Angriff nehmen, ohne sich zuvor des Wohlwollens der Geister versichert zu haben. Ob er denn an all diese Geister glaube, beantwortete ein Lao mit dem Diplom einer europäischen Universität folgendermaßen: „Ich glaube nicht an Geister, aber gesehen habe ich schon welche!“ Bei den buddhistischen Lao Loum findet der Geisterkult seinen deutlichsten Ausdruck im Brauch des Baci oder Soukhuan (siehe Kapitel „Feste und Feiertage“).

Geister werden in Laos allgemein **Phii** genannt. Sie herrschen über Haus und Hof, Reisfelder oder selbst größere Gebiete. Ihnen zu Ehren werden von den animistischen Völkern **Opferriten** abgehalten, bei denen meist Büffel als Opfer dargebracht werden. Viele Dörfer der Mon-Khmer opfern zur Versöhnung des Dorfgeistes einen Büffel. Zu diesen Feiern, die von den Behörden nicht selten als rückschrittlich angesehen werden, sind **keine Fremden zugelassen.** Das wird so streng gehandhabt, dass Lao immer wieder berichten, dass Fremde, die zufällig zu solchen Feiern in Dörfer der Lao Theung kamen, von den Dorfbewohnern festgehalten und nicht wieder freigelassen würden. Vielleicht sind das nur Geschichten, um allzu viele Neugierige abzuschrecken. Darauf ankommen lassen sollte man es aber nicht. Jedenfalls sind diese Bräuche bislang recht wenig beschrieben.

Auch die Hmong-Mien betreiben Animismus, allerdings meist gepaart mit **Ahnenkult.** Dabei gehen sie davon aus, dass die Seelen der Vorfahren auf die Erde zurückkehren, irgendwo in der Umgebung der Lebenden angesiedelt sind und so das Leben der nachfolgenden Generationen beobachten (und auch beeinflussen). Diese Seelen können in Bäume, Steine oder auch Tiere fahren.

Christentum

Christen sind unter den Laoten rar gesät. Meist handelt es sich um **Angehörige und Nachfahren der einst von den Franzosen ausgebildeten Elite,** die sich in den ersten 15 Jahren nach der Revolution nicht eben größter Beliebtheit erfreuten. Hinzu kommt eine weit größere Anzahl von Katholiken unter den im Lande ansässigen **Vietnamesen.** Schon während des Krieges, aber auch danach, mühten sich Missionare verschiedener Herkunft, einige der Bergvölker zum christlichen Glauben zu bekehren. Nicht zu vergessen schließlich die im Lande tätigen „Langnasen“, unter denen sich eine größere Anzahl Christen findet. So haben die christlichen Gotteshäuser im Lande nach Jahren des Schattendaseins heute wieder stärkeren Zulauf. Auf missionarische Aktivitäten unter der laotischen Bevölkerung reagieren die Behörden sehr abweisend, soll das Land doch buddhistisch bleiben. Viele unterschiedliche christliche Gemeinden finden sich konzentriert in der Hauptstadt Vientiane. Katholische Gotteshäuser sind auch in Paksan, Thakhek, Savannakhet und Pakse in Dienst.

Islam

Der Islam konzentriert sich in Laos ausschließlich auf **Anhänger indischer oder pakistanischer Herkunft** sowie zeitweilig im Land tätige Bürger islamischer Staaten. Lediglich in einigen größeren Städten mit entsprechend starken Gruppen von Moslems existieren Moscheen oder Gebetshäuser.

Architektur

Architektur in Laos scheint sehr vergänglich. Nicht nur, weil die meisten Zeugnisse der laotischen Baukunst aus Holz oder Bambus gefertigt sind. Auch wiederholte Kriege und Raubzüge benachbarter Völker in das Land vernichteten die Zeugnisse der Vergangenheit. Erwähnt seien nur die völlige Zerstörung der laotischen Hauptstadt Vientiane durch die Siamesen im Jahr 1827 und die Vernichtung Luang Prabangs durch die Horden der Ho im Jahr 1887. So sind einige der schönsten Bauwerke nur **Kopien oder Nachbauten** der verlorenen Originale. Doch auch so ergibt sich ein eindrucksvolles Bild der eigenständigen Entwicklung der Baukunst des Landes.

Einteilen lässt sich laotische Architektur in zwei wesentliche Bereiche. Zum einen ist dies der **Siedlungsbau,** zum anderen der **Bau von buddhistischen Pagoden.** Anders als in Europa oder selbst in asiatischen Nachbarländern spielte der Bau prächtiger Paläste in Laos in der Vergangenheit keine bedeutende Rolle.

Wohngebäude

Die Architektur von Wohngebäuden ist in Laos **so differenziert wie die ethnische Zusammensetzung des Volkes.** Beinahe jede der ethnischen Gruppen des Landes hat ihren unverkennbaren Stil, ihre eigene Ausdrucksform auch in der Baukunst gefunden, seien es die hoch aufragenden Bambusbauten einiger Bergvölker des Nordens oder die dicht gedrängten Holzhäuser der Mon-Khmer im Süden. **Charakteristisch** für die Baukunst der Lao ist allerdings das **Pfahlhaus.** Es ist so typisch für die Lao, dass schon in den Anfangsjahren des laotischen Reiches die Grenzziehung nach dem Prinzip erfolgte: Laos ist dort, wo die Leute in Pfahlhäusern wohnen, Klebereis essen und Khaene (laotische Bambusflöte) spielen.

Das Pfahlhaus

Das Pfahlhaus hat für seine Bewohner gleich **mehrere Vorzüge:** Es ist vor Überschwemmungen weitgehend sicher, es schützt vor vielerlei Ungeziefer, bietet beste Durchlüftung und einfachste Entwässerung sowie im Raum unter dem Haus Abstellmöglichkeiten und ein schattiges Plätzchen für die Mittagsruhe. Bei hochgezogener Eingangstreppe sind die Hausbewohner selbst vor ungebetenen Gästen sicher.

Errichtet wird das Haus in der Regel aus **drei Reihen von Pfählen.** Die mittlere Pfahlreihe ist dabei höher als die seitlichen und dient somit auch als Stütze für das Satteldach. Eine **vierte Pfahlreihe** steht außerhalb des Hauses und

laos044 vl

fungiert als Basis für die **Veranda.** Ein oder zwei Treppen führen von der Vorderfront oder den Seiten auf ebendiese Veranda, von der man ins Haus gelangt. Die Pfähle dienen gleichzeitig der Abgrenzung der **Zimmer** im Haus. Das Wohnzimmer nimmt dabei etwa die Hälfte des Hauses ein. Die andere Hälfte, die oft nochmals unterteilt ist, dient als Schlafzimmer.

Baumaterial ist in der Regel **Holz,** wobei schon Form und Schnitt der hölzernen Pfähle viel über den Status des Hausbesitzers aussagen. Von einfachen und oft nicht eben geraden Baumstämmen über runde Pfähle reicht das Spektrum bis zur vier- oder auch sechseckigen Säule. Der Fußboden besteht aus Holzdielen, zwischen denen bewusst Spalten gelassen werden. So wird das Haus besser durchlüftet, aber auch Abfall und Wasser lassen sich denkbar einfach entsorgen. Bretter dienen als Wände, hölzerne Schindeln als Dachbedeckung. Vor allem Letztere sind inzwischen oft Wellblech oder Wellasbest gewichen.

Die **Küche** ist in einem separaten Gebäude untergebracht, das meist von der Veranda aus über einen Laufsteg zu erreichen ist.

In Gegenden, in denen Holz nicht in ausreichendem Maße zur Verfügung steht, aber auch sonst bei ärmeren Menschen lässt sich so ziemlich alles durch **Bambus und Strohmatten** ersetzen – bis auf Pfähle und Fußboden.

Traditionell finden sich **unter dem Haus** ein bis zwei Webstühle und Spinnräder, der Reismörser und Bettgestelle für die Mittagsruhe. In den Städten be-

⌃ Typische Pfahlbauten

gann man schon vor längerer Zeit, den Fußboden zu betonieren und die Wände zuzumauern und gewann so im Untergeschoss zusätzlichen Wohnraum.

Stupa

Älteste erhaltene Zeugnisse laotischer Baukunst sind die **heiligsten Stupas des Landes.** Es sind ihrer fünf, deren Ursprung auf das 6. Jahrhundert zurückgeführt wird. Vor allem **That Ing Hang** in Savannakhet überzeugt auch den Laien von der Originalität dieses Baus. Zu sehr unterscheiden sich vor allem die Skulpturen von allem anderen, was man in Laos zu Gesicht bekommt. Aber auch **That Phon** 40 Kilometer südlich von Savannakhet und **That Sikhottabong** in Thakhek strahlen würdevolles Alter aus. Die vierte dieser heiligen Stätten, **That Phanom,** liegt heute auf dem thailändischen Ufer des Mekong. Die wesentlichsten baulichen Veränderungen in der Zeit ihres Bestehens musste allerdings die wohl bekannteste Pilgerstätte über sich ergehen lassen: **That Luang** in Vientiane. Allen ist gemeinsam, dass sie in der Zeit des ersten großen Reiches auf heute laotischem Boden etwa im 6. Jahrhundert (Souvannphoum-Reich, bekannter unter der durch chinesische Chroniken verbreiteten Bezeichnung Funan) errichtet wurden, und zwar als **buddhistische Kultstätten** mit deutlich indischem Einfluss auf Bau und Gestaltung. In späterer Zeit wurden sie zu Stätten des Hinduismus (Herrschaft der Khmer) umfunktioniert, ehe sie im laotischen Reich Lane Xang wieder zu ihrer buddhistischen Bestimmung zurückfanden. Auffallend ist die **einheitliche Form** der Stupas, die sich in ihrer einfachen, nach oben verjüngenden Gestalt deutlich von Bauten der Khmer und Siamesen unterscheiden.

Pagode

Ein weiterer Schwerpunkt laotischer Architektur ist der Bau von Pagoden. Trotz des großen Einflusses, den nicht zuletzt die 10.000 von König *Fa Ngoum* ins Land geholten Khmer ausübten, entwickelten die Lao **eigenständige Formen**

laos136 vl

> Stupa in Oudomsay

und Ausdrucksweisen. Zu danken ist dies vor allem der Tatsache, dass die Pagode nicht nur der **zentrale Ort des Dorfes** ist, sondern gemeinhin auch die **Identität seiner Bewohner** verkörpert. Die Bewohner sind es, die den Bau finanzieren, und demzufolge sind sie es, die den Architekten aussuchen und die dessen Entwürfe begutachten und sie letztlich auch zu billigen haben.

Prunkstück jeder Pagode ist ohne Zweifel **der Sim,** der schließlich die verehrten und angebeteten **Buddha-Statuen** enthält. Ein Sim ist im Gegensatz zu den Wohnhäusern der Lao niemals ein Pfahlhaus. Die Tradition will zudem, dass in seinen Fundamenten ein Schatz vergraben wird. So verfügt der Sim über einen Sockel, dessen Höhe regional erheblich variiert, und zwar zwischen einem halben und rund fünf Metern. Die größte Besonderheit laotischer Sim sind ihre **Dächer.** Die oft mehrfach übereinander geschichteten Satteldächer sind leicht geschwungen und bringen so eine große Eleganz und Leichtigkeit zum Ausdruck. Eine sehr gelungene Form, wenn man bedenkt, dass die Dächer wegen ihrer meist doppelten Schicht gebrannter Dachziegel ungeheuer schwer sind. Auch die Farbe der Dächer ist typisch für Laos, denn die Lao verwendeten einfach gebrannte Ziegel, und so waren die Dächer ihrer Pagoden ockerfarben. Die heute oft anzutreffenden Wellasbestdächer sind zwar billig und nett anzusehen, aber fast schon Frevel am Bau. Auch die bunt gefärbten Ziegel vieler neuer oder restaurierter Pagoden verraten thailändischen Einfluss.

In der Mitte des Dachs erheben sich **Dok So Fa** (Himmelsblumen) aus dem Dachfirst. An den Giebeln mündet der First in stilisierte **Nagas,** Fabelwesen aus der buddhistischen Legende.

Getragen wird das Dach von hölzernen oder gemauerten **Säulen,** die rund, vier-, sechs- oder achteckig sein können. Die Säulen münden in stilisierte Blütenblätter.

Der **rechteckige Hauptraum** des Sim wird von vier Säulenreihen getragen, wodurch im Innern drei Schiffe entstehen. Das Mittelschiff ist dabei stets breiter als die Seitenschiffe.

Die **Außenwände** bestehen aus Mauerwerk, das sowohl lotrecht stehen als auch nach innen oder außen geneigt sein kann. **Fenster- und Türflügel** sind meist aus massiven Holzbohlen, die mit reichen Schnitzereien verziert sind. Weitere Variationen am Bau können Veranden an einer oder beiden Giebelseiten oder auch umlaufende Galerien sein.

In Laos haben sich drei wesentliche Grundformen für den Bau von Sim entwickelt, als deren klassische Vertreter **Wat Xieng Thong** in Luang Prabang, **Wat Phya Wat** in Vientiane und **Wat Phou Kham** in Xieng Khouang gelten (siehe Skizze auf S. 372).

Wat

Was ist ein Wat?

Der Begriff Wat bezeichnet die **Gesamtheit der Gebäude einer buddhistischen Tempelanlage.** Umgeben ist diese normalerweise von einer Mauer.

Da wäre zunächst der **Sim,** das wichtigste Gebäude jedes Wat. Im Sim befindet sich der Altar, der meist eine oder mehrere **Buddha-Statuen** enthält. Beim Bau von neuen Sim wird oft zunächst eine große Buddha-Statue errichtet, um die herum dann das Gebäude gebaut wird. Der Sim kann sowohl ein einfaches Bauwerk aus Holz und Wellblech sein als auch ein architektonisches Kunstwerk, wie die ehrwürdigen Pagoden Wat Xieng Thong in Luang Prabang oder Wat Sisaket in Vientiane.

Ein weiterer wichtiger Teil eines Wat ist **Ho Thai,** die Bibliothek, in der kanonische wie auch weltliche Schriften aufbewahrt werden. Wichtigste Schrift des Buddhismus ist die **Tripitaka** (Drei Körbe), von der ein Exemplar bereits von dem Mönch *Pasaman* mit nach Laos gebracht wurde.

Kuti bezeichnet das Wohngebäude der Mönche (Khuu Baa). **Sala Long Tham** ist der Begriff für ein meist nach allen Seiten offenes Gebäude, in dem die Mönche die buddhistischen Texte nachbeten.

Ferner gehört ein **Høø Køng** (Trommelturm) zum Wat. Die große fellbespannte Holztrommel wird zu den monatlichen Gebetstagen (Wan Sin) jeweils früh und abends um 4 bzw. 16 Uhr geschlagen. In der Fastenzeit ertönt ihr weithin zu hörender Klang täglich um 16 Uhr. Wo dies nicht durch eine Glocke geschieht, ruft die Trommel morgens um 6 Uhr die Mönche zum Thak Baat. Um 11 Uhr verkündet sie zudem das Ende des Vormittags. Von nun an dürfen die Mönche bis zum nächsten Morgen nichts mehr essen.

Verschiedene **That (Stupas)** finden sich in den meisten Wat, wobei die größeren von religiöser Bedeutung sind. That Luang, die große Stupa in Vientia-

Wat Sibounheuang in Sam Neua

laos066 vl

ne, soll beispielsweise ein Stück des Brustbeins von Buddha enthalten. Kleinere Stupas sind That Kaduuk, am besten beschrieben vielleicht als Urnengrab, in denen die Asche und Knochenreste bedeutenderer oder vermögenderer Mitglieder der jeweiligen Gemeinde eingeschreint sind.

Wie entsteht ein Wat?

Manchmal waren Pagoden an markanten Plätzen, etwa Fußspuren Buddhas oder andere heilige Orte, eher da als ein Dorf. In der Regel aber entsteht ein Dorf oder ein Stadtteil zuerst. Und wenn die Einwohner der Meinung sind, für das Wohlergehen ihrer Siedlung **geistlichen Schutz und Beistand** zu brauchen, errichten sie einen Wat.

Der Wat-Stil Vientianes (links) und der von Xieng Thong in Luang Prabang (rechts)

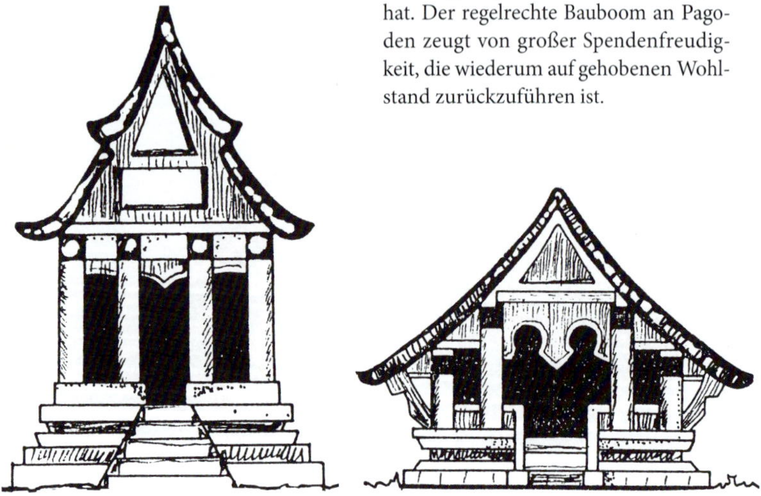

Errichtet werden Wats durch **Spenden der jeweiligen Gemeinde.** Gemäß dem Prinzip „Het Boun Dai Boun“ (Wer Gutes tut, dem wird Gutes widerfahren) ist Geben Ehrensache. Nicht der Mönch, der am Morgen mit der Opferschale zum Thak Baat durch die Gemeinde zieht, bettelt, sondern der Gläubige bittet den Mönch, seine Gabe anzunehmen. Weit größere Verdienste erwirbt sich ein Gläubiger natürlich mit einer kräftigen Spende beim Bau eines Wat. Damit die Wohltaten auch nicht in Vergessenheit geraten, sind in vielen Wats die Namen der edlen Spender deutlich sichtbar angebracht. Über die Kollekten wird genau Buch geführt.

Diese Art der Baufinanzierung bringt es aber auch mit sich, dass die **Summe nicht für einen kompletten Bau ausreicht.** Also wird erst einmal begonnen, und wenn die Puste ausgegangen ist, ruht der Bau für eine Weile, manchmal gar Jahre. Bis eben die nächste Kollekte wieder genug Geld in die Kasse gespült hat. Der regelrechte Bauboom an Pagoden zeugt von großer Spendenfreudigkeit, die wiederum auf gehobenen Wohlstand zurückzuführen ist.

Nur einige wenige Wat wurden ausschließlich mit staatlichen Mitteln errichtet, funktionierten dann aber auch selten als richtiges Gotteshaus. Als Beispiel sei Wat Høø Pra Keo in Vientiane genannt.

Schrift und Literatur

Die Schrift

Die laotische Sprache fand erst ziemlich spät zu ihrer heutigen Schrift. Zunächst waren es **buddhistische Texte,** die anfangs in **Sanskrit** und später in **Pali** festgehalten wurden. Dann trat an die Stelle der indischen Sprachen ihre laotische Übersetzung und deren Aufzeichnung zunächst in der **Khom-** und später zumeist in der **Tham-Schrift.** Aufgezeichnet wurde in einer Art und Weise, die bis auf den heutigen Tag angewandt wird: Die Texte werden **in Palmblätter** *(Nangseu Bai Laan)* **geritzt.** Die so entstandenen Gravuren füllt eine aus Asche hergestellte „Tinte" aus. Auf jede Seite eines Palmblatts passen vier Zeilen. Die Blätter werden an den Enden durchbohrt und mit Fäden zu *Phuk* (Heften) zusammengebunden. Mehrere *Phuk* ergeben ein *Mat* (Bündel), das wiederum in Stoff eingeschlagen und verschnürt wird. Welchen Umfang ein solches Werk annehmen kann, verrät eine in Stein gehauene Inschrift in Wat Visoun (Luang Prabang). In Luang Prabang war für die Stadt Pre eine Kopie der heiligen buddhistischen Schrift Tripitaka angefertigt worden, die aus 242 *Mats* mit insgesamt 2025 *Phuk* bestand, also weit mehr als 10.000 Palmblätter umfasste.

Nicht nur religiöse Schriften wurden mühevoll in Palmblätter geritzt, sondern auch **Sagen, Legenden und Prosa.** Diese allerdings waren nicht in *Mats* unterteilt, sondern unabhängig von ihrer Länge in einem gebundenen Stapel von Palmblättern mit jeweils einem hölzernen Boden und Deckel. Eine solche Ausgabe brachte es auf stolze 875 Blätter!

Aufbewahrt werden die bibliophilen Kostbarkeiten in den **Bibliotheken der Pagoden,** wo sie nur allzu oft gefräßigen Insekten zum Opfer fallen. Ein Projekt der deutschen Entwicklungszusammenarbeit war viele Jahre damit befasst, die vorhandenen *Nangseu Bai Laan* zu erfassen, zu reinigen und mit für Insekten wenig schmackhaften Substanzen zu imprägnieren. Mikroverfilmung soll die Inhalte unabhängig von den Palmblättern bewahren. Eine Bestandsaufnahme ergab, dass in mehr als 1700 Pagoden des Landes *Nagseu Bai Laan* aufbewahrt werden.

Den indischen Schriften gesellten sich einige davon abgeleitete und den örtlichen Sprachen und ihrer Tonalität angepasste Schriften hinzu. In Laos war etwa seit dem 6. Jahrhundert die dem Khmer verwandte **Khom-Schrift** zu finden. Aus dieser wurde unter dem ersten Sukhothai-König *Rama Khamheng* der Vorläufer des heutigen Thai entwickelt, der sich erstmals in einer Inschrift aus dem Jahr 1286 auf einer Steinstele findet. Laos verwendete aber noch über lange Jahre hinweg vor allem die der Shan-Schrift verwandte **Tham-Schrift.** Erst 1838 schlug die Geburtsstunde der **modernen laotischen Schrift,** die eine vereinfachte Aus-

Buddhasen

Buddhasen ist die **Geschichte des Prinzen gleichen Namens,** Sohn des Königs *Lutthasen von Kambodscha.* Nach seiner Heirat mit *Nang Kanri,* der Tochter einer Hexe, besteht er vielerlei Abenteuer und kehrt schließlich nach Kambodscha zurück, um das Land zu regieren. Dank der von seiner Gemahlin erworbenen Zauberkräfte erweckt er seine Mutter wieder zum Leben. Zurück bei den Seinen, findet er seine Frau vor Kummer und Gram verstorben und haucht an ihrem Totenbett gleich selbst das Leben aus. Ihre Körper verwandeln sich in Berge, die sich vor Luang Prabang finden: Phou Nang Kanri auf der einen und Phou Thao Buddhasen auf der anderen Seite.

Sin Say

Ein **zweites wichtiges Werk der laotischen Literatur** ist diese Geschichte, die wie folgt geht: Der König eines indischen Landes lebte glücklich mit seiner Schwester in seinem Reich. Doch die Schwester wurde von einem *Nyak* (Dämon) geraubt, und der König machte sich auf die Suche nach ihr. Zu seinem Ziel gelangte er allerdings nicht. Dafür traf er auf sieben Schwestern, deren Schönheit den König in den Bann zog. Er heiratete alle sieben und zeugte Söhne mit ihnen, damit diese nach seiner verschollenen Schwester suchen könnten. Zwei der Frauen brachten jedoch keine gewöhnlichen Kinder zur Welt. Die eine gebar einen Elefanten mit goldenen Stoßzähnen, die andere eine Schnecke und einen Knaben mit Pfeil und Bogen. Wie nicht anders zu erwarten, handelte es sich bei den außergewöhnlichen Kindern um Götter, gesandt von *Pha In (Indra),* dem König der Götter. Pha In zauberte einen Palast in den Wald, in dem nun die wegen ihrer Eigenart vom Hofe gewiesenen Gottheiten mit ihren Müttern lebten. Der Elefant erhielt den Namen **Sihalat** (Großer Elefant), die Schnecke den Namen **Sang Thong** (Goldene Schnecke) und der Junge den Namen **Sin Say** (Der durch seine Vorzüge Siegende). Sie freundeten sich mit den **Khuts** (auch Garuda; ein Wesen halb Mensch, halb Vogel) an, die ihnen fortan zu Diensten waren. Der König sehnte sich weiter nach seiner Schwester und sandte schließlich seine anderen Söhne auf die Suche nach ihr. Diese folgten nur widerwillig der väterlichen Order und überredeten den kräftigen, aber gutgläubigen *Sin Say* zur Teilnahme an der Suche. Gemeinsam zogen sie los, doch nach diversen Abenteuern ließ *Sin Say* die verweichlichten Palastprinzen zurück und zog mit seinen Gott-Brüdern allein weiter. Dank Wunder-Bogen und seiner mit übernatürlichen Kräften ausgestatteten Brüder befreiten sie die Schwester des Königs. Damit nicht genug, nahmen sie es mit neuen Gegnern auf, die die Tochter der Geretteten in ihrer Gewalt hatten.

Die irdischen Brüder heckten inzwischen einen Plan aus, *Sin Say* zu beseitigen und selbst den Ruhm der Rettungstat einzuheimsen. Sie stießen *Sin Say* in eine Felsschlucht und wähnten ihn tot. Zunächst galten sie am Königshof als Retter der Schwester des Königs und ihrer Tochter. Schließlich aber verrieten die Geretteten die Hinterlist der Königssöhne. Der König ließ seine Söhne in Ketten legen und machte sich – natürlich erfolgreich – auf die Suche nach *Sin Say.*

Der König der Nagas, in dessen Gewalt die Tochter der königlichen Schwester gewesen war, konnte die Trennung von seiner geliebten Frau nicht verwinden. Ein ganzer Band der Geschichte ist seinem Klagen und Jammern gewidmet. Schließlich willigte *Sin Say* ein und übergab die Tochter erneut dem König, der daraufhin wieder glücklich und zufrieden herrschte.

gabe der Thai-Schrift ist. Und selbst diese erlebte nach dem Sieg der laotischen Revolutionäre im Jahr 1975 eine weitere Vereinfachung, um sie dem Volk leichter zugänglich zu machen.

Das moderne laotische **Alphabet** umfasst 27 Konsonanten und 32 Vokale und Diphtonge. Hinzu kommen vier Tonzeichen. Geschrieben wird von links nach rechts und in maximal vier Ebenen übereinander. Kern jeder Silbe ist ein Konsonant, um den herum Vokal oder Diphtong, Schlusskonsonant und Tonzeichen angeordnet werden. Leerstellen zwischen den Worten sind kaum üblich und werden oft nach reinem Gutdünken über den Text verteilt. Es hängen sozusagen ganze Sätze „an einem Faden", was das Lesen nicht eben erleichtert. Eine Besonderheit der Schrift ist weiterhin, dass einige der Vokale und Diphtonge aus mehreren Zeichen zusammengesetzt werden und es für mehrere Vokale und Diphtonge je nach Aufbau der Silben unterschiedliche Schreibweisen gibt.

Die wenigsten der Sprachen der anderen laotischen Völker verfügen über eine eigene Schrift. Bei den **Mon-Khmer** der südlichen Provinzen wird vereinzelt die Khmer-Schrift benutzt. Französische und amerikanische Sprachwissenschaftler bemühten sich, der Sprache der **Hmong** eine eigene Schrift zu geben. Dabei legten sie das lateinische Alphabet zugrunde. Bei einigen Hmong wird diese Schrift auch heute noch angewandt. Von offizieller Seite wird eine auf dem laotischen Alphabet basierende Umschrift favorisiert. Teile der **Mien** nutzen auch chinesische Zeichen.

Figuren aus der laotischen Mythologie – links: Khut, rechts: Sin Say

Literatur

Wie in vielen Ländern der Erde lebt auch die laotische Literatur vor allem von der **mündlichen Überlieferung.** Schriftlich festgehalten wurden zunächst die religiösen Texte. Erst später fanden auch Poesie, Legenden, Chroniken und Prosa den Weg aufs „Papier". Wie Sprache, Religion und Kultur, so ist selbstverständlich auch die laotische Literatur von **indischem Einfluss** durchdrungen. Selbst in den historischen Chroniken spielen die indischen Mythen eine Rolle. Der oberste Himmelsherrscher heißt dort beispielsweise Pha In, die örtliche Ausgabe des Gottes Indra. So ist es auch kein Wunder, wenn die meisten der Werke der klassischen laotischen Literatur sich in ähnlicher Form in Kambodscha, Thailand oder Myanmar finden. Neben Chroniken wie „Nithaan Khun Bolom" (Die Legende von Khun Bolom), „Pongsavadan Lao" (Geschichte von Laos) und anderen finden sich in der Überlieferung vor allem **Gedichte und Gesänge, Fabeln und Romane.** Allesamt gingen sie erst über Generationen von Mund zu Mund, ehe sie schriftlich festgehalten wurden. Bei dieser Art der Überlieferung kamen immer mehr örtliche Einflüsse und Begebenheiten hinzu, sodass ein eigenständiges nationales Werk entstand.

Charakteristisch für die laotische Literatur ist neben buddhistischer oder auch hinduistischer Mythologie der **unerschrockene, mutige und selbstverständlich stets schöne Held,** zumeist ein Prinz, der dem Ruf seines Herzens folgend allerlei Abenteuer zu bestehen hat, einschließlich Grusel und Kampf auf Leben und Tod. In der Regel ist er zudem ein Boddhisattva (ein Erleuchteter, der auf das Nirvana verzichtete), dem nicht nur außergewöhnliche Kräfte, sondern auch noch magische Waffen zur Verfügung stehen. Immer wieder ist es der allmächtige Indra, der in die Geschehnisse eingreift und dem Helden hilfreich zur Seite steht. Und immer wieder sind es die schönen und schamlosen Kinnaris, die den Helden zu verführen suchen. Von besonderer Art sind die finsteren Mächte des Bösen, repräsentiert durch schauerliche Nyaks (Monster), die mit ihren magischen Waffen dem Helden nach dem Leben trachten. Weit positiver präsentiert sich der Rusi, ein Eremit, der sein unschätzbares Wissen der übernatürlichen Kräfte mit dem Helden teilt und so zum Sieg des Guten beiträgt. Schließlich ist da die Angebetete des Helden, die unglaublich schön, unglaublich treu und unglaublich gütig ist. Da sie auch noch Mut aufweist, greift sie meist selbst auf Seiten ihres Geliebten in die dramatische Handlung ein. Dieses Grundmuster ist uralt, bewährt und erfolgreich. Nicht umsonst erfreuen sich bis auf den heutigen Tag nach dieser „Bauart" gestrickte und mit mythologischen Andeutungen gespickte indische Filme auch in Laos großer Beliebtheit.

Die **wichtigsten Werke** der laotischen Literatur sind die meist in Versform verfassten Geschichten *Kalaket, Lin Thong, Taeng On, Sourivong, Champa Si Thon, Buddhasen* und *Sin Say* (siehe Exkurs), deren Ursprünge sich teilweise bis ins 14. Jahrhundert zurückverfolgen lassen.

> Weberin an einem traditionellen Webstuhl

Kunsthandwerk und Malerei

Weberei

Unter den handwerklichen Künsten in Laos nimmt die Weberei einen besonderen Platz ein. Zum einen deshalb, weil sich hier die **Traditionen der einzelnen ethnischen Gruppen** am deutlichsten widerspiegeln: So stark die ethnische Differenzierung in Laos ist, so vielfältig sind auch die Formen und Farben der Kleidung. Zum anderen deshalb, weil auch nach 100 Jahren Kontakt mit der industriellen Welt der **Webstuhl im Haus zu den wesentlichen Ausstattungsgegenständen** gehört und die traditionellen Kleidungsstücke der einzelnen Völkerschaften nach wie vor per Hand hergestellt werden. Dabei nimmt die Nationaltracht der ethnischen Gruppen allmählich den Weg von der Alltags- zur Festtagskleidung. Damit verbunden ist aber auch eine weitere künstlerische Verfeinerung. Schwere, aufwändig gewebte Stoffe aus Baumwolle oder Seide, durchwirkt mit silbernen und goldenen Fäden, sind charakteristisch für die Röcke der Lao Loum-Sin. Gewissermaßen Schmuckstück der laotischen Weberei ist **Tin Sin** (wörtlich: Fuß des Sin, der untere Saum des Sin). Diese TinSin sind in Farben, Formen und Mustern an Vielfältigkeit kaum zu übertreffen und stellen die höchste Form der Webkunst dar. Tiere, Pflanzen, geometrische Ornamente – der Fantasie der Weberin sind faktisch keine Grenzen gesetzt. Für einen 20 Zentimeter breiten und rund zwei Meter langen TinSin braucht eine geschickte Weberin bei täglich sechs Stunden Arbeit eine Woche. **Seidenweberei** findet

laos051 vl

sich fast überall im Land, besonders gefragt sind jedoch Stücke aus den Provinzen Houaphan und Champasak.

Gold- und Silberschmiederei

Gold- und Silberschmiedekunst lassen sich in Laos bis in die Anfangszeit der Staatenbildung in dieser Region zurückverfolgen. Zunächst waren es vor allem Stücke für den religiösen Gebrauch, besonders Buddha-Figuren, die in großer Kunstfertigkeit hergestellt wurden. Als Beleg dafür dienen die Teile des Schatzes der Stupa That Mak Mo in Luang Prabang, die heute im ehemaligen Königspalast ausgestellt sind. Überhaupt bildet **Luang Prabang** als ehrwürdige Königsstadt das **Zentrum der Kunstschmiede** in Laos. Hier wurden die Stücke zur Krönung der letzten beiden laotischen Könige hergestellt (1902 und 1975), wenn auch die für 1975 festgelegte Krönung von *Sri Savang Vattana* nicht mehr stattfand.

Traditionelle Techniken sind das Gießen, das Treiben und das Gravieren. Dabei sind es bis auf den heutigen Tag **Gegenstände für den religiösen Gebrauch,** die kunstvoll aus Silber getrieben werden: Khan und O, die Opferschalen der Anhänger des Buddhismus, sowie Schüsseln und Tabletts. Weitere traditionelle Gegenstände sind Services zur Aufbewahrung der Zutaten zum Betelkauen, eine Angewohnheit, der die älteren laotischen Frauen anhängen wie die Männer dem Rauchen. Khan und O werden durch ihre Verzierung klassifiziert, und zwar in zwölf Klassen entsprechend der Darstellung der zwölf Tierkreiszeichen. Auch Lotosblüten oder Rosen sind verbreitete Muster.

Aber auch **Schmucksachen** werden in guter Qualität und vielfältigen Formen hergestellt. Hervorgehoben seien Gürtel, Armbänder, Ohrgehänge, Ketten und Kopfputz. Dabei schmücken diese Dinge nicht nur die Trägerin, sondern sind zugleich Rücklage für schlechte Zeiten. Traum fast jedes Mädchens der Lao ist deshalb ein goldener Gürtel von rund 100 Gramm Gewicht, so wie die Mädchen der Hmong von Halsschmuck aus Silber schwärmen, das dann bis zu 12 Kilogramm auf die Waage bringt.

Schnitzerei

In einem so **holzreichen Land** wie Laos kam der Mensch wohl früh auf den Gedanken der Holzschnitzerei. Jahrhundertealte Traditionen in diesem Kunsthandwerk werden von Generation zu Generation weitergegeben. Leider meint es das tropische Klima mit den Künstlern weniger gut, sodass **nur wenige der alten Meisterwerke erhalten** blieben. Dennoch gibt es einige Stücke, die auf stolze 500 Jahre zurückblicken können. So zum Beispiel die beiden ursprünglichen Türflügel von Wat Visoun in Luang Prabang, die je 40 Zentimeter breit, zwei Meter hoch und drei Zentimeter dick sind und etwa aus dem Jahr 1500 stammen. Eine der Tafeln stellt das Einfangen und den Verkauf von Elefanten dar, während die andere eine Jagdszene wiedergibt. Die **Reliefschnitzerei** findet sich vor allem auf Tür- und Fensterflügeln von Pagoden. Neben Szenen aus dem weltlichen Leben, darunter auch

laos139 vl

erotischer Art, zieren vor allem Blumen und Ranken das Schnitzwerk. Weitere Themen sind die buddhistische oder indische Mythologie sowie Darstellungen Buddhas selbst.

Charakteristisch ist auch die **Farbgebung.** Der Hintergrund ist meist in dunklem Rot gefärbt, während der Vordergrund vergoldet ist und die Figuren eine schwarze Lackschicht tragen. Reliefschnitzerei dieser Art findet man auch an den Giebelwänden von Pagoden sowie in offiziellen Gebäuden.

Das Schnitzen von **Skulpturen** erreichte ebenfalls hohe Meisterschaft. Vor allem Buddha-Figuren sind es, die durch Einfachheit und Eleganz bestechen. Musterbeispiel hierfür ist die Sammlung von holzgeschnitzten **Buddha-Figuren** in Wat Visoun und in Wat Xieng Thong in Luang Prabang. Die laotischen Künstler fertigten immer wieder Buddha-Figuren in zwei Posen, die sonst in Südostasien sehr selten sind. **„Buddha um Regen bittend“** zeigt einen stehenden Buddha, mit den gestreckten Händen zum Boden weisend. Dieser im Stil von Luang Prabang sehr schlank dargestellte Buddha ähnelt schon fast einer Rakete, wie sie zum Raketenfest im Mai ebenfalls als Bitte um Regen in den Himmel geschossen wird. Die andere für Laos typische Pose zeigt **„Buddha den Bodhi-Baum betrachtend“;** hierbei wird der Erleuchtete ebenfalls stehend dargestellt, jedoch mit vor der Brust gekreuzten Händen.

⌃ Prächtig verziert zeigt sich das Palastmuseum in Luang Prabang

Malerei

Die laotische Malerei entwickelte ganz speziellen Inhalten entsprechende Formen. Dargestellt werden **vor allem Geschichten aus der buddhistischen und indischen Mythologie.** Besonders beliebt sind Szenen aus dem Leben Buddhas oder die laotische Version des Ramajana, Phalak Phalam. Als beste Form der Darstellung dieser stets aus mehreren Bildern bestehenden Geschichten erwies sich die **Freskenmalerei.** Zu finden ist sie insbesondere in Pagoden. Aber auch lange Stoffbahnen wurden mit der Darstellung längerer Geschichten versehen und sind bis heute der Stolz einer jeden Gemeinde.

Ein laotische Kunstform, die sich mit gutem Willen ebenfalls der Malerei zuordnen lässt, ist **Lay Khiane.** Schließlich hat sie ebenfalls mit Farbe zu tun. Eine polierte Holzoberfläche wird zunächst farblos lackiert und dann entweder vergoldet oder rot gefärbt. Es folgt eine weitere farblose Schicht, ehe – in Abhängigkeit von der Farbe des Untergrundes – eine rote oder goldene Schicht folgt. Nun wird mit einem Stilett die obere Schicht an einigen Stellen abgehoben, sodass letztlich ein zweifarbiges Bild entsteht. Einige Pagodentüren, aber auch Truhen und Schmuckkästen entstanden in dieser Technik.

Eine weitere spezielle Technik nennt sich **Lay Souay.** Sie findet sich ebenfalls auf Holzoberflächen, vorrangig auf Schränken und Truhen zur Aufbewahrung von Manuskripten. Diese Technik erinnert ein wenig an das sorbische Ostereiermalen mit Wachs. Gemalt wird gewissermaßen negativ. Die später sichtbaren Personen und Gegenstände werden mit einer fettigen Paste aus Kreide, Kalk und pflanzlichen Ölen ausgemalt. Dann wird eine einfarbige Lackschicht aufgetragen, auf die wiederum die nächsten „Fettfiguren" kommen und so weiter. Nachdem die Farbe getrocknet ist, wird die fettige Paste mit Wasser abgewischt, und die Figuren oder Gegenstände kommen in der jeweils darunter liegenden Farbe zum Vorschein.

Leider sind diese beiden sehr alten Techniken fast in Vergessenheit geraten und der modernen westlichen Maltechnik gewichen. Vor allem naturalistische Darstellungen des ländlichen Lebens in **Öl** oder **Aquarell** werden heutzutage angefertigt und in einigen Galerien auch zum Kauf angeboten.

Töpferei und Korbmacherei

Diese alten Handwerkskünste haben auch in Laos eine lange Tradition. Allerdings brachten sie weniger eindrucksvolle Kunstwerke als vielmehr schlicht, praktisch und dennoch schön geformte **Gebrauchsgegenstände** hervor. Erwähnenswert ist hierbei, dass der Tradition folgend die Töpferei den Frauen vorbehalten war, während die Korbmacherei Männersache ist. Besonders beliebt unter ausländischen Besuchern sind die Korbgefäße der verschiedenen Völkerschaften des Landes, die zum Teil mit Wachs oder Baumharzen wasserdicht gemacht wurden. Aus Rattan oder Bambus werden Möbel gefertigt, von guten Werkstätten auch nach westlichen Mustern und Vorgaben.

Musik und Theater

Klassische Musik

Wie in den meisten Ländern der Erde, lässt sich auch die Musik in Laos in klassische und Volksmusik einteilen. Die klassische Musik war dabei weitgehend dem königlichen Hof und religiösen Zeremonien vorbehalten.

Das **klassische Orchester** ähnelt denen in Kambodscha und Thailand sehr, dennoch gibt es einige Besonderheiten, allen voran das laotische **Nationalinstrument Khaene,** ein **Blasinstrument** aus zwei Reihen unterschiedlich langer Bambusflöten. Zusammengehalten wird das Ganze von einem hölzernen Mundstück, das der Khaene-Spieler mit beiden Händen umfasst. So kann er auch die in den Flöten befindlichen Löcher freigeben oder schließen und so die unterschiedlichsten Töne erzeugen – und die Khaene produziert pausenlos Töne, das heißt sowohl beim Einatmen als auch beim Ausatmen des Spielers.

Ferner gehören zum Orchester die zweisaitigen **Streichinstrumente** Søø I und Søø O. **Søø I** verfügt über einen Resonanzkasten aus Hartholz, der mit Schlangenhaut bespannt ist. Bei **Søø O** dagegen besteht der Resonanzkasten aus der Hälfte einer Kokosnuss, verschlossen mit einer dünnen Holzplatte.

Nang Nat ist die laotische Ausgabe des Xylophons, bestehend aus Hartholzkanteln und einem ebenfalls hölzernen Resonanzkörper. Angeschlagen werden die Kanteln mit hölzernen Schlegeln.

Komplettiert wird das Orchester vom **Kong Vong,** was sich am besten mit „Rundtrommel" übersetzen lässt. Dabei besteht dieses Instrument aus 16 bronzenen Zimbeln, die auf einem Rahmen aus Rohr ruhen. Die Schlegel des Kong Vong sind mit Elefantenhaut bespannt.

Nicht vergessen werden dürfen verschiedene **Khouey** (Bambusflöten) und das **Sing,** eine Art bronzenes Glöckchen, mit dem der Takt geschlagen wird.

Diese Orchester kommen in kleiner (Sep Noy) oder großer Besetzung (Sep Nyay) vor, wobei dem großen Orchester die „seriöse" Musik, etwa die Begleitung von Aufführungen des klassischen Balletts Phalak Phalam oder religiöser Zeremonien, vorbehalten ist. Niemals begleitet ein **Sep Nyay** Gesangsdarbietungen. Sep Nyay hat keine Søø und Khaene, dafür kommen zwei große Trommeln und das oboenartige Blasinstrument Pii hinzu. Zudem sind meist zwei unterschiedlich gestimmte Kong Vong vorhanden. **Sep Noy** ist für die leichte Unterhaltung bestimmt und verfügt über Søø und Khaene.

Egal in welcher Zusammensetzung das Orchester spielt, seine Musik ist für den ausländischen Zuhörer gewöhnungsbedürftig. Das hat seine Ursache auch im anderen **Tonleitersystem.** Da eine Khaene maximal sieben Töne kennt, ist auch die Musik entsprechend sieben- oder auch fünftonal aufgebaut.

Volksmusik

In der Volksmusik herrscht die **Khaene** vor. Sie kann den Gesang allein begleiten oder von Trommeln und Søø unterstützt werden. Es entsteht eine recht getragene, rhythmische Musik, die auch zum Tanzen gut geeignet ist.

Und **Gesang und Tanz sind sehr beliebt in Laos.** Am verbreitetsten ist der **Lam Vong,** ein ruhiger Reigentanz, bei dem sich Männer und Frauen in zwei ineinander verlaufenden Kreisen in gesetzten Schritten und mit graziösen Handbewegungen langsam im Kreis bewegen. Vom Lam Vong existiert eine Reihe regionaler Variationen, die in Melodie und Geschwindigkeit, und damit auch im Temperament, etwas anders ausfallen. Sehr beliebt ist beispielsweise **Lam Saravan,** bei dem sich der Sänger eine Menge Einlagen einfallen lässt, etwa in die Hocke gehen, auf einem Bein tanzen und Ähnliches, was die Stimmung auf dem Tanzboden stets sprunghaft steigen lässt.

Neben den traditionellen Instrumenten finden sich natürlich auch Gitarre, Schlagzeug und weitere **Instrumente der modernen Pop-Musik.** Besonders beliebt sind Keyboards, lassen sich ihnen doch auch der Khaene vergleichbare Töne entlocken. Im Volksmund heißen Mann (weit seltener Frau) und Instrument dann gleichermaßen Electron. Gesang muss sein, und es gehört zum guten Ton jeder Festivität, dass sich auch Gäste auf der Bühne als Sänger produzieren.

Theater

Theater hat sich in Laos in einer völlig anderen Richtung entwickelt als im modernen Europa. Einerseits bestand bis

laos140 vl

1975 das **klassische Theater,** das vom Hofballett bestimmt wurde. Zur Aufführung kamen traditionelle indische Stücke wie etwa das Ramayana, in Laos allerdings in der „laotisierten" Fassung Phalak Phalam. Großer Beliebtheit erfreute sich auch Manola, einer der üblichen Schmachtfetzen, wie sie heute zu Hunderten indische Filme wie thailändisches Fernsehen beherrschen.

Neben dieser Hochkultur, die in ihren Formen und Ausdrucksweisen weitgehend mit denen der Nachbarn Thailand und Kambodscha übereinstimmt, entwickelte sich eine Art **Volkstheater,** das bestenfalls mit den europäischen Bänkelliedern vergleichbar ist. Die Rede ist von **Moo Lam,** dem „Hohepriester des Tanzes". An dieser Stelle sei ein kleiner Ausflug in die Sprachgeschichte gestattet. „Moo" war eigentlich der Schamane, der Geisterbeschwörer des Dorfes. Im Laufe der Zeit spezialisierten sich die Zaubermänner; heraus kamen unter anderen der Medizinmann Nay Moo, der für das körperliche Heil zu sorgen hatte, und eben auch der für Gesang und Tanz zuständige Moo Lam, der zum geistigen Wohlergehen beizutragen hatte.

Moo Lam tritt in vier Grundkonstellationen auf: **Moo Lam Dio** ist der einzeln Vortragende, während **Moo Lam Tjøøt** von zwei Darstellern gleichen Geschlechts dargebracht wird. Weit größerer Beliebtheit erfreuen sich jedoch die beiden vollkommensten Formen des Moo Lam, **Moo Lam Khuu,** von einer Frau und einem Mann vorgetragen, und **Moo Lam Leuang,** wofür ein ganzes Ensemble kostümierter Spieler benötigt wird. In einem raschen Wechsel von Gesang, Wortbeiträgen, Spielszenen und Pantomime geht es thematisch querbeet. Die Laoten biegen sich vor Vergnügen, während selbst der sprachkundige Ausländer verständnislos daneben steht.

Moo Lam ist eine recht eigenwillige Ausdrucksform, die sich von keiner Zensur unterkriegen ließ und sich wieder zunehmender **Beliebtheit** erfreut. Wie die Anhänglichkeit zum Lam Vong ist das ein weiteres Zeichen für die Lebenskraft der traditionellen laotischen Kultur angesichts der amerikanisierten Fernsehgesellschaft Thailands.

[<] Spiderman in Laos (gesehen in Phongsaly)

M
MART
MASSAGE

laos143 vl

6

Anhang

Vang Vieng – das Backpacker-Mekka des Landes

Reise-Gesundheits-information Laos

Stand: Januar 2018

Die nachstehenden Informationen wurden uns freundlicherweise vom Centrum für Reisemedizin zur Verfügung gestellt. Auf der Homepage **www.crm.de** (CRM/Reiseländer) werden diese Informationen stetig aktualisiert. Eine Gewähr oder Haftung für die nachstehenden Angaben kann nicht übernommen werden.

Klima

Tropisches Monsunklima mit Regenzeit von Mai bis Oktober (Südwestmonsun); Vormonsunzeit (März bis Mai) heiß, Wintermonate (Oktober bis Februar) trocken und relativ kühl. Durchschnittliche Temperatur in Vientiane im Januar 21° C, im Mai 28° C.

Einreise-Impfvorschriften

Bei Direktflug aus Europa sind keine Impfungen vorgeschrieben.

Bei einem vorherigen Zwischenaufenthalt (innerhalb der letzten sechs Tage vor Einreise) in einem **Gelbfieber-Endemiegebiet** wird bei Einreise eine gültige Gelbfieber-Impfbescheinigung verlangt (zur Liste der Länder siehe unter www.crm.de). Ärztliche Bescheinigungen zur Befreiung von der Gelbfieber-Impfung („exemption certificate", „waiver") werden bei der Einreise nicht anerkannt.

Gemäß den geänderten *International Health Regulations* der WHO (am 11. Juli 2016 in Kraft getreten) ist die Gelbfieber-Impfbescheinigung nach einmaliger Impfung lebenslang gültig. Es ist möglich, dass abweichend von der offiziellen Regelung bei Einreise ein **Impfnachweis** verlangt wird, der nicht älter als zehn Jahre ist.

Empfohlener Impfschutz

Allgemein zu empfehlender Impfschutz (zur Definition siehe unter www.crm.de) überprüfen, ggf. ergänzen bzw. auffrischen.

Je nach Reisestil und Aufenthaltsbedingungen im Lande ist außerdem ein Impfschutz zu erwägen gegen Hepatitis A und B, Tollwut, Cholera, Typhus, Jap. Enzephalitis, Meningokokken Serotypen A, C, W135, Y, Vogelgrippe. Zu den in Frage kommenden Reisebedingungen und Krankheiten siehe wiederum unter www.crm.de.

Wichtiger Hinweis

Welche Impfungen letztendlich vorzunehmen sind, ist abhängig vom aktuellen Infektionsrisiko vor Ort, von der Art und Dauer der geplanten Reise, vom Gesundheitszustand sowie dem evtl. noch vorhandenen Impfschutz des Reisenden.

Da im **Einzelfall** unterschiedlichste Aspekte zu berücksichtigen sind, empfiehlt es sich immer, rechtzeitig (etwa vier bis sechs Wochen) vor der Reise eine persönliche Reise-Gesundheits-Beratung bei einem reisemedizinisch erfahrenen Arzt oder Apotheker in Anspruch zu nehmen.

Malaria

Es besteht ein ganzjähriges Malaria-Risiko mit unterschiedlicher Ausprägung:

- **Mittleres Risiko im Süden;**
- **geringes Risiko in den übrigen Landesteilen,** höher während der Regenzeiten, besonders im äußersten Norden im Grenzgebiet zu Yunnan/China;
- **minimales bzw. kein Risiko** in Vientiane, Vang Vieng und Luang Prabang.

Vorbeugung

Ein konsequenter Mückenschutz in den Abend- und Nachtstunden verringert das Malariarisiko erheblich **(Expositionsprophylaxe).** Die wichtigsten **Maßnahmen** sind:

- In der Dämmerung und nachts Aufenthalt in mückengeschützten Räumen (Räume mit Air Condition, Mücken fliegen nicht vom Warmen ins Kalte).
- Bei Aufenthalt im Freien in Malariagebieten abends und nachts weitgehend körperbedeckende Kleidung (lange Ärmel, lange Hosen) tragen.
- Anwendung von insektenabwehrenden Mitteln an unbedeckten Hautstellen (Wade, Handgelenke, Nacken); Wirkungsdauer 2–4 Std.
- Im Wohnbereich Anwendung von insektenabtötenden Mitteln in Form von Aerosolen, Verdampfern, Kerzen, Räucherspiralen.
- Schlafen unter dem Moskitonetz (vor allem in Hochrisikogebieten).

Ergänzend ist die Mitnahme von **Anti-Malaria-Medikamenten** zur Notfallselbsttherapie zu empfehlen. Zu Art und Dauer der Behandlung fragen Sie Ihren Arzt oder Apotheker, bzw. informieren Sie sich in einer qualifizierten reisemedizinischen Beratungsstelle. Malariamittel sind verschreibungspflichtig.

Ratschläge zur Reiseapotheke

Denken Sie daran, eine Reiseapotheke mitzunehmen, damit sie **für leichtere Erkrankungen und kleinere Notfälle** gerüstet sind.

- Folgendes sollten Sie auf Reisen **immer dabeihaben:** Medikamente gegen Durchfall, Fieber, Reisekrankheit, Schmerzen sowie Wunddesinfektionsmittel, Insekten- und Sonnenschutzmittel, Salbe bei Insektenstichen oder anderen Hautreizungen, Fieberthermometer und Verbandmaterial.
- **Je nach Reiseland und Reiseziel** können weitere Medikamente (z.B. zur Malariavorsorge) oder Hilfsmittel (z.B. Spritzen) sinnvoll sein.
- **Nicht zu vergessen sind Medikamente, die Sie ständig einnehmen müssen!**

Aktuelle Meldungen/Hinweise

Aktuelle Meldungen lagen zuletzt zu Darminfektionen, Dengue und Polio vor. Die Lage sollte kurz vor Reisebeginn unter www.crm.de überprüft werden.

Hinzuweisen ist noch darauf, dass landesweit mit erheblichen **Engpässen bei der ärztlichen und medikamentösen Versorgung** zu rechnen ist. Eine Auslandskrankenversicherung mit Abdeckung des Rettungsrückflug-Risikos für Notfälle sei dringend empfohlen.

Und zuletzt: Moderne Tollwutimpfstoffe und Immunglobulin sind in Laos nur schwer erhältlich.

Kleine Sprachhilfe

Laotisch ist eine tonale Silbensprache mit eigener Schrift. Die meisten Wörter sind einsilbig, außer bei Fremdwörtern hat jede Silbe eine Sinnbedeutung. Durch Zusammensetzen von Silben entstehen neuen Begriffe: *møø* = Topf, *fai* = Feuer – *møø fai* = (Auto-)Batterie.

Jedes einzelne Wort bleibt grundsätzlich unverändert. **Es gibt weder Deklination noch Konjugation.** Ob allerdings ein Wort gerade als Substantiv oder als Adjektiv gebraucht wird, kann man einzig aus seiner Stellung im Satz und den umgebenden Hilfswörtern erkennen.

Der **Satzbau** folgt im Allgemeinen der Regel Subjekt – Prädikat – Objekt. Adjektive stehen immer hinter dem bezeichneten Substantiv, die Verneinung *bøø* immer vor der Aussage (Verb oder Adverb) oder dem Adjektiv. Zum Beispiel: *Khøøi bøø paak phaasaa lao* – Ich nicht spreche Sprache Lao = Ich spreche kein Laotisch.

Eine Aussage wird zum **Fragesatz** durch das Hinzufügen des Fragewortes *bøø* am Satzende: *Mung mii bøø?* – Moskitonetz haben Fragewort? = Haben Sie ein Moskitonetz?

Sprachführer

Laotisch – Wort für Wort, *Klaus Werner,* Kauderwelsch Bd. 60, Reise Know-How Verlag, Bielefeld. Praxisnah und einfach verständlich. Auch als Audio-CD und mp3-Download.

Rede und Antwort

Guten Tag ສະບາຍດີ Sabai dii
Auf Wiedersehen ລາກ່ອນ (aus der Perspektive des Scheidenden) Laa køøn
Entschuldigung ຂໍໂທດ Khøø thoot
Danke ຂອບໃຈ Khøøp tjai
(um etwas) bitten ຂໍ Khøø
Erlauben etwas zu tun ເຊີນ Söön
Ja ເຈົ້າ Tjau
Nein ບໍ Bøø
Mir geht es gut ຂ້ອຍສະບາຍ Khøøi sabai
Klein/wenig ໜ້ອຍ Nooi
Viel ຫລາຍ Laai
Gut, genug ພໍແລ້ວ Phøø lääo
Sehr gut ດີຫລາຍ Dii laai

Unterkunft

Hotel ໂຮງແຮມ Hong hääm
Gästehaus ບ້ານພັກ Baan Phak
Ich brauche (ein Zimmer) ຂ້ອຍຕ້ອງການ (ຫ້ອງນອນ) Khøøi tøøng kaan (høøg nøøn)
… mit einem (Doppel-)Bett ຕຽງດ່ຽວ Tiang diao
… mit zwei Betten ຕຽງຄູ່ Tinag khuu
… mit Ventilator ໃສ່ພັດລົມ Sai phat lom
… mit Klimaanlage ໃສ່ແອ Sai ää
… mit Warmwasser ມີນ້ຳຮ້ອນ Mii nam høøo
Seife ສະບູ Sabuu
Handtuch ຜ້າເຊັດໂຕ Phaa set too
Decke ຜ້າຫົມ Phaa høm
Moskitonetz ມຸ້ງ Mung
Schlüssel ກະແຈ Ka Tjää
Toilettenpapier ເຈັ້ຍອານາໄມ Tjia anamai

Verkehrsmittel

Fahrrad ລົດຖີບ Lot thiip
Motorrad/Scooter ລົດຈັກ Lot Tjak
Taxi ລົດຕັກຊີ Lot taksii
Bus ລົດເມ Lot mee
Busbahnhof ສະຖານນີລົດເມ Sathaanii lot mee
Schiff, Boot ເຮືອ Hüüa
Fähre ເຮືອບັກ Hüüa bak
Speedboot ເຮືອໄວ Hüüa wai
Flugplatz ເດີນບິນ Döön bin
Fahrkartenschalter ບ່ອນຂາຍປີ້ Bøøn khaai pii
Fahrkarte ປີ້ Pii
nach … ໄປ … Pai …
für eine Person ຜູ່ໜຶ່ງ Phuu nüng
für zwei Personen ສອງຄົນ Søøg khon

Einkaufen

Markt ຕະລາດ Talaat
Geschäft, Laden ຮ້ານຂາຍເຄື່ອງ Haan khaai khüüang
Ich möchte, brauche ຂ້ອຍຕ້ອງການ Khooi tøøg kaan
Wie viel kostet ລາຄາເທົ່າໃດ Laa khaa thau dai
… das ອັນນີ້ An nii
… ein Kilo ກິໂລ 1 (…) Nüng kiiloo (…)
… ein Stück ອັນ 1 (…) An nüng (…)
Zu teuer ແພງໂພດ Phääng phoot
Nehme ich ເອົາ Au
(Geld) bezahlen ຈ່າຍ (ເງິນ) Tjaai (ngeun)

Gesundheit

Krankenhaus ໂຮງໝໍ Hoong møø
Arzt ນາຍແພດ Naai phäät
Apotheke ຮ້ານຂາຍຢາ Haan khaai jaa
Fieber ເປັນໄຂ້ Pen khai
Schmerzen ເຈັບ Tjep
Medikament ຢາ (ປົວພະຍາດ) Jaa (pua pha njaat)
Durchfall ຖອກທ້ອງ Thøøk thøøng
Zahnarzt ແພດປົວແຂ້ວ Phäät pua khääo
Ich bin krank ຂ້ອຍບໍ່ສະບາຍ Khøøi bøø sabaai
Zu Hilfe ຊ່ອຍຂ້ອຍແດ່ Søøi khøøi dää

Nützliche Verben

essen ກິນ kin
trinken ດື່ມ düüm
gehen (fahren) ໄປ pai
haben ມີ mii
kommen ມາ maa
machen, tun ເຮັດ het
mögen ມັກ mak
schlafen ນອນ nøøn
sich befinden ຢູ່ juu
wollen, möchten ຢາກ jaak

Sonstiges

Botschaft ສະຖານທູດ Sathaan thuut
Polizei(wache) ສະຖານນີຕຳລວດ Sathaannii tamluat
Bank ທະນະຄານ Thanakhaan
Geldautomat ຕູ້ ATM Tuu ATM
Reisebüro ບໍລິສັດທ່ອງທ່ຽວ Bolisat thøøngthiau

Literaturtipps

■ **Dr. Siri und seine Toten,** *Colin Cotterill:* Mittlerweile in 9 Bänden (Übersetzung Bd. 9: 2017) löst der in die Jahre gekommene Dr. Siri als Gerichtsmediziner im kommunistischen Laos Mysterien. Laotische Geschichte kann dem Leser nicht leichter und humorvoller nahegebracht werden.

■ **Falscher Ruhm,** *Michael Schultze,* 2016: Eine Wette führt Kai Kurzbein Ende der 1990er Jahre gemeinsam mit Kommilitonin Maren nach Laos. Als angehende Journalisten wollen sie mehr erfahren über das Bergvolk der Hmong und ihr wechselhaftes Schicksal nach Ende des Indochinakrieges.

■ **Der Tod im Reisfeld. 30 Jahre Krieg in Indochina,** *Peter Scholl-Latour,* 1982, Nachauflage 2013: Immer noch ungeschlagen in der Erläuterung der geschichtlichen und vor allem politischen Hintergründe, ohne die die asiatischen Länder einfach nicht zu verstehen sind. Ohne dieses Hintergrundwissen kratzt der Reisende noch nicht mal an der Oberfläche.

■ **KulturSchock Laos,** *Michael Schultze,* 2013: Ausführliche Informationen zu Land und Leuten und ihren kulturellen Besonderheiten.

■ **Laos – Die Geschichte vom 14. Jahrhundert bis zur Gegenwart,** Michael Schultze, 2013.

■ **Vier Drachen am Mekong,** *Winfried Scharlau,* 1992: Erste Wahl, wenn es um die journalistische Aufarbeitung der Hintergründe und Zusammenhänge der jüngeren Geschichte geht.

■ **Lesereise Laos. Vom Schwinden der Silberfäden,** *Erik Lorenz,* 2014: In kurzen ausgewählten Episoden schildert der junge Autor Eindrücke und Entwicklungen. Ohne viele Hintergrundinformationen, dafür leicht und aktuell.

■ **Mit dem Elefantendoktor in Laos,** *Olivier Kugler,* 2013: Eine Graphic Novel, die den Tierarzt Bertrand Bouchard von Elefant Asia mit seiner mobilen Elefantenklinik in wunderbaren Zeichnungen durch den laotischen Dschungel begleitet. Die comicartige Lektüre ist für Freunde des schönen Buches ein Genuss und ein wunderbares Geschenk.

■ **Buddhismus. Ein Schnellkurs,** *Frank Rainer Scheck, Manfred Görgens,* 2009: Das grundsätzliche Verständnis und Wissen über elementare Grundlagen des Buddhismus sind vor jeder Asienreise eine riesige Bereicherung, und zwar nicht nur für die Besichtigung von Tempeln.

Wir bitten um Ihre Mithilfe

Dieser Reiseführer ist gespickt mit unzähligen Adressen, Preisen, Tipps und Infos. Nur vor Ort kann überprüft werden, was noch stimmt, was sich verändert hat, ob Preise gestiegen oder gefallen sind, ob ein Hotel, ein Restaurant immer noch empfehlenswert ist oder nicht, ob ein Ziel noch erreichbar ist oder nicht, ob es eine lohnende Alternative gibt usw.

Unsere Autoren sind zwar stetig unterwegs und erstellen ca. alle zwei Jahre eine komplette Aktualisierung, aber auf die Mithilfe von Reisenden können sie nicht verzichten.

Darum: Schreiben Sie uns, was sich geändert hat, was besser sein könnte, was gestrichen bzw. ergänzt werden soll. Nur so bleibt dieses Buch immer aktuell und zuverlässig. Wenn sich die Infos direkt auf das Buch beziehen, würde uns eine Seitenangabe die Arbeit sehr erleichtern. Gut verwertbare Informationen belohnen wir mit einem Sprachführer Ihrer Wahl aus der über 220 Bände umfassenden Reihe „Kauderwelsch". Bitte schreiben Sie an:

Reise Know-How Verlag
Peter Rump GmbH | Postfach 140666 | 33626 Bielefeld
oder per E-Mail an: info@reise-know-how.de

Danke!

JOVENTOUR
Asien
„Für Gruppenreisen zu freiheitsliebend, fürs Backpacking zu alt?“
Brigitte Magazin
MIT DEM LINIENBUS LAOS ENTDECKEN
Linienbusreisen beinhalten:
• sichere & interessante Reiserouten
• Tickets von renommierten Busunternehmen
• Transfers zum/vom Busterminal und Flughafen
• Übernachtungen in Mittelklasse-Hotels
• Tagesausflüge vor Ort
• vor Ort Betreuung
täglicher Beginn
ab einer Person
www.joventour.de

Register

F

G

Anhang

6

L

M

N

O

P

T

X/Y

Z

Die Autoren

Michael Schultze, Jahrgang 1956, studierte Politikwissenschaften und die Geschichte Südostasiens. Seit 1982 bereist und beschreibt er die Region, bevor es ihn letztlich ganz nach Laos verschlug. Bisher verfasste er vor allem Sachbücher und Zeitungsartikel über Land und Leute. Sein erster Roman „Falscher Ruhm" (2016) fügt nun den Tatsachen eine gute Portion Fantasie hinzu. Seit 2005 widmet er sich vor allem der Förderung von Kindern mit Autismus.

Vanessa Leppert, Jahrgang 1981, arbeitet in Bielefeld als Programmleiterin eines Wissenschaftsverlages. Auf einer Backpackertour durch Südostasien lernte sie vor Jahren Laos kennen und lieben. Dann wurde das kleine Land am Mekong regelmäßig Ziel ausgedehnter Reisen. Die dabei entstandenen Erfahrungen und Dokumentationen münden nun in diesen Reiseführer. Vanessas Reisemotto könnte lauten: „Two roads diverged in a wood and I took the one less traveled by, and that has made all the difference." (*Robert Frost,* 1874–1963, US-amerikanischer Dichter.)

Ihr Dank geht an ihre Eltern, die sie von Anfang an in ihrer Reiselust unterstützt haben, an ihren Freund, der viele Wochen des Jahres ohne sie auskommen musste, an den Reise Know-How Verlag für sein Vertrauen und an ihre Reisegefährten für ihre Entdeckerlust unterwegs. In Laos dankt sie vor allem *Vilay Phiahouaphanh,* ohne dessen professionelle Unterstützung sie nicht so leicht in die entlegenen Winkel des Landes vorgedrungen wäre.